2025
N° 3
JUILLET-SEPTEMBRE

DOSSIER THÉMATIQUE

LES ENCADREMENTS DE LA PATERNITÉ

Coordonné par Romain Delès, Hélène Guedj, Marie-Clémence Le Pape et Alix Sponton

RFAS
Revue française des affaires sociales

La **documentation** Française

RFAS

Revue française des affaires sociales

JUILLET-SEPTEMBRE 2025

Ministère du Travail et des Solidarités
Ministère de la Santé, des Familles, de l'Autonomie et des Personnes handicapées
Ministère de l'Action et des Comptes publics

Les appels à contribution, les recommandations aux auteur·rices et les informations sur les numéros à paraître sont disponibles sur : http://drees.social-sante.gouv.fr/etudes-et-statistiques/publications/revue-francaise-des-affaires-sociales/

Adresse : 78-84, rue Olivier de Serres, 75739 Paris cedex (CS 59234) – B1135
Contact : rfas-drees@sante.gouv.fr

Conception graphique : Atelier Philippe Bretelle (maquette intérieure) et Stéphane Jeandet (maquette de couverture).

ISSN : 00352985

Sommaire

LES ENCADREMENTS DE LA PATERNITÉ

LES ENCADREMENTS DE LA PATERNITÉ

QU'ATTEND-ON VRAIMENT DES PÈRES ? LES AMBIVALENCES ET CONTRADICTIONS DES ENCADREMENTS DE LA PATERNITÉ CONTEMPORAINE

AVANT-PROPOS

Alix Sponton, Romain Delès, Hélène Guedj et Marie-Clémence Le Pape

Ce dossier thématique est consacré aux encadrements de la paternité, c'est-à-dire à la manière dont différentes sphères, institutionnelle, médico-sociale, professionnelle, encouragent ou freinent les hommes, explicitement ou implicitement, dans l'investissement parental. Il s'inscrit dans le prolongement de deux numéros récents de la RFAS consacrés aux parentalités « bousculées » et « empêchées » (RFAS, 2019, n° 4 ; RFAS, 2023, n° 2), qui donnaient à voir l'exercice de la parentalité dans des contextes singuliers.

Deux raisons ont motivé la proposition d'un numéro spécifiquement dédié à la paternité. Premièrement, ce dossier nous a paru opportun au regard de l'intérêt croissant pour ce domaine de recherche. Pendant longtemps, les travaux sur la famille ont majoritairement porté sur les maternités, en partie pour des raisons théoriques – l'arrivée des enfants conditionne bien davantage les trajectoires féminines que masculines (Couppié et Epiphane, 2022; Meurs et Pora, 2019; Pailhé et Solaz, 2007) et constitue souvent un moment charnière dans l'expérience des inégalités de genre par les femmes (Fox, 2009; Oakley, 1979). L'étude des paternités est également freinée par des contraintes méthodologiques, les hommes acceptant moins souvent de participer aux enquêtes sur la sphère domestique (voir par exemple Clément *et al.*, 2019). Or ces dernières années se sont caractérisées par un dynamisme des recherches françaises sur le sujet, revenant sur l'investissement des pères dans les tâches parentales (Cartier *et al.*, 2021), et plus spécifiquement au cours de la période périnatale (Chatot, 2017 ; Guedj et Le Pape, 2023 ; Sponton, 2023a), dans le cadre de la paternité gay (Gross, 2012) ou après un événement biographique tel qu'une séparation conjugale (Fillod-Chabaud, 2017 ; Martial, 2021 ; Piesen, 2016) ou une incarcération (Quennehen et Unterreiner, 2022). Cependant, les occasions de faire dialoguer et de mettre en perspective ces différents pans de la littérature demeurent rares, limitant les possibilités de saisir les dynamiques communes et les spécificités de l'engagement paternel selon les contextes. Notre souhait est donc, en premier lieu, de rassembler au sein d'un même espace des travaux éclairant le sujet sous des angles variés.

Deuxièmement, notre ambition est de contribuer aux connaissances sur les expériences de la parentalité masculine en déplaçant le regard de l'intimité des foyers vers les formes d'encadrement de la paternité, encore peu renseignées. En effet, les études sur les paternités adoptent, dans leur majorité, une approche centrée sur les individus ou sur les cellules familiales, s'interrogeant par exemple sur les processus de négociations conjugales ou les rapports de pouvoir dans le partage des tâches (Lachance-Grzela et Bouchard, 2010), ou étudiant comment les hommes perçoivent la redéfinition des attentes paternelles (voir par exemple Coltrane, 1996 ; De Singly, 1996 ; Dermott, 2008). La régulation de la paternité par des professionnel·les, des organisations ou des dispositifs institutionnels, et plus largement « le gouvernement des conduites masculines » (Dulong et Wagner, 2024), restent peu explorés. Les recherches se sont davantage concentrées sur l'encadrement des mères, dans leurs pratiques (Déplaude et Navarro-Rodríguez, 2018 ; Garcia, 2011 ; Gojard, 2010) comme dans leurs affects (Vozari, 2019), soulignant qu'elles sont les principales cibles des recommandations éducatives et médicales malgré la diffusion d'un soutien à la « parentalité » s'adressant en apparence à l'ensemble des parents (Martin, 2014 ; Pothet, 2014).

L'encadrement des pères est dès lors le plus souvent saisi en négatif, pour mettre en évidence qu'ils ne sont pas au centre de l'attention. Ce constat revient-il à dire qu'aucun rôle spécifique n'est attendu de leur part ? Que les pères seraient entièrement libres d'exercer leur parentalité comme ils le souhaitent ? Ou encore que leur place de parent serait systématiquement marginalisée ? Comment identifier les formes d'encadrement, parfois implicites, qui s'adressent spécifiquement aux pères dans différents contextes ? L'originalité des contributions de ce numéro est de s'attacher à saisir et à qualifier positivement les attentes à l'égard des pères.

Notre hypothèse est qu'adopter le prisme de « l'encadrement » permet aussi d'enrichir la compréhension des ambivalences et contradictions des modèles de paternité contemporains. En effet, de nombreuses recherches montrent que, depuis les années 1970, la figure du père « gagne-pain », autoritaire et dont la principale contribution à la vie familiale est de pourvoir à ses besoins économiques, est remise en cause au profit d'un modèle paternel plus proche et plus investi dans le quotidien des enfants (Coltrane, 1996 ; De Singly, 1996 ; Dermott, 2008). Toutefois, l'identité masculine reste étroitement liée à l'activité professionnelle (Connell, 1995) et à la figure de l'employé « idéal » (Williams, 2001), entièrement disponible à l'égard de son emploi et donc libre de toute contrainte familiale.

Dans les faits, les pratiques évoluent lentement. Les femmes continuent d'assurer la majorité du travail parental dans les sociétés occidentales contemporaines (Craig et Mullan, 2011 ; Delès, 2022 ; Hook, 2006) et en France en particulier (De Saint Pol et Bouchardon, 2013 ; Pailhé *et al.*, 2021). Les pères réalisent peu d'ajustements professionnels pour assurer la garde des enfants après leur naissance (Meurs et Pora, 2019 ; Pailhé et Solaz, 2007). Par ailleurs, les hommes exercent encore majoritairement leur rôle parental en présence de leur conjointe. Ainsi, si le temps que les pères consacrent à leurs enfants a légèrement augmenté au cours des vingt dernières années en France, le temps qu'ils passent seuls avec eux demeure stable (Guedj et Virot, 2025). En outre, les hommes s'investissent prioritairement dans les tâches parentales ludiques (Brugeilles et Sebille, 2013), et disposent de plus de temps « à soi » (sans travail ni enfants) que les mères lorsque les deux parents travaillent à temps complet (Esteban, 2025).

Pour éclairer cet apparent décalage entre discours et pratiques, la notion de « père présent » (Sponton, 2023b) apparaît plus précise que celle de « nouveau père[1] ». Les normes de « présence paternelle » peuvent être définies comme la valorisation des pères qui démontrent une relation affective avec leur(s) enfant(s) tout en accordant une place centrale à leur activité professionnelle. Les recherches ont en effet montré que la paternité contemporaine se caractérise avant tout par la recherche d'une connexion émotionnelle profonde avec l'enfant (De Singly, 1996 ; Dermott, 2008). La diffusion de ces normes peut pour partie être reliée à l'accroissement de l'activité professionnelle féminine et à la transformation des normes de genre au cours du dernier demi-siècle. Mais elle reflète également l'influence croissante de la psychologie, et plus spécifiquement de la « théorie de l'attachement » (Bowlby, 1969), sur les normes éducatives. En effet, depuis les années 1980, les recherches en psychologie attribuent au « lien père-enfant » un rôle de plus en plus important dans le bon développement des enfants (Camus, 2007 ; Neyrand, 2011 ; Palm, 2014), « l'absence » paternelle étant en miroir jugée problématique (Martial, 2013a).

L'intérêt du recours à l'adjectif « présent » est triple. D'une part, il est fréquemment employé par les pères eux-mêmes pour décrire le modèle de paternité auquel ils aspirent. D'autre part, il rend immédiatement explicite, par opposition, la disqualification de la figure du « père absent » (Berton *et al.*, 2017 ; Martial, 2013a), favorisant ainsi un dialogue plus direct entre les différents pans de la littérature sur les paternités. Enfin, il laisse sous-entendre l'enjeu de visibilité sous-jacent à l'engagement paternel. Si les relations affectives relèvent bien sûr de vécus subjectifs intimes, elles revêtent également des enjeux de performance et de reconnaissance sociale. Dès lors, il s'agit aussi pour les hommes d'être vus et reconnus en tant que « bons » pères par autrui, et en premier lieu par l'enfant dont ils souhaitent se rapprocher.

Or le développement d'une relation affective n'implique pas nécessairement aux yeux de tous les pères une répartition égalitaire des tâches parentales ni une réduction de l'activité professionnelle. La construction d'un lien est souvent associée à des activités interactives, agréables et visibles par l'enfant. Cette perspective explique pourquoi les pères ont tendance à investir prioritairement les tâches de soins, notamment celles récréatives (comme sortir ou jouer), au détriment des « corvées » ménagères (comme la préparation des repas ou les lessives), indispensables mais moins directement perceptibles par l'enfant. Cet engagement sélectif leur permet de se « montrer présents » (Sponton, 2023b) sans trop impacter leur engagement professionnel, et d'ainsi faire tenir ensemble les dimensions contradictoires de l'idéal de paternité contemporain – au prix d'une appropriation par les hommes des tâches parentales les plus valorisées socialement.

La littérature suggère que de larges changements institutionnels et organisationnels seraient nécessaires pour observer un changement conséquent dans

1. L'expression « nouveau père » est régulièrement critiquée depuis son apparition il y a déjà cinquante ans. Outre le caractère discutable du qualificatif « nouveau » après un demi-siècle, il risque de véhiculer une vision trop uniforme des modèles paternels avant et après les années 1970 et de caricaturer leur opposition, sans pour autant spécifier les caractéristiques des normes de paternité contemporaines.

les rôles de genre et dans l'investissement masculin dans les tâches parentales et ménagères (Craig et Mullan, 2011 ; Hobson, 2002 ; Hook, 2006). Pourtant, peu de travaux permettent d'envisager de manière systématique les modalités de régulation des paternités et leurs effets concrets sur l'implication parentale des pères. Ce numéro cherche à combler cette lacune en mettant en lumière comment les encadrements de la paternité au sein de différentes sphères soutiennent ou entravent les évolutions relatives à l'engagement des hommes dans la parentalité.

Plus spécifiquement, trois questionnements ont initialement guidé l'appel à communications. D'abord, notre ambition était de mettre en perspective les pratiques effectives d'encadrement de la paternité au sein de différents contextes et à différentes échelles, aussi bien dans la sphère publique que privée. Deuxièmement, il s'agissait de saisir la réception de ces encadrements par les pères, et notamment dans quelle mesure les différentes attentes, incitations et mesures mises en place sont investies, ignorées ou rejetées par les principaux concernés. Troisièmement, le numéro avait à cœur d'explorer non seulement les différences entre femmes et hommes, mais aussi les différences entre hommes, ambitionnant ainsi de contribuer aux études sur les masculinités. Attend-on les mêmes choses de tous les pères, quelle que soit leur catégorie sociale ? Certains groupes ou profils sont-ils davantage la cible de contrôle que d'autres ? Ces trois dimensions sont abordées de manière transversale par les différents articles retenus au sein de ce dossier[2].

Finalement, les contributions réunies dans ce numéro sont regroupées au sein de trois parties qui soulignent la diversité des formes d'encadrement de la paternité qui coexistent aujourd'hui. La première regroupe des travaux consacrés à des initiatives portées par des institutions ou des professionnel·les cherchant activement à enrôler les pères dans les soins aux enfants. La deuxième met en évidence des situations où les attentes et incitations sont plus ambiguës entre les objectifs officiellement affichés et les moyens concrets dédiés à leur mise en œuvre. La troisième partie expose finalement la persistance de modèles dans lesquels l'engagement des hommes dans la parentalité reste perçu comme secondaire, peu valorisé, voire impensé.

2. Nous avons reçu une vingtaine de propositions, dont seize ont été retenues à partir de leur résumé pour envoi d'une première version, et neuf composent finalement ce numéro. Un entretien et deux points de vue viennent enrichir ce dossier. Le premier explicite les objectifs d'une plateforme de recrutement qui sélectionne les entreprises selon des critères liés à l'articulation entre vie professionnelle et vie familiale (*Parents on board*). Le deuxième retrace le rôle donné aux pères dans les débats parlementaires autour de la réforme du congé parental de 2014. Le dernier interroge les ambitions et les défis de Bastien Thomas, pédopsychiatre engagé pour davantage penser la paternité en psychiatrie périnatale.

Des tentatives de redéfinition de l'engagement paternel légitime

La première partie de ce numéro thématique réunit des contributions qui se penchent sur des entreprises d'encadrement promouvant activement un modèle de paternité plus investie dans les soins aux enfants.

Des entreprises d'enrôlement paternel dans les soins aux enfants

Les entreprises de normalisation de l'engagement paternel sont particulièrement explicites lorsqu'elles s'incarnent dans des politiques publiques. Le fonctionnement des régimes de protection sociale reflète et participe à reproduire différents modèles de paternité selon les droits et obligations associés aux hommes ayant des enfants (Hobson, 2002). La majorité de ces régimes se sont construits autour de la figure de « l'homme gagne-pain » en Europe (Lewis, 1992), mais certains pays, comme la Suède, ont adopté d'importantes mesures visant à encourager l'investissement paternel dans les soins aux enfants depuis la fin du xxe siècle. Comment ces politiques sont-elles reçues, en particulier par des hommes qui n'adhèrent pas nécessairement aux modèles promus ? Dans son article intitulé « (Dé)construction de la paternité par l'État : expériences d'immigrés en Suède », Mirana Bauduin étudie la réception variée de ces politiques interventionnistes en faveur d'une paternité égalitaire et « attentionnée » (*caring fatherhood*) par des pères immigrés de première génération originaires d'Afrique, d'Asie ou du Moyen-Orient, ayant pu être exposés à d'autres représentations par le passé. Elle montre comment leur position d'adhésion ou de rejet face aux attentes institutionnelles varie selon leurs socialisations passées et leurs ressources, en se penchant sur trois dispositifs en particulier : les politiques de congés parentaux non genrées qui accordent aux couples un total de 480 jours à se partager dont 90 sont réservés à chaque parent, une exposition photographique soutenue par l'État suédois et fortement médiatisée mettant en valeur les « papas suédois » (« *Swedish Dads* ») restés au foyer, et le système de protection de l'enfance fondé sur des normes de parentalité « bienveillante ».

La Suède représente un exemple emblématique, bien documenté, mais relativement singulier de promotion de l'investissement paternel dans le *care* à une échelle nationale. Bien plus rares sont les travaux qui éclairent comment des normes similaires peuvent être diffusées à une échelle plus localisée, par exemple dans certaines sphères professionnelles, éducatives ou (para)médicales spécifiques. On sait que la participation des pères est de plus en plus encouragée dans les espaces de périnatalité depuis les années 1970, notamment au cours de l'accouchement et dans les maternités (Jacques, 2007; Truc, 2006). Le présent numéro donne à voir d'autres contextes où de telles initiatives se diffusent.

Dans « Qu'est-ce qu'un “bon” père ? Quand les orthophonistes encadrent la parentalité », Abigail Bourguignon observe une tentative d'enrôlement des pères dans un cadre jusqu'ici peu renseigné. À partir d'une enquête qualitative, elle observe que ces professionnelles de l'enfance jugent la participation des pères indispensable au bon déroulement de la prise en charge du bégaiement des enfants, et s'efforcent activement de les engager dans le suivi de la rééducation orthophonique. L'autrice montre que ces professionnelles deviennent ainsi des « entrepreneures de morale familiale », participant à véhiculer un idéal de pères disponibles pour interagir régulièrement avec leurs enfants, dans un contexte où « un enfant sur dix [a] déjà consulté une orthophoniste en 2023 en France (Guignon *et al.*, 2024) ».

Redéfinir les modèles de paternité, recomposer les hiérarchies masculines

Les tentatives de normalisation de l'engagement des hommes dans les soins aux enfants vont de pair avec une disqualification ou une invisibilisation d'autres façons d'être père. L'idéal du « père présent » ayant réussi à nouer des liens affectifs profonds est ainsi le pendant de la figure repoussoir du « père absent », dont le manque d'engagement parental est jugé délétère au bon développement enfantin. Dans les cabinets d'orthophonie, les « nouveaux » pères sont comparés aux « anciens » qui se faisaient plus rares en salle d'attente, les pères « disponibles » durant les séances sont définis par rapport aux « absents » ou à ceux « pas vraiment là » (article d'Abigail Bourguignon), tandis que l'État suédois veille à ce que les pères fassent preuve de « bienveillance » en réprimant les manifestations attribuées à une « discipline autoritaire » (article de Mirana Bauduin).

Cette recomposition de la hiérarchie des pratiques paternelles participe du même fait à la stigmatisation des groupes sociaux perçus comme les plus éloignés de ces modèles de paternité légitimés, et en premier lieu des pères dominés dans les rapports sociaux de classe et/ou de race (Berton *et al.*, 2017 ; Martial, 2013b ; Quennehen et Unterreiner, 2022). Abigail Bourguignon (2025) observe en ce sens que les critiques des orthophonistes ciblent en large partie les hommes de milieux populaires accusés de faire un « mauvais » usage de leur temps parental, par exemple en privilégiant les écrans plutôt que la lecture d'histoires. Mirana Bauduin (2025) rapporte, quant à elle, que les pères issus de l'immigration ont le sentiment d'être l'objet d'une surveillance différenciée et particulièrement appuyée par le système de protection de l'enfance suédois. Ce constat fait écho à ceux d'autres recherches sur les pères racisés, notamment musulmans, montrant que ceux-ci sont plus fréquemment soupçonnés, par défaut, d'être agressifs et misogynes par les institutions publiques dans différents pays nordiques (Eliassi, 2015 ; Jørgensen, 2023).

Les entreprises de promotion de l'implication des hommes dans les soins aux enfants contribuent, en ce sens, à redéfinir un engagement paternel légitime aligné avec les modes de vie des classes supérieures, en particulier culturelles, et leur sont spontanément associées. Pourtant, les classes populaires ne sont pas étanches aux normes de paternité et d'égalité conjugale contemporaines et peuvent se les approprier de diverses manières (Le Pape, 2019). En fait, la présence auprès des enfants chez pères appartenant à certaines fractions des classes populaires peut même être plus importante, du fait des situations plus fréquentes de chômage ou d'horaires atypiques (Cartier *et al.*, 2021 ; Lesnard, 2009), qu'elle ne l'est chez les pères cadres aux horaires de travail étendus.

En mettant au jour comment la redéfinition des attentes à l'égard des pères reconfigure les hiérarchies entre hommes, les contributions de ce numéro soulignent l'importance d'articuler l'étude des inégalités de genre et la vigilance à d'autres rapports de pouvoir.

Des soutiens symboliques disposant de moyens limités

La deuxième partie de ce dossier met au jour les ambivalences et les contradictions de certaines formes d'encadrement de la paternité, où la valorisation affichée de l'investissement des hommes dans la parentalité contraste avec les moyens alloués pour favoriser des changements concrets.

Des ajustements organisationnels à la marge

La médiatisation de la participation des pères aux soins aux enfants et son association aux enjeux d'inégalités de genre (Verquere, 2023) participent à légitimer et valoriser les dispositifs soutenant l'engagement paternel. L'inégal partage des tâches parentales et ménagères est ainsi aujourd'hui officiellement cadré comme un problème public par la législation européenne (Hobson, 2002), encourageant la France à adopter un congé de paternité en 2002 puis à l'allonger à un mois en 2021. Pour autant, l'intégration de la parentalité dans le quotidien des hommes, autant qu'elle peut l'être dans le quotidien des femmes, nécessite des changements organisationnels profonds et souvent coûteux.

Or, les ambitions politiques en la matière demeurent souvent au stade d'intentions, voire d'effets d'annonce aux répercussions limitées sur les pratiques (Boyer et Céroux, 2010). L'un des exemples les plus représentatifs de cette logique en France est la réforme du congé parental entrée en vigueur le 1er janvier 2015, sur laquelle porte le point de vue de Myriam Chatot (voir plus bas). La réduction de la durée de l'indemnité perceptible par un seul parent (d'un an à six mois pour un premier enfant, de trois ans à deux ans pour les naissances suivantes) a été annoncée comme une mesure visant à encourager les hommes à prendre le relais de leur conjointe dans la garde de leur jeune enfant. Toutefois, en l'absence de revalorisation de l'allocation associée au congé (448 euros par mois pour un congé parental à temps plein en 2025), environ 1 % des pères seulement s'emparent du dispositif, bien loin des objectifs visés (Guergoat-Larivière et Narcy, 2024 ; Périvier et Verdugo, 2024). Les comparaisons européennes ont en effet largement montré que, si elle nécessite des investissements publics ambitieux, une indemnisation proche du niveau de salaire constitue l'une des principales clefs pour favoriser un meilleur partage des congés dans un contexte où les hommes gagnent plus que leur conjointe dans la majorité des couples (Moss et Duvander, 2019).

Depuis le début des années 2000, les pouvoirs publics se tournent de plus en plus vers les entreprises pour les encourager à mettre en œuvre des mesures de soutien à la parentalité allant au-delà des minimums légaux (congés allongés ou mieux indemnisés que les minimums légaux, ouvertures de places en crèche, primes de naissance…) (Brochard et Letablier, 2017). Ces incitations étatiques se sont notamment traduites par l'introduction du crédit impôt famille en 2004 ou, plus récemment, par l'élaboration de chartes et labels fixant les bonnes pratiques en la matière. Dans l'ensemble, de tels dispositifs d'entreprise restent toutefois relativement rares à l'échelle nationale (Pailhé et Solaz, 2010), et les initiatives incluant ou visant spécifiquement les pères apparaissent encore plus récentes et marginales (Guillaume et Pochic, 2023). Les connaissances académiques sur ce sujet demeurent partielles, mais l'entretien réalisé par Hélène Guedj auprès des fondateurs de *Parents on board*, Marie Pellerin et Hubert Pellerin, conforte ces premières analyses. L'objectif de cette plateforme en ligne est de recenser et d'accompagner les entreprises cherchant à faciliter l'articulation entre vie professionnelle et vie familiale, afin de les mettre en relation avec de potentiels candidats. Ses fondateurs font toutefois le constat que le dispositif intéresse et concerne davantage les mères, tant du point de vue du profil des utilisateurs de la plateforme que des recruteurs.

En outre, là encore, la portée des mesures censées réduire les inégalités dans la sphère professionnelle s'avère restreinte lorsque ces mesures ne s'accompagnent pas de transformations plus ambitieuses des modes d'organisation du travail, qui reposent par défaut implicitement sur l'idéal d'un employé libre de contraintes familiales (Acker, 2009). Dans son article « Quel télétravail pour les pères ? Normes et appropriations genrées du télétravail dans une grande entreprise du secteur bancaire », Marianne Le Gagneur révèle ainsi les effets limités du télétravail sur l'investissement paternel lorsque sa mise en place repose sur un ensemble de « normes construites au masculin ». En s'appuyant sur une monographie menée dans une grande entreprise du secteur bancaire, elle montre que, si ce mode de travail est présenté en interne comme une mesure facilitant l'articulation de la vie familiale et professionnelle, il est prioritairement accordé aux employés qui démontrent leur capacité à travailler à domicile dans le calme et sans interruption. Dans ce contexte, les hommes sont notamment incités à venir sur site le mercredi pour ne pas être soupçonnés, comme peuvent l'être les mères, d'employer leurs journées de travail à domicile pour garder leur(s) enfant(s). Cette situation contribue à limiter la portée transformatrice du télétravail et à reproduire les inégalités de genre entre les salariés.

Dans l'ensemble, le soutien à l'engagement des hommes dans la sphère familiale se heurte aux coûts qu'entraînerait sa concrétisation et apparaît toujours « sous condition » (Sénac, 2015).

Une cause instrumentalisée ?

Socialement acceptée et valorisée, la promotion de l'investissement paternel est rarement une fin en soi, voire justifie parfois des mesures poursuivant en réalité d'autres objectifs – comme c'est le cas d'autres enjeux sociaux comme la promotion de l'égalité femmes-hommes (Sénac, 2015) ou de la diversité dans les entreprises (Bereni, 2023).

Cette logique est particulièrement développée par Myriam Chatot dans son point de vue « Les débats parlementaires sur la réforme du congé parental (France, 2014) : la place des pères est-elle au foyer ? ». Elle montre que, derrière l'objectif affiché de susciter un plus grand engagement des pères en réduisant la durée maximale d'indemnisation accordée à un seul parent dans les couples, la mesure visait surtout à favoriser le maintien dans l'emploi des mères en écourtant leur propre congé.

Par ailleurs, on peut s'interroger sur les motivations qui conduisent les organisations professionnelles à mettre en place des dispositifs de soutien à la paternité. De plus en plus encouragées à adopter un « management vertueux » (Bereni, 2023), elles peuvent y voir un moyen de signaler leur adhésion aux luttes contre les discriminations et le sexisme (Guillaume et Pochic, 2023). Cet investissement relève aussi d'une stratégie d'affichage, visant à améliorer leur image pour attirer et fidéliser certains profils particulièrement recherchés, comme le remarquent les fondateurs de *Parents on board* dans leur entretien avec Hélène Guedj. En outre, si le télétravail peut être présenté comme un levier pour faciliter l'articulation entre vie professionnelle et vie privée des pères, sa diffusion répond aussi à des objectifs managériaux et de réduction de coûts *via* par exemple le développement du *flex-office* (Marianne Le Gagneur).

Dans la sphère professionnelle, le soutien apporté à l'engagement paternel est ainsi mis au service de logiques économiques. Il tend de ce fait à se concentrer sur les entreprises et secteurs les plus favorisés et à concerner principalement les profils les plus recherchés sur le marché du travail, creusant encore les inégalités entre pères, et entre parents.

Des initiatives individuelles

Dans les situations où l'investissement paternel apparaît finalement comme une cause secondaire, voire détournée, les moyens alloués pour le favoriser ne correspondent donc pas nécessairement aux objectifs affichés. Ces ambivalences alimentent des incertitudes et des réserves quant aux manières de se conformer aux orientations et attentes officielles, tant auprès des acteurs chargés de leur mise en œuvre que des pères eux-mêmes.

Au début des années 2000 en France, Jérôme Truc (2006) décrivait ainsi le malaise ressenti par certains pères en maternité, dont la présence, bien que saluée, n'était pas toujours pensée ou tolérée par le fonctionnement du service hospitalier (nécessité de quitter régulièrement la chambre pendant l'administration de soins aux mères, incitations implicites à rentrer au domicile après certaines heures, etc.). Une vingtaine d'années plus tard, cette dynamique semble en grande partie persister (Rannoux et Saussey, 2024), comme le souligne Marine Quennehen dans son article « Une place à prendre ? Entre intégration et distanciation des futurs pères dans le parcours de soins périnataux en Belgique ». À partir d'une enquête par entretiens répétés menée en Belgique auprès d'hommes devenant pères pour la première fois, elle analyse comment ces derniers naviguent entre le rôle qui leur est conféré dans le suivi de la grossesse et leurs propres attentes, au sein d'une institution médicale qui encourage officiellement leur participation mais reste en pratique encore largement centrée sur la mère. Elle présente trois profils : les pères hésitants face au rôle de soutien flou et mouvant qui leur est attribué dans les différents espaces de naissance, les pères qui revendiquent et mettent en place des stratégies pour négocier une participation plus active dans l'accompagnement à la naissance, et ceux qui se tiennent à l'inverse en retrait pour laisser leur conjointe au centre de l'attention, contredisant parfois les attentes des professionnel·les.

Les configurations parentales qui s'écartent du modèle conjugal hétérosexuel, en particulier celles qui conduisent les pères à assurer la majorité des soins, demeurent peu anticipées. Dans son article « L'encadrement de la paternité : quelles perceptions du côté des pères solos ? », Alexandra Piesen met en lumière la grande variabilité des attentes de la part des institutions judiciaires et médico-sociales envers les hommes qui élèvent seuls leur(s) enfant(s), selon notamment leur trajectoire d'entrée dans cette situation (veuvage, séparation, etc.) et l'âge des enfants. Ces situations atypiques donnent souvent lieu à des modalités d'encadrement lâches, laissant place à des formes d'« autorégulation ».

Ces attentes floues ou ambiguës confinent en grande partie l'enrôlement paternel à des initiatives personnelles qui, si elles peuvent être bien perçues, n'en restent pas moins individuelles. Le point de vue d'Anne-Sophie Vozari, qui dirige actuellement une enquête sociologique sur la prise en charge des difficultés psychiques des pères autour de la naissance, et de Bastien Thomas, pédopsychiatre en centre médico-psychologique et en unité d'hospitalisation « mère-bébé », offre un exemple éclairant de cette dynamique. À travers leurs échanges sur les manières de « penser la paternité en psychiatrie périnatale », ils éclairent les motivations, stratégies et défis relatifs à une plus grande intégration des pères dans les dispositifs de santé mentale en périnatalité. En revenant sur le parcours ayant conduit Bastien Thomas à développer une partie de son activité clinique spécifiquement dédiée aux hommes, ils observent que les conjoints sont plus souvent considérés comme des relais dans le traitement des dépressions maternelles que comme de potentiels patients à part entière. Les parcours de dépistage et de soins des dépressions du post-partum se concentrant principalement sur les mères, la prise en charge des pères reste ainsi largement tributaire d'engagements locaux et peu institutionnalisés. Elle dépend aussi en grande partie de la capacité des hommes à se manifester et à formuler des besoins eux-mêmes – ce qui, d'après les profils qui consultent Bastien Thomas, apparaît davantage concerner les hommes de classes supérieures.

Ces formes d'encadrement de la paternité se caractérisent ainsi par un écart entre l'importance symbolique accordée à l'investissement des hommes dans la parentalité et la faiblesse des moyens accordés pour y parvenir.

Des pères hors champ : quand l'engagement paternel dans les soins aux enfants est marginalisé voire impensé

La dernière partie de ce dossier s'intéresse aux formes d'encadrement qui orientent l'investissement parental des pères vers un rôle essentiellement économique.

Des encadrements qui renforcent la dimension économique de l'investissement paternel

Si, comme cela a été développé précédemment, la valorisation de l'investissement paternel dans les soins aux enfants est empreinte de contradictions, les attentes concernant le rôle économique des pères le sont tout autant. La figure du père « gagne-pain », peu impliqué dans les tâches parentales, tend à être disqualifiée au regard des normes de « présence paternelle ». Toutefois, dans certains cadres institutionnels et certaines configurations familiales, le soutien matériel et financier constitue dans les faits la principale forme d'engagement paternel possible, voire la plus valorisée.

C'est ce qu'Anne Unterreiner et Tatiana Eremenko développent dans leur article intitulé « Vécus de la paternité transnationale. À la croisée des aspirations paternelles et des parcours encadrés par le droit des étrangers », mettant en lumière les effets du cadre juridique et administratif français sur l'expérience de la parentalité par des pères migrants originaires d'Afrique du Nord et du Sahel. À partir d'entretiens, les autrices décrivent comment les politiques migratoires, et notamment les difficultés d'accès au regroupement familial ou à la nationalité, assignent ces hommes à une paternité « à distance ». Dans ces conditions, l'envoi d'une aide financière à la famille restée dans le pays d'origine devient la principale façon pour ces pères de s'investir. L'article souligne que cette situation peut être vécue très différemment selon les pères et représente une source de souffrances pour ceux qui désirent une réunification familiale inatteignable à moyen terme.

Comme le montrent Anne Unterreiner et Tatiana Eremenko (2025) et d'autres (Brachet et Salles, 2011; Cartier *et al.*, 2021; Le Pape *et al.*, 2025), ce rôle de pourvoyeur de ressources peut être valorisé par les pères qui le présentent comme un désir d'améliorer le confort de vie des enfants, de leur offrir des perspectives d'ascension sociale ou, pour ceux appartenant aux classes supérieures, d'assurer la transmission d'un capital économique. Pour autant, ce processus de valorisation apparaît, dans ces cas, d'abord entretenu par les pères eux-mêmes ou par leur entourage, en dépit des potentielles réprobations sociales concernant la faiblesse de leurs interactions avec leur(s) enfant(s) au quotidien.

Cependant, dans certains contextes spécifiques, cette forme d'investissement paternel économique est reconnue et encouragée institutionnellement. Dans son article « Ni attendus, ni absents : la paternité à l'épreuve de l'inclusion scolaire », Chloé Courtot observe en ce sens que l'école et ses acteurs participent à accentuer la division genrée des rôles au sein des couples de parents d'enfant(s) en situation de handicap scolarisé(s) en établissement ordinaire. Les professionnels scolaires cherchent en effet prioritairement à s'adresser aux mères pour mettre en place des aménagements en cas de difficultés dans le parcours éducatif des enfants. Ils valorisent à l'inverse les hommes qui s'investissent largement dans la sphère professionnelle pour répondre aux frais liés aux rendez-vous médico-éducatifs et compenser l'éventuelle réduction de l'activité de leur compagne. Les hommes disent alors avoir le sentiment de passer du statut de « pères absents » à celui de « héros » (selon leurs propres termes), la priorisation de leur carrière étant ici cadrée comme un sacrifice louable de leur temps parental pour subvenir aux besoins essentiels de la famille.

Selon les contextes et les profils des pères, cette forme d'engagement paternel, centrée sur la contribution économique, apparaît ainsi très inégalement considéré. Jugée délétère au bon développement psychologique des enfants lorsqu'elle est associée à une « absence paternelle », elle peut au contraire être interprétée comme servant leur meilleur intérêt quand elle est comprise comme répondant à des préoccupations matérielles ou à des projets d'ascension sociale.

Un rôle impensé

Les recherches en sciences sociales ont bien montré que les mères sont les principales récipiendaires des normes et recommandations médicales et éducatives véhiculées par les institutions de la petite enfance (Blöss, 2016 ; Garcia, 2011 ; Gojard, 2010; Lee *et al.*, 2014).

En miroir, le rôle des hommes dans la parentalité fait l'objet d'une bien moindre attention. Que produit cette moindre considération sur leur expérience de la paternité ?

Les hommes apparaissent particulièrement « hors champ » dans le domaine de la santé reproductive. Dans leur article « Des hommes aux prises avec la fécondation. Les recompositions des visions masculines de la fertilité dans la France contemporaine », Vulca Fidolini, Ingrid Voléry et Marylou Rzeszotko-Rutili étudient le rapport à la fertilité de pères ou d'hommes en projet de paternité, pour certains inscrits en parcours de procréation médicalement assistée (PMA). L'encadrement médical et social de la procréation étant centré sur le corps des femmes, ils montrent que les hommes s'interrogent peu sur leur capacité reproductive et s'engagent rarement dans des actions visant à l'améliorer (réduire sa consommation d'alcool, accroître son activité physique, etc.). L'entrée dans un parcours PMA ne modifie qu'à la marge ces représentations et pratiques masculines. Même lorsque les difficultés à concevoir sont attribuées à une infertilité masculine, les hommes ont tendance à attribuer ces troubles à des causes qui leur sont extérieures et en dehors de leur contrôle (facteur génétique, conditions de travail, exposition à des produits chimiques dans l'enfance, etc.), ce qui les différencie sensiblement des femmes dans les mêmes circonstances (Rozée et Mazuy, 2012). Délaissant le rôle de « bon géniteur », ils investissent en revanche davantage celui de « bon conjoint », soutenant le projet conjugal et procréatif.

Ces résultats montrent que les situations où les hommes perçoivent leur rôle comme anecdotique ne sont pas liées à une absence d'encadrement, mais découlent d'une forme de régulation spécifique qui maintient les hommes dans un rôle de soutien.

Des encadrements indirects de la paternité par les conjointes

Les pères sont ainsi des interlocuteurs secondaires pour les institutions liées à l'enfance dans de nombreux domaines éducatifs, scolaires ou périnataux (comme le montrent les articles de Vulca Fidolini, Ingrid Voléry et Marylou Rzeszotko-Rutili, de Chloé Courtot, et de Marine Quennehen dans ce dossier). En plus d'assurer le suivi et les échanges avec les différent·es professionnel·les, les femmes sont par conséquent conduites à réaliser un encadrement indirect de la paternité en endossant le rôle d'intermédiaires entre les institutions et leur conjoint.

L'article de Vulca Fidolini, Ingrid Voléry et Marylou Rzeszotko-Rutili abordant le traitement de l'infertilité, donne un exemple de cette double charge : les résultats médicaux sont prioritairement communiqués aux femmes, même lorsqu'ils concernent la qualité du sperme, et c'est souvent par leur entremise que leur conjoint modifie ses habitudes de vie pour favoriser ses capacités reproductives.

Cette thématique est particulièrement explorée dans l'article d'Audrey Bister et Philippe Cardon, « Se faire une place en cuisine ? Des pères des milieux supérieurs face aux politiques publiques nutritionnelles et écologiques ». Leurs recherches montrent que si les recommandations nutritionnelles sont aujourd'hui perçues comme légitimes par les hommes, qui les intègrent de plus en plus dans leurs pratiques alimentaires quotidiennes, la prise en compte des normes écologiques marque une vraie différence entre les pères et les mères. Ainsi, même pour les hommes les plus sensibles aux enjeux écologiques, les contraintes de ce nouvel enjeu alimentaire entraînent une résistance moins observée chez les femmes. Elles doivent alors non seulement relayer les informations et les connaissances acquises, mais aussi parfois convaincre leur conjoint du bien-fondé de ces recommandations et souvent veiller, par un contrôle discret et parfois indirect, à leur application effective.

Dans l'ensemble, les différentes contributions de ce numéro rappellent que, quelle que soit leur forme, les encadrements de la paternité peuvent faire l'objet d'une réception variée. De même que les usages du congé parental (Chatot, 2017) ou du congé de paternité (Sponton, 2023a) peuvent être très divers, l'article de Mirana Bauduin souligne les marges de manœuvre qu'investissent les pères immigrés face aux politiques égalitaires en Suède. Ainsi, selon leur parcours ou leurs ressources, les pères peuvent s'approprier ou résister très différemment aux injonctions qui leur sont adressées – qu'il s'agisse de tentatives pour les enrôler, comme dans le cas des orthophonistes, des attentes concernant les normes alimentaires ou des demandes d'adopter une posture de soutien lors de l'accompagnement au suivi de grossesse.

Conclusion

"I did the cooking and the cleaning and the groceries and the laundry
fed the cat and the kids and someone stole my coffee
Bought a gift for your mother that she probably won't like
Paid some bills, wiped some butts, broke up a couple fights
Then I just about lost my mind 'cause we both took the kids to the park and
someone said to *you*: 'You are such a good dad !' "[3]
Farideh, *You Are Such a Good Dad,* 2022

La chanson « You Are Such a Good Dad » de la chanteuse Farideh, qui a fait plus d'un million de vues sur les réseaux sociaux, reprend sur un ton humoristique le thème bien connu du « double standard » en matière de parentalité. Tandis que les femmes sont soumises à de multiples injonctions contradictoires dont la moindre transgression peut les faire basculer dans la catégorie des « mauvaises mères », il suffirait aux hommes de réaliser quelques gestes ponctuels et symboliques pour être célébrés en tant que « bon père ». Mais cela revient-il à dire que l'on n'attend vraiment « rien » des pères aujourd'hui ?

Le questionnement du vide normatif qui entourerait la paternité – ou du moins de la régulation moins contraignante dont elle ferait l'objet par rapport à la maternité – est à l'origine des réflexions ayant abouti à ce dossier thématique. Les contributions de ce numéro mettent en lumière à quel point il n'est pas toujours attendu la même chose des pères selon les contextes, mais aussi selon les profils des parents et les configurations familiales. Elles soulignent d'abord comment certains encadrements tentent de promouvoir un modèle de paternité plus investie, faisant des hommes (supposés) les plus éloignés de cet idéal, notamment de classes populaires et/ou racisés, la cible de prescriptions ou de rappels à l'ordre plus prononcés. Elles montrent d'autre part que même lorsque l'accroissement de l'investissement paternel dans les soins est officiellement promu, les moyens mis en place pour atteindre cet objectif demeurent insuffisants, et les transformations que nécessiterait sa concrétisation sont souvent réprouvées. Enfin, elles

3. Traduction : « J'ai fait la cuisine et le ménage et les courses et la lessive, j'ai nourri le chat et les enfants et quelqu'un a volé mon café. J'ai acheté un cadeau pour ta mère qu'elle n'aimera probablement pas. J'ai payé des factures, essuyé des fesses, calmé quelques disputes. Puis j'ai failli perdre la tête parce que nous avons tous les deux emmené les enfants au parc et quelqu'un t'a dit *à toi* : "Vous êtes vraiment un super papa !" »

reviennent sur des situations qui participent à maintenir les hommes dans un rôle parental essentiellement économique. Dans l'ensemble, elles mettent ainsi en évidence moins une absence d'encadrement de la paternité que ses contradictions et ambivalences.

Ces travaux témoignent par ailleurs de la nécessité d'une approche intersectionnelle de la paternité, attentive à l'articulation des différents types d'inégalités sociales. Ils documentent ainsi les logiques de pouvoir dans la définition des critères qui établissent la « bonne » paternité. Ils invitent notamment à considérer la façon dont les processus de légitimation de l'engagement paternel dans une perspective de réduction des inégalités de genre peuvent reconduire d'autres formes de domination.

Finalement, ce numéro témoigne du dynamisme des recherches en sciences sociales sur les paternités, et offre un espace de dialogue à un ensemble riche et composite de travaux unis par l'ambition de décrire les conditions de l'expérience parentale des hommes. Certains contextes ou configurations familiales y sont néanmoins explorés plus en profondeur que d'autres, reflétant l'état actuel des connaissances dans ce domaine. Notre appel à contributions avait initialement mis l'accent sur trois sphères que nous avions identifiées comme de potentiels cadres d'encadrement de la paternité : l'encadrement institutionnel impulsé par les politiques publiques, l'encadrement médical, l'encadrement dans les organisations professionnelles. Les propositions reçues se sont majoritairement concentrées sur les deux premières thématiques et suggèrent que l'expérience paternelle continue d'être davantage étudiée au cours de la période périnatale (politiques de congés parentaux, parcours médical d'entrée dans la paternité…). Par ailleurs, la majorité des contributions retenues se concentrent sur la paternité au sein de couples hétérosexuels, ce qui limite la possibilité d'approfondir les formes d'encadrement spécifiques à d'autres configurations familiales, comme les paternités gays ou les situations de séparation conjugale. Nous espérons que ce dossier thématique suscitera de nouvelles réflexions et inspirera de futurs chantiers de recherches.

Références bibliographiques

Acker J. (2009), « From Glass Ceiling to Inequality Regimes », *Sociologie du travail*, vol. 51, n° 2, p. 199-217.

Bereni L. (2023), *Le management de la vertu. La diversité en entreprise à New York et à Paris*, Paris, Presses de Sciences Po.

Berton F., Bureau M.-C. et Rist B. (2017), « Father Figures and Cultural Diversity in France », *Men and Masculinities*, vol. 20, n° 5, p. 552-569.

Blöss T. (2016), « Devoirs maternels. Reproduction sociale et politique des inégalités sexuées », *Actes de la recherche en sciences sociales*, vol. 214, n° 4, p. 46-65.

Bowlby J. (1969), *Attachment and Loss: Attachment*, New York, Basic Books.

Boyer D. et Céroux B. (2010), « Les limites des politiques publiques de soutien à la paternité », *Travail, genre et societes*, vol. 24, n° 2, p. 47-62.

Brachet S. et Salles A. (2011), « Être père en France et en Allemagne : entre représentations et pratiques », *Informations sociales*, vol. 163, n° 1, p. 62.

Brochard D. et Letablier M.-T. (2017), « L'implication des entreprises dans l'articulation emploi-famille : les enseignements d'une enquête de terrain », *Revue française des affaires sociales*, n° 2, p. 103-121.

Brugeilles C. et Sebille P. (2013), « Le partage des tâches parentales : les pères, acteurs secondaires », *Informations sociales*, vol. 176, n° 2, p. 24-30.

Cartier M., Collet A., Czerny E. *et al.* (2021), « Allez, les pères ! Les conditions de l'engagement des hommes dans le travail domestique et parental », *Travail, genre et sociétés*, vol. 46, n° 2, p. 33-53.

Chatot M. (2017), « Profiter des enfants ou s'offrir du temps ? Les conditions auxquelles les pères prennent un congé parental », *Revue française des affaires sociales*, n° 2, avril-juin, p. 229-246.

Clément C., Hamelin C., Paillet A. *et al.* (2019), « "En rabattre" à l'arrivée du deuxième enfant : enquête sur les normes et les pratiques éducatives de parents diplômés », *Revue française des affaires sociales*, n° 4, octobre-décembre, p. 25-48.

Coltrane S. (1996), *Family Man: Fatherhood, Housework, and Gender Equity*, Oxford, Oxford University Press.

Connell R. W. (1995), *Masculinities*, Cambridge, Polity Press.

Couppié T. et Epiphane D. (2022), « Lorsque l'enfant paraît : heurs et malheurs dans les carrières des jeunes couples », *Céreq Essentiels*, vol. 4, n° 1, p. 87-96.

Craig L. et Mullan K. (2011), « How Mothers and Fathers Share Childcare: A Cross-National Time-Use Comparison », *American Sociological Review*, vol. 76, n° 6, p. 834-861.

De Saint Pol T. et Bouchardon M. (2013), « Le temps consacré aux activités parentales », Drees, *Études et Résultats*, n° 841, p. 1-6.

De Singly F. (1996), « 4. Une autre manière d'être père », *Le soi, le couple et la famille*, Paris, Armand Colin.

Delès R. (2022), « Le travail parental, dernier verrou de la révolution de genre. Une revue de littérature internationale », *La revue internationale de l'éducation familiale*, vol. 50, n° 1-2, p. 75-93.

Déplaude M.-O. et Navarro-Rodríguez T. (2018), « Soutenir des mères des classes moyennes. Les groupes d'entraide à l'allaitement maternel en France », *Sociologie*, vol. 9, n° 1, p. 19-36.

Dermott E. (2008), *Intimate Fatherhood: A Sociological Analysis*, New York, Routledge.

Dulong D. et Wagner A. C. (2024), *Le gouvernement des conduites masculines*, Paris, Éditions de la Sorbonne, collection « Sciences sociales du politique ».

Eliassi B. (2015), « Constructing Cultural Otherness within the Swedish Welfare State: The Cases of Social Workers in Sweden », *Qualitative Social Work*, vol. 14, n° 4, p. 554-571.

Esteban L. (2025), « Lorsque les deux parents travaillent à temps complet, la mère passe en moyenne une heure de plus par jour avec les enfants que le père », Drees, *Études et Résultats*, n° 1356.

Fillod-Chabaud A. (2017), « La prise en charge des enfants par les membres de SOS Papa : une analyse des conditions matérielles de la transmission culturelle », *Droit et société*, vol. 95, n° 1, p. 27-41.

Fox B. (2009), *When Couples Become Parents: The Creation of Gender in the Transition to Parenthood*, Toronto, University of Toronto Press.

Garcia S. (2011), *Mères sous influence : De la cause des femmes à la cause des enfants*, Paris, La Découverte.

Gojard S. (2010), *Le métier de mère*, Paris, La Dispute.

Gross M. (2012), *Choisir la paternité gay*, Toulouse, Érès, collection « Enfance & parentalité ».

Guedj H. et Le Pape M.-C. (2023), « Premiers jours de l'enfant : un temps de plus en plus sanctuarisé par les pères via le congé de paternité », Drees, *Études et Résultats*, n° 1275.

Guedj H. et Virot P. (2025), « Depuis vingt ans, des pères plus présents auprès des jeunes enfants, mais pas plus souvent seuls avec eux », Drees, *Études et Résultats*, n° 1355.

Guergoat-Larivière M. et Narcy M. (2024), « La réforme du congé parental de 2015 : un impact hétérogène sur les mères et les pères selon les groupes sociaux et le contexte local », *Revue d'économie politique*, vol. 134, n° 2, p. 329-363.

Guillaume C. et Pochic S. (2023), « La parentalité dans la négociation collective en France : un enjeu managérial plutôt que syndical ? », *Les Mondes du travail*, n° 30, p. 103-118.

Hobson B. (2002), *Making Men into Fathers: Men, Masculinities and the Social Politics of Fatherhood*, Cambridge, Cambridge University Press.

Hook J. L. (2006), « Care in Context: Men's Unpaid Work in 20 Countries, 1965-2003 », *American Sociological Review*, vol. 71, n° 4, p. 639-660.

Jacques B. (2007), *Sociologie de l'accouchement*, Paris, Presses universitaires de France.

Jørgensen A. H. (2023), « Mistrusted Masculinity », *in* Jørgensen A. H. (dir.), *Muslim Fathers and Mistrusted Masculinity in Danish Schools*, Cham, Springer International Publishing.

Lachance-Grzela M. et Bouchard G. (2010), « Why Do Women Do the Lion's Share of Housework? A Decade of Research », *Sex Roles*, vol. 63, n° 11-12, p. 767-780.

Le Pape M.-C. (2019), « Les familles populaires ne sont pas modernes à la maison », *in* Masclet O., Misset S. et Poullaouec T. (dir.), *La France d'en bas ? Idées reçues sur les classes populaires*, Paris, Le Cavalier Bleu.

Le Pape M.-C., Dominguez-Folgueras M., Guedj H. *et al.* (2025), « Paternité : organisation des temps professionnels et familiaux deux ans après la naissance d'un enfant », *Les dossiers de la Drees*, n° 126, p. 88.

Lee E., Bristow J., Faircloth C. et Macvarish J. (2014), *Parenting Culture Studies*, London, Palgrave Macmillan UK.

Lesnard L. (2009), *La famille désarticulée. Les nouvelles contraintes de l'emploi du temps*, Paris, Presses universitaires de France, collection « Le Lien social ».

Lewis J. (1992), « Gender and the Development of Welfare Regimes », *Journal of European Social Policy*, vol. 2, n° 3, p. 159-173.

Martial A. (2013a), « Des pères "absents" aux pères "quotidiens" : représentations et discours sur la paternité dans l'après-divorce », *Informations sociales*, vol. 176, n° 2, p. 36-43.

Martial A. (dir.) (2021), *Des pères « en solitaire » ? Ruptures conjugales et paternité contemporaine*, Aix-en-Provence, Presses universitaires de Provence, collection « Penser le genre ».

Martin C. (2014), *Être un bon parent : une injonction contemporaine*, Rennes, Presses de l'École des hautes études en santé publique, collection « Lien social et politiques ».

Meurs D. et Pora P. (2019), « Gender Equality on the Labour Market in France: A Slow Convergence Hampered by Motherhood », *Économie et statistique*, vol. 510, n° 1, p. 109-130.

Moss P. et Duvander A.-Z. (2019), *Parental Leave and Beyond: Recent International Developments, Current Issues and Future Directions*, Bristol, Policy Press.

Oakley A. (1979), *From Here to Maternity: Becoming a Mother*, Bristol, UK, Chicago, USA, Policy Press.

Pailhé A. et Solaz A. (2007), « Inflexions des trajectoires professionnelles des hommes et des femmes après la naissance d'enfants », *Revue des politiques sociales et familiales*, vol. 90, n° 1, p. 5-16.

Pailhé A. et Solaz A. (2010), « L'implication des entreprises dans l'aide à la parentalité en France : Une initiative bienvenue mais source d'inégalités entre salariés », *Revue Interventions économiques. Papers in Political Economy*, n° 41 [en ligne] journals.openedition.org (consulté le 25 août 2025).

Pailhé A., Solaz A. et Stanfors M. (2021), « The Great Convergence: Gender and Unpaid Work in Europe and the United States », *Population and Development Review*, vol. 47, n° 1, p. 181-217.

Périvier H. et Verdugo G. (2024), « Where Are the Fathers? Effects of Earmarking Parental Leave for Fathers in France », *ILR Review*, vol. 77, n° 1, p. 88-118.

Piesen A. (2016), « Une paternité à construire au quotidien : le cas de la résidence au père », *Revue des politiques sociales et familiales*, vol. 122, n° 1, p. 77-88.

Pothet J. (2014), « Le Comité national de soutien à la parentalité : ethnographie de l'élaboration d'une politique publique », *in* Martin C. (dir), *« Être un bon parent » : une injonction contemporaine*, Rennes, Presses de l'EHESP.

Quennehen M. et Unterreiner A. (2022), « Le stigmate de la paternité incarcérée en France. Les tensions normatives des professionnels et des pères en milieu carcéral », *Sociologie*, vol. 13, n° 1, p. 25-42.

Rannoux J. et Saussey M. (2024), « Promouvoir et impliquer les (futurs) pères dans le suivi médical de grossesse: Un rendez-vous manqué en maternité », *Revue des politiques sociales et familiales*, vol. 152, n° 3, p. 117-132.

Rozée V. et Mazuy M. (2012), « L'infertilité dans les couples hétérosexuels : genre et "gestion" de l'échec », *Sciences sociales et santé*, vol. 30, n° 4, p. 5-30.

Sénac R. (2015), *L'égalité sous conditions. Genre, parité, diversité*, Paris, Presses de Sciences Po, collection « Académique ».

Sponton A. (2023a), « Des pères absents ? Saisir la diversité du non-recours au congé de paternité à partir de méthodes mixtes », *Population*, vol. 78, n° 1, p. 87-121.

Sponton A. (2023b), « Se montrer présent : réception du congé de paternité, parentalités et masculinités de la grossesse à la petite enfance », Doctorat de sociologie, sous la direction de Marta Dominguez Folgueras et Ariane Pailhé, Paris, Institut d'études politiques.

Truc G. (2006), « La paternité en Maternité. Une étude par observation », *Ethnologie française*, vol. 36, n° 2, p. 341-349.

Verquere L. (2023), « “Les nouveaux pères” : la recomposition d'une masculinité hégémonique dans et par le problème public du congé paternité », *Poli - Politique de l'Image,* Varia.

Vozari A.-S. (2019), « De la félicité maternelle. Le traitement des dépressions périnatales », *in* Roux S. et Vozari A.-S. (dir.), *Familles, nouvelle génération*, Paris, Presses universitaires de France.

Williams J. (2001), *Unbending Gender: Why Family and Work Conflict and What to Do about It*, Cary, Oxford University Press, Incorporated.

DES TENTATIVES DE REDÉFINITION DE L'ENGAGEMENT PATERNEL LÉGITIME

(Dé)construction de la paternité par l'État : expériences d'immigrés en Suède

Mirana Bauduin

RÉSUMÉ

La Suède est un pays pionnier en matière de politiques familiales tournées vers l'égalité de genre, l'implication des pères dans la vie de famille et la protection de l'enfance. Les mesures politiques ne sont cependant pas reçues de la même manière par les différentes strates de la population – notamment, celle des immigrés. Partant d'entretiens menés auprès de pères immigrés en Suède, cet article analyse des initiatives de (dé)construction d'un idéal de la paternité par l'État (le système de congé parental, l'exposition *Swedish Dads* et le système de protection de l'enfance), en étudiant la manière dont elles sont reçues et se répercutent auprès des pères immigrés. Différentes formes de réception et de rapports aux normes dominantes ont émergé, et sont présentées selon une typologie de quatre profils : les alignés spontanés, les stratèges ajustés, les ambivalents normatifs et les résistants critiques. Allant de l'adhésion au rejet des normes que l'État tente d'instaurer, les réactions diverses des participants vis-à-vis de ces axes d'intervention lèvent notamment le voile sur des obstacles structurels auxquels ils font face dans leur expérience de la paternité.

ABSTRACT

State (de)construction of Fatherhood: Immigrants' Experiences in Sweden

Sweden is a pioneer in family policies aimed at gender equality, fathers' involvement in family life, and child protection. However, policy measures are not received in the same way across different strata of the population, especially among immigrants. Based on interviews with immigrant fathers in Sweden, this article analyses state initiatives that (de)construct an ideal of fatherhood (the parental leave system, the *Swedish Dads* exhibition and the child welfare system), by examining how these measures are received and how they affect immigrant fathers. Different forms of reception and relationships to the dominant norms emerged from the data and are presented according to a typology of four profiles: the spontaneously aligned, the strategically adjusted, the normatively ambivalent and the critically resistant. Ranging from adherence to rejection of the norms promoted by the state, participants' varied reactions to these lines of intervention bring to light the structural obstacles they face in their experience of fatherhood.

Introduction

Depuis les années 1970, les pays nordiques connaissent une transformation des modèles de paternité : la figure de père *breadwinner* (pourvoyeur) a progressivement laissé place à celle du père *caregiver*, davantage investi dans la vie du foyer et plus proche affectivement de ses enfants (Eydal *et al.*, 2018 ; Bergman et Hobson, 2002). Ce changement social a fortement été induit par les politiques publiques et les discours véhiculés par ces États, notamment en Suède. Soutenant avec ferveur le principe de l'égalité de genre, l'État suédois a instauré dès 1974 un congé parental non genré. Le nombre de jours de congé parental s'élève aujourd'hui à 480, dont au moins 90 sont réservés à chaque membre du couple et ne sont pas transférables à l'autre, afin d'inciter les pères à s'investir dans leur rôle de parent (Duvander et Johansson, 2012, 2014 ; Mussino *et al.*, 2018). Outre les mesures politiques, la parentalité non genrée fut également promue au travers de campagnes publicitaires, films, brochures, jingles radio, expositions, etc. véhiculant au sein de la société suédoise l'image d'un père dont la virilité est davantage définie par son implication au sein du foyer que par ses capacités financières (Johansson et Klinth, 2008 ; Bergman et Hobson, 2002)[1].

Certaines recherches ont cependant suggéré que cet encadrement de la paternité par l'État suédois pouvait fonctionner à deux vitesses : les mesures politiques adoptées touchent différemment les hommes de la population suédoise selon leur position dans l'espace social. C'est notamment le cas du congé parental, dont le taux de prise varie selon le niveau d'éducation, le niveau de revenu et le pays d'origine des pères (Duvander et Johansson, 2014). Ce dernier sous-groupe a fait l'objet de recherches plus approfondies au cours des dernières années : des études quantitatives ont en effet montré que les pères immigrés, en particulier ceux originaires d'Afrique subsaharienne, du Moyen-Orient et d'Asie centrale (Mussino *et al.*, 2018), constituaient la frange de la population des pères prenant le moins de jours de congé parental (Tervola *et al.*, 2017 ; Mussino *et al.*, 2018). Ces études expliquent ces phénomènes à titre hypothétique par des problèmes d'accès au marché du travail, par une méconnaissance du système de congé parental ou par des rapports différents aux rôles genrés chez ces pères (Duvander et Johansson, 2014 ; Tervola *et al.*, 2017 ; Mussino *et al.*, 2018).

C'est dans l'optique d'explorer ces hypothèses qu'a été menée la recherche du présent article – dont la méthodologie est détaillée dans l'encadré 1. En s'appuyant sur des entretiens, la recherche s'attache à comprendre les pratiques parentales qu'adoptent les pères immigrés en Suède ainsi que les significations que ceux-ci attribuent à ces pratiques (Bauduin, 2023). L'objectif est donc de mettre en perspective les résultats des études quantitatives citées ci-avant avec le discours direct de la population concernée. Trois aspects ont été abordés : le degré d'adoption des normes d'égalité de genre et de paternité *caring*, socialement valorisées en Suède ; la manière dont ils naviguent entre les normes et pratiques familiales véhiculées

1. D'après un rapport de l'OCDE, environ 80 % des pères suédois ont pris un congé de paternité lié à la naissance d'un enfant en 2023, contre environ 50 % en France. (OECD, 2025).

en Suède et celles inculquées durant leur enfance dans leur pays d'origine ; et le rôle joué par leurs relations sociales dans leur expérience de la paternité en Suède. Outre la dimension sociologique du vécu de ces pères, cette recherche en a révélé les dimensions politiques : les matériaux récoltés donnent en effet un aperçu de la manière dont les mesures prises par l'État suédois en matière de paternité se répercutent tangiblement auprès de sa population immigrée.

À partir de cette recherche qualitative, le présent article a donc pour objectif de mettre en lumière la manière dont les pères immigrés reçoivent et perçoivent les normes véhiculées par l'État suédois. Pour ce faire, après une revue de la littérature présentant le régime de paternité (Hobson et Morgan, 2002) suédois ainsi que les spécificités de la paternité en contexte post-migratoire, l'article abordera les notions de socialisation et de disposition (Naudet et Shahrokni, 2019 ; Brun, 2022) à partir desquelles a pu être établie une typologie de quatre profils de pères immigrés : les alignés spontanés, les stratèges ajustés, les ambivalents normatifs et les résistants critiques. Les profils seront ainsi présentés selon cette typologie, analysant les manières dont chacun d'entre eux se positionne par rapport à trois axes d'intervention de l'État suédois en matière de paternité : le congé parental et l'incitation à l'égalité de genre ; l'exposition photographique des *Swedish Dads* et la représentation de la figure du père investi ; le système de protection de l'enfance et l'injonction à l'éducation bienveillante. Des pistes d'approfondissement seront enfin suggérées en conclusion.

TABLEAU 1
Profil des participants

Participants	Pays d'origine	Année d'arrivée en Suède	Âge	Profession	Enfants		Pays d'origine de leur conjointe	Profession de leur conjointe
P1 - Ahmed	Égypte	2004	37	Ingénieur	3 enfants	10 ans ; 6 ans ; 2 mois	Égypte	Secrétaire sociale
P2 - Ismail	Somalie	1990	57	Chauffeur de bus	4 enfants	20 ans ; 16 ans ; 9 ans ; 7 ans	Somalie	Aide ménagère
P3 - Samuel	Nigeria	1995	46	Directeur d'école	3 enfants	20 ans ; jumeaux de 5 ans	Suède	Psychologue
P4 - Reza	Iran	2013	51	Sans emploi	2 enfants	19 ans ; 9 ans	Iran	Coiffeuse
P5 - Jafar	Somalie	2010	43	Chauffeur poids lourds	6 enfants	13 ans ; 9 ans ; 8 ans ; 6 ans ; 5 ans ; 1 an	Somalie	Infirmière
P6 - David	Nigeria	2012	38	Médecin	2 enfants	4 ans ; 1 an 1/2	Hongrie	Médecin

Participants	Pays d'origine	Année d'arrivée en Suède	Âge	Profession	Enfants		Pays d'origine de leur conjointe	Profession de leur conjointe
P7 - Ali	Afghanistan	2018	37	Coordinateur d'une association	2 enfants	7 ans ; 4 ans	Afghanistan	Institutrice
P8 - Bakary	Gambie	1996	40	Chanteur et animateur	3 enfants	8 ans ; 6 ans ; 4 ans	Suède-Finlande (Rom)	Étudiante (management)
P9 - Adama	Gambie	2013	39	Commis de cuisine	2 enfants	6 ans ; 2 ans	Suède (de parents gambiens)	Assistante dentaire
P10 - Arun	Inde	2006	38	Informaticien	1 enfant	2 ans 1/2	Iran	Assistante développeuse
P11 - Lutakome	Congo	1994	37	Agent logistique en entrepôt	4 enfants	11 ans ; 8 ans ; 7 ans ; 5 ans	Suède	Agente d'assurance
P12 - Nelius	Éthiopie	1985	40	Musicien et comptable	3 enfants	10 ans ; jumelles de 7 ans	Suède	Employée administrative
P13 - Gabriel	Nigeria	2017	40	Expert en cybersécurité	2 enfants	4 ans ; 7 mois	Danemark	Responsable de conformité
P14 - Daniel	Nigeria	1990	52	Infirmier	3 enfants	6 ans ; 3 ans ; 1 an	Suède	Orthophoniste
P15 - Sékou	Gambie	2000	39	Éducateur	2 enfants	7 ans ; 5 ans	Suède	Travailleuse sociale
P16 - Issa	Gambie	2011	38	Serveur	1 enfant	4 ans	Gambie	Infirmière
P17 - Djibril	Gambie	2013	36	Employé de maison de repos	3 enfants	8 ans ; 5 ans ; 2 ans	Gambie	Secrétaire médicale
P18 - Ousmane	Égypte	1998	40	Architecte	2 enfants	9 ans ; 5 ans	Égypte	Assistante sociale
P19 - Isaac	Somalie	1991	56	Éboueur	3 enfants	18 ans ; 10 ans ; 6 ans	Somalie	Aide-soignante
P20 - Oumar	Somalie	2010	43	Chauffeur de bus	4 enfants	11 ans ; 7 ans ; 5 ans ; 2 ans	Somalie	Aide-soignante
P21 - Simon	Nigeria	2007	48	Radiologue	1 enfant	2 ans	Danemark	Kinésithérapeute
P22 - Assane	Afghanistan	2016	34	Gestionnaire de projet	2 enfants	6 ans ; 2 ans	Afghanistan	Étudiante (secteur social)
P23 - George	Nigeria	2015	39	Informaticien	1 enfant	5 ans	Suède	Employée de banque
P24 - Karan	Inde	2004	37	Développeur informatique	2 enfants	4 ans ; 1 an 1/2	Inde	Laborantine
P25 - Demba	Congo	1993	42	Cariste	3 enfants	9 ans ; 5 ans ; 2 ans	Congo	Employée administrative

Revue de la littérature – La paternité et ses encadrements en Suède

S'inspirant de la typologie des États-providence de G. Esping-Andersen (1990), B. Hobson et D. Morgan (2002) proposent une typologie des « régimes de paternité », définis par l'ensemble des droits et obligations attribués aux pères et déterminés par les politiques familiales et les discours publics normatifs d'un État donné (Gregory et Milner, 2011). À l'image de son régime d'État-providence, la Suède a un régime de paternité social-démocrate, disposant d'obligations financières faibles et de droits élevés en matière de *care* vis-à-vis des enfants. Ce régime promeut le modèle familial du double *breadwinner/carer,* au travers de mesures politiques orientées vers un épanouissement des individus dans leur rôle parental. La mesure politique faisant de la Suède un pays pionnier en matière de promotion de l'égalité de genre est celle du congé parental, qui est non genré. Plutôt que d'attribuer des jours de congé individuellement au père et à la mère comme dans la plupart des autres pays d'Europe, l'État suédois prévoit un ensemble de jours de congé pour un couple parental. Le système a connu une série de réformes, telles que le « quota du papa » et un bonus fiscal, toutes destinées à renforcer l'égalité de genre. Aujourd'hui, 480 jours de congé parental sont à partager entre le père et la mère, avec un minimum de 90 jours réservés à chacun.

Si ces mesures politiques contribuent à rendre la division genrée du travail de plus en plus égalitaire (Duvander et Johansson, 2012 ; 2014), l'égalité n'est guère parfaite : malgré une participation accrue des pères aux tâches ménagères et à la gestion des enfants, on observe chez ces derniers la persistance de la prédominance du rôle de pourvoyeur dans leurs responsabilités de parent, notamment parce qu'ils ne prennent qu'une minorité des jours de congé parental (Eydal *et al.*, 2018 ; Brandth *et al.*, 2022). Néanmoins, ces auteurs appellent à la vigilance dans l'interprétation du taux de congé parental pris par les pères : un faible taux n'indique pas nécessairement un rejet du principe d'égalité de genre, mais peut être la conséquence d'inégalités sociales dans l'accès à ces avantages sociaux. A.-Z. Duvander et M. Johansson (2014) ont en effet montré que les sous-groupes de pères prenant le moins de congé parental étaient ceux à bas revenu ou sans emploi, ceux au niveau d'éducation bas et ceux issus de l'immigration. Pour ces derniers, l'usage des avantages sociaux peut être impacté par des problèmes d'accès à l'information sur le fonctionnement du système de congé parental (Tervola *et al.*, 2017). D'un point de vue plus sociologique, des recherches menées auprès de pères immigrés dans les pays nordiques révèlent l'adoption de nouvelles pratiques parentales inspirées de modèles plus égalitaires, qui coexiste bien souvent avec une persistance de l'attachement à leur identité professionnelle et à la figure de pourvoyeur (Pustulka *et al.*, 2015 ; Wissö et Bäck-Wiklund, 2021).

Outre l'égalité de genre, l'État suédois promeut une « paternité attentionnée » (*caring fatherhood*). Dans un contexte de reconfiguration de la masculinité hégémonique (Connell, 1995 ; 2014) dans les pays nordiques, passant d'un modèle traditionnel reposant sur des valeurs de domination à une « masculinité attentionnée » définie par la capacité à se connecter à ses émotions (Elliott, 2016, p. 256),

Johansson (2023, p. 54) observe l'émergence d'un modèle de pères « attentionnés, sensibles et investis ». Son analyse corrobore des données empiriques présentées dans une étude antérieure, qui avait dévoilé un idéal de parentalité non genrée et de paternité investie dans le *care*, partagé par des pères aux profils variés (issus de l'immigration, issus de la communauté LGBTQIA+, artistes, etc.) (Johansson, 2011). À cet égard, les *migration studies* nous apprennent que la relation des pères immigrés à leurs enfants tend parfois à être marquée par le contexte post-migratoire. Par exemple, l'autorité peut être impactée par les difficultés des pères à s'adapter à leur nouveau cadre de vie (Liversage, 2014), voire par la dépendance des pères à l'aide offerte par leurs enfants dans la vie quotidienne, notamment pour des questions administratives.

Cette question de l'autorité et de l'éducation constitue également un point important de l'encadrement de la parentalité en Suède. Elle se manifeste par la création d'un ensemble de principes et de normes législatives encadrant la protection de l'enfance (Hofverberg, 2019), prévoyant des mesures telles que le placement de l'enfant sous protection étatique pour la préservation de son intégrité physique ou psychologique (Mtetwa, 2021) ou l'obligation d'une enquête par les services sociaux en cas de suspicion de maltraitance (Andersson, 2006). Cet interventionnisme est perçu comme un contrôle excessif de l'État par les parents immigrés, comme le montre la recherche de E. Mtetwa (2021) auprès de familles africaines sujettes à des enquêtes pour suspicion de maltraitance. Cela soulève également la question de la discrimination ethnoraciale : les enfants issus de familles africaines sont 17,5 fois plus susceptibles d'être placés en centre ou famille d'accueil que les enfants de familles suédoises (Mtetwa, 2021 ; Hessle et Vinnerljung, 2000). *De facto*, B. Eliassi (2015) avance que, malgré une prétention à la *colorblindness* (indifférence à la couleur de peau) et à l'universalisme, les travailleurs sociaux en Suède tendent à justifier leurs interventions au sein de familles immigrées par des différences qu'ils perçoivent comme culturelles dans les pratiques éducatives.

Cet état des lieux de la littérature sur l'encadrement de la paternité en Suède et sur le vécu de la paternité en contexte post-migratoire met en avant le caractère interventionniste de l'État, qui vise un idéal de paternité investie et rejette toute forme d'éducation qu'il juge non bienveillante. Il a été montré que ces mesures politiques n'impactent pas de manière uniforme tous les sous-groupes de pères, notamment celui des immigrés. Partant de leur point de vue, le présent article s'attache à lever le voile sur les tentatives de construction et de déconstruction de la paternité, notions détaillées dans la section suivante.

Cadre conceptuel – Processus de socialisation

Afin de tenter de saisir les manières dont les pères immigrés reçoivent les injonctions sociales suédoises en matière de parentalité, il convient de s'intéresser à la manière dont ces dernières se confrontent à la position sociale et aux socialisations antérieures des individus. P. Berger et T. Luckmann (1966) ont montré que les normes sociales étaient intégrées par les individus selon un processus en trois temps : la création des structures sociales ; l'objectivation de ces structures sociales par leur institutionnalisation ; l'internalisation de ces institutions socialement produites par les individus, essentiellement au travers de leur socialisation. M. Darmon (2010 ; 2018) insiste sur le caractère situé, multidimensionnel et infini de la socialisation : les pratiques, représentations et manières d'être des individus sont continuellement transformées et actualisées par des processus de socialisation dite « secondaire », tels que la mise en place de dispositifs publics, succédant à la socialisation « primaire », qui a lieu au sein du cercle familial durant l'enfance.

Il est à noter que le processus de construction sociale de la réalité par la socialisation n'est pas infaillible : les normes véhiculées ne font pas toutes l'objet d'une adhésion unanime et uniforme. En ce sens, les travaux de B. Lahire (2005a ; 2005b) soulignent que les dispositions des individus, par leurs multiples socialisations, peuvent être dissonantes entre elles : une personne peut se trouver en proie à des tensions internes entre la fidélité à des normes issues de sa socialisation primaire, et l'adoption de nouvelles normes transmises dans le cadre d'une socialisation secondaire. Ainsi, la notion de la socialisation est féconde pour comprendre le rapport des pères immigrés aux normes de parentalité suédoises ainsi que la manière dont ils naviguent entre les différents cadres normatifs qui leur ont été transmis au cours de leurs socialisations. Elle permettra de saisir comment les pères immigrés, selon leurs dispositions socialisées, « font la paternité » – c'est-à-dire développent des pratiques paternelles conformes aux attentes institutionnelles sociétales des rôles parentaux genrés (Plantin *et al.*, 2003 ; Musumeci *et al.*, 2015) – ou « défont la paternité » – en adoptant des postures de réserve, de contestation ou de résistance face aux injonctions normatives des rôles parentaux genrés (Tereškinas et Maslauskaite, 2019).

MÉTHODOLOGIE DE RECHERCHE **[ENCADRÉ 1]**

Les résultats présentés dans cet article ont été obtenus par des entretiens menés auprès de 25 pères immigrés en Suède. Les participants ont été recrutés *via* des associations (Svenska Med Baby, Pappa Barn Forum) puis selon la technique de la boule de neige. Les critères de sélection (expliqués plus en détail dans l'article) étaient les suivants : être originaire d'Afrique subsaharienne, du Moyen-Orient ou d'Asie centrale ; avoir au moins un enfant de moins de 12 ans né en Suède ; vivre avec la mère de leur enfant. Les profils des 25 participants sélectionnés sont repris dans le tableau 1. Les entretiens étaient semi-directifs, menés en anglais, en face-à-face ou par appel vidéo. Dix entretiens ont été menés entre janvier et mai 2023 (dans le cadre de la réalisation de mon mémoire de master), et quinze entretiens entre novembre 2024 et février 2025 (en vue de la publication du présent article). Le guide d'entretien reposait sur trois thématiques : les pratiques parentales adoptées par ces pères ; la manière dont ils se positionnent par rapport aux normes parentales véhiculées en Suède et celles inculquées durant leur enfance dans leur pays d'origine ; et le rôle que tient leur tissu de relations sociales dans leur expérience de la parentalité en contexte post-migratoire. La méthode de la photo-élicitation a également été mobilisée pendant les entretiens : deux photographies de l'exposition *Swedish Dads* ont été présentées aux participants afin de susciter la discussion sur les valeurs de paternité investie et de *caring* qu'elles semblent représenter. Les données ont ensuite été codées et soumises à une analyse thématique, basée sur trois dispositifs de (dé)construction de la paternité (le système de congé parental, l'exposition *Swedish Dads* et le système de protection de l'enfance), et ont permis de faire émerger une typologie de quatre formes de paternité (les alignés spontanés, les stratèges ajustés, les ambivalents normatifs et les résistants critiques).

Résultats

Trois formes d'encadrement institutionnel de la paternité en Suède ont été analysées, à partir des entretiens, comme des initiatives de construction et de déconstruction de la paternité. La première est le congé parental. Pour rappel, la Suède octroie aux parents un congé parental de 480 jours à partager entre le père et la mère, avec un *daddy quota* de 90 jours. Les 480 jours de congé comprennent 390 jours rémunérés à 80 % du salaire (avec un plafond mensuel) ainsi que 90 jours défrayés à raison de 16 euros par jour. Par ces avantages financiers, l'État suédois entend soutenir un investissement actif et équitable des parents dans leurs rôles de père et mère. En incitant à l'égalité de genre, le système du congé parental constitue donc une mesure par laquelle l'État suédois façonne un modèle idéal de paternité.

Le deuxième dispositif est celui de la valorisation d'une paternité dans le *care* promue par l'exposition *Swedish Dads*. Cette exposition était un projet du photographe Johan Bävman, souhaitant représenter artistiquement et en images l'expérience d'un congé parental choisi, sur une longue période, pour certains pères[2]. Remportant de nombreux prix, elle a fortement été mise en avant par le Gouvernement, notamment au travers d'une tournée mondiale aux côtés du Svenska Institutet[3]. Cette démarche démontre donc une volonté de l'État de véhiculer, en Suède et à l'étranger, une image du « père suédois » comme un père embrassant pleinement son rôle, s'investissant activement au sein du foyer et capable de prendre soin de ses enfants avec douceur et sensibilité. Deux photographies tirées de l'exposition ont servi de support à la discussion durant les entretiens avec les participants. Les photographies ont été sélectionnées selon les normes et valeurs qu'elles semblaient représenter, à savoir l'investissement des pères dans les tâches domestiques[4] ainsi que la paternité tournée vers le *care*[5].

Le troisième dispositif est celui de l'injonction à l'éducation bienveillante *via* le système de protection de l'enfance. Alors que les participants décrivaient l'organisation et les dynamiques au sein de leur foyer, la question des normes sociales suédoises en matière d'éducation s'est dégagée comme un point crucial de leur

2. Composée de photographies de pères suédois en congé parental de longue durée, cette exposition a eu pour double objectif de mettre en images les politiques familiales généreuses qui caractérisent la Suède, et d'inspirer les pères – de Suède et d'ailleurs – en leur montrant les bénéfices d'un investissement actif dans la vie de leurs enfants [en ligne] johanbavman.se/swedish-dads/
3. Agence publique en charge de la promotion de l'image et de la crédibilité de la Suède sur le plan international.
4. Photographie intitulée « Ola Larsson, 41 ans, acheteur en congé parental pendant 8 mois avec son fils Gustav ».
5. Photographie intitulée « Göran Sevelin, 27 ans, étudiant en congé d'études de 10 mois pour s'occuper de sa fille Liv ».

expérience de la paternité : par le biais de l'école, de la police ou des services sociaux, l'État suédois veille à la préservation des droits de l'enfant en instaurant un ensemble de normes en matière d'éducation auxquelles les pères doivent se conformer.

L'analyse des données récoltées au cours des entretiens a fait émerger différentes formes de réception de ces trois mesures politiques, reprises ci-après selon une division en quatre types de pères : les alignés spontanés, les stratèges ajustés, les ambivalents normatifs et les résistants critiques. Sans pour autant assigner les participants à des catégories étanches et rigides, cette typologie permet de dégager des régularités d'opinions, de perceptions et de réceptions de ces trois dispositifs, et de situer les discours tenus par les participants par rapport à leurs caractéristiques individuelles (métier, pays d'origine, durée de séjour en Suède, etc.).

Les alignés spontanés : en harmonie avec les normes dominantes

TABLEAU 2
Profil des pères « alignés spontanés »

Alignés spontanés					
Participants	**Pays d'origine**	**Profession**	**Année d'arrivée en Suède**	**Pays d'origine de leur conjointe**	**Profession de leur conjointe**
Ahmed	Égypte	Ingénieur	2004	Égypte	Secrétaire sociale
David	Nigeria	Médecin	2012	Hongrie	Médecin
Daniel	Nigeria	Infirmier	1990	Suède	Orthophoniste
Ousmane	Égypte	Architecte	1998	Égypte	Assistante sociale
Simon	Nigeria	Radiologue	2007	Danemark	Kinési-thérapeute

Les alignés spontanés présentent un ensemble de caractéristiques qui favorisent une adoption spontanée des normes sociales véhiculées en Suède. Ils ont connu une trajectoire migratoire stable et/ou une insertion socioprofessionnelle et exercent, pour la plupart, un métier de classe sociale élevée dont le secteur et/ou le niveau de formation coïncident avec celui de leur partenaire (tableau 2). Au cours des entretiens, ces pères ont montré une adhésion relativement forte aux normes parentales suédoises, auxquelles ils peuvent plus aisément se conformer compte tenu de leurs ressources matérielles suffisantes.

Par exemple, les alignés spontanés ont tous affirmé adhérer au principe d'égalité de genre véhiculé par le système du congé parental. Plusieurs ont en effet expliqué l'avoir adopté de la manière dont l'État le préconise :

« Ma femme et moi partageons entre nous la gestion des enfants : j'emmène les enfants à l'école et elle vient les chercher, elle fait la cuisine et je m'occupe des vêtements, etc. Il y a donc une sorte de 50-50 entre elle et moi. Et nous n'avons pas vraiment organisé cela comme "Tu dois faire ci, et moi je dois faire ça". Ce n'était pas ça. C'est venu naturellement, dès le début. [...] Idem pour le congé parental, que nous avons divisé en moitié-moitié » (Ahmed, ingénieur, originaire d'Égypte, en Suède depuis 2004).

Pourtant, tous les alignés spontanés n'ont pas partagé le nombre de jours de congé parental de manière équitable entre eux et leur partenaire – non par rejet du principe d'égalité de genre, mais plutôt par mauvaise compréhension du fonctionnement du système. Certains ont ainsi pris un congé parental qu'ils ont estimé *a posteriori* trop court, comme David :

« Avec ma fille aînée, je n'ai pas pris beaucoup de congé parental car je ne comprenais pas vraiment comment le système fonctionnait. Ensuite, pour mon fils, j'ai pris un congé plus long. Avec le recul, si j'avais su, j'en aurais pris un plus long pour ma fille aussi. Je sens que le peu de temps passé avec elle à la maison a un peu impacté notre relation. Pour le moment, j'ai l'impression d'être plus proche de mon fils, et que ma fille est plus proche de sa mère » (David, médecin, originaire du Nigeria, en Suède depuis 2012).

Daniel appelle donc à une simplification et une meilleure communication sur le système de congé parental, afin que les pères immigrés puissent en jouir aussi pleinement que les Suédois natifs :

« Malheureusement, beaucoup d'immigrés originaires d'Afrique, du Moyen Orient ou d'Asie ont des difficultés parce que tout est trop différent de leur style de vie. Imagine : tu arrives ici en tant que réfugié, tu veux subvenir aux besoins de ta famille, mais des gens te disent que tu t'y prends mal... C'est compliqué à gérer. J'ai beaucoup de patients qui me disent avoir du mal à saisir l'intérêt de rester à la maison avec leurs enfants. Donc, tout ce que fait l'État suédois, c'est très bien, mais il devrait essayer de simplifier les choses, notamment le système de congé parental, pour le rendre accessible à plus de gens. Même moi, j'ai eu du mal à tout comprendre au début » (Daniel, infirmier, originaire du Nigeria, en Suède depuis 1990).

À l'instar de l'égalité de genre, la paternité *caring* est plébiscitée par les alignés spontanés. Lors de la discussion autour des deux photographies durant l'entretien, ces pères ont unanimement dit se reconnaître dans ces images, qui selon eux représentent des situations ordinaires de la vie d'un père. La plupart d'entre eux ont par ailleurs mentionné les différences qui existent entre les pratiques de la paternité en Suède et celles de leur pays d'origine :

« Je me vois sur ces deux photos, j'ai cette même proximité avec mes enfants. C'est quelque chose que vous verrez tous les jours dans la rue ici : en Suède, nous avons plus de temps et d'avantages accordés par le Gouvernement, comme le congé parental. Les pères peuvent donc rester plus longtemps avec leurs enfants, ce qui renforce les liens. En Égypte, les pères sont plus absents,

> ils travaillent tard et la charge des tâches ménagères pèse davantage sur la mère. Ils n'ont pas les mêmes possibilités qu'en Suède. Ici, grâce aux aides de l'État, la répartition des tâches entre la mère et le père est plus équitable » (Ousmane, architecte, originaire d'Égypte, en Suède depuis 1998).

Ces pères soutiennent donc que vivre en Suède leur offre l'opportunité d'être le père qu'ils seraient « naturellement », indépendamment de toute injonction sociale. Ils partagent un avis similaire sur la question de l'éducation des enfants : les normes éducatives véhiculées en Suède correspondent à celles qu'ils prônent en tant que pères, telles que l'éducation bienveillante, la communication horizontale entre parents et enfants et la reconnaissance des émotions des enfants.

> « Entre eux et moi, c'est comme si nous étions amis. J'essaie d'avoir avec eux une relation très informelle, ce qui les rapproche de moi. Ainsi, quand quelque chose ne va pas, ils viennent vers moi pour en parler et nous réfléchissons ensemble à comment y faire face. Je crois que c'est mieux d'avoir une relation comme ça, qu'une relation formelle où l'on se parle de manière sérieuse et froide » (Ahmed, ingénieur, originaire d'Égypte, en Suède depuis 2004).

En somme, les pères du profil des Alignés spontanés démontrent une pleine adhésion aux normes suédoises de l'égalité de genre, de la paternité dans le *care* et de l'éducation bienveillante. Ils incarnent donc une posture de cohérence entre dispositions socialisées et normes institutionnelles. Il faut cependant noter qu'il subsiste chez certains d'entre eux une barrière à l'adoption des pratiques parentales promues par l'État, liée non pas à une résistance normative mais à une compréhension incomplète des dispositifs disponibles – en l'occurrence, le système du congé parental. Cela indique une socialisation secondaire encore partielle, malgré des dispositions favorables à l'appropriation des normes suédoises.

Les stratèges ajustés : adhésion stratégique et pragmatique aux normes dominantes

Les stratèges ajustés se caractérisent par une adoption des pratiques promues par l'État suédois motivée davantage par une stratégie d'adaptation à leur nouveau contexte de vie que par une adhésion profonde aux normes institutionnelles. Ces pères ont vécu une trajectoire migratoire plutôt instable, avec des phases de précarité au niveau socioprofessionnel (tableau 3). Leur mode de vie et leur vécu de la paternité sont donc marqués par des pratiques adoptées dans le but de sécuriser et d'assurer un avenir pérenne à leur famille.

TABLEAU 3
Profil des pères « stratèges ajustés »

Stratèges ajustés					
Participants	**Pays d'origine**	**Profession**	**Année d'arrivée en Suède**	**Pays d'origine de leur conjointe**	**Profession de leur conjointe**
Ismail	Somalie	Chauffeur de bus	1990	Somalie	Aide ménagère
Reza	Iran	Sans emploi	2013	Iran	Coiffeuse
Ali	Afghanistan	Coordinateur d'une association	2018	Afghanistan	Institutrice
Arun	Inde	Informaticien	2006	Iran	Assistante développeuse
Nelius	Éthiopie	Musicien et comptable	1985	Suède	Employée administrative
Gabriel	Nigeria	Expert en cybersécurité	2017	Danemark	Responsable de conformité
Isaac	Somalie	Éboueur	1991	Somalie	Aide-soignante
Assane	Afghanistan	Gestionnaire de projet	2016	Afghanistan	Étudiante (secteur social)
Karan	Inde	Développeur informatique	2004	Inde	Laborantine

Pour ces pères, la question de la prise du congé parental s'est davantage posée en termes de stratégies financières qu'en termes de valeurs parentales au sein du couple. Elle a également fait l'objet d'une autre stratégie, celle de la garde de l'enfant. Gabriel explique en effet avoir dû prolonger son congé parental faute d'avoir pu inscrire son fils dans une crèche. Son témoignage soulève la problématique de la mauvaise compréhension du système suédois, déjà évoquée chez les pères alignés spontanés :

> « À la fin de mon congé parental, mon fils n'avait pas été accepté dans une école à temps à cause d'un malentendu : nous avions décliné les offres de deux instituts parce que nous pensions que nous ne les avions pas indiqués dans notre liste, et qu'il s'agissait donc d'une erreur. Nous ne savions pas qu'en les refusant, nos noms seraient retirés du système. J'ai donc dû prolonger mon congé pour garder mon fils le temps de trouver une solution » (Gabriel, expert en cybersécurité, originaire du Nigeria, en Suède depuis 2017).

En ce qui concerne la norme de la paternité *caring*, les stratèges ajustés démontrent l'avoir également adoptée par stratégie : ils estiment que des pères vivant en Suède n'ont d'autres choix que de s'investir autant que la mère auprès de leur enfant, car ils ne disposent pas ici du système de soutien familial qu'ils auraient eu dans leur pays d'origine :

> « C'est une bonne chose [que l'État promeuve ces normes], surtout dans cette société, en Suède. En Somalie, toute la famille est rapprochée, donc si les parents sont occupés, les enfants restent avec leurs cousins, oncles et tantes, grands-parents…

Mais en Suède, tu n'as personne pour t'aider, c'est juste toi et ta femme. Donc, c'est important de s'entraider entre parents, parce qu'avec le train de vie d'ici, s'il n'y a que la maman qui s'occupe des enfants, ça ne peut pas fonctionner » (Ismail, chauffeur de bus, originaire de Somalie, en Suède depuis 1990).

Ainsi, si les stratèges ajustés adoptent les pratiques promues par l'État pour des raisons pragmatiques, certains émettent tout de même un avis mitigé sur les normes parentales suédoises. C'est notamment le cas de Karan, sur la question de l'injonction sociale à l'investissement des pères :

« Je trouve que ce n'est vraiment pas une bonne chose de forcer les pères à s'investir. On doit pouvoir être libres. Si l'un préfère travailler ou l'autre préfère étudier, laissons-les faire. Pourquoi devrait-on restreindre leurs libertés ? » (Karan, développeur informatique, originaire d'Inde, en Suède depuis 2004).

Il en va de même pour les questions d'éducation : les stratèges ajustés ont montré qu'ils ont adopté les principes d'éducation bienveillante avec leurs enfants également par stratégie, considérant qu'il s'agit de la forme d'éducation la plus adéquate aux mœurs de « notre époque ».

« La relation entre mes enfants et moi est plutôt amicale, quand j'y pense. Il n'y a pas de hiérarchie du style "Tu dois m'écouter, c'est moi le chef ici". Ça, ça ne fonctionne plus à notre époque. À la place, nous interagissons comme des amis » (Assane, gestionnaire de projet dans une ONG, originaire d'Afghanistan, en Suède depuis 2016).

Les stratèges ajustés répondent donc partiellement aux attentes institutionnelles suédoises dominantes, en mobilisant les dispositifs favorisant l'investissement paternel lorsque ceux-ci leur permettent de compenser les contraintes matérielles qu'ils rencontrent en tant que parents immigrés. Ce processus d'ajustement peut les conduire à relire de manière réflexive les modèles de paternité dominants dans leur pays d'origine, sans que cela n'entre foncièrement en conflit avec leurs dispositions passées – contrairement au groupe des ambivalents normatifs présentés ci-après.

Les ambivalents normatifs : adaptations en tensions

Les ambivalents normatifs vivent une tension entre les normes parentales de leur pays d'origine et celles de la Suède. Le profil de ces pères (tableau 4) est moins caractérisé par des données sociodémographiques communes que par une prégnance de leur socialisation passée dans le façonnement de la figure du père qu'ils souhaitent incarner. Lorsque les normes de leurs socialisations primaire et secondaire s'avèrent contradictoires, les pères tentent de naviguer entre elles en adoptant des compromis qui tendent à les frustrer.

TABLEAU 4
Profil des pères « ambivalents normatifs »

Ambivalents normatifs					
Participants	**Pays d'origine**	**Profession**	**Année d'arrivée en Suède**	**Pays d'origine de leur conjointe**	**Profession de leur conjointe**
Samuel	Nigeria	Directeur d'école	1995	Suède	Psychologue
Jafar	Somalie	Chauffeur poids lourds	2010	Somalie	Infirmière
Djibril	Gambie	Employé de maison de repos	2013	Gambie	Secrétaire médicale
Oumar	Somalie	Chauffeur de bus	2010	Somalie	Aide-soignante
George	Nigeria	Informaticien	2015	Suède	Employée de banque

Par exemple, le principe d'égalité de genre du congé parental entre en confrontation avec celui du rôle de pourvoyeur de la famille, inculqué dans l'enfance. Les pères ambivalents normatifs tentent donc de se conformer à ces deux normes en essayant de trouver un compromis qui ne les satisfait cependant pas complètement. C'est en ce sens que Samuel explique n'avoir pris que le *daddy quota* en jours de congé parental : c'est une façon pour lui de « jouer le jeu » de l'égalité de genre, tout en tenant compte des contraintes économiques qui limitent sa marge de manœuvre, veillant ainsi à préserver son rôle de pourvoyeur :

> « J'ai un revenu qui dépasse la fourchette tolérée des montants de salaire. En recevant les documents, j'ai vu que je ne serais pas payé pour le "surplus" d'argent que je perçois. J'aurais donc reçu 40 % de mon salaire au lieu de 80 %. Cela signifie que le système est conçu de telle sorte que les parents pour qui c'est un bon *deal* de rester à la maison pendant des mois sont des parents qui n'ont pas des salaires très élevés. J'ai donc repris le travail au bout de trois mois, sinon j'aurais perdu trop d'argent » (Samuel, directeur d'école, originaire du Nigeria, en Suède depuis 1995).

Si les ambivalents normatifs partagent avec les stratèges ajustés l'adoption des pratiques dominantes par stratégie, ils sont toutefois caractérisés par le vécu d'une tension induite par la non-concordance des normes dominantes avec celles de leur socialisation passée. Dans le même ordre d'idée, les pères ambivalents normatifs ont exprimé des difficultés à se positionner face aux deux photographies de l'exposition *Swedish Dads* illustrant une paternité dans le *care*. Les références à leur socialisation antérieure ont souvent été mobilisées au cours des entretiens pour expliquer un inconfort vis-à-vis de cette norme, qu'ils reconnaissent toutefois avoir finalement adoptée :

> « Avant d'avoir mes propres enfants, j'ai toujours pensé que c'était un truc de mauviette pour un père de pousser un landau. Je me disais toujours: "Je ne ferai jamais ça". Mais avec le temps, j'ai gagné en maturité, et je me suis rendu compte de la beauté et de la douceur de ce geste. Donc je pense que cela dépend de plusieurs facteurs : ton âge, ta culture... Mais en tout cas, le système [suédois] t'oblige à faire face à ta propre éducation et à tes propres idées culturelles » (George, informaticien, originaire du Nigeria, en Suède depuis 2015).

Les questions éducatives sont abordées selon une logique similaire : les pères ambivalents normatifs tendent à naviguer entre les normes de leurs pays d'origine et celles de la Suède. Ces dernières sont privilégiées, souvent par conformisme, non sans tension ou frustration vis-à-vis des valeurs qui leur sont chères et auxquelles ils doivent renoncer :

> « Je fais des allers-retours entre les deux cultures [suédoise et nigériane]. Par exemple, contrairement aux pères au Nigeria, je ne suis pas du genre à crier sur mes enfants. Je considère toujours qu'un enfant ne peut pas crier sur ses parents, mais l'inverse est vrai aussi. En revanche, je reste très africain sur d'autres aspects, comme le respect des aînés. Si une personne âgée entre dans le bus, les jeunes doivent se lever et lui céder la place. Mais ça, c'est difficile de l'inculquer à mes enfants, parce que je constate que ça ne se fait pas beaucoup en Suède » (Samuel, directeur d'école, originaire du Nigeria, en Suède depuis 1995).

Ainsi, comme l'illustre le témoignage de Samuel, les ambivalents normatifs sont tiraillés entre les normes intégrées au cours de leur socialisation primaire et celles véhiculées dans leur socialisation secondaire en contexte post-migratoire. Lorsque ces normes entrent en contradiction, les ambivalents normatifs tendent à favoriser celles suédoises dans un but d'intégration sociale, générant en eux des tensions ou un inconfort sur le plan normatif.

Les résistants critiques : rejet du modèle de paternité dominant

Le profil des résistants critiques est le pendant négatif de celui des ajustés spontanés : alors que les ajustés spontanés font preuve d'une adhésion aux normes parentales suédoises, les résistants critiques démontrent un rejet partiel voire complet de ces normes, au profit de celles de leur pays d'origine. Une surreprésentation de pères issus d'Afrique subsaharienne – en particulier de Gambie – et de pères peu ou pas diplômés (tableau 5) suggère une potentielle persistance des normes sociales patriarcales de leur pays d'origine (Bellagamba, 2013 ; Chant et Touray, 2012 ; Saine, 2012) favorisée par une position minoritaire dans l'espace social suédois.

TABLEAU 5
Profil des pères « résistants critiques »

Résistants critiques					
Participants	**Pays d'origine**	**Profession**	**Année d'arrivée en Suède**	**Pays d'origine de leur conjointe**	**Profession de leur conjointe**
Bakary	Gambie	Chanteur et animateur	1996	Suède-Finlande (Rom)	Étudiante (management)
Adama	Gambie	Commis de cuisine	2013	Suède (de parents gambiens)	Assistante dentaire
Lutakome	Congo	Agent logistique en entrepôt	1994	Suède	Agente d'assurance
Sékou	Gambie	Éducateur	2000	Suède	Travailleuse sociale
Issa	Gambie	Serveur	2011	Gambie	Infirmière
Demba	Gambie	Employé de maison de repos	2013	Gambie	Employée administrative

Leur attachement aux normes de leur pays d'origine s'illustre fortement dans leur rapport au congé parental en Suède. Tout en reconnaissant une nécessité de s'y conformer dans un but d'adaptation au contexte post-migratoire (cf. les stratèges ajustés), les résistants critiques expriment un rejet du principe de l'égalité de genre, allant à l'encontre du principe de complémentarité des rôles genrés qui leur a été inculqué dans leur enfance :

> « Ma femme et moi avons grandi dans des *backgrounds* assez similaires, où les rôles de chacun sont bien définis : les femmes sont nourricières, elles donnent de l'amour et de l'énergie à tout le monde, alors que les hommes sont dans l'action, ils gèrent les finances ou les tâches manuelles. Avec ma femme, nous avons instinctivement gardé cette façon de fonctionner ; mais nous l'avons modernisée pour nous adapter à notre nouveau contexte de vie » (Sékou, éducateur, originaire de Gambie, en Suède depuis 2000).

De ce fait, la plupart d'entre eux dénoncent les incitations de l'État suédois à adopter l'égalité de genre au sein du couple, estimant que les couples devraient pouvoir choisir le mode de fonctionnement qui leur convient le mieux sans que l'État ne leur impose un cadre normatif strict :

> « Je pense que c'est comme tout le reste dans la société suédoise : ils ont cette utopie de mettre les gens dans des cases pour avoir un certain type de contrôle. [...] Dans un mariage, dans un ménage, il n'y a rien d'égalitaire. Voilà ce que j'en pense. Je pense que l'égalité signifie que vous apportez ce que vous pouvez sur la table. J'apporte ce que je peux, et je ne forcerai pas ma femme à faire des choses qu'elle ne peut pas faire, et vice versa. Je pense que c'est une grave erreur. On ne peut pas construire un foyer en disant : "Si je lave trois assiettes, tu dois

> aussi laver trois assiettes". Je ne pense pas que ce soit ainsi que les choses doivent se passer. Je ne suis donc pas favorable à une répartition 50-50 ; et je ne pense pas non plus qu'il faille appliquer chez soi tout ce que le Gouvernement préconise » (Bakary, chanteur et animateur, originaire de Gambie, en Suède depuis 1996).

L'injonction à la paternité dans le *care* fait l'objet des mêmes formes de rejet de la part des résistants critiques : ces pères expliquent accepter de prendre en charge le soin aux enfants par nécessité, tout en considérant qu'il s'agit de tâches plutôt féminines :

> « [Comparant les deux photographies présentées] Je me sens plutôt comme celui qui passe l'aspirateur, parce qu'il a l'air d'être un manuel qui improvise. L'homme qui porte son enfant : c'est encore bloqué quelque part dans mon esprit que c'est un truc de mère. Je crois que c'est dû à mon *background* » (Sékou, éducateur, originaire de Gambie, en Suède depuis 2000).

Les résistants critiques rappellent que leur rôle de père consiste davantage à subvenir financièrement aux besoins du foyer, et que l'État ne devrait pas s'interposer dans leurs valeurs et dans leur organisation familiale, comme l'expliquent Adama et Issa :

> « Tout dépend des conditions de vie de chacun. Pour ma part, j'adore mes enfants et j'aime passer du temps avec eux ; mais je pense avant tout à leur avenir. Imagine : ma fille devient adulte, elle a des factures qu'elle n'arrive pas à payer et vient me demander de l'aide. Là, je ne pourrais pas l'aider, parce que quand elle était petite, j'avais choisi de rester avec elle à la maison plutôt que de travailler et d'épargner pour elle… Tu vois, c'est pour ça que je préfère travailler : pour gagner de l'argent, même un peu, pour pouvoir l'aider plus tard » (Adama, commis de cuisine, originaire de Gambie, en Suède depuis 2013).

> « Le système favorise les mères : si les parents divorcent, les enfants iront chez la mère et le père devra lui payer une pension alimentaire ; donc, en quoi est-ce différent de mon organisation actuelle ? La finalité est la même : je travaille tous les jours pour subvenir à leurs besoins ; donc, tout dépend toujours des parents et de ce qu'ils estiment être le mieux pour leur famille » (Issa, serveur, originaire de Gambie, en Suède depuis 2011).

Selon une même logique, les résistants critiques se montrent méfiants voire hostiles vis-à-vis de tous les acteurs du système de protection de l'enfance. D'une part, ces pères ne se sentent pas libres d'éduquer leurs enfants selon les valeurs qui leur sont chères :

> « Si je le pouvais, j'aimerais inculquer la discipline, avoir l'autorité parentale qu'on a au Congo. Ici en Suède, on n'a pas d'autorité sur ses enfants. En tant qu'Africain, je sais que si mon père dit "Va dormir", tu vas dormir. […] Mais en Suède, les enfants ont beaucoup à dire et à penser. Ils connaissent trop leurs droits, mais ils ne connaissent pas beaucoup leurs devoirs. À l'école, ils apprennent que s'ils veulent quelque chose, ils le disent et l'obtiennent. On enseigne ce genre

de choses aux enfants, mais vous ne pouvez pas les discipliner. On attend de vous de suivre les règles du livre *Comment être un bon parent*. Mais en tant que parent, vous connaissez mieux vos enfants. Vous savez comment les gérer, vous ne pouvez pas le lire dans les livres » (Demba, employé de maison de repos, originaire de Gambie, en Suède depuis 2013).

D'autre part, ces derniers dénoncent un contrôle excessif et différencié par l'État et ses instances des familles issues de l'immigration. Plusieurs d'entre eux ont en effet raconté des interventions des services sociaux – vécues personnellement ou par des amis – pour des raisons qu'ils disent exagérées voire injustifiées, et qu'ils attribuent à leur appartenance ethnique :

> « Un jour, un incident s'est produit avec mon fils, qui avait 3 ans à l'époque. Nous marchions en ville et mon fils s'amusait à courir dans tous les sens. Je lui disais de ne pas courir, mais il ne comprenait pas que j'étais sérieux, il pensait que je jouais avec lui. Je l'ai donc d'abord pris à bras pour essayer de le calmer, mais il continuait à gesticuler en riant sans m'écouter. J'ai alors tenu son visage dans ma main pour qu'il me regarde dans les yeux, afin de lui dire d'arrêter une bonne fois pour toutes. En fait, j'avais peur qu'il se fasse renverser par une voiture. Malheureusement, une policière a assisté à la scène et a cru que je le violentais. Elle est donc intervenue et en a fait toute une histoire. Je me suis alors retrouvé au tribunal, qui m'a condamné à rencontrer des travailleurs sociaux pour qu'ils m'apprennent à être un bon parent. […] Je pense donc que l'État s'immisce trop dans la vie des gens. Personnellement, je considère que l'éducation des enfants dépend des parents. Bien sûr, il y a des parents qui agissent mal, je ne peux rien dire à ce sujet. Cependant, j'ai le sentiment que l'État s'attarde beaucoup sur des choses insignifiantes, comme l'incident avec mon fils, au lieu de s'intéresser aux cas plus graves où des enfants seraient réellement victimes de maltraitance » (Lutakome, agent logistique en entrepôt, originaire du Congo, en Suède depuis 1994).

De ce fait, plusieurs participants ont expliqué se tourner le moins possible vers des acteurs du secteur public, car, en tant que pères immigrés, leur confiance envers l'État est rompue. Pour Bakary, il s'agit d'une réelle problématique sociétale que l'État suédois échoue à résoudre :

> « Si j'ai besoin d'aide, en dehors de ma sœur, je n'ai personne. C'est à cause du système suédois, qui est très antisocial et impersonnel. L'État vous pousse à aller voir des professionnels ou des groupes de soutien quand vous avez besoin d'aide, mais c'est trop difficile. Chez nous, vous pouvez parler à n'importe quelle personne de votre entourage avec laquelle vous vous sentez à l'aise. Mais la société suédoise n'est pas socialement équipée pour ce genre de choses. Les hommes tombent donc en dépression. C'est particulièrement difficile pour les hommes comme nous, à qui l'on a appris qu'il fallait être forts et ne pas pleurer. Chercher de l'aide est donc perçu comme un échec pour nous. Mais le système ne comprend pas cela, il continue à travailler avec leur modèle de socialisation. Ici, si vous avez des problèmes de santé mentale, vous devez attendre un rendez-vous pour voir quelqu'un à l'hôpital ; et parfois, ce temps d'attente peut être fatal » (Bakary, chanteur et animateur, originaire de Gambie, en Suède depuis 1996).

Les témoignages des résistants critiques mettent ainsi en évidence un rejet des normes de leur socialisation secondaire (suédoises) au profit de celles de leur socialisation primaire (de leur pays d'origine). Leurs dispositions les conduisent à se méfier des acteurs publics liés à la parentalité et à l'enfance, qu'ils perçoivent comme porteurs de normes intrusives menaçant leur intégrité de père et le bien-être de leur famille. Dans un contexte de forte professionnalisation du travail du *care* au détriment de systèmes de soutien informels (Martin, 2008 ; Hochschild, 1995), le détachement de ces pères vis-à-vis des institutions conduit à une accentuation de leur isolement, comme l'explique Bakary.

Discussion – Normes étatiques et paternités situées

Les résultats révèlent que les trois initiatives visant à la (dé)construction de la paternité par l'État présentent des effets différenciés au sein de sa population, à plus forte raison chez celle immigrée. Le premier dispositif, celui du système de congé parental, a pour but de promouvoir l'égalité de genre au sein du couple parental en incitant les pères à prolonger leur arrêt de travail en période post-natale, et est élaboré selon une perspective universaliste. Cependant, comme le montrent les résultats de cette recherche, ce système échoue à produire des effets aussi universalistes : le rapport aux normes véhiculées par ce dispositif varie fortement selon le profil des pères immigrés. Outre leur position dans l'espace social suédois et les ressources pratiques dont ils disposent, les profils de ces pères se caractérisent par leurs dispositions incorporées, elles-mêmes issues de leurs socialisations primaire et secondaire. Celle secondaire comprend le contact avec les institutions publiques et les dispositifs suédois d'accompagnement à la parentalité, et se confronte aux dispositions acquises par ces pères lors de leur socialisation primaire dans leur pays d'origine (Darmon, 2010, 2018 ; Lahire, 2005a, 2005b). Cette confrontation de normes donne lieu à diverses réactions : une adoption pleine et fluide du principe d'égalité de genre au sein du couple (alignés pragmatiques) ; une répartition stratégique (stratèges ajustés) ou contrainte (ambivalent normatif) du nombre de jours de congé entre les parents ; ou encore une répartition déséquilibrée du nombre de jours, par rejet du principe d'égalité (résistants critiques).

Le deuxième dispositif analysé était celui de la valorisation de la paternité dans le *care via* la promotion de l'exposition *Swedish Dads* de Johan Bävman. Pour rappel, cette démarche s'inscrit dans un contexte de redéfinition de la masculinité hégémonique (Connell, 1995 ; 2014) dans les pays nordiques, s'éloignant d'un modèle « traditionnel » basé sur l'autorité patriarcale vers un modèle « nouveau » reposant sur l'émotion et le soin (Johansson, 2023). Les résultats ont, ici encore, montré que les effets de cette initiative se différencient d'un type de père immigré à l'autre. Pour les alignés spontanés, cette norme représente une opportunité de « faire la paternité » (Plantin *et al.*, 2003 ; Musumeci *et al.*, 2015) ; autrement dit, d'investir leur rôle paternel selon les valeurs qui leur sont intrinsèquement chères, le tout dans un cadre sociopolitique stable, car soutenant et valorisant. Les stratèges ajustés et les ambivalents normatifs « font » également la paternité, mais davantage pour des raisons d'adaptation pragmatique – vécues, respectivement, plutôt positivement ou plutôt négativement – que par réelle conviction. Pour les résistants critiques, cependant, cette norme du *care* est davantage perçue comme une injonction intrusive allant à l'encontre de leur propre idéal de paternité. Cette norme pousserait ces pères à « défaire » leur paternité (Tereškinas et Maslauskaite, 2019) pour la faire correspondre à celle prônée par la classe dominante de leur socialisation secondaire (Blassel, 2021 ; Brun, 2022).

Enfin, le troisième dispositif, relatif au système des acteurs publics veillant de près ou de loin à la protection de l'enfance (école, services sociaux, etc.), est celui qui a les effets les plus clivants d'un groupe de pères à l'autre. En effet, si les quatre types de pères s'entendent à reconnaître que ce système en place constitue une forme de surveillance et de contrôle institutionnels, ils n'en restent pas moins divisés dans leur réception des normes véhiculées – en particulier les ajustés spontanés et les résistants critiques. Les premiers voient d'un bon œil l'interventionnisme étatique, qu'ils jugent nécessaire pour faire adopter au sein de la population les normes parentales qu'ils estiment eux-mêmes être les plus adéquates. Cette position révèle la prégnance de leurs dispositions socialisées, acquises durant leur enfance ou *via* leur trajectoire migratoire ou leur milieu professionnel stables et sûrs, et correspondant aux normes dominantes (Darmon, 2010 ; 2018). Les seconds émettent un avis diamétralement opposé : celui d'un interventionnisme intrusif, menaçant voire violent, pensé pour contrôler les individus racisés, considérés comme des êtres à redresser. Loin de se réduire à un simple choc culturel entre ces pères et les normes sociales dominantes, cette posture des résistants critiques découle de dispositions incorporées au cours de leur socialisation secondaire post-migratoire (Naudet et Shahrokni, 2019 ; Brun, 2022) composée d'expériences – ancrées dans la mémoire individuelle (car vécues) ou collective (car racontées par les membres de la diaspora) – de mises en soupçon, de remises en question de leurs pratiques parentales, ayant parfois mené à des interventions vécues comme des traumatismes (Eliassi, 2015 ; Mtetwa, 2021). Les deux autres types de pères rendent compte, quant à eux, d'une perception des normes éducatives de bienveillance et de communication horizontale – véhiculées par le système de protection de l'enfance – comme adéquates pour favoriser l'intégration sociale dans les sociétés occidentales actuelles (stratèges ajustés), générant toutefois des frustrations vis-à-vis des normes parentales héritées de leur socialisation primaire à réprimer (ambivalents normatifs).

En somme, les paternités minorisées – reprises ici sous la forme d'une typologie – nous apprennent que les mécanismes étatiques de construction (Berger et Luckmann, 1966) et de déconstruction de la paternité véhiculent des normes qui, bien que porteuses d'intentions universalistes et non discriminatoires, génèrent des effets de différenciations sociales et raciales. Ces tensions sont mises en lumière au travers de l'analyse des discours tenus par les pères immigrés, qui montrent que leur rapport aux normes sociales et étatiques ne dépend pas seulement de leur volonté, mais aussi et surtout de leur capacité à naviguer entre les cadres normatifs, héritée de leurs socialisations actuelles et passées. Les paternités immigrées apparaissent alors comme révélatrices d'inégalités structurelles dans l'accès au soutien parental, issues de hiérarchies de reconnaissance des différentes formes de parentalité par l'État suédois. Ces résultats de recherche invitent donc à repenser les dispositifs publics d'accompagnement à la parentalité, en vue de les élaborer avec une prise en compte de la pluralité des socialisations des parents et, donc, des rapports aux normes et des manières de vivre la parentalité, notamment pour les pères.

Il reste toutefois à noter les limites de cette recherche. D'une part, ne reposant que sur des entretiens, elle induit un risque de biais de désirabilité sociale : conscients du regard posé par une chercheuse sur leurs propos, les participants ont pu avoir tendance à vouloir présenter une image plus valorisante de la figure paternelle qu'ils incarnent. Les discours tenus n'ayant pas été corroborés par des observations directes de leurs pratiques parentales quotidiennes, les données recueillies sont à appréhender avec un certain degré d'esprit critique. D'autre part, le recrutement des participants sur la base de leur aptitude à mener un entretien en anglais (ou en français – ce qui ne s'est finalement pas produit) induit un biais de sélection : des pères immigrés ne maîtrisant aucune de ces deux langues ont dû être écartés, au profit de pères disposant d'un certain capital culturel (linguistique). Les profils des pères écartés auraient potentiellement influencé la constitution de la typologie proposée, en renforçant les traits de l'un ou l'autre type, voire en en créant un nouveau qui leur serait propre. Ces limites dégagent des pistes à explorer pour de futures recherches mobilisant d'autres matériaux empiriques (observations, enquêtes quantitatives, etc.) ou explorant d'autres contextes sociopolitiques, afin d'approfondir l'analyse des spécificités nationales en matière de mécanismes de (dé)construction de la paternité.

Références bibliographiques

Andersson G. (2006), « Child and Family Welfare in Sweden », *in* Nancy Freymond N. et Cameron G. (ed.), *Towards Positive Systems of Child and Family Welfare*, University of Toronto Press.

Bauduin M. (2023), « Post-Migration Fatherhood: Immigrants' Experiences of Swedish Gender and Family Norms » [en ligne] www.diva-portal.org (consulté le 9 septembre 2025).

Bellagamba A. (2013), « My Elderly Friends of The Gambia. Masculinity and Social Presence in the Later Part of Life », *Cahiers d'études africaines*, vol. 209-210, n° 53, p. 345-66.

Berger P. et Luckmann T. (1966), *The Social Construction of Reality: A Treatise in the Sociology of Knowledge*, New York, Doubleday & Company.

Bergman H. et Hobson B. (2002), « Compulsory Fatherhood: the Coding of Fatherhood in the Swedish Welfare State », *in* Hobson B., *Making Men into Fathers: Men, Masculinities and the Social Politics of Fatherhood*, Cambridge University Press.

Blassel R. (2021), « (Dé)construire la race : Socialisation et conscientisation des rapports sociaux chez les diplômé·es du supérieur », Doctorat de sociologie, sous la direction de Christian Rinaudo et Géraldine Bozec, Université Côte d'Azur.

Brandth B., Bungum B. et Kvande E. (2022), « Fathers, Fathering and Parental Leaves », *in* Dobrotic I., Blum S. et Koslowski A., *Research Handbook on Leave Policy*, Cheltenham Glos, Edward Elgar Publishing.

Brinbaum Y. et Delcroix C. (2016), « Les mobilisations familiales des immigrés pour la réussite scolaire de leurs enfants », *Migrations Société*, vol. 164, n° 2, p. 73-98.

Brun S. (2022), « La socialisation raciale : enseignements de la sociologie étatsunienne et perspectives françaises », *Sociologie*, vol. 13, n° 2, p. 199-217.

Chant S. et Touray I. (2012), « Gender in The Gambia in Retrospect and Prospect », Banjul, *Gamcotrap Working Paper*, n° 1.

Connell R. (1995), *Masculinities*, Cambridge, Polity.

Connell R. (2014), *Masculinités. Enjeux sociaux de l'hégémonie*, Amsterdam éditions.

Darmon M. (2010), *La socialisation : domaines et approches*, Paris, Armand Colin.

Darmon M. (2018), « Socialisation : petite histoire d'un manuel », *Idées économiques et sociales*, n° 1, p. 6-14.

Duvander A.-Z. et Johansson M. (2012), « What are the Effects of Reforms Promoting Fathers' Parental Leave Use? », *Journal of European Social Policy*, vol. 22, n° 3, p. 319-330.

Duvander A.-Z. et Johansson M. (2014), « Parental Leave Use for Different Fathers: A Study of the Impact of three Swedish Parental Leave Reforms », *in* Eydal G. B. et Rostgaard T. (ed.), *Fatherhood in the Nordic Welfare States*, Bristal University Press.

Eliassi B. (2015), « Constructing Cultural Otherness within the Swedish Welfare State: The Cases of Social Workers in Sweden », *Qualitative Social Work*, vol. 14, n° 4, p. 554-571.

Elliott K. (2016), « Caring Masculinities: Theorizing an Emerging Concept », *Men and Masculinities*, vol. 19, n° 3, p. 240-59.

Esping-Andersen G. (1990), *The Three Worlds of Welfare Capitalism*, Princeton University Press.

Eydal G. B., Rostgaard T. et Hiilamo H. (2018), « Family Policies in the Nordic Countries: Aiming at Equality », *in* Eydal G. B. et Rostgaard T., *Handbook of Family Policy*, Edward Elgar Publishing.

Gregory A. et Milner S. (2011), « What Is "New" about Fatherhood? : The Social Construction of Fatherhood in France and the UK », *Men and Masculinities*, vol. 14, n° 5, p. 588-606.

Hessle S. et Vinnerljung B. (2000), *Child Welfare in Sweden: an overview*, Stockholm University, Department of Social Work [en ligne] academia.edu (consulté le 9 septembre 2025).

Hobson B. et Morgan D. (2002), « Introduction: Making Men into Fathers », *in* Hobson B., *Making Men into Fathers: Men, Masculinities and the Social Politics of Fatherhood*, Cambridge University Press.

Hochschild A. R. (1995), « The Culture of Politics: Traditional, Postmodern, Cold-modern, and Warm-modern Ideals of Care », *Social Politics: International Studies in Gender, State & Society*, vol. 2, n° 3, p. 331-346.

Hofverberg H. (2019), « Child Protection Law and Policy », The Law Library of Congress, Global Legal Research Directorate [en ligne] law.gov (consulté le 9 septembre 2025).

Johansson T. (2011), « Fatherhood in Transition: Paternity Leave and Changing Masculinities », *Journal of Family Communication*, vol. 11, n° 3, p. 165-180.

Johansson T. (2023), « Theorising Fatherhood: Challenges and Suggestions », *Families, Relationships and Societies*, n° 12 (2), p. 1-11.

Johansson T. et Klinth R. (2008), « Caring Fathers: The Ideology of Gender Equality and Masculine Positions », *Men and Masculinities*, vol. 11, n° 1, p. 42-62.

Lahire B. (2005a), *L'homme pluriel : les ressorts de l'action*, Paris, Armand Colin.

Lahire B. (2005b), *Portraits sociologiques : dispositions et variations individuelles*, Paris, Armand Colin.

Liversage A. (2014), « Ten: Minority Ethnic Men and Fatherhood in a Danish Context », *in* Eydal G. B. et Rostgaard T. (dir.), *Fatherhood in the Nordic Welfare States*, Bristol University Press.

Martin C. (2008), « Qu'est-ce que le *social care* ? Une revue de questions », *Revue française de socio-économie*, vol. 2, n° 2, p. 27-42.

Mussino E., Duvander A.-Z. et Ma L. (2018), « Does Time Count? Immigrant Fathers' use of Parental Leave for a First Child in Sweden », *Population*, vol. 73, n° 2, p. 363-382.

Mtetwa E. (2021), « "Our children are no longer ours" : Child Social Welfare Services and Diminished Parental Authority Amongst African Migrant Families in Sweden », *in* Green C. et Kabata F., *Law, Religion and the Family in Africa*, Aclars, African Sun Media.

Musumeci R., Naldini M. et Santero A. (2015), « First-time Fathers and Child Care. Persistence and Innovation in the Italian Fatherhood Regime », *Interdisciplinary Journal of Family Studies*, vol. 20, n° 1, p. 1-19.

Naudet J. et Shahrokni S. (2019), « The Class Identity Negotiations of Upwardly Mobile Individuals Among Whites and the Racial Other: A USA–France Comparison », *in* Engelstad F., Gulbrandsen T., Mangset M. et Teigen M. (dir.), *Comparative Social Research*, Leeds, Emerald Publishing Limited.

Nordenmark M. (2014), « Gender Regime, Attitudes towards Childcare and Actual Involvement in Childcare among Fathers », *in* Eydal G. B. et Rostgaard T. (dir.), *Fatherhood in the Nordic Welfare States*, Bristol University Press.

Organisation de coopération et de développement économiques – OCDE (2025), *OECD Family Database, Indicator PF2.2* [en ligne] webfs.oecd.org.

Plantin L. (2007), « Different Classes, Different Fathers? », *Community, Work & Family*, vol. 10, n° 1, p. 93-110.

Plantin L., Månsson S.-A. et Kearney J. (2003), « Talking and Doing Fatherhood: On Fatherhood and Masculinity in Sweden and England », *Fathering: A Journal of Theory, Research, and Practice About Men As Fathers*, n° 1, p. 3-26.

Pustułka P., Struzik J. et Slusarczyk M. (2015), « Caught between Breadwinning and Emotional Provisions: The Case of Polish Migrant Fathers in Norway », *Studia Humanistyczne AGH*, vol. 14, n° 2.

Saine A. S. (2012), *Culture and Customs of Gambia*, USA, Bloomsbury Publishing.

Tereškinas A. et Maslauskaite A. (2019), « Undoing Fatherhood: Postdivorce Fathering Practices in Lithuania », *NORMA*, vol. 14, n° 1, p. 18-34.

Tervola J., Duvander A.-Z. et Mussino E. (2017), « Promoting Parental Leave for Immigrant Fathers —What Role does Policy Play? », *Social Politics: International Studies in Gender, State & Society*, vol. 24, n° 3, p. 269-297.

Wissö T. et Bäck-Wiklund M. (2021), « Fathering Practices in Sweden During the Covid-19: Experiences of Syrian Refugee Fathers », *Frontiers in Sociology*, n° 6 [en ligne] frontiersin.org (consulté le 9 septembre 2025).

D&S

Droit et Société

Revue soutenue par le Centre national de la recherche scientifique (France) – CNRS Sciences humaines et sociales

ISSN 0769-3362

Administration et abonnement

Lextenso
La Grande Arche, paroi Nord, 1 parvis de la Défense
92044 Paris – La Défense Cedex, France
Tél. : 01.40.93.40.40

Secrétariat de rédaction et d'édition

MSH Paris-Saclay, ENS Paris-Saclay
4 avenue des Sciences, F-91190 Gif-sur-Yvette Cedex
e-mail : redaction.droitetsociete@gmail.com

Site Internet : ds.hypotheses.org
La revue est disponible sur Persée, Cairn.info et HeinOnline

Au sommaire du numéro 120/2025

Varia

Traduit pour vous

Questions en débat

Qu'est-ce qu'un « bon » père ?
Quand les orthophonistes encadrent la parentalité

Abigail Bourguignon

RÉSUMÉ

Depuis les années 1970, la définition de la figure du « bon » père a connu de nombreux bouleversements. Cependant, peu de travaux explorent la manière dont ces évolutions imprègnent le travail des institutions et des professionnels de l'éducation et du soin. Fondé sur une enquête ethnographique menée en Île-de-France, dans les Hauts-de-France et à La Réunion, par observations directes et par entretiens auprès de bègues (en particulier d'enfants), de leurs familles et d'orthophonistes, cet article examine les redéfinitions du métier de parent – et notamment de père – qui prennent place dans les cabinets d'orthophonie, afin de saisir les modalités et enjeux pratiques de l'entreprise de valorisation de leur investissement dans le travail domestique et parental. Le travail d'encadrement de la paternité est appréhendé à partir d'une approche en termes de socialisation, attentive à la fois à la production et à la réception des normes de parentalité dessinant la figure du « bon » père. Après avoir mis en évidence les représentations, chez les orthophonistes, du rôle éducatif des pères dans la division du travail parental et avoir restitué en quoi leurs conceptions de l'enfance reposent sur des normes psychologiques, cet article montre que la (re)définition du « bon » père en train de se faire est inséparable de l'encadrement du métier de mère et de pratiques de disqualification de certaines figures de l'investissement maternel. Le gouvernement des pères est différencié et n'est neutre ni du point de vue du genre ni du point de vue de la classe.

ABSTRACT

What Makes a "Good" Father? When Speech Therapists Provide Guidance on Parenthood

Since the 1970s, the definition of a "good" father has changed significantly. However, few studies have explored how these changes have influenced the work of educational and healthcare institutions and professionals. Based on ethnographic research conducted in Greater Paris, the Northern region of France (Hauts-de-France) and Réunion Island, namely direct observation and interviews with people who stutter (particularly children), their families, and speech therapists, this article examines how the role of parents, and fathers in particular, is being redefined in speech therapy practices. The article aims to shed light on the ways in which therapists encourage fathers to be more involved in domestic and parental work and on the practical implications involved. The framework of fatherhood is approached from a socialisation perspective, focusing on the production and reception of parenting norms that define a "good" father. We present speech therapists' views on fathers' educational role in the division of parental labour, and how their conceptions of childhood are based on psychological norms. The article demonstrates that the (re)definition of a "good" father is inextricably linked to conceptions of the mother's role and related childrearing practices, including practices of disqualification of certain figures of maternal investment. Thus, the governance of fathers is not neutral with regard to either gender or class.

« C'est génial que vous soyez venus. Ça donne le bon exemple. Les papas sont pas toujours les plus investis… On veut voir plus de papas ! » Par ces mots, Jeanne Baudenin[1], orthophoniste, se félicite de la présence de Jamal et Oliver, deux pères venus respectivement accompagnés de leur fils qui bégaye à une soirée de témoignages qui rassemble des adultes bègues, des familles d'enfants bègues et des orthophonistes dans une petite ville des Hauts-de-France. Cette remarque adressée aux pères concernés – mais aussi à d'autres mères présentes ce soir-là – rend compte de la position favorable de nombreuses orthophonistes à l'égard de l'investissement (accru) des pères dans l'éducation des enfants, et en particulier dans le suivi du développement langagier de ces derniers. De plus, en précisant qu'elle voudrait accueillir davantage de pères (par opposition aux mères) dans son cabinet, l'orthophoniste révèle ce qui constitue à ses yeux le supposé nouveau rôle des pères, ceux-ci restant encore moins présents que les mères, tant au domicile que dans les cabinets d'orthophonie.

Si les recherches sur le gouvernement de la parentalité ont plus largement documenté le rôle des mères et leur investissement dans la santé et l'éducation des jeunes enfants (Garcia, 2011 ; Gojard, 2010), celui des pères est au cœur de moins de travaux, alors même que ces derniers font l'objet d'un travail d'encadrement de la paternité mené ici par les orthophonistes. Cet encadrement se matérialise dans les discours adressés aux parents, mais aussi dans les pratiques de rééducation qui contribuent à construire et à transmettre une certaine conception de la paternité. Mais, dans un contexte où les pères restent des acteurs secondaires, les mères continuant d'assurer une part plus conséquente du travail parental, en particulier en matière de soins et d'éducation des enfants (Brugeilles et Sebille, 2013), quelles formes revêt l'encadrement de l'investissement paternel par ces professionnelles[2] ? Emmener son enfant qui bégaye chez une orthophoniste, assurer le suivi de la rééducation et s'y « investir » dans le temps (comme les orthophonistes le requièrent) constituent des tâches qui n'échappent pas à la division genrée du travail parental. Toutefois, contrairement aux représentations communes selon lesquelles la rééducation orthophonique consiste en une interaction entre le patient (quel que soit son âge) et la professionnelle du langage, dans le cadre du bégaiement enfantin, les parents – notamment les pères – sont particulièrement présents car les protocoles de prise en charge supposent que les deux parents (le père et la mère)[3] participent « activement » aux rendez-vous (jusqu'aux 6 ou 8 ans de l'enfant). Mais de quoi la présence des pères dans les cabinets est-elle le signe dans un contexte où l'éducation des enfants fait l'objet de tensions en termes d'articulation des temps sociaux et de conciliation entre travail professionnel et travail familial ?

1. Les noms et prénoms des enquêté·es ont été anonymisés pour respecter la confiance qu'ils et elles m'ont accordée et garantir la confidentialité de leurs propos.
2. Selon des données de la Drees, 96,8 % des orthophonistes sont des femmes en 2017 (Gonzalez *et al.*, 2018). Compte-tenu de ce taux de féminisation élevé de la profession d'orthophoniste aujourd'hui en France, j'utiliserai le féminin pluriel pour désigner les membres de ce groupe professionnel. Ce taux très élevé de féminisation de la profession se retrouve dans l'enquête.
3. Les couples parentaux observés dans les cabinets d'orthophonie étaient tous des couples hétérosexuels.

Dans les années 1990, l'articulation entre vie professionnelle et vie familiale est reconnue comme problème public et mise à l'agenda politique en France. De nombreux professionnels de l'éducation, de l'enfance et du soin se trouvent alors concrètement confrontés à cette question dans un contexte de promotion de l'égalité entre les hommes et les femmes, et de montée en puissance des discours défendant le « bien-être » enfantin et une conception socialement située de la parentalité (Martin, 2014). La question de l'articulation des temps sociaux se pose de différentes manières aux orthophonistes. Elle constitue un enjeu concret de leur pratique professionnelle (car il leur faut composer avec ces différents temps sociaux pour l'organisation des rendez-vous), et ce d'autant plus qu'un grand nombre de séances ont lieu « pendant le temps scolaire », impliquant qu'un adulte (bien souvent l'un des parents) se rende disponible pour aller chercher l'enfant à l'école, l'emmener chez l'orthophoniste, puis le ramener en classe. Ainsi, la Fédération nationale des orthophonistes (FNO) mobilise différents textes pour défendre la légitimité des orthophonistes à demander aux parents d'aménager les différents temps (scolaire, professionnel, familial, etc.) afin de « concilier, dans l'intérêt de l'enfant, scolarisation et interventions spécialisées[4] ». La socialisation professionnelle des orthophonistes, tout comme leur socialisation antérieure, et les motifs qui expliquent selon elles le choix de ce métier et du statut (majoritaire) libéral (statut offrant selon elles une « liberté » dans la conciliation travail-famille) permet de mieux comprendre leur conception de l'articulation des temps sociaux orientée vers les « besoins de l'enfant ».

Cet article interroge l'encadrement de la paternité et la fabrique sociale de la figure du « bon » père en s'intéressant à des professionnelles de l'enfance – intermédiaires et paramédicales – situées à la frontière des sphères médicale, éducative, psychologique et du travail social. Les orthophonistes ne représentent pas, en effet, les professionnelles par excellence de l'encadrement des pratiques parentales (Serre, 2009), mais elles jouent aujourd'hui un rôle majeur dans le gouvernement de conduites maternelles et paternelles dans la mesure où elles sont des agentes centrales des socialisations (langagières) enfantines. Bien que les motifs des consultations orthophoniques varient selon l'âge et le sexe[5] des enfants[6], un enfant sur dix a déjà consulté une orthophoniste en 2023 en France (Guignon *et al.,* 2024) : la rééducation pour une pathologie ou un trouble du langage oral constituent le motif de recours majoritaire chez les 3 à 10 ans, quand les pathologies du langage écrit dominent chez les 11 à 17 ans (Guignon *et al.*, 2024).

4. Voir le texte « Mise en œuvre d'un plan d'action pour les enfants atteints d'un trouble spécifique du langage oral ou écrit », publié dans un encart au *Bulletin officiel* n° 6 du 7 février 2002.
5. Ces distinctions genrées ont trait à la probabilité de consulter une orthophoniste (les garçons du primaire recourent près de 1,4 fois plus souvent à l'orthophoniste que les filles), mais également au type de trouble faisant l'objet de la prise en charge. En effet, « entre 6 et 10 ans, les filles sont plus fréquemment concernées par les troubles logico-mathématiques que les garçons (6,6 % contre 2,5 %), ces derniers étant davantage pris en charge pour des troubles liés au bégaiement (2,1 % contre 0,9 %), à la dysphasie (3,7 % contre 2,5 %) » (Guignon *et al.*, 2024, p. 5).
6. Aucune donnée à ce jour ne permet de saisir de façon globale la prévalence de ces troubles du point de vue de la classe sociale. Pour le bégaiement, j'ai montré que celui-ci concerne des enfants (comme des adultes) issus de toutes les classes sociales, du bas au haut de l'espace social.

Questionner la façon dont le rôle des pères est perçu et comment ils sont mis au travail dans les cabinets d'orthophonie libéraux permet de déplacer le regard par rapport aux recherches ayant analysé comment les professionnel·les définissent les « bonnes » pratiques éducatives, en particulier maternelles, au sein de l'institution médicale (Borelle, 2017 ; Roux et Vozari, 2017), de l'institution scolaire (Montmasson-Michel, 2016), dans le secteur du travail social (Oehmichen, 2024 ; Serre, 2009) ou encore dans le cadre d'autres dispositifs de soutien à la parentalité (Bertron *et al.*, 2020 ; Pothet, 2024). Le rôle des orthophonistes est resté largement dans l'ombre car les recherches empiriques ayant documenté leur travail demeurent de façon générale peu nombreuses (Garcia, 2013 ; Goudet, 2021 ; Woollven, 2015).

Dans la lignée des recherches qui ont interrogé les bouleversements de la figure du « bon » père ces cinquante dernières années, j'analyse les pratiques de gouvernement des conduites paternelles et de valorisation de l'investissement des pères dans le travail parental (Cartier *et al.*, 2021) dans les cabinets d'orthophonie en les considérant comme révélatrices de la redéfinition du métier de père. À partir d'une approche en termes de socialisation, la production et, dans une moindre mesure, la réception des normes de parentalité qui dessinent la figure du « bon » père sont pensées comme des processus (Le Pape *et al.*, 2018), et de façon relationnelle, puisque l'encadrement du métier de père est inséparable de celui du métier de mère. Enfin, dans le cas du bégaiement enfantin, la définition du « bon » père se structure autour de l'enjeu de la disponibilité parentale : dans quelle mesure la norme de disponibilité participe-t-elle à forger la figure du « bon » père qui n'est neutre ni du point de vue de la classe, ni du point de vue du genre ? Comment les orthophonistes (et les parents eux-mêmes) contribuent-elles à la construction et l'appropriation (ou non) de la figure normative du « bon » père ?

Dans un premier temps, je montrerai comment les conceptions de l'enfance et de l'apprentissage du langage des orthophonistes, mais aussi leurs représentations en matière de division du travail parental et de rôle éducatif des hommes, contribuent à produire une définition du « bon » père qui se fonde sur la norme de la disponibilité parentale temporelle et relationnelle et qui sous-tend une dévalorisation de certaines formes d'investissement maternel. Dans un second temps, l'analyse se centrera sur les modalités pratiques de l'encadrement de la paternité mis en œuvre par les orthophonistes. En montrant comment s'opère la transmission de dispositions socialement situées aux pères (qui visent à les rendre disponibles et « à l'écoute »), je mettrai en évidence deux figures déviantes de pères qui ne parviennent pas à se conformer à la définition du « bon père » et j'interrogerai les résistances de ces derniers dans l'appropriation de ces dispositions.

L'ENQUÊTE ET LES MATÉRIAUX **[ENCADRÉ 1]**

L'enquête ethnographique multisituée, menée entre 2016 et 2023 en Île-de-France, dans les Hauts-de-France et à La Réunion, par observations directes et par entretiens approfondis auprès de bègues (n = 56), de leurs familles (n = 32) et d'orthophonistes (n = 44) permet de saisir le gouvernement des pères par l'intermédiaire des discours et des pratiques qui en font la chair dans un espace où orthophonistes – majoritairement issues des classes moyennes et

supérieures (Bretin, 2007) –, « petits bègues » et familles issues de classes sociales diversifiées (du haut au bas de l'espace social) se font face. L'enquête ethnographique en immersion dans les cabinets d'orthophonie se fonde sur des observations, réalisées pendant quatorze mois cumulés, permettant de saisir finement la (re)définition du « bon » père en train de se faire. Les matériaux sur lesquels se fonde cet article concernent des enfants de 3 à 12 ans. Si j'ai interrogé les enfants et les parents de 32 familles, je m'appuie également sur les observations de séances effectuées dans les cabinets, auprès de plus de 80 familles issues de classes sociales différentes et présentant une très nette surreprésentation des couples parentaux hétérosexuels et cohabitants. Les familles observées au cours des séances de rééducation, tout comme celles auprès desquelles les entretiens ont été menés (recrutées *via* les cabinets d'orthophonie), occupent donc des positions diversifiées au sein de l'espace social.
Ces variations permettent de saisir la manière dont la figure du « bon père » est une figure plurielle et socialement différenciée.
Dans le cas du bégaiement enfantin (entre les 3 et 6 ans de l'enfant environ), après une première séance dite « de bilan », les orthophonistes reçoivent à plusieurs reprises les parents, afin notamment de leur apprendre à transformer certaines de leurs propres pratiques langagières, à observer (et noter) le bégaiement de leur enfant dans son « milieu écologique », et enfin à réaliser différents exercices à la maison (jeux ou lectures d'histoires). Le protocole de rééducation orthophonique suppose la présence des deux parents, puis implique que l'un des parents – parfois le père – soit désigné comme le parent dit « référent » en charge de la rééducation « à la maison ». Dans un contexte marqué par la diffusion en France des méthodes dites « d'accompagnement parental », cette méthode s'appuie sur un programme comportemental (*Lidcombe*) importé d'Australie dans les années 2000. Par exemple, si les parents sont tenus de surveiller au quotidien le bégaiement et de s'efforcer de modifier certaines de leurs propres pratiques ou celles de leurs proches (demander à l'enfant de se corriger lorsqu'il ne prononce pas correctement un mot – que cela soit la conséquence du bégaiement ou non), le parent-référent doit plus particulièrement évaluer de façon quantitative le niveau de « sévérité » du bégaiement.
Ce protocole explique donc que les pères sont présents dans les cabinets. À l'issue de l'enquête par observations, j'ai ainsi pu réaliser des entretiens avec les mères et les pères (12 sur 32), avec les mères seules (15 sur 32), ou avec les pères seuls lorsque ceux-ci sont le « parent-référent » (3 sur 32). De plus, certaines interactions en cabinet placent des femmes – les orthophonistes – face à des hommes – les pères. De ce fait, la façon dont la présence et les pratiques des pères sont perçues, qualifiées et travaillées par les orthophonistes s'inscrit dans des rapports sociaux de classe et de genre.
L'ethnographe est elle-même prise dans ces rapports sociaux. Enquêter en tant que jeune femme, perçue comme une étudiante stagiaire en orthophonie, m'a à la fois permis de mener des entretiens avec les pères et les mères, mais a également nécessité de mettre à distance la position d'autorité (paramédicale) dont j'étais investie « par délégation » dans les familles, étant fortement associée à la figure de l'orthophoniste.

Comment les orthophonistes impliquent les pères

Faire venir les pères dans les cabinets

Les orthophonistes expliquent aux parents, dès la prise de rendez-vous (par téléphone), que les programmes de rééducation du bégaiement enfantin exigent la présence des deux parents : les pères doivent s'impliquer car ils sont, aux côtés des mères, les agents pertinents de la socialisation langagière enfantine. Une orthophoniste explique au téléphone au moment de la demande de rendez-vous à la mère de Zina :

> « Je vous propose de nous voir ce jour-là. Le premier rendez-vous est un peu long. Il durera une heure. [...] Oui, vous pouvez amener le carnet de santé, pourquoi pas. Mais vous venez surtout avec le papa ! C'est vraiment très important qu'il soit là aussi parce que, votre fille, elle ne parle pas qu'à vous à la maison, il y a le papa aussi. Donc il faut vraiment qu'il s'arrange pour être là, même si c'est compliqué. »

Quelques semaines plus tard, lorsqu'elle reçoit les deux parents et la fillette :

> « C'est vous qui allez travailler. Ce n'est pas Zina qui travaille ici. [...] Les questions que je vous pose, c'est pour bien comprendre comment ça se passe à la maison, comment vous interagissez avec Zina. [...] Comment vous êtes comme genre de maman ? [...] Et vous Monsieur ? [...] Je vous demande ça parce que, là par exemple, de savoir que c'est plutôt vous Monsieur qui êtes strict sur la politesse, c'est très important. »

Bien que les parents soient parfois surpris par les questions posées de façon directe par les orthophonistes (sur un ton ferme et mobilisant parfois un registre psychologisant), ils y répondent et expriment peu de réticence. Le caractère jugé intrusif des questions apparaît lors des entretiens menés avec les parents qui ont largement intériorisé – quelle que soit leur classe sociale – les rapports de domination qui traversent la consultation (para)médicale où c'est la professionnelle de santé « qui pose les questions », pour reprendre l'expression d'une l'orthophoniste. Dans l'extrait précédent, l'orthophoniste lie le bégaiement et le rapport (strict) à la politesse du père, contribuant ainsi à naturaliser l'opposition genrée entre « souplesse » féminine (maternelle) et « rigidité » masculine (paternelle). Au cours du même rendez-vous avec les parents de Zina, des difficultés d'emploi du temps se font jour au moment de prendre rendez-vous pour une nouvelle séance. La mère tente de négocier la possibilité de venir sans le père, ce dernier reste silencieux :

> « Mère – C'est compliqué avec son travail. Si je peux venir seule... avec elle bien sûr.
> Orthophoniste – Non, je suis désolée. C'est comme ça pour le bégaiement. [...] ce que vous m'avez expliqué tout à l'heure [sur la difficulté pour Monsieur de voir sa fille bégayer et son obsession à la faire répéter lorsqu'elle prononce « mal »], si Monsieur n'est pas là, je peux pas le savoir. Son point de vue est vraiment indispensable [...]. »

Si la présence des pères ne va pas de soi, comme en témoignent les remerciements appuyés qui sont bien plus souvent adressés aux pères qu'aux mères (« merci d'être là Monsieur »), les orthophonistes adoptent des pratiques qui visent à « impliquer » les pères, notamment en fixant la règle de la double présence (mère et père) et en refusant qu'une autre personne se substitue aux parents ou au père. Lorsque les mères viennent seules aux rendez-vous ou que les parents délèguent cette tâche aux grands-parents ou à d'autres membres de la famille élargie, les orthophonistes reportent bien souvent le rendez-vous (sauf dans de rares cas de précarité familiale). Sur ce plan, de petites différences existent entre les orthophonistes. Certaines s'estiment « intransigeantes » sur le sujet et d'autres reconnaissent « s'arranger » et acceptent d'« assouplir la règle ». Ces distinctions tiennent elles-mêmes aux origines sociales distinctes des orthophonistes et à leurs manières socialement différenciées de se représenter les difficultés des « publics » issus des classes populaires.

Ces pratiques reposent sur une conception du « développement » langagier enfantin où les parents y occupent une place centrale *via* les interactions adulte-enfant (Bruner, 2002). Si les pères se doivent d'être là, c'est parce que la rééducation du bégaiement suppose que les orthophonistes aient une idée précise de ce qu'elles nomment la « situation écologique », soit l'ensemble des interactions langagières en famille, mais aussi le rapport au langage des parents : « On va considérer le lieu de vie de l'enfant : qui lui parle ? À qui il parle ? C'est ça qui compte pour le bégaiement. Donc, si les papas se sentent pas concernés, c'est un énorme problème » (Jeanne Baudenin, orthophoniste, Hauts-de-France). Si les orthophonistes insistent pour que les pères soient présents, c'est également pour qu'ils soient en mesure d'adopter les « bonnes pratiques » ou tout du moins qu'« [ils] ne [leur] mettent pas des bâtons dans les roues » en allant à l'encontre des attitudes qu'elles entendent transmettre aux parents à l'égard de leurs enfants. En effet, les orthophonistes cherchent à modifier certaines façons de faire des parents en matière de langage, en leur apprenant par exemple à se mettre à la hauteur des enfants pour leur parler, ou encore à ne pas faire répéter les enfants lorsqu'ils prononcent « mal » un son ou un mot. Cette transmission passe par des conseils donnés à l'oral de façon plus ou moins impérative et reposant parfois sur le commentaire direct d'une « mauvaise » pratique parentale. Alors que le père d'Oscar cherche à lui faire répéter le terme « écureuil » que le petit garçon écorche, l'orthophoniste le reprend : « Là Monsieur Lacourt, on ne va pas faire répéter Oscar d'accord. Vous vous souvenez, ça peut augmenter le bégaiement sinon. C'est pas grave [s'il ne prononce pas correctement], ok ? » Les orthophonistes jugent que cet apprentissage passe par la répétition de ces « règles » au fil des séances, qui finissent « par rentrer [dans la tête des parents] ».

Mais si elles ne transmettent pas toutes ces consignes avec les mêmes mots, elles adaptent également cet apprentissage en fonction des pères et des mères qui sont face à elles. À la suite d'un rendez-vous avec Mathéo et ses deux parents (mère préparatrice en pharmacie, père technicien dans le secteur des communications), l'orthophoniste m'explique comment elle revoit à la baisse ses attentes à l'égard de ce père sans pour autant le dispenser d'être présent :

« Orthophoniste – Ce papa, au début je me dis [que] ça va super bien se passer. Il est bien. Il a l'air de piger. Je vais pouvoir m'appuyer sur lui aussi. [...] Et là, patatras ! Il est totalement à l'ouest. On dirait qu'il entend même pas le bégaiement de son fils ! [...] Je sais déjà [alors que ce n'est que le premier rendez-vous] qu'il va pas me servir à grand-chose. [...]
Enquêtrice – Mais c'est important qu'il soit là quand même ?
Orthophoniste – Ah oui ! Je veux qu'il entende [ce qui se dit ici] [...] même si c'est la maman qui va tout faire... [...] Je veux pas qu'il me casse, en cinq minutes, tout le travail qu'on va faire ici en cinq minutes en tannant sa fille le soir pour qu'elle dise bien "spectacle" [et non "pestacle"] ou en [lui] disant de se concentrer pour "parler bien" [elle imite les supposés mots du père] comme il l'a dit tout à l'heure. Le cauchemar ! »

Reconnaissant que les mères endossent la plus grande part de la prise en charge du bégaiement (du repérage du problème au « travail à faire à la maison », en passant par les prises de rendez-vous et la gestion des interactions au cabinet), les orthophonistes jugent pourtant la présence des pères nécessaire pour qu'ils ne « détricotent pas le travail » réalisé. Leur présence répond donc à un enjeu pragmatique.

Mais cette conception de l'investissement des pères repose également sur les représentations de l'enfance et de la parentalité de ces professionnelles. Pour les orthophonistes proches d'une certaine culture psychologique et appartenant aux « nouvelles classes moyennes liées notamment au secteur médico-social » (Lemerle, 2016), les parents jouent un rôle majeur dans le développement langagier des enfants (considérés comme des individus en devenir) en interagissant avec eux (Lareau, 2003).

Encourager les « nouveaux pères » qui font des efforts

Si les orthophonistes jugent que les pères doivent s'investir, c'est également en raison de leurs représentations de la division du travail parental et du rôle éducatif des pères. L'enquête montre qu'elles souscrivent dans leur majorité à la norme qui promeut l'égalité entre les hommes et les femmes, et en particulier entre les pères et les mères, notamment dans le cadre de couples parentaux bi-actifs et cohabitants. Ainsi, les pères se doivent non seulement d'être présents, mais aussi de s'investir au même titre et au même niveau que les mères car les « temps ont changé » : ce qui était davantage accepté auparavant ne l'est plus aujourd'hui selon elles. Si les orthophonistes ne définissent pas toutes – sur le plan pratique – l'égalité entre les pères et les mères de la même façon selon leur origine sociale, leur âge ou encore leur propre situation conjugale, elles s'accordent – en théorie – sur la défense du principe d'égalité. Si l'horizon de l'égalité entre les mères et les pères est souhaitable, il n'est toutefois pas encore atteint à leurs yeux, ce qui explique qu'elles cherchent à « encourager » les pères. Lors d'un déjeuner entre plusieurs orthophonistes, l'une d'elles juge que la situation a « bien avancé » sur ce plan :

> « Orthophoniste – On voit quand même beaucoup beaucoup plus de papas dans la salle d'attente qu'avant ! [...] Certains jours, la salle d'attente est pleine de papas !
> Une autre orthophoniste – Les papas, maintenant, c'est quand même plus pareil. Même au fin fond de la Picardie, tu [ne] vois plus le papa qui s'en fout de son enfant, qui va au bistrot... [...] »

Les orthophonistes opposent la figure de l'ancien père à celle du nouveau père, qui serait non seulement davantage impliqué dans le travail parental, mais aussi conscient de cette nécessaire implication (Martial, 2017). Bien qu'elles concèdent que les mères en « font [presque] toujours plus » mobilisant par exemple les termes de « charge mentale », ces professionnelles insistent sur les changements, voire soulignent qu'il est important de reconnaître les « efforts » faits par ces hommes (au risque, sinon, que cela soit contre-productif), comme lorsque Lucile Santoni, orthophoniste, reconnaît la bonne volonté paternelle d'un « papa qui [ne] fait pas toujours ce qu'il faut, mais qui essaye vraiment de bien faire ».

Chez les orthophonistes, l'adhésion à la norme de l'investissement des pères dans le travail (ré)éducatif se manifeste également à travers la valorisation du modèle du père disponible pour sa famille, capable de concilier de façon plus équilibrée travail et famille, et d'articuler de manière plus équitable les différents temps sociaux avec la mère de ses enfants. Ainsi, les discours des orthophonistes dessinent les contours de la définition du « nouveau » et « bon » père qui se conformerait à cette injonction. De plus, ceux qui se trouvent (les plus) valorisés dans les cabinets d'orthophonie sont les pères qui se perçoivent eux-mêmes comme les acteurs principaux (et non les acteurs secondaires) de l'éducation de leurs enfants, soit ceux qui se rendent disponibles « sans se forcer, sans y penser » ou, pour le dire autrement, ceux qui ont profondément intériorisé cette norme de disponibilité. Valorisant particulièrement l'attitude d'un père (cadre dans la fonction publique), une orthophoniste note à quel point il est agréable et facile de travailler avec lui car elle a le sentiment d'une adéquation entre ce qu'elle lui demande et ce qu'il lui propose : « Il comprend tout très vite. On dirait même que ça vient de lui. » La *parenting culture* des orthophonistes (Lee *et al.*, 2023) sous-tend ainsi la définition du « bon » père comme père disponible, définition qui entretient des proximités sociales avec les pratiques des pères des classes moyennes et des classes supérieures du pôle culturel, notamment du secteur public (qui sont aussi les plus proches socialement des orthophonistes, notamment du point de vue de leur dotation en capital culturel et scolaire).

Valoriser l'engagement des pères, mettre à distance les mères

Si les pères sont perçus comme des acteurs indispensables de la rééducation du bégaiement à laquelle ils doivent prendre (leur) part, dans quelle mesure représentent-ils, aux yeux des orthophonistes, de « meilleurs » agents (que les mères) pour mener à bien le travail parental de (re)socialisation langagière ? Dans la lignée des travaux qui ont pris pour objet les figures de mères déviantes (Serre,

1998), notamment lorsque leur construction émane d'autres femmes (Vozari, 2015), l'enquête montre que la défense de l'investissement paternel passe par une dévalorisation de certaines figures de l'investissement maternel (défavorables à l'engagement des pères). Cette dévalorisation est socialement située, tant du point de vue de la classe que du genre (Eideliman, 2010). La définition du « bon » père et de la « bonne » mère est relationnelle, non seulement dans la mesure où les mères participent activement au façonnage des « bons » pères (dont elles sont jugées en partie responsables, voir Boulet, 2022), mais également parce que la figure du « bon » père se dessine en réaction à des figures de mères déviantes.

Le « bon » père s'oppose ainsi à plusieurs figures de mères jugées déviantes à l'aune des normes psychologiques du « juste » investissement parental, qui se forgent dans les espaces du soin, de l'éducation ou encore de l'encadrement de la parentalité, qu'ils relèvent des sphères médicale, psychologique ou encore du travail social (Lee et Macvarish, 2020 ; Serre, 1998). La valorisation de l'investissement des pères permet donc de mettre à distance certaines figures de mères (et non pas de délester directement ces dernières de certaines tâches). Si les pères sont parfois considérés comme trop peu investis, les mères quant à elles le seraient trop. Les adjectifs utilisés par les orthophonistes pour qualifier ces mères le montrent : « surstimulante », « sur son dos », « trop anxieuse », « très collante », « stressée », etc. Ainsi, alors qu'un couple de parents d'un petit garçon bègue (mère infirmière et père opticien) vient de sortir du bureau, l'orthophoniste Taous Maurel commente :

> « Là, c'est un bon exemple [où] des fois, c'est un peu un choix par défaut [de suggérer que ça soit le père le parent-référent pour les exercices], parce que tu te dis : “Aïe aïe aïe aïe, faut pas que ça soit la mère qui fasse la rééducation à la maison”. [Sinon] ça va être la cata[strophe]. […] Tout simplement, parce qu'elle est trop tendue, trop sur le dos [de l'enfant]… […] Elle, elle va pas y arriver […] Lui, il a l'air de plus faire la part des choses. »

L'orthophoniste explique que l'un des enjeux de la prise en charge sera, pour elle, de faire prendre conscience à la mère qu'elle doit apprendre à « lâcher », à avoir la bonne distance et à « moins flipper ». Les pères sont ainsi jugés davantage susceptibles d'adopter une « juste distance ». Les orthophonistes encouragent également l'investissement des pères dans le cas où les mères sont cadres dans le secteur privé (largement dotées en capital économique). Ces dernières sont très fréquemment vues comme des mères trop absentes, car elles partent « trop tôt » au travail ou rentrent « trop tard » à la maison pour être de « bonnes mères ». Au sujet de la mère d'Apolline, directrice financière dans une grande entreprise de l'énergie, l'orthophoniste indique s'être « mordue les doigts de ne pas avoir insisté pour que ça soit le [père] qui fasse la rééducation à la maison » car elle juge que celui-ci (cadre dans le privé lui aussi) a davantage « les pieds sur terre », aurait été plus disponible que sa femme (« Elle rentre à je sais pas quelle heure ! ») et, enfin, aurait eu « moins de travail à faire sur lui » pour « contrôler son anxiété ». Il conviendrait que certaines mères « laissent la place » à des pères qui seraient plus à même d'échapper à cet écueil de la maternité « surstimulante » et « anxieuse », perçue comme particulièrement néfaste dans le cadre de la rééducation du bégaiement enfantin. L'encadrement de la parentalité s'articule donc autour d'une définition des qualités supposées naturelles du « bon » père capable de se contrôler davantage et d'adopter des pratiques plus difficilement appropriables « naturellement » par les mères, et même à l'issue d'un travail de transformation de soi. En effet, selon les orthophonistes, quand bien même les mères entreprennent de « se changer » et tentent de « prendre de la distance » pour ne pas « trop surstimuler » leurs enfants, elles peinent à y parvenir car il serait extrêmement difficile d'« aller contre leur tendance naturelle », soit de modifier des pratiques perçues comme relevant d'un supposé instinct maternel naturel. Bien que ces catégorisations et jugements prennent place dans l'ensemble des cabinets de l'enquête, ils ne sont pas exprimés de la même façon par les différentes orthophonistes, témoignant par-là de la plus ou moins grande distance qu'elles entretiennent avec ces mères sur le plan des pratiques éducatives.

Ledit « surinvestissement » (des « mères poules ») et la supposée préoccupation et angoisse « instinctive » des femmes s'opposent ici au calme et au sang-froid supposés « naturels » des hommes. Ces qualités perçues comme spécifiquement masculines sont naturalisées. Dans le contexte des changements de « cultures de parentalité », le cas de la socialisation langagière révèle que les pères ne font pas l'objet d'un étiquetage de déviance symétrique à celui auquel les mères sont sujettes : ce sont elles qui sont systématiquement associées aux pratiques de maternité et maternage intensif (Faircloth, 2014), de surparentalité, ou encore de *smothering* (parent poule ou parent qui couve) (Lee et Macvarish, 2020). Ces mères « trop tendues » et « trop sur le dos » de leurs enfants appartiennent par ailleurs autant aux classes populaires qu'aux classes moyennes ou aux classes supérieures. Toutefois, ce sont celles des classes moyennes et des fractions culturelles des classes supérieures – les plus proches des orthophonistes – qui font l'objet des jugements les plus nuancés et les moins moralisateurs. Du côté des pères, ceux qui constituent le reflet inverse de ces figures de mères déviantes occupent également des positions sociales différenciées : ce sont des hommes de classes moyennes et populaires dotés d'une bonne volonté sanitaire (Arborio et Lechien, 2019) et des hommes de classes supérieures dotés en capital culturel.

La mise au travail des pères

Former des pères disponibles et à l'écoute

La rééducation du bégaiement enfantin consiste également à déléguer le travail de rééducation à l'un des parents (le parent-référent), qui assure alors au quotidien un suivi du niveau de bégaiement et réalise des exercices (jeux ou lectures d'histoires) visant à « faire parler » l'enfant et à évaluer la « sévérité » du trouble. L'évaluation de la sévérité du bégaiement par les parents s'apprend dans les cabinets d'orthophonie (à l'aide d'exercices pratiques d'écoute et de notation[7]). Elle consiste ensuite concrètement pour l'un des parents à observer le bégaiement de l'enfant dans tous les moments de la vie quotidienne, puis lors d'un moment de jeu ou de lecture d'histoire spécifique, et à noter (scolairement sur une grille) le « niveau » de bégaiement quotidien. La nécessaire participation des pères aux séances, imposée par la délégation de la rééducation aux familles, se double donc d'un impératif pratique de disponibilité temporelle y compris en dehors du cabinet lorsque le père est désigné parent-référent. Bien que ces situations soient minoritaires (1 cas sur 5 environ), les pères sont donc parfois tenus d'endosser ce rôle, statistiquement plus souvent attribué aux mères. Que se passe-t-il lorsque les pères sont davantage disponibles que les mères ?

La mise au travail des pères dans les cabinets d'orthophonie répond dans de nombreux cas à un enjeu pragmatique : ce sont parfois eux qui disposent (temporairement ou non) de plus de temps avec l'enfant qui bégaye. C'est par exemple le cas de Jamal, au chômage (après avoir été mécanicien), qui devient le parent-référent à la suite de l'évolution de sa situation professionnelle. Pour Marion, leur première fille qui bégaye elle aussi, c'était la mère (secrétaire) qui avait été la parente-référente. L'orthophoniste Jeanne Baudenin cherche à convaincre le père de la pertinence de ce changement dans le cas du bégaiement de leur fils :

> « Vous avez du temps et ça, c'est super. On va profiter de ce temps, il est très précieux pour le bégaiement de Loïc ! [...] C'est du temps de qualité. [...] Vous allez pouvoir prendre le temps, Monsieur. [...] Ce que Madame avait fait pour Marion, c'est votre tour ! [...] On va essayer de surfer au maximum sur ce temps dont vous disposez pour mettre en place des moments privilégiés que pour Loïc, [pour] faire baisser son bégaiement. [...] [Ces moments privilégiés], ça veut dire sans le chien, sans [sa sœur] ou son [autre] petit frère [bébé], et surtout sans la télé hein ! Que vous et lui ! »

Dans les cabinets, les orthophonistes s'emploient à transmettre une certaine conception de la disponibilité qui se caractérise à la fois par la qualité et la quantité du temps parental consacré au développement des enfants. Pour les orthophonistes, la qualité de la disponibilité parentale repose sur une disposition à écouter les enfants et à se mettre à leur écoute, en adaptant leurs pratiques temporelle (prendre par exemple un temps seul avec l'enfant, et de façon ritualisée, pour lire une histoire) et spatiale (se baisser pour se mettre à hauteur d'enfant par exemple). Bien que la norme de la lecture de l'histoire du soir se soit largement diffusée dans l'espace social (Bonnéry et Joigneaux, 2015), comme les professeur·es des écoles (Montmasson-Michel, 2018), les orthophonistes participent à la mise au travail des pères afin qu'ils acquièrent cette disposition à une disponibilité parentale « de qualité ».

Ces injonctions au *quality time* (Kremer-Sadlik et Paugh, 2007) ou aux moments dits « privilégiés » reposent sur une individualisation des enfants de la famille

7. L'évaluation s'effectue sur une échelle de notation allant de 0 à 10. La note 0 correspond à une absence de bégaiement (il ne s'entend pas et ne se voit pas) quand, au contraire, la note de 10 équivaut à un bégaiement fortement audible (multiples répétitions, blocages, etc.) et également visible sur le visage et le corps des bègues (tics corporels, mouvements de la bouche, des yeux, des bras, etc.).

et sur une certaine représentation de l'enfance selon laquelle les enfants sont des êtres singuliers qu'il faut différencier (Darmon, 2001 ; Lignier *et al.*, 2012) en leur accordant ce « temps de qualité ». Si les pratiques de pédagogie sur mesure (Déchaux et Le Pape, 2021) et de *quality time* appartiennent au protocole de rééducation du bégaiement enfantin, l'enquête montre qu'elles sont genrées et socialement situées en haut de l'espace social : elles sont, par conséquent, plus facilement appropriables par les mères – *a fortiori* celles appartenant aux fractions culturelles des classes supérieures –, et par les pères du pôle culturel des classes supérieures (comme le père de Samuel, graphiste, ou le père de Raphaël, architecte) et des classes moyennes (comme le père de Joshua, ébéniste).

Des pères « pas vraiment là » face aux orthophonistes

Chercher à saisir l'encadrement de la paternité qui prend place dans les cabinets d'orthophonie (et, en particulier, au cours des interactions entre les pères et les orthophonistes) permet de mieux comprendre ce que revêt concrètement la norme de la disponibilité paternelle. Dans un contexte où les pères sont globalement davantage présents au domicile, quelles formes prennent les « défaillances paternelles » (Pothet, 2016) ? Les orthophonistes promeuvent, en effet, une figure du « bon » père « là » pour sa famille et ses enfants, mais dont la disponibilité est une « vraie » disponibilité. Lorsqu'elles tentent de savoir si les pères sont disponibles, il ne s'agit pas seulement de déterminer s'ils sont physiquement présents à la maison, mais bien s'ils s'occupent des enfants en étant « mentalement » présents pour ce rôle, pour reprendre les propos d'enquêtées. L'indisponibilité paternelle prend deux formes dans les représentations des orthophonistes : celle des pères qui ne sont pas « suffisamment » au domicile (aux pères allant au bistrot semblent avoir succédé aujourd'hui ceux travaillant « trop », rentrant « trop » tard du travail ou partant « trop » tôt le matin) et celle des pères étant « là sans être là ».

La première forme revêt plus souvent les habits des pères appartenant au pôle économique des classes supérieures (par opposition au pôle culturel) et employés dans le secteur privé : ils sont cadres du privé (souvent dans de grandes entreprises), chefs d'entreprise ou exercent des professions libérales. En effet, malgré une évolution et une plus forte présence des hommes à domicile, les inégalités demeurent du point de vue du genre mais aussi de la classe puisque « la présence des pères cadres en fin de soirée se révèle être la plus faible de toutes les CSP » (Lesnard, 2003, p. 12). Le cas du père d'Oscar, chef d'une entreprise dans le secteur de l'automobile de luxe est révélateur :

> « Orthophoniste – Vous arrivez à rentrer un petit peu plus tôt le soir pour les mises en situations et la lecture du soir avec Oscar [sans sa jumelle] ?
> Père – Un soir par semaine, j'arrive à rentrer avant qu'ils soient couchés oui. […] C'est compliqué, je fais pas la lecture exactement… […] Je fais avec sa sœur. […]
> Orthophoniste – Bon, je ne vais pas vous mentir. Je pense que si le bégaiement d'Oscar s'envole c'est essentiellement lié à ça. Il faut être absolument plus

> régulier. C'est votre travail. C'est un tout petit moment par jour. Cinq minutes max. Mais il faut le prendre. [...] Vous pourriez vous arranger pour être là plus tôt ? [...]
> Père – Sinon, j'avais pensé parce que notre jeune fille au pair, elle aurait le temps. Elle les récupère tôt. [...]
> Orthophoniste – Non, c'est impossible. Il faut que ça soit vous ! [...] »

À l'issue de la séance, l'orthophoniste Taous Maurel commente cet échange : « Là, j'ai senti que le père il allait se défausser, se défausser sur elle [...]. C'est elle qui allait les faire les mises en situation. Et ça, c'est pas possible ! C'est pas acceptable [...] ça montre bien qu'il n'a rien compris... » En considérant ces pères appartenant au pôle économique des classes supérieures comme « absents » et en leur interdisant de déléguer une partie de ce qu'elles jugent être leur « travail de père », les orthophonistes contribuent à encadrer cette paternité située en haut de l'espace social. Cet encadrement « moral » est fait de rappels à l'ordre, d'injonctions répétées et de moments de négociation autour du rôle de père entre orthophonistes et parents. En encadrant la paternité, les orthophonistes travaillent aussi les représentations – en définissant le modèle du « bon père », mais également les pratiques – en cherchant à transformer ce que les pères font et ne font pas.

La seconde figure du père déviant correspond aux pères appartenant aux classes populaires, soit ceux situés à l'autre pôle de la hiérarchie sociale :

> « Le papa d'Anthony, il pourrait... Il travaille pas loin de chez lui. [...] Il rentre, il file dans son garage ou sur sa tondeuse ! C'est un certain sens des priorités. [...] Et il a même pas l'idée de partager ça [le bricolage ou le jardinage] avec son fils » (Jeanne Baudenin, orthophoniste, à propos d'un père ouvrier agricole).

> « La télé, la télé, la télé ! Il ne peut pas s'en passer. C'est affolant. Donc, même quand ils sont assis en famille tous ensemble, à mon avis, il est pas là ! » (Coline Prévault, orthophoniste, à propos d'un père sans emploi, auparavant soudeur).

> « Tu as vu même au cabinet, il a son téléphone. Je suis obligé de lui faire remarquer même carrément. À la maison, je vois pas pourquoi ça serait pas pareil [...] Il est là, mais il est pas là dans sa tête » (Taous Maurel, orthophoniste, à propos d'un père agent de sécurité).

Les pères qui ne sont pas « vraiment là » font l'objet de jugements dépréciatifs et de rappels à l'ordre. Dans un contexte marqué par une progression de la présence des pères au domicile, y compris au sein des classes populaires et dans les fractions inférieures des classes moyennes (Lesnard, 2003), les catégorisations des orthophonistes contribuent donc à tracer les contours d'une figure paternelle déviante située en bas de l'espace social : celle du père « là », mais qui n'est pas « bien là ». En pointant du doigt un « sens de priorités » inapproprié selon elles et des formes de « fausses » présences paternelles, les orthophonistes désignent ici des hommes de classes populaires dont les pratiques de loisirs à domicile sont jugées illégitimes (jeux vidéo, télévision, certaines formes de bricolage, etc.), et ce d'autant plus qu'elles n'encouragent pas les interactions avec les enfants qui seraient de nature à favoriser leur « développement ». Par ailleurs, certaines pratiques, comme le fait de ne pas retirer sa veste ou son manteau pendant la séance, par exemple, sont interprétées comme un signe manifeste de « mauvaise volonté », voire comme un refus de s'investir. En ne se conformant pas aux attentes des orthophonistes, qui font écho à celles d'autres professions féminisées du gouvernement des conduites enfantines/parentales (telles que les professeur·es des écoles ou les assistantes sociales), les pères de classes populaires s'éloignent du modèle de paternité valorisé par les orthophonistes, qu'ils remettent parfois en cause.

Des résistances à la norme du « bon » père

La figure du « bon » père fait l'objet d'appropriations distinctes, à la fois selon le sexe (père *versus* mère) et la classe sociale des individus. Cet encadrement de la disponibilité paternelle se joue aussi dans un cadre interactionnel qui met face à face des femmes (orthophonistes) majoritairement issues de classes moyennes et supérieures et des hommes (pères) issus de classes sociales très diversifiées – du haut au bas de l'espace social. Les pères occupent donc des positions différenciées du point de vue de la domination dans la relation avec les orthophonistes. Restituer ces rapports de domination imbriqués permet de mieux comprendre que la définition du « bon » père est un terrain de luttes (Landour et Odier, 2017) et fait l'objet de résistances (Leiter, 2004).

L'injonction de disponibilité provoque parfois des résistances de la part de certains pères. Les moments d'incompréhension, voire de désaccord, entre les orthophonistes et ces pères sont révélateurs de certaines formes de résistances paternelles dont les manifestations sont très différenciées – de la (discrète) remarque adressée à l'orthophoniste à la critique véhémente qui s'exprime en aparté ou lors des entretiens. Lors d'une séance, le père de Medhi (sans emploi, ancien ouvrier) annonce à l'orthophoniste Coline Prévault : « Le "moment privilégié", là, je sais plus… Franchement, je vais vous dire la vérité, je ne sais pas ce que c'est. […] Mais je ne peux pas éteindre la télé. C'est comme ça. » Les signes de résistance dépendent aussi largement des capitaux détenus par les pères, notamment le capital linguistique, soit ici la capacité des pères à dire leur mécontentement et à signifier leur résistance à l'égard de la définition du « bon » père véhiculée dans les discours des orthophonistes. Les pères des classes supérieures et des classes moyennes sont ainsi plus nombreux à dire à « mots feutrés » leurs réactions. Le père d'Anouar, technicien dans l'informatique (déclassé à l'issue de son parcours migratoire), me dit à demi-mot avoir été un peu « vexé » par l'orthophoniste. Au contraire, les pères des classes populaires apparaissent moins dotés en capital linguistique pour dire finement (à la sociologue largement associée à la figure de l'orthophoniste) leur désaccord, qu'ils taisent ou demandent à leurs conjointes d'exprimer à leur place (« Dis-lui toi si tu veux »). Toutefois, dans les classes populaires, certaines dispositions langagières permettent aux hommes d'exprimer leur résistance : c'est le cas du père de Zoé, ouvrier et délégué syndical dans une usine chimique (et mobilisé dans le mouvement des Gilets jaunes), qui explose et m'indique avoir longtemps fait pression pour que la mère de sa fille ne retourne pas chez cette « conne d'orthophoniste », jugeant que celle-ci avait mis en cause sa respectabilité parentale.

Les moments de conflits montrent une tension entre la naturalisation des compétences parentales qui s'étend aux hommes (depuis la naturalisation des compétences féminines qui seraient orientées « naturellement » vers la maternité) – et qui tend à en faire des dispositions « universellement » appropriables –, et la conception du « métier de parent » largement assumée et affirmée par les orthophonistes (« On ne naît pas parent, on le devient »). Les résistances les plus franches (et les plus rares) sont celles qui remettent en cause la légitimité des orthophonistes – dont la professionnalisation s'appuie sur une dénaturalisation de leurs compétences supposées féminines à être aussi (souvent) des mères – en les renvoyant (directement ou indirectement) à leur supposée expérience de la maternité. Le père de Zoé (ouvrier) interroge : « Elle nous juge, mais elle a des enfants, elle ? »

Les résistances des pères sont également perçues comme plus ou moins acceptables par les orthophonistes. Dans leurs rappels à l'ordre, dans une conception misérabiliste des paternités populaires, le modèle traditionaliste du « père de famille » qui défend « maladroitement sa progéniture » est mobilisé pour expliquer les réticences de pères de classes populaires, tels que le père de Zoé ou celui de Jimmy, qui n'ont « pas les moyens de comprendre tous les enjeux » pour reprendre des expressions recueillies au cours des observations. Au contraire, dans une conception méritocratique de la paternité, les résistances situées en haut de l'espace social sont perçues avec une moindre tolérance de la part des orthophonistes, pour lesquelles ces hommes appartenant aux classes supérieures (notamment celles dotées en capital économique) sont « cortiqués » ou disposent de « moyens » à la fois intellectuels et matériels leur permettant de se conformer à la norme de la « bonne » disponibilité paternelle.

Les réceptions des résistances paternelles par les orthophonistes ne prennent que très rarement une forme qu'on pourrait qualifier de « politisée », soit fondée sur une vision du monde promouvant une plus juste division genrée du travail parental, voire une lecture féministe de la famille. En effet, les rappels à l'ordre adressés aux pères ne le sont que dans les situations jugées les plus extrêmes ou lorsque les pères manifestent explicitement leur non-adhésion aux règles des orthophonistes. De plus, ce sont bien souvent les mères qui sont les destinataires de ces rappels à l'ordre, renforcés par l'urgence que représente la prise en charge précoce du bégaiement :

> « On n'a pas le temps d'attendre que les papas se réveillent, même si ça me gonfle de dire ça. Mais ma responsabilité, c'est que ça avance vite et bien. Donc s'il n'y a que la maman qui est là pour ça et qui peut le faire, je fais avec la maman. […] Je rentre pas dans les histoires des couples. C'est leur problème. […] C'est à la maman aussi de taper du poing sur la table pour bouger le papa. Je m'en mêle pas […] C'est pas mon job ! Moi, je m'occupe du bégaiement. »

La charge de (re)mobiliser les pères et d'encadrer leurs résistances incombe aux mères. Paradoxalement, en désindividualisant la responsabilité, les orthophonistes délèguent – de façon asymétrique du point de vue du genre – aux mères (quelle que soit la classe sociale) un rôle d'encadrement des paternités.

Conclusion

En enquêtant au sein des cabinets d'orthophonie, j'ai cherché à saisir le gouvernement des pères en pratique, en train de se faire. J'ai ainsi pu montrer comment les orthophonistes jouent un rôle d'entrepreneures de morale familiale en participant à définir, à produire et à diffuser une norme du « bon père disponible » par l'intermédiaire de la prise en charge du bégaiement. Cet encadrement n'est pas neutre socialement et s'exerce différemment selon les profils des pères. L'enquête ethnographique permet de mieux comprendre la façon dont le gouvernement de la parentalité est un processus relationnel, pluriel et traversé par de multiples rapports de domination et d'autorité, dans un contexte qui place face à face des professionnelles et des profanes. L'encadrement des paternités est ainsi pris dans des relations entre orthophoniste et parents qui sont des rapports de domination de genre et de classe, puisque ce sont des femmes expertes de la parole et de l'enfance, issues des classes moyennes et supérieures, qui font face à des hommes profanes, issus de milieux sociaux très diversifiés.

Par ailleurs, si cette analyse souligne les discours et les formes d'encadrement dominants chez les orthophonistes, elle reconnaît qu'il peut également exister des variations dans les représentations et pratiques au sein de ce groupe. Une analyse plus approfondie des trajectoires et de la socialisation (notamment professionnelle) de ces praticiennes pourrait permettre de préciser pourquoi ces dernières tendent à s'accorder sur cette définition du « bon père », mais également comment sa mise en pratique prend des formes différenciées.

En outre, l'enquête montre que l'encadrement des « bonnes » pratiques paternelles en matière de présence familiale et de développement langagier enfantin est étroitement lié à celui des « bonnes » pratiques maternelles, en particulier en matière de (re)mise au travail des pères par les mères.

Finalement, en prenant pour objet le rôle des orthophonistes dans le gouvernement d'une forme d'engagement paternel, cet article se propose également de contribuer à une réflexion plus générale sur le genre des professionnels qui revendiquent une expertise en matière d'encadrement de la parentalité. L'analyse sociologique du travail des orthophonistes – qui constitue encore une zone d'ombre dans la littérature, invite à le mettre en regard avec celui que réalise une nébuleuse de professionnelles (enseignantes, médecins, assistantes sociales, assistantes maternelles, etc.) qui prennent aujourd'hui en charge l'éducation, la santé ou encore le développement des enfants, et participent de façon conjointe (ou non) au gouvernement des pères.

Références bibliographiques

Arborio A.-M. et Lechien M.-H. (2019), « La bonne volonté sanitaire des classes populaires », *Sociologie*, vol. 10, n° 1, p. 91-110.

Bertron C., Seiller P., Pellissier A. *et al.* (2020), « L'accueil des jeunes enfants par les professionnelles de la petite enfance : un travail éducatif aux formes multiples », *Revue des politiques sociales et familiales*, n° 136, p. 38-50.

Bonnéry S. et Joigneaux C. (2015), « Des littératies familiales inégalement rentables scolairement », *Le français aujourd'hui*, vol. 3, n° 190, p. 23-34.

Borelle C. (2017), « Le nouveau régime de responsabilité parentale dans l'autisme », *Sociologie du travail*, vol. 59, n° 2 [en ligne] journals.openedition.org (consulté le 15 août 2025).

Boulet E. (2022), « "C'est pour le bébé." Moralisation des femmes, individualisation de la responsabilité et disparités de classe dans le travail de soins pendant la grossesse », *Terrains/Théories*, n° 16 [en ligne] journals.openedition.org (consulté le 15 août 2025).

Bretin H. (2007), « Qui choisit le métier d'orthophoniste… et comment ? », *in* Tain L. (dir.), *Le métier d'orthophoniste : langage, genre et profession*, Rennes, Éditions ENSP, collection « Métiers Santé Social ».

Brugeilles C. et Sebille P. (2013), « Le partage des tâches parentales : les pères, acteurs secondaires », *Informations sociales*, vol. 2, n° 176, p. 24-30.

Bruner J. (2002), *Comment les enfants apprennent à parler*, Paris, Éditions Retz.

Cartier M., Collet A., Czerny E. *et al.* (2021), « Allez, les pères ! Les conditions de l'engagement des hommes dans le travail domestique et parental », *Travail, genre et sociétés*, vol. 2, n° 46, p. 33-53.

Darmon M. (2001), « Devenir "sans pareil" ? La construction de la différence dans la fratrie gémellaire », *in* Singly F. de (dir.), *Famille et individualisation : être soi d'un âge à l'autre*, Paris, L'Harmattan, collection « Logiques sociales ».

Déchaux J.-H. et Le Pape M.-C. (2021), *Sociologie de la famille*, Paris, La Découverte.

Eideliman J.-S. (2010), « Aux origines sociales de la culpabilité maternelle. Handicap mental et sentiments parentaux dans la France contemporaine », *Revue internationale de l'éducation familiale*, vol. 1, n° 27 p. 81-98.

Faircloth C. (2014), « Intensive Fatherhood ? The (Un)involved Dad », *in* Lee E., Bristow J., Faircloth C. et Macvarish J. (dirs.), *Parenting Culture Studies*, London, Palgrave Macmillan.

Garcia S. (2011), *Mères sous influence. De la cause des femmes à la cause des enfants*, Paris, La Découverte, collection « Textes à l'appui ».

Garcia S. (2013), *À l'école des dyslexiques. Naturaliser ou combattre l'échec scolaire*, Paris, La Découverte.

Gojard S. (2010), *Le Métier de mère*, Paris, La Dispute, collection « Corps santé société ».

Gonzalez L., Roussel R., Héam J.-C. *et al.* (dirs.) (2018), « Les dépenses de santé en 2017. Résultats des comptes de la santé », Paris, Drees.

Goudet J.-M. (2021), « La fabrique des "troubles spécifiques des apprentissages" en quartier populaire urbain. Usages sociaux des diagnostics et analyse de leurs effets sur les trajectoires d'enfants », *Revue française des affaires sociales*, n° 3, juillet-septembre, p. 89-106.

Guignon N., Costemalle V. et Moisy M. (2024), « Près d'un enfant ou adolescent sur dix a eu recours à un orthophoniste libéral en 2019, avec des motifs différenciés selon l'âge et le sexe », Drees, *Études et Résultats*, n° 1293.

Kakpo S. et Rayou P. (2018), « Un accompagnement parental expert. Quand des parents enseignants se mobilisent », *Revue française de pédagogie,* n° 203, p. 15-28.

Kremer-Sadlik T. et Paugh A. L. (2007), « Everyday Moments: Finding "quality time" in American Working Families », *Time & Society*, vol. 2-3, n° 16, p. 287-308.

Landour J. et Odier L. (2017), « Travail parental et bien-être de l'enfant », *Recherches sociologiques et anthropologiques*, vol. 2, n° 48, p. 75-93.

Lareau A. (2003), *Unequal Childhoods: Class, Race and Family Life*, Berkeley, University of California Press.

Le Pape M.-C., Tenret É., Véron B. *et al.* (2018), « Ce sont ceux qui en parlent le plus qui en font le moins. Pratiques et normes de solidarité familiale chez les femmes et les hommes dans la France contemporaine », *Nouvelles questions féministes*, vol. 1,n° 37, p. 31-51.

Lee E. (2014), « Experts and Parenting Culture », *in* Lee E., Bristow J., Faircloth C. et Macvarish J. (dirs.), *Parenting Culture Studies*, London, Palgrave Macmillan.

Lee E., Bristow J., Faircloth C. et Macvarish J. (2023), *Parenting Culture Studies*, London, Palgrave Macmillan.

Lee E. et Macvarish J. (2020), « Le "parent hélicoptère" et le paradoxe de la parentalité intensive au XXIe siècle », *Lien social et politiques,* n° 85, p. 19-42.

Leiter V. (2004), « Parental Activism, Professional Dominance, and Early Childhood Disability », *Disability Studies Quarterly*, vol. 24, n° 2, [en ligne] dsq-sds.org (consulté le 15 août 2025).

Lemerle S. (2016), « Trois formes contemporaines de biologisation du social », *Socio*, n° 6 [en ligne] journals.openedition.org (consulté le 14 novembre 2025).

Lesnard L. et Chenu A. (2003), « Disponibilité parentale et activités familiales. Les emplois du temps familiaux des français dans les années 80 et 90 », Rapport du Centre de recherche en économie et statistique.

Lignier W., Lomba C. et Renahy N. (2012), « La différenciation sociale des enfants », *Politix*, n° 99, p. 9-21.

Martial A. (2017), « Nouveaux pères et nouvelles paternités : le regard des sciences sociales », *in* Glangeaud-Freudenthal N. M.-C. et Gressier F. (dir.), *Accueillir les pères en périnatalité*, Toulouse, Érès, collection « La vie de l'enfant ».

Martin C. (2014), *« Être un bon parent » : une injonction contemporaine*, Rennes, Presses de l'EHESP, collection « Lien social et politiques ».

Montmasson-Michel F. (2016), « Une socialisation langagière paradoxale à l'école maternelle », *Langage et société*, vol. 2, n° 156, p. 57-76.

Montmasson-Michel F. (2018), « Enfances du langage et langages de l'enfance. Socialisation plurielle et différenciation sociale de la petite enfance scolarisée », Doctorat de sociologie, sous la direction de Gilles Moreau et Mathias Millet, Université de Poitiers.

Oehmichen H. (2024), « L'appropriation des enfants. Enquête sur le placement familial en France », Doctorat de sociologie, sous la direction de Wilfried Lignier, EHESS.

Pothet J. (2016), « Des parents "défaillants". Un dispositif de soutien à la parentalité dans les Bouches-du-Rhône », *Actes de la recherche en sciences sociales*, vol. 4, n° 214, p. 66-79.

Pothet J. (2024), *Parentalités incertaines. Ethnographie et sociologie des dispositifs de soutien aux parents*, Rennes, Presses universitaires de Rennes, collection « Le sens social ».

Roux S. et Vozari A.-S. (2017), « Parents at their Best: The Ethopolitics of Family Bonding in France », *Ethnography*, vol. 19, n° 1, p. 3-24.

Serre D. (1998), « Le bébé "superbe" : la construction de la déviance corporelle par les professionnel(le)s de la petite enfance », *Sociétés contemporaines*, vol. 1, n° 31, p. 107-127.

Serre D. (2009), *Les coulisses de l'État social. Enquête sur les signalements d'enfant en danger*, Paris, Raisons d'agir, collection « Cours et travaux ».

Vozari A.-S. (2015), « "Si maman va bien, bébé va bien." La gestion des risques psychiques autour de la naissance », *Recherches familiales*, vol. 1, n° 12, p. 153-163.

Woollven M. (2015), « L'orthophonie et les troubles du langage écrit : une profession de santé face à l'école », *Revue française de pédagogie*, n° 190, p. 103-114.

DES SOUTIENS SYMBOLIQUES DISPOSANT DE MOYENS LIMITÉS

Quel télétravail pour les pères ?
Normes et appropriations genrées du télétravail dans une grande entreprise du secteur bancaire

Marianne Le Gagneur

RÉSUMÉ

En s'intéressant au secteur bancaire où le télétravail est fortement pratiqué, cet article vise à articuler les normes de sa mise en œuvre avec son appropriation par les pères. S'intéresser aux pères permet de mettre en relation une pratique ayant des effets du point de vue domestique avec des prescriptions managériales émanant des employeurs, rendant compte d'une construction au masculin. Alors que le télétravail est présenté comme permettant une « conciliation » pensée avant tout pour les mères, son développement répond aussi à des logiques gestionnaires et les normes de sa mise œuvre sont masculines, reposant sur des qualités socialement situées. Les appropriations du télétravail sont inégales : les managers étant pères assurent la promotion d'un télétravail qui favoriserait une meilleure articulation des temps sociaux, mais c'est moins le cas pour les pères n'ayant pas d'enfants en bas âge ou étant à des positions les rendant moins à même d'incarner ces normes organisationnelles.

ABSTRACT

Remote Working for Fathers? Gendered Norms and Uses of Remote Working is Taken up in a Large Banking Firm

Looking at the banking sector, where remote working is widely practised, this article aims to compare the norms of its implementation with its uses by fathers. Looking at fathers allows us to relate a practice with repercussions from a domestic point of view to managerial directives from employers, reflecting a masculine structure. While remote working is presented as allowing "work-life balance" policies intended primarily for mothers, its development also responds to managerial approaches and the norms of its implementation are masculine, based on socially situated qualities. Remote working is used unequally: managers who are fathers promote remote working as a better way of coordinating social life, but this is not the case for fathers who do not have young children or who hold positions that make them less able to define these organisational standards.

Introduction

Les recherches sur le télétravail, compris comme un arrangement permettant à une population salariée de travailler à domicile *via* des outils numériques dans un rythme convenu avec l'employeur, ont montré combien il pourrait devenir une opportunité pour le travail domestique (Tremblay, 2003 ; Tremblay *et al.*, 2006 ; Vayre, 2019). Malgré des réticences initiales (Aguilera *et al.*, 2016), le télétravail s'est fortement développé à partir des années 2020 et concerne aujourd'hui 26 % des personnes salariées (Erb et Beatriz, 2024). De fait, il semble être devenu le signe d'une forme de progrès social, plein des promesses d'un réenchantement du salariat (Le Gagneur, 2023a) passant par l'accès à davantage de temps à domicile et la possibilité de s'épargner de fatigants trajets vers le bureau. La question s'est même posée d'une opportunité d'égalité par le télétravail, alors que le travail domestique et la prise en charge des enfants restent au cœur d'une division genrée importante (Champagne *et al.*, 2015). Si les pères en télétravail peuvent prendre en charge davantage de tâches à domicile qu'en étant en bureau, de premières analyses soulignent que leur travail ne compense pas les inégalités observées au sein des couples (Pailhé *et al.*, 2022 ; Landour, 2023).

Ces travaux ont laissé de côté la manière dont les pratiques des pères pouvaient s'articuler avec des normes existant à l'échelle des employeurs. Pourtant, l'échelle d'analyse des entreprises est particulièrement intéressante pour saisir la « fabrication organisationnelle » (Guillaume et Pochic, 2007) des inégalités et, dans le cas du télétravail (Schütz et Noûs, 2021), les normes locales de son encadrement et de sa pratique. Comment est-il mis en œuvre ? Alors que les mondes du travail sont bien souvent construits sur la figure d'un travailleur « idéal » masculin (Acker, 1990), le télétravail subvertit-il ses logiques ? Si celui-ci semble susciter particulièrement l'intérêt des femmes et même des mères (Schütz, 2024), ces logiques genrées se traduisent-elles dans la mise en œuvre du télétravail à l'échelle organisationnelle et dans son appropriation à l'échelle individuelle ? Se centrer sur le télétravail des pères permet d'analyser la construction des inégalités de genre. La parentalité est en effet un moment d'accroissement de la charge domestique et de réassignation genrée (Blöss, 2009), en même temps qu'elle a des effets positifs sur les carrières des pères (Gadéa et Marry, 2000). Depuis 2021, les femmes sont majoritaires à télétravailler (Jauneau, 2022). Cette pratique repose sur de fortes inégalités (Le Gagneur, 2023b) : les cadres restent la catégorie socioprofessionnelle qui télétravaille le plus et certains métiers sont aussi surreprésentés parmi les télétravailleurs (Erb et Beatriz, 2024). Alors que, dès 2017, le secteur bancaire et financier est un de ceux qui met le plus en œuvre le télétravail (Hallépée et Mauroux, 2019), les « cadres des services administratifs, comptables et financiers » et les « cadres de la banque et des assurances » restent parmi les quinze métiers rassemblant le plus de salariés en télétravail en 2023 (Erb et Beatriz, 2024, p. 3). Au sein de ce secteur féminisé, dont nous verrons qu'il prête une attention particulière aux enjeux d'articulation des temps sociaux (Pizarro Erazo *et al.*, 2023), cet article analyse la manière dont les normes de pratique du télétravail sont construites au masculin.

Nous reviendrons d'abord sur la manière dont le télétravail est présenté au sein de l'entreprise du secteur bancaire étudiée, d'abord au cœur de politiques *family friendly* (Pailhé et Solaz, 2009, p. 325) avant un tournant gestionnaire, alors que sa construction repose sur des qualités masculines et attendues des travailleurs qui le pratiquent. Les appropriations du télétravail par les pères traduisent un choix de journées plus occasionnel que celui des mères. Une forme de confiance est réservée aux premiers tandis qu'à l'inverse, le télétravail des mères va plutôt de pair avec des soupçons.

UNE ENQUÊTE DE TROIS ANNÉES DANS UNE GRANDE ENTREPRISE DU SECTEUR BANCAIRE [ENCADRÉ 1]

Cette enquête monographique se centre sur une entreprise du secteur bancaire et plus spécifiquement de la banque institutionnelle et d'entreprise. Elle relève en cela des métiers de bureau, surreprésentés dans la pratique du télétravail (Do et Schneider, 2023). Elle fait partie d'un groupe multinational bancaire et financier et regroupe près de 3 000 salarié·es dans ses locaux de proche banlieue parisienne qui se consacrent au corps de métier principal de cette structure sur les titres financiers, et à des fonctions supports et transverses. Comprenant 53 % de femmes parmi ses effectifs, elle regroupe 89 % de cadres et 11 % de population technicienne. Conformément à ce taux élevé de population qualifiée, le télétravail y est mis en place dès 2009. Il est pratiqué en 2019 par 45 % des personnes en CDI dans cette structure. Les résultats présentés se fondent sur une ethnographie réalisée dans cette structure sur une période de trois ans (2018-2021) dans le cadre d'un contrat Cifre, suivie d'une réinterrogation de 5 personnes en 2024. Une cinquantaine d'entretiens ont été menés avec 34 travailleurs et travailleuses françaises, dont 18 femmes, 16 hommes et parmi eux 11 mères et 9 pères. Les entretiens ont été menés par vagues successives, au fur et à mesure des évolutions du télétravail dans cette structure. Les personnes interrogées, dont les noms ont été anonymisés, étaient volontaires pour participer à l'enquête, recrutées par des appels leur étant directement adressés ou par l'intermédiaire de leur encadrant ou encadrante. Les entretiens ont porté sur leur carrière, leur accès au télétravail, leurs représentations à l'égard de ce dernier et leurs pratiques domestiques et familiales lors des journées passées à domicile, et ont parfois été répétés au fil de la période d'enquête. Des documents (guides, règlements, accords) accessibles sur l'intranet de la structure ont aussi été rassemblés. Ils ont permis de s'intéresser aux normes du télétravail. Enfin, une présence de trois journées hebdomadaires dans les locaux de la structure durant trois ans a permis le recueil de matériaux ethnographiques.

Les normes du télétravail et son encadrement

La mise en œuvre du télétravail souligne une attention à la « conciliation » portée par l'employeur : les textes encadrant la pratique en font, de prime abord, un adjuvant de l'articulation des temps sociaux. Ultérieurement, d'autres logiques viennent renforcer le développement du télétravail, que l'on peut qualifier de « gestionnaires ». Les normes locales soulignent une pratique pensée au masculin avant tout.

Télétravailler pour « concilier » ?

La mise en œuvre du télétravail passe par la signature d'accords, qui précisent les modalités dans lesquelles il peut être réalisé, les populations auxquelles il est ouvert et les buts que se donne l'organisation par cette pratique. La manière dont le télétravail est présenté dans les textes locaux témoigne d'une attention spécifique portée à la question de l'articulation des temps sociaux. De fait, les accords mettent fortement en avant les gains permis par le travail à domicile attendus pour les salariés. Lors de la période d'enquête, l'accord 2016-2019 souligne : « souhait[er] […] poursuivre la promotion des nouvelles formes d'organisation du travail, […] convainc[u] que ce dispositif facilite la conciliation entre la vie professionnelle et la vie privée et de manière générale participe à l'amélioration de la qualité de vie au travail et au développement durable. »

Les objectifs sont donc multiples et apporteraient des bénéfices à celles et ceux qui le pratiquent tant du point de vue personnel que professionnel. Ces gains se retrouveraient même plus largement à l'échelle de la société grâce à la réduction des trajets domicile-lieu de travail polluants. Cela va dans le sens d'une moralité professionnelle en transformation et d'un employeur prompt à afficher une forme de « vertu » (Bereni, 2022). C'est bien cet argument d'une « amélioration de l'équilibre personnel », comme le mentionne également le préambule de l'accord, qui est pointé comme gain principal pour les travailleurs et travailleuses. Cette possibilité de travailler à domicile est globalement très valorisée par les salariés, tant les femmes que les hommes. Maxime C. (chef de projet, un enfant de 8 ans) apprécie la mise en place du télétravail et son large développement, déclarant que l'employeur « nous aide beaucoup à trouver cet équilibre-là », faisant référence à une bonne répartition de son temps entre le lieu de travail et son domicile et ainsi qu'à la flexibilité qui leur est offerte.

Ceci va de pair avec l'émergence, dans le secteur bancaire, d'une attention spécifique aux enjeux de parentalité. De fait, la construction de ce secteur, calquée sur celle des administrations publiques attentives aux horaires du travail, s'articule avec la féminisation de ses effectifs (Vezinat, 2024). Par exemple, une règle tacite, énoncée sous forme de « bonne pratique » consiste à ne pas fixer de réunions après 17 heures, afin de ne pas contraindre certains et certaines cadres à travailler à des horaires incompatibles avec leur vie de famille.

Or les dispositifs mis en œuvre sont plutôt à destination des mères que des pères, dans une conception genrée de la « conciliation ». Par exemple, la convention collective[1] du secteur bancaire prévoit une extension du congé de maternité légal : jusqu'à 45 jours en permettant aux mères de garder leur salaire plein ou 90 jours avec un salaire réduit de moitié. Un « congé parental d'éducation » est également proposé, reprenant les dispositions légales nationales du Code du travail[2] mais il permet une deuxième extension du congé maternité en cas d'allaitement : 45 jours de plus peuvent être attribués et indemnisés pour les femmes, sur présentation

1. Art. 51, Convention collective nationale de la banque du 10 janvier 2000. Étendue par arrêté du 17 novembre 2004.
2. Art. L.1225-48, Code du travail.

d'un « certificat d'allaitement[3] ». À l'inverse, alors que le congé de paternité n'était que de 14 jours avant 2021 en France, sa durée n'est pas allongée dans la structure étudiée. Une salariée explique par exemple avoir bénéficié d'une formation à destination des « jeunes mamans [qui] reprennent le travail », intitulée « Comment conjuguer sa vie privée et sa vie professionnelle », visant à cadrer les pratiques temporelles de ces mères et à leur faire comprendre le besoin de s'« occuper de [soi] » (Audrey F., cheffe de projet, 2 enfants de 3 et 5 ans), au-delà des engagements domestiques et familiaux. Les questions parentales sont construites vis-à-vis d'un référentiel relativement traditionnel, axées sur une répartition inégalitaire de ces charges conforme à sa division dans la société. Comme l'ont analysé nombre de travaux, l'emploi du terme de « conciliation » renvoie à une réalité normative où il existerait une « bonne » manière de concilier, dont seraient avant tout responsables les femmes (Junter-Loiseau, 1999 ; Pailhé et Solaz, 2010).

De la « conciliation » à une approche gestionnaire

Malgré cet affichage promouvant la « conciliation », la mise en œuvre du télétravail répond également à des approches gestionnaires, qui s'affirment au fil de la période d'enquête. Le guide « Manager en *flex-office* et télétravail », publié au début de l'année 2020 sur l'intranet de la structure, montre à quel point les visées du télétravail dépassent la seule « conciliation ». La première page de ce document explique les « enjeux et objectifs » du télétravail, qui sont présentés comme faisant partie d'un « plan de développement » plus large, visant une « accélération de la transformation digitale ». Le texte présente la mise en œuvre de logiques intitulées « Travailler différemment » ayant pour but de « renforcer les modes de travail collaboratifs », « développer la transversalité, la flexibilité et la digitalisation au sein des environnements de travail » tout en permettant de « rechercher l'équilibre des temps de vie en facilitant les formes de travail à distance et en mobilité » : les buts poursuivis par le télétravail s'élargissent.

De fait, dans ce contexte, le télétravail s'insère dans des transformations organisationnelles ciblant les espaces de travail et permettant notamment de réaliser des économies en réduisant la surface des locaux, par la combinaison du télétravail et du *flex-office* (Butin, 2022 ; Jemine, 2017). Alors que la communication est d'abord centrée sur un télétravail permettant la « conciliation », les intérêts organisationnels à sa mise en œuvre sont aussi à chercher du côté des réductions spatiales permises. Le développement du télétravail dans l'entreprise étudiée suit plusieurs étapes. Lancé en 2009, il est très peu pratiqué et se développe à partir de 2017 lorsque les espaces sont transformés en *flex-office* : les traditionnels *open spaces* sont remplacés par des locaux où chacun s'installe sur le premier poste vide, ayant simplement ses affaires dans un casier. Il y a alors moins d'un poste de travail par salarié. La responsable de ce dispositif, cheffe de projet du département

3. Art. 53, Convention collective nationale de la banque du 10 janvier 2000. Étendue par arrêté du 17 novembre 2004.

des services généraux, explique en entretien l'accélération de la diffusion du télétravail aux lendemains de la crise du Covid. La direction de ce groupe du secteur bancaire a décidé d'accroître le taux de mutualisation (aussi appelé taux de *desk-sharing*) et ainsi de diminuer le nombre de places disponibles dans les bureaux. Dans ce contexte, sous l'égide des ressources humaines, les managers proposent aux membres de leur équipe d'accroître le nombre de jours de télétravail et de passer d'une à deux journées par semaine.

Ce développement du télétravail est aussi à réinscrire dans la large diffusion qu'il connaît lors de la crise sanitaire de 2020. Si certains freins techniques et de sécurité existaient jusque-là, empêchant certaines et certains salariés d'en bénéficier, ces contraintes sont levées en l'espace de quelques jours. Le passage à distance de l'activité revêt alors un enjeu financier, pour assurer la continuité des activités bancaires. La chargée de mission responsable du télétravail et du *flex-office* explique en entretien que quand « on voit les chiffres, ça s'est bien boosté », à la suite de la crise du Covid. Cette période constitue en effet un moment de développement à la fois individuel et institutionnel du télétravail. Individuellement, la crise sanitaire lève les freins qu'avaient les personnes les moins à même de souhaiter télétravailler, soit parce que leurs organisations familiales le nécessitaient moins, ou parce qu'elles percevaient leurs logements comme inadaptés. Institutionnellement, et en parallèle d'une mise au télétravail poussée par les managers, de nouveaux « régimes de télétravail » (Schütz, 2024) sont proposés aux salariés, à la suite d'une renégociation syndicale de l'accord local arrivé à échéance. En 2021, le nombre de jours maximal de télétravail passe de deux par semaine à deux journées et demie (soit une alternance de 2 et 3 jours d'une semaine sur l'autre). Le nombre de jours à domicile augmente, ce dont se félicitent à la fois les syndicats rencontrés en entretien et les salariés. Cette augmentation est plutôt consensuelle et les négociations se situent notamment autour du montant alloué aux salariés par journée passée à domicile. Le télétravail est donc mis en œuvre en étant adossé à des logiques multiples.

Des normes masculines

L'analyse des textes locaux permet de souligner que l'accès au télétravail, au-delà de son développement accéléré, est façonné par des normes locales construites au masculin. Lorsque les premières expérimentations du télétravail sont lancées en 2009 dans cette entreprise, les personnes choisies ne le sont pas par hasard. À l'occasion d'un entretien avec un professionnel chargé de mission ayant contribué à encadrer son développement dans sa « phase pilote », il explique que les dix personnes choisies pour le « test » avaient souvent des postes de chef de projet, traditionnellement très autonomes. Interrogé sur ce choix, ce professionnel explique que les salariés sélectionnés étaient « des gens sérieux, parce que la question de la confiance est importante ». Cet enjeu n'est pas sans lien avec les caractéristiques sociales de ces professionnels : autonomes, ils correspondent au « salariat de confiance » (Bouffartigue, 2001) que composent les cadres. De fait, au départ, le télétravail n'est pas ouvert à toute la population de cette structure et son arrivée se fait par des cadres à des positions plutôt autonomes. Les secrétaires sont, par exemple, une des professions exclues du télétravail jusqu'à la fin des années 2010 : la raison institutionnelle invoquée est qu'elles auraient des rôles à accomplir dans les locaux, comme accueillir les éventuels visiteurs.

Il est possible d'analyser cette construction organisationnelle du télétravail en lien avec les normes genrées structurant les mondes professionnels. J. Acker (1990) analyse combien l'apparente neutralité des organisations laisse en réalité entrevoir des caractéristiques masculines, par exemple du point de vue de la construction des qualités et de la disponibilité attendue de celles et ceux qui travaillent. Le formulaire d'autodiagnostic à disposition des salariés souligne ainsi l'adéquation nécessaire du poste à la pratique du télétravail, avant d'insister sur la compatibilité de l'« environnement personnel ». Le texte se centre d'abord sur l'espace de travail à domicile, demandant notamment si les salariés disposent « d'un environnement de travail approprié, pendant toute la journée (calme, sans perturbation) ». Puis il questionne la compatibilité de la « personnalité » avec le télétravail, demandant à la ou au salarié : « Pensez-vous être capable de séparer vie professionnelle et vie personnelle en travaillant au domicile (respect des horaires de début et de fin de journée, respect de la confidentialité des dossiers/données). » Ces consignes rejouent une disponibilité pleine et entière à l'activité professionnelle, mettant à distance les interruptions possibles vécues par les parents en télétravail en fin de journée et en faisant même un critère d'incompatibilité. Le télétravail est construit autour de qualités masculines, notamment un sérieux socialement situé. Ce n'est pas sans effet sur la manière dont les salariés s'approprient le télétravail.

Les appropriations du télétravail par les pères

Les normes définies par l'entreprise entraînent des appropriations différenciées du télétravail entre les pères et les mères. Il est communément admis parmi les personnes interrogées qu'il faciliterait l'articulation des temps sociaux, contribuant à la construction d'une « bonne » parentalité. Pour autant, l'analyse de ses modalités de pratique révèle des distinctions dans le choix des jours à domicile. Toutefois, si les représentations du télétravail varient selon la position professionnelle et familiale des pères, globalement, ces derniers ne font pas l'expérience de la défiance qui pèse sur les mères en télétravail.

Des jours de télétravail plus occasionnels

Si l'investissement dans le télétravail s'accroît à mesure qu'il se diffuse, le choix des modalités de télétravail est influencé par le genre et les situations familiales de celles et ceux qui le pratiquent. Analysant cet enjeu, G. Schütz décrit l'existence de

« régimes de télétravail » à partir de la notion de « régime d'inégalité » (Acker, 2009), analysant un télétravail qui se pratique à « plusieurs vitesses », avec des régimes « structurés par la position dans l'organisation et ses hiérarchies professionnelles et genrées » (2024). La manière dont les jours de télétravail sont choisis, utilisés et la justification de ces journées renvoient à des divisions genrées de cette pratique.

Au moment de l'enquête et dans l'entreprise étudiée, il est possible de télétravailler sur des jours réguliers ou occasionnels. Le télétravail régulier se pratique une ou deux journées par semaine : il s'agit d'un mode d'organisation fixe, où chaque professionnel choisit des jours et s'y tient. À partir des ordonnances dites « Macron[4] » (2017), un mode de télétravail occasionnel est également autorisé à l'échelle nationale puis dans l'entreprise étudiée, qui permet de télétravailler de manière ponctuelle, à hauteur de deux jours par mois, positionnés selon les besoins des salariés, sur des journées qui peuvent varier. Le bilan du télétravail réalisé en 2019 par les ressources humaines de cette structure permet d'analyser les appropriations genrées de ces différentes modalités. Sans surprise, davantage d'hommes choisissent la modalité occasionnelle, puisque parmi les télétravailleurs c'est le cas de 13 % d'entre eux, contre 9 % des femmes parmi les télétravailleuses. Ces résultats rejoignent ceux de l'enquête « Paternage », menée auprès de pères d'enfants en bas âge, soulignant un télétravail leur permettant de se rendre disponibles ponctuellement, face à divers imprévus liés à leurs enfants (Le Pape, 2025, p. 9). Pour celles et ceux qui télétravaillent de manière régulière, on note une différence entre une et deux journées hebdomadaires. Les femmes télétravaillent davantage à hauteur d'une journée par semaine, puisque c'est le cas pour 74 % d'entre elles, alors que cela concerne 68 % des hommes. Les écarts sont plus marqués pour la pratique régulière d'un jour hebdomadaire que celle de deux jours. Pour la pratique effectuée deux jours par semaine, les taux parmi les hommes et les femmes sont relativement proches : cela concerne 19 % des hommes télétravailleurs contre 17 % des femmes. En effectif, les femmes sont néanmoins plus nombreuses que les hommes à télétravailler à hauteur de deux journées par semaine. Ces chiffres ont été mesurés en 2019, alors que la pratique du télétravail deux jours par semaine est plus rare qu'à la fin de la période d'enquête. De fait, les femmes et les hommes n'en font pas le même usage, alors que le télétravail régulier des unes est lié à des enjeux domestiques et familiaux, celui des autres est lié à des gains d'autonomie, notamment professionnelle (Le Gagneur, 2024) et un sérieux masculin, pointé dans les guides accompagnant sa mise en œuvre.

La manière dont ces jours de télétravail sont choisis dans la semaine est également révélatrice. Il peut s'agir pour certains de maintenir des journées avec des sociabilités en petit comité, qui excluent les mères, alors que les pères ne font aucunement l'objet d'exclusions similaires. Les journées dites « calmes » dans l'*open space* peuvent ainsi être au cœur de stratégies masculines spécifiques. Romain M., 27 ans, chef de projet diplômé d'école de commerce et sans enfant, s'apprête à démarrer la pratique du télétravail régulière à hauteur d'un jour par semaine, car son encadrante le lui propose avec insistance :

4. Ordonnance n° 2017-1387 du 22 septembre 2017 relative à la prévisibilité et la sécurisation des relations de travail.

> « Je discute ce midi à la cantine avec Romain M. et Vincent M. (consultant externe). Romain explique qu'il va demander son jeudi en télétravail. Je lui demande comment il a choisi ce jour-là, et il semble s'agir d'un choix par élimination. Le lundi ne lui convient pas car c'est trop tôt dans la semaine, il aurait le sentiment d'être encore en week-end. Le mardi aussi est trop tôt pour lui. Le mercredi pourrait alors convenir et le jeudi aussi. Il considère que le vendredi est trop proche du week-end, il trouve ça « abusé ». Romain dit qu'il a hésité entre le mercredi et le jeudi. Il trouve que le mercredi est une journée où il y a moins de monde [dans les locaux], donc il a la possibilité d'avoir des conversations assez poussées avec ses collègues, de prendre du temps pour parler avec des personnes qu'on ne voit pas souvent (« nos chefs à échelon hiérarchique N+2, N+3 »), et n'a pas envie de renoncer à ça. Ainsi, il préfère prendre le jeudi, qui est une journée où il effectue des réunions en continu, comme ça, il les réalise à domicile et est sûr de travailler. Sinon, il dit qu'il craindrait d'avoir fini l'ensemble de ses tâches en une heure et de n'avoir plus rien à faire pour la journée » (carnet de terrain, 24 février 2020).

Le raisonnement qu'explicite cet homme est symptomatique d'un enjeu qui a été discuté au tournant du premier confinement[5] : en raison d'investissements genrés différenciés dans le télétravail, les femmes le mobiliseraient davantage et s'exclueraient de moments de sociabilité masculins (Guillaume et Pochic, 2007). De fait, le mercredi est une journée où moins de femmes sont présentes dans les locaux en raison de recours genrés aux temps partiels à 80 % sur ce jour en particulier. Choisir de télétravailler le jeudi pour maintenir des sociabilités en petit comité le mercredi, sans les femmes étant mères, confirme cette inégalité de genre provoquée par le télétravail qui prend place dans des rapports plus généraux des femmes au travail et à l'emploi (Maruani, 2017). Si Romain n'a pas d'enfant, ceci montre néanmoins comment la parentalité des mères peut modeler des formes d'exclusion ici rendues particulièrement saillantes par la position ascendante de ce professionnel. Ce cas est loin d'être systématique mais exemplifie la manière dont les sociabilités masculines peuvent se reconfigurer et maintenir des formes d'entre-soi. D'autres hommes, étant pères, choisissent leurs journées de télétravail moins pour des enjeux de sociabilité professionnelle qu'en accord avec leur partenaire, pour des enjeux de prise en charge familiale.

Les représentations situées du télétravail parmi les pères

Les logiques conciliatrices ayant accompagné l'arrivée du télétravail dans l'entreprise étudiée ont été fortement reprises, sans distinction de genre, par les parents qui admettent combien le télétravail est positif à l'égard d'une vie familiale en tension. Les enjeux de l'articulation des temps sociaux sont sources d'adhésion

5. On peut par exemple mentionner le rapport n° 2023-02-23-PRO-56, Haut Conseil à l'égalité entre les femmes et les hommes (2023), « Pour une mise en œuvre du télétravail soucieuse de l'égalité entre les femmes et les hommes » [en ligne] haut-conseil-egalite.gouv.fr (consulté le 20 août 2025).

à cette pratique, qui permet pour certains pères de conjuguer enjeux familiaux et reprise à leur compte des logiques gestionnaires. Pour d'autres hommes, en décalage avec ces modèles, le télétravail n'est pas investi comme adjuvant familial ou professionnel.

Ainsi, pour certains pères pratiquant le télétravail, situés dans des carrières ascendantes, il devient l'occasion de souligner leur adhésion à des normes de parentalité modernes, visant au partage des tâches (Chatot, 2017). C'est notamment le cas d'Alexandre A., âgé d'une trentaine d'années et père d'un enfant de deux ans, qui encadre trois équipes dans la gestion de projet informatique. Son adhésion au télétravail va dans le sens d'une pratique comme « partie prenante de la panoplie du "bon manager" » (Schütz, 2024). Au-delà des enjeux familiaux et d'articulation des temps sociaux, l'adhésion au télétravail de ces salariés bien insérés et dans des positions de responsabilité rejoint le tournant gestionnaire de la diffusion de cette pratique. Il permet de performer une forme d'accord aux politiques organisationnelles. Alors qu'Alexandre encadre des personnes elles-mêmes encadrantes, la promotion du télétravail qu'il effectue auprès des équipes qu'il supervise va de pair avec ses fonctions managériales. Il reproduit les incitations des ressources humaines au télétravail tandis que les locaux sont rénovés sous forme de *flex-office* en 2019. Dans le cas de ce père d'un enfant en bas âge, cette promotion du dispositif s'ancre dans la revendication d'une répartition équilibrée des tâches domestiques avec sa compagne et dans un engagement égalitaire plus général. En entretien, il explique faire partie de l'antenne locale d'un réseau professionnel en faveur de l'égalité professionnelle entre les femmes et les hommes. Ce réseau s'intéresse aussi à l'« équilibre vie pro' vie perso' » et, dans ce contexte, promeut un télétravail qui contribuerait à lutter contre un « présentéisme » favorisant les hommes. Le professionnel essaie de « prêcher la bonne parole » à l'égard de ces organisations du travail qu'il juge positives. Il met en parallèle l'opportunité que constitue le télétravail pour son propre bien-être en s'épargnant un stress des transports, mais aussi pour celui de sa fille qui passe des journées moins longues à la crèche, et enfin du point de vue professionnel alors qu'il parvient à travailler de manière efficace et plus « tranquille » qu'au bureau. Lors du premier entretien en 2019, il effectue un jour de télétravail, comme sa compagne. L'année suivante, lors d'un second entretien, il est « passé à deux jours », de même que la grande majorité des membres des trois équipes qu'il dirige. C'est aussi le cas de Sébastien P., 38 ans, qui est encadrant de trois personnes dans le département de transformation digitale et père de deux enfants d'un an et demi et de 4 ans. Au départ peu enclin à télétravailler en raison de la présence de sa femme à domicile en congé parental avec leur fille en bas âge, il y a recours malgré tout de manière ponctuelle, afin de gérer des rendez-vous, de travailler alors qu'il est malade ou d'arranger des départs en vacances plus tôt. À partir de 2021, il télétravaille deux jours par semaine, conformément à la diffusion locale du télétravail et parce que cette pratique lui permet de faire d'amples journées à domicile. Outre un engagement individuel dans le télétravail, cette adhésion rend compte des évolutions managériales dans lesquelles s'inscrit la diffusion du télétravail.

Néanmoins, dans un contexte où le télétravail est faiblement diffusé antérieurement à la crise du Covid, il est surtout pratiqué par des pères se réclamant de cette paternité « moderne ». Pour d'autres, le télétravail n'est pas investi sur le plan familial ou professionnel, mais plutôt dans une logique individuelle, pour un confort accru et moins de trajets. David J., 55 ans, chargé de projet, est père d'une fille de 21 ans et télétravaille une journée par semaine. Il explique que le télétravail répond à des difficultés du point de vue des transports en commun, alors qu'il met une heure « minimum » pour se rendre sur son lieu de travail et « sature » de ces trajets qu'il « supporte de moins en moins ». Mais pour lui, pas question d'une « meilleure conciliation » ou de davantage d'égalité : le télétravail n'est pas l'opportunité de prendre en charge de quelconques tâches domestiques. De la même manière, pour Paul L., 56 ans, assistant de direction et père de trois enfants de 17 à 27 ans, le télétravail n'est même pas quelque chose de souhaitable. Interrogé sur sa perception de cette pratique, il déclare :

> « Le télétravail je trouve ça bien pour les gens qui aiment. Je ne suis pas pour, pour moi, je suis à 20 minutes en scooter. Enfin, 25 minutes. Donc moi, je préfère travailler sur place. Je sais que chez moi, j'aurais du mal à me concentrer, toujours penser à quelque chose, donc je me dis que je suis mieux au travail, pour être au boulot » (Paul L., assistant de direction, 3 enfants de 17, 23 et 27 ans).

Si sa durée de transport ne lui semble pas justifier cet intérêt au télétravail, cette faible appropriation rend aussi compte de la position de Paul, à distance des prescriptions organisationnelles valorisant le télétravail. Assistant de direction, il valorise une forme de disponibilité spatiale sur le lieu de travail et met donc à distance cette possibilité d'organisation. Le fait que ni Paul ni David ne soient pères d'enfants en bas âge entraîne évidemment des enjeux spécifiques : les soins à apporter aux enfants sont moins intenses et réguliers. En parallèle, leur carrière faiblement ascendante et leur position plutôt subordonnée les rendent moins à même de se conformer aux prescriptions morales d'une pratique de la « conciliation », mais aussi aux prescriptions managériales du télétravail. De manière comparative, les récits des mères ne font pas état de telles distinctions : elles expliquent globalement y adhérer et apprécier cette pratique, quel que soit l'âge de leurs enfants. Dans le cadre d'une répartition du travail domestique et de soin des enfants qui reste inégalitaire (Champagne *et al.*, 2015), celles-ci ont davantage d'intérêt à télétravailler.

Incarner la confiance pour les pères… ou le soupçon pour les mères

La construction masculine des normes d'accès au télétravail provoque des soupçons spécifiques visant le télétravail des mères. En entretien, les managers de personnes en télétravail ne reproduisent pas directement ce type de discours. Ces encadrants expliquent faire avant tout « confiance » aux salariés encadrés. Ces réponses sont toutefois à relier au contexte de l'enquête, peu propice à l'expression de méfiance. Ce type de propos émane davantage de conversations informelles ou de personnes non encadrantes, soulignant certains stéréotypes :

> « Je suis dans les vestiaires de la salle de sport de l'entreprise et assiste à une conversation entre deux femmes. Elles échangent sur le choix des jours de télétravail qui est en train d'être fait dans leur équipe. Leur encadrante a refusé à une de leur collègue de télétravailler le mercredi. Cette collègue a essayé de négocier en disant qu'elle voulait garder ses enfants ce jour-là. Elles ne précisent pas si cette dernière voulait les prendre en charge toute la journée ou après une solution de garde principale (centre de loisirs...). Or cet argument a été utilisé en sa défaveur par leur encadrante car elle n'a pas à garder ses enfants : c'est son temps de travail. Ces deux femmes semblent choquées que leur collègue puisse penser qu'elle aurait pu s'occuper de ses enfants durant cette journée » (carnet de terrain, 24 avril 2019).

La journée du mercredi fait l'objet de soupçons, en raison de son utilisation traditionnelle pour la prise en charge des enfants dans le cadre d'un emploi à temps partiel, auquel ont recours essentiellement les femmes (Maruani, 2011). Il existe une idée reçue sur des mères qui « abuseraient » et profiteraient du télétravail lors de cette journée pour garder leurs enfants, loin du sérieux revendiqué par certaines :

> « Au début, avec certains de mes collègues, j'ai vu surtout celles qui disaient : "Moi je veux être en télétravail, le mercredi !" Tu les appelles et d'un coup, tu entends "Chut !" Ou tu entends un gamin brailler derrière. En vrai, tu as pris ton mercredi parce que tu t'occupes de ton gosse, mais tu ne fais pas du « vrai télétravail », et ça, moi en revanche... Parce qu'on me le dit souvent, peut-être parce que je suis trop stricte, mais pour moi, il est absolument impensable d'être en train de garder ses gosses et de dire "Je suis en télétravail" » (Charlène L., assistante de direction, 2 enfants de 10 et 12 ans).

Au-delà de ces récits, ces situations semblent peu répandues : seul un père, Maxime C. (chef de projet), raconte de manière explicite télétravailler en présence de sa fille de 9 ans, cette dernière étant à son domicile en garde alternée une semaine sur deux. Alors que cela n'est pas formellement autorisé, il télétravaille en alternant les mercredis et jeudis une semaine sur deux, là où il devrait normalement télétravailler le même jour chaque semaine, selon les règles locales. Il explique avoir commencé à télétravailler le jeudi et s'être adapté aux reconfigurations du rythme scolaire en permutant sa journée de télétravail une semaine sur deux. Pourtant, Maxime dispose de toute la confiance de son encadrant, qui n'y voit aucun problème. En entretien, son encadrant (Sébastien P.), père lui aussi, déclare qu'il peut ainsi sans problème faire de « petites journées » ou parfois avoir une amplitude horaire très large et s'appliquer le même niveau d'exigence qu'il a envers les autres. Il est possible de penser que la position managériale de ces hommes les invite aussi à faire confiance à ceux qui leur ressemblent du point de vue des caractéristiques sociodémographiques. N. Le Feuvre souligne la manière dont les femmes sont perçues comme « toujours dans l'excès ou la déficience, jamais dans la norme » (2016) dans les mondes professionnels. Or, dans ce cas, vis-à-vis de normes professionnelles construites au masculin en ce qui concerne l'attribution du télétravail, force est de constater combien les répercussions de ces représentations pèsent sur des femmes et *a fortiori* des mères toujours soupçonnées de détournement, là où les pères peuvent bénéficier de davantage de liberté.

Conclusion

Alors que les pratiques de télétravail ont été analysées comme variant du point de vue du genre, cet article complète la littérature existante en soulignant combien les normes organisationnelles les façonnent en premier lieu. Dans le contexte de mondes professionnels répondant à la figure d'un travailleur supposément neutre mais en réalité construite sur un modèle masculin (Acker, 1990), l'organisation du travail à distance devient le miroir de ce fonctionnement genré. Présenté comme facilitant la « conciliation », le télétravail peut malgré tout devenir un outil gestionnaire utilisé par les entreprises, en combinaison avec le *flex-office*, pour réduire les coûts immobiliers. Face à des normes construites sur une disponibilité masculine, l'appropriation du télétravail par les pères varie selon leur position à la fois professionnelle et familiale. Ainsi, les pères d'enfants en bas âge ont davantage recours à ce mode d'organisation puisque les jeunes enfants ont besoin de soin et de présence. En outre, du point de vue de la carrière, la mise en avant du télétravail peut devenir le signe d'une adhésion aux logiques de l'employeur, portée par les cadres les mieux insérés. La logique conciliatrice n'est donc pas purement remplacée par la logique gestionnaire du télétravail, mais les deux s'additionnent pour façonner une pratique servant des buts divers. Dans ce contexte, alors qu'elles sont à distance de cette figure de travailleur au « masculin neutre », les mères concentrent certains soupçons : elles utiliseraient leurs journées de télétravail pour garder leurs enfants. Malgré la part majoritaire des femmes dans l'entreprise étudiée, mais aussi plus généralement en France parmi l'ensemble des personnes télétravaillant, le télétravail des femmes reste subordonné à des représentations et des normes masculines. Les femmes sont davantage contraintes et contrôlées. Ainsi, les pères ne font pas face aux suspicions qui touchent les mères.

La recherche menée permet ainsi de mettre en relation normes du côté de l'employeur et appropriations des pères. Toutefois, l'échantillon de pères rencontrés étant limité et l'enquête n'étant pas centrée au départ sur cette population, il conviendrait de poursuivre l'investigation des liens entre carrière, parcours biographiques et engagement dans le télétravail, en interrogeant des pères aux positions variées. En outre, alors que le secteur bancaire dispose de certaines spécificités et d'une attention à la parentalité, il serait intéressant d'analyser comment d'autres employeurs mettent en place le télétravail et, par ricochet, comment ces normes font varier les appropriations individuelles.

Références bibliographiques

Acker J. (1990), « Hierarchies, Jobs, Bodies: A Theory of Gendered Organizations », *Gender and Society*, vol. 2, n° 4, p. 139-158.

Acker J. (2009), « From Glass Ceiling to Inequality Regimes », *Sociologie du travail*, vol. 2, n° 51, p. 199-217.

Aguilera A., Lethiais V., Rallet A. et Proulhac L. (2016), « Le télétravail, un objet sans désir ? », *Revue d'économie régionale urbaine*, n° 1, p. 245-266.

Beatriz M. et Erb L.-A. (2024), « Le télétravail améliore-t-il les conditions de travail et de vie des salariés ? », *Dares Analyses*, n° 65.

Bereni L. (2022), « Les stigmates de la vertu : Légitimer la diversité en entreprise, à New York et à Paris », *Actes de la recherche en sciences sociales*, vol. 1, n° 241, p. 36-55.

Blöss T. (2009), « Travail domestique et responsabilités parentales : présupposés et paradoxes de l'action publique », *Informations sociales*, vol. 4, n° 154, p. 50-59.

Bouffartigue P. (2001), « Les transformations d'un salariat de confiance », *in* Bouffartigue P. (dir.), *Cadres : la grande rupture*, Paris, La Découverte.

Butin A. (2022), « L'organisation spatiale du travail à l'épreuve de la financiarisation », *Sociologies pratiques*, vol. 1, n° 44, p. 93-104.

Cartier M., Collet A., Czerny E. *et al.* (2021), « "Allez, les pères !" Les conditions de l'engagement des hommes dans le travail domestique et parental », *Travail, genre et sociétés*, vol. 2, n° 46, p. 33-53.

Champagne C., Pailhé A. et Solaz A. (2015), « Le temps domestique et parental des hommes et des femmes : quels facteurs d'évolutions en 25 ans ? », *Économie et statistique*, n° 478-479-480.

Chatot M. (2017), « Profiter des enfants ou s'offrir du temps ? Les conditions auxquelles les pères prennent un congé parental », *Revue française des affaires sociales*, n° 2, avril-juin, p. 229-246.

Devetter F.-X. (2008), « Travailler au-delà de 48 heures par semaine », *Travail et Emploi*, n° 114, p. 59-70.

Do T. et Schneider A.-R. (2023), « Quels salariés exercent en open space ? », *Dares Analyses*, n° 66.

Erb L. et Beatriz M. (2024), « Comment évolue la pratique du télétravail depuis la crise sanitaire ? », *Dares Analyses*, n° 64.

Gadéa C. et Marry C. (2000), « Les pères qui gagnent. Descendance et réussite professionnelle chez les ingénieurs », *Travail, genre et sociétés*, vol. 1, n° 3, p. 109-135.

Ganault J. (2023), « Du "bon" usage de l'autonomie temporelle : le temps libre à l'épreuve des normes de surtravail », *Mouvements*, vol. 2, n° 114, p. 84-94.

Guillaume C. et Pochic S. (2007), « La fabrication organisationnelle des dirigeants. Un regard sur le plafond de verre », *Travail, genre et sociétés*, vol. 1, n° 17, p. 79-103.

Hallépée S. et Mauroux A. (2019), « Quels sont les salariés concernés par le télétravail ? », *Dares Analyses*, n° 51.

Jauneau Y. (2022), « En 2021, en moyenne chaque semaine, un salarié sur cinq a télétravaillé », *Insee Focus*, n° 263.

Jemine G. (2017), « Déploiement de dispositifs numériques au sein de nouvelles formes d'organisation : de l'émergence à la stabilisation », *Sociologies pratiques*, vol. 1, n° 34, p. 49-59.

Junter-Loiseau A. (1999), « La notion de conciliation de la vie professionnelle et de la vie familiale : révolution temporelle ou métaphore des discriminations ? », *Les Cahiers du Genre*, vol. 1, n° 24, p. 73-98.

Kanter R. M. (1989), « Work and Family in the United States: A Critical Review and Agenda for Research and Policy », *Family Business Review*, vol. 1, n° 2, p. 77-114.

Landour J. (2023), « Quand les hommes télétravaillent : variations des arrangements domestiques en France, en Suède et en Suisse », *in* Senik C. (dir.), *Le travail à distance*, Paris, La Découverte.

Le Feuvre N. (2016), « Toujours trop ou pas assez de femmes », *Travail, genre et sociétés*, vol. 2, n° 36, p. 181-187.

Le Gagneur M. (2023a), « Réenchanter le salariat ? Les inégalités du télétravail des cadres dans le secteur bancaire », Doctorat en sociologie, sous la direction de Marc Bessin et Nadège Vezinat, Paris, EHESS.

Le Gagneur M. (2023b), « Télétravail, flexibilisation et inégalités », *Germinal*, vol. 1, n° 6, p. 124-133.

Le Gagneur M. (2024), « Le télétravail facilite-t-il vraiment l'articulation des temps sociaux ? », *Connaissance de l'emploi*, n° 197 [en ligne] cnam.fr (consulté le 20 août 2025).

Le Pape M.-C. (dir.) (2025), « Paternité : organisation des temps professionnels et familiaux deux ans après la naissance d'un enfant. Rapport de la deuxième vague de l'enquête Paternage », *Les dossiers de la Drees*, n° 126.

Maruani M. (2011), « Travail à temps partiel et sous-emploi », *Travail et emploi des femmes*, Paris, La Découverte.

Pailhé A. et Solaz A. (dir.) (2009), *Entre famille et travail : des arrangements de couple aux pratiques des employeurs*, Paris, La Découverte.

Pailhé A. et Solaz A. (2010), « Concilier, organiser, renoncer : quel genre d'arrangements ? », *Travail, genre et sociétés*, vol. 2, n° 24, p. 29-46.

Pailhé A., Solaz A. et Wilner L. (2022), « Travail domestique et parental au fil des confinements en France : comment ont évolué les inégalités socio-économiques et de sexe ? », *Économie et statistique*, vol. 1, n° 536, p. 3-25.

Pizarro Erazo S., Viera Giraldo V. et Landour J. (2023), « Le champ de l'articulation des temps sociaux. Continuités, transformations et résistances », *Revue des politiques sociales et familiales*, vol. 4, n° 149, p. 3-13.

Schütz G. (2024), « Un télétravail aux bénéfices inégaux : La construction organisationnelle de régimes de télétravail différenciés », *Sociologie*, vol. 4, n° 15, p. 407-425.

Schütz G. et Noûs C. (2021), « Pour une sociologie du télétravail ancrée dans les organisations », *Sociologies pratiques*, vol. 2, n° 43, p. 1-12.

Tremblay D.-G. (2003), « Articulation emploi-famille : les usages du temps chez les pères et les mères », *Nouvelles pratiques sociales*, vol. 1, n° 16, p. 76-93.

Tremblay D.-G., Chevrier C. et Loreto M. D. (2006), « Le télétravail à domicile : meilleure conciliation emploi-famille ou source d'envahissement de la vie privée ? », *Revue interventions économiques. Papers in Political Economy*, n° 34 [en ligne] journals.openedition.org.

Vayre É. (2019), « Les incidences du télétravail sur le travailleur dans les domaines professionnel, familial et social », *Le travail humain*, vol. 1, n° 82, p. 1-39.

Vezinat N. (2024), *Le service public empêché*, Paris, Presses universitaires de France.

Une place à prendre ?
Entre intégration et distanciation des futurs pères dans le parcours de soins périnataux en Belgique

Marine Quennehen

RÉSUMÉ

Aujourd'hui, il existe de nouvelles attentes concernant la place des futurs pères pendant la grossesse. Ils doivent assister aux rendez-vous médicaux, se renseigner sur la parentalité, faire attention à la future mère en la soulageant de certaines tâches domestiques, participer à l'accouchement en assurant un soutien émotionnel, couper le cordon et être présents à la maternité. Dans le même temps, ils ne doivent ni prendre trop de place ni interférer dans la prise en charge de la mère et de l'enfant. Il est complexe de déterminer précisément ce que les institutions attendent des pères, car il y a peu de consensus au sein des structures médicales. L'article propose d'analyser trois types d'investissement paternel dans ces structures en prenant en compte les attentes des pères, leurs rapports aux professionnel·les dans les soins périnataux et leurs caractéristiques sociales. À partir d'une enquête longitudinale menée en Belgique, j'analyse comment certains hommes devenant pères pour la première fois éprouvent la marginalisation de leur rôle, oscillant entre résistance, résignation et acceptation.

ABSTRACT

A Role to Play: Between Involvement and Distancing for Future Fathers in Perinatal Care in Belgium

Today, there are new expectations regarding the role of future fathers. They must attend medical appointments, learn about parenting, be attentive to the future mother by relieving her of certain domestic chores, take part in the birth by providing emotional support, cut the umbilical cord, and be present at the maternity ward. At the same time, they must not take up too much space or interfere with the care of the mother and child. It is complicated to define institutions' expectations of fathers precisely, because there is little consensus within medical structures. This article proposes to analyse three types of paternal involvement in these structures, by taking account of fathers' expectations, their relationship with perinatal care professionals, and their social characteristics. Based on a longitudinal survey carried out in Belgium, I analyse how certain men who become fathers for the first time experience the marginalisation of their role, oscillating between resistance, resignation and acceptance.

Introduction[1]

Jusque dans les années 1960-1970, les pères n'étaient généralement pas autorisés à assister à la naissance de leur enfant. Les médecins craignaient que leur présence n'entrave leur travail et qu'ils contestent leurs pratiques. L'introduction de l'« accouchement sans douleur » a contribué à redéfinir le rôle des pères comme des acteurs de la grossesse, à la fois dans les discours médicaux et dans la littérature de vulgarisation (Knibiehler, 2007). Les mouvements féministes et l'évolution des mentalités ont favorisé leur participation active, construisant une injonction sociale pour qu'ils accompagnent les différentes étapes de la grossesse, dont les échographies et la préparation à l'accouchement (Céroux *et al.*, 2005 ; Jacques, 2012). Cet élan a été suivi de travaux médicaux qui décrivent l'intérêt de la présence des pères pendant l'accouchement (travail plus court, meilleure santé de la mère, amélioration des relations parentales et de l'attachement entre le père et l'enfant) (Longworth *et al.*, 2015). Leur implication dès le début de la grossesse améliore leur accès aux connaissances sur la procréation et les soins de santé, ainsi que leur engagement dans les soins maternels et néonataux (Tokhi *et al.*, 2018; Cheng *et al.*, 2019), tandis que leur participation permettrait de renforcer leur confiance en tant que pères et de les préparer à soutenir émotionnellement et physiquement leurs enfants et leur partenaire.

En Belgique, la formation des futurs parents est institutionnalisée de manière similaire à la France depuis 2002[2] : les cours de « préparation à la naissance et à la parentalité » sont dispensés dans les maternités ; les sages-femmes libérales et les kinésithérapeutes proposent des séances de « préparation à la naissance » qui incluent une préparation au retour à la maison et à la parentalité[3]. Si les soins prénataux et les cours de préparation à la naissance s'adressent avant tout aux femmes, les professionnel·les de la santé se sont mis à encourager les pères à participer en assistant à des séances de préparation incluant des cours théoriques et des exercices pratiques (Alvarenga *et al.*, 2024). Pour autant, ces hommes se sentent souvent exclus des discussions et des décisions périnatales, car les soins prénataux se concentrent principalement sur la mère. Il existe une tension forte entre l'intégration des pères et la difficulté à leur donner une place concrète. Gérôme Truc a écrit que la « paternité est au service de la maternité » (2006). Le père ou le futur père n'existe pas en tant qu'individu autonome dans la maternité, « il n'existe que par et pour la mère » (*ibid.*, p. 343), une place qui lui est

1. L'autrice remercie chaleureusement Laura Merla, ainsi que les expert·es et les coordinateur·rices pour leurs lectures attentives et leurs avis éclairés sur cet article.

2. À l'occasion d'une révision de la réglementation de l'Office de la naissance et de l'enfance, la notion de soutien à la parentalité est introduite et il s'agit d'accompagner l'enfant et les parents dans différentes structures tout en produisant des informations en direction des parents.

3. Dans cet article, j'utilise le terme « parentalité » pour englober l'ensemble des rôles, responsabilités et expériences liés au fait d'être parent, indépendamment du genre. « Paternité » désigne spécifiquement l'expérience et le rôle du père dans le soin, l'éducation et le développement de l'enfant, en intégrant des réflexions sur l'engagement paternel, la division des tâches domestiques et les représentations de la masculinité dans la sphère familiale. Enfin, « maternité » fait référence à l'expérience des mères, qui comprend non seulement la grossesse et l'accouchement, mais aussi les rôles traditionnellement associés aux soins et à l'éducation des enfants. Ce terme implique une analyse de sa construction sociale, en lien avec les injonctions culturelles et les inégalités de genre.

attribuée par le caractère matrifocal (Goody, 2001) de cette institution. En effet, les femmes enceintes ont une expérience structurée par un cadre précis au sein des maternités, contrairement aux hommes qui n'ont pas de rôle ou d'espace assigné de manière explicite. Les futurs pères bénéficient d'une grande liberté quant à leur implication dans le suivi de la grossesse, subissant peu de contraintes médicales et sociales. Julie Rannoux et Magalie Saussey parlent d'un « rendez-vous manqué des (futurs) pères et des professionnels de santé » (2024, p. 131), car la promotion d'une paternité impliquée ne transforme qu'à la marge le « gouvernement des grossesses » (Cahen, 2014).

Les soignant·es intériorisent un éthos professionnel[4] qui « est rarement explicité, et pleinement conscient, mais il intervient comme un principe organisateur des pratiques » (Fusulier *et al.*, 2022, p. 12). Une tension persiste ainsi entre le désir d'impliquer les pères et la critique de leur absence (Jacques, 2012) d'une part, tout en redoutant qu'ils deviennent trop présents (Rannoux et Saussey, 2024) d'autre part. Les structures médicales prônent une dénaturalisation des rôles maternel et paternel, mais restent matricentrées et perpétuent un ordre genré dominant qui maintient une division sexuelle du travail productif et reproductif (Fusulier *et al.*, 2022).

L'ambition de cet article est de prendre au sérieux les difficultés des hommes à trouver leur place. Comment les pères qui assistent à la plupart des rendez-vous perçoivent-ils la place qui leur est attribuée ? Comment envisagent-ils leur rôle lors des rendez-vous prénataux et pendant l'accouchement ? Quelles sont leurs réactions face à la marginalisation de leur place ? Ont-ils tous les mêmes attentes concernant celle-ci ? En analysant la place des pères dans le parcours périnatal, cet article révèle plus largement les contradictions qui traversent les attentes contemporaines en matière d'implication paternelle.

Si ces discours témoignent majoritairement d'une volonté de « se montrer présents » (Sponton, 2023) et d'une adhésion affichée à l'égalité, leur engagement reste conditionnel et moins proactif que celui des mères (Cartier *et al.*, 2021). Les pères continuent à assumer les tâches parentales les plus gratifiantes (jeux, câlins, sorties), délaissant les soins chronophages ou techniques (Paillet *et al.*, 2025). Cette répartition inégalitaire survient avant même l'arrivée d'un enfant, renforçant le rôle auxiliaire des pères. Bien que le désir d'enfant soit partagé, les femmes enceintes restent les principales destinataires des savoirs parentaux, notamment *via* les institutions (Boulet, 2021). Les hommes s'impliquent peu dans ces apprentissages, invoquant désintérêt, insouciance ou préférence pour une approche intuitive (Chatot et Quennehen, 2025).

Nous avons distingué trois profils de pères pour lesquels nous prenons en compte le désir d'enfant, le rapport au modèle égalitaire en matière de parentalité, l'expression de l'engagement pendant l'accompagnement de la grossesse, la place qu'ils souhaitent avoir et leurs discours sur les professionnel·les de santé. Le premier profil regroupe des hommes dotés d'un fort capital culturel, désireux

4. Comme l'expliquent Bernard Fusulier et ses collègues, l'éthos professionnel est un système de croyances, valeurs, normes et modèles qui constitue un cadre de référence pour une profession ou un environnement professionnel.

d'avoir une place affirmée tout au long des soins prénataux. Le deuxième concerne des pères qui veulent être inclus, mais qui peinent à définir leur place. Enfin, le troisième profil se compose majoritairement d'hommes issus des classes populaires, pour qui la parentalité reste fortement genrée. Ils considèrent leur rôle comme secondaire. À partir de leurs caractéristiques socio-économiques, leur dynamique conjugale et leurs dispositions, nous montrons comment certains hommes vivent mal la marginalisation de leur rôle tandis que d'autres acceptent d'emblée un rôle second et se sentent parfois contraints par les nouvelles injonctions sociales à être présents et à réaliser les rituels autour de la naissance.

MÉTHODOLOGIE **[ENCADRÉ 1]**

Cet article s'appuie sur une enquête longitudinale menée en Belgique entre 2022 et 2024 auprès de futurs pères. L'objectif est d'examiner comment la paternité se construit au cours des premiers mois de vie de l'enfant, en tenant compte des projets de transmission, de l'identité de père avant la naissance et de la réalité une fois l'enfant né. Afin de garantir une certaine homogénéité, l'étude s'est intéressée aux hommes hétérosexuels devenant pères pour la première fois, en couple et résidant en Région wallonne et à Bruxelles Capitale. Nous avons interrogé 21 pères à la fin de la grossesse (annexes, tableau 1), 19 d'entre eux ont participé au deuxième entretien qui a eu lieu au cours des troisième ou quatrième mois de l'enfant, et 17 hommes ont été interrogés à la première année de l'enfant. Ici nous mobiliserons les deux premières vagues. Les entretiens ont été menés sans la mère au domicile des futurs pères, à notre domicile ou dans des cafés.
Interroger les hommes avant la naissance de leur premier enfant s'est avéré complexe. L'absence quasi totale de structures spécifiquement dédiées à l'accompagnement des futurs pères les rend bien moins visibles que les mères dans les dispositifs existants. Cette difficulté méthodologique peut être atténuée en diversifiant les modes de recrutement des enquêtés (Sponton, 2023) : maternités, consultations prénatales, séances de préparation à la naissance, planning familial, réseaux personnels, ciblage de commissariats ou de casernes de pompiers. Les futurs pères de classes populaires sont encore plus rarement présents dans les espaces traditionnellement associés à la maternité, en raison notamment d'une moindre flexibilité professionnelle, mais aussi d'un attachement plus marqué à une répartition des rôles dite traditionnelle, et du sentiment de ne pas être directement concernés par les questions liées à l'enfant (Miller, 2010). Pour tenter de les approcher, nous avons sollicité les syndicats belges, notamment dans les secteurs de la métallurgie, du transport et de la propreté, en diffusant un appel *via* leurs mailing-lists – sans succès. Nous avons également contacté un Centre public d'action sociale régional (équivalent de France Travail) pour obtenir des mises en relation, mais nous nous sommes heurtés à deux obstacles majeurs : la protection des données personnelles et l'impossibilité d'identifier spécifiquement des futurs primi-pères. Malgré les efforts déployés, les classes populaires restent sous-représentées (n = 4). L'étude porte donc principalement sur des hommes appartenant aux classes moyennes, pour lesquels nous avons tenté de varier les caractéristiques telles que les types d'emploi (secteur privé/public, indépendant/employé), les capitaux disponibles (culturels et économiques), les zones d'habitation, l'âge (20 à 48 ans), ainsi que l'origine ethnique et la religion. La majorité des pères ayant accepté de participer à l'enquête se sont engagés dans le projet. Ils assistent à certains rendez-vous médicaux et ont tous pris le congé de paternité, bien que l'utilisation de ce congé varie.

Le contexte belge est très similaire au contexte français d'entrée en parentalité[1] : le taux d'activité des femmes est important même s'il est inférieur à celui des hommes ; la grossesse et l'accouchement donnent lieu à un suivi médical standardisé, pris en charge par l'assurance sociale, ainsi qu'à des prestations sociales et des congés rémunérés. Le séjour à la maternité a été raccourci à moins de 72 heures lorsque l'accouchement s'est déroulé sans complication. Tandis que le congé de naissance pour le second parent est de 20 jours depuis 2023[2] et ne concerne que les personnes ayant un contrat de travail.

1.Selon les derniers chiffres disponibles, l'âge moyen des femmes au premier enfant était de 29,6 ans en 2022 en Belgique (Statbel, 2024) et de 29,1 en 2023 en France (Pointet, 2025). Il n'existe pas de données récentes sur l'âge au premier enfant des hommes. Dans les statistiques, les hommes ont en moyenne deux ans de plus que leur partenaire.
2. Contre 28 jours en France depuis 2021.

Les attentes différenciées des pères par rapport à leur place dans les espaces périnataux

Bien que la participation des hommes soit aujourd'hui un attendu social, de nombreux futurs pères ne se sentent pas impliqués dans le cadre médical et saisissent difficilement ce qui est attendu de leur participation. Simultanément, ils entrevoient, de multiples façons, qu'ils sont des étrangers ou des accompagnants de la mère. H. Draper et J. Ives (2013) montrent que les hommes qui participent à des soins prénataux ou à des séances de préparation à la naissance sont perçus (et se perçoivent) comme des invités plutôt que comme des participants. Le suivi de grossesse peut constituer « un espace et un temps centrés sur la femme enceinte dont ils ne pourraient pleinement se saisir » (Rannoux et Saussey, 2024, p. 123).

Conquérir sa place : « Je suis là »

Le premier profil caractérise des pères qui veulent être considérés comme des partenaires pleinement investis dans le processus de naissance. Dans leur récit, ils font part d'un désir de paternité qui a émergé tôt dans leurs trajectoires, indépendamment de la mise en couple avec la future mère et parfois avant celle-ci. Ils ont plus de la trentaine et se disent prêts depuis plusieurs années. La parentalité est décrite comme un projet de vie qui doit s'incarner dans une perspective égalitaire. Ils sont diplômés dans le supérieur, exerçant des professions d'enseignants, fonctionnaires dans le public ou indépendants dans la culture. Ils disposent d'un capital économique car ils sont propriétaires d'un appartement ou d'une maison. Dans des couples homogames, leurs compagnes, souvent porteuses de convictions féministes, formulent des attentes élevées quant à leur implication dans le suivi de la grossesse. Ces hommes racontent avoir été rappelés à l'ordre lorsqu'ils ne s'investissent pas suffisamment dans la préparation matérielle de l'arrivée de l'enfant ou dans l'acquisition de savoirs liés à la parentalité. Sous l'effet de ces attentes, ils développent progressivement des connaissances sur la parentalité. Leurs professions et le capital culturel dont ils disposent peuvent aussi expliquer leur appétence pour l'apprentissage d'un savoir technique autour du suivi de la grossesse. Leurs compagnes optent pour un accouchement plus physiologique, sans péridurale, dans des gîtes de naissance[5] ou des plateaux techniques[6] afin d'être actrices de leur accouchement[7]. Les futurs pères adhèrent pleinement à ce projet. Ce type de naissance leur permet selon eux d'élaborer un projet commun d'enfant et favorise leur inclusion aux différentes étapes du processus. Ils bénéficient de davantage de rendez-vous et d'un accompagnement plus individualisé du fait de ce choix. Par ailleurs, ils sont nombreux à avoir suivi des séances d'haptonomie[8]. Cet aspect est rare chez les pères relevant du deuxième profil et inexistant dans le troisième. Le passage chez d'autres professionnel·les comme la gynécologue devient la première occasion d'expérimenter une place plus secondaire :

> « C'est vrai que beaucoup d'explications vont vers elle et des questions vont vers elle. [...] on a juste fait deux séances "gynéco" classiques ou trois. Peut-être là, je me sens plus inutile, parce que là, la gynéco clinique, elle parle vraiment à Céline. Là, elle me parle pas. Et puis c'est : "Monsieur si vous voulez vous asseoir là, monsieur si vous voulez regarder l'écran". Mais après, pas non plus un manque de respect ou pas non plus... Juste, la présence est un peu plus... Il faut un peu trouver sa place [...]. Je sens que chez la gynéco plus classique, quand je posais la question, c'était un peu la première fois où j'avais son regard vers moi. Mais ce n'est pas quelque chose qui m'a pesé, ce n'est pas quelque chose qui m'a dérangé. Chez la gynéco plus classique, c'était beaucoup plus médical. Je laisse Céline surtout poser des questions même si moi je suis là. [...]. Par contre, chez Amala[9], oui, je sens que je suis inclus [...]. Ils invitent vraiment les hommes à venir pour justement déjà se préparer [...]. Je pose des questions, je m'intéresse et je me dis qu'elles doivent sûrement avoir une case où elles cochent "partenaire actif" » (Damien, 39 ans, graphiste, conjointe scénariste).

Lors des rendez-vous prénataux, bien que les deux parents soient là, les pères notent que les discussions sont systématiquement tournées vers la mère. Sans être totalement exclus, ils distinguent les attitudes des professionnel·les selon qu'ils suivent le parcours classique ou l'accompagnement des maisons de naissance.

5. Structure intra-hospitalière où l'environnement proposé est à la fois sécurisé et démédicalisé pour permettre aux mères d'accoucher naturellement. Les sages-femmes qui assurent le suivi prénatal et natal ne font pas partie de l'hôpital.
6. Les parents qui accouchent en « salle nature » ont à leur disposition une pièce avec un lit, un ballon, des sangles pour se suspendre, un bain. Ils sont accompagnés par l'équipe de sages-femmes de la maternité ainsi que de leur gynécologue. Pour le plateau technique, le dispositif est le même, mais c'est une salle de naissance hospitalière (souvent la salle nature) mise à disposition d'une sage-femme indépendante. Elle peut passer le relais à l'équipe hospitalière en cas de besoin.
7. Il arrive qu'au cours de la grossesse, des complications conduisent à basculer vers un accouchement plus classique.
8. L'haptonomie est une approche qui vise à renforcer les liens affectifs entre les parents et le bébé pendant la grossesse et après la naissance, par le biais du toucher.
9. Amala est une équipe de sages-femmes qui accompagnent avant, pendant et après la grossesse.

Ils font l'expérience d'une place qui n'est pas donnée d'emblée, mais qu'il faut construire, voire conquérir. En effet, plusieurs pères expliquent qu'ils ont élaboré quelques stratégies pour affirmer leur posture active dans le processus de naissance. Ils lancent par exemple une discussion avec la gynécologue pendant que la compagne se change ou prélève un échantillon d'urine ou encore anticipent le rendez-vous en préparant une question, comme Loïc :

> « Il y a une fois où je suis quand même intervenu pour reposer une question. Je sais pas si je l'ai fait pour vraiment prendre ma place, parce que ça m'intéressait. Un peu les deux à la fois, je pense. Mais la manière dont elle avait fermé le truc, j'ai eu envie de dire "Je suis là" [...]. Je suis vraiment venu avec une question pour dire que j'étais là et qu'il fallait... Peut-être que depuis, elle me parle plus aussi [...]. On m'a jamais demandé comment j'allais, par exemple. En fait, on le demande peu aux femmes aussi. Je ne sais pas, c'est le monde médical. C'est vrai que je me dis la place des femmes dans le cas de la grossesse n'est quand même pas toujours évidente » (Loïc, 34 ans, enseignant dans le secondaire, compagne pédagogue à l'université).

Ces pères s'étonnent du peu de cas qui est accordé à leur vécu de la grossesse, mais cette expérience classique est aussi l'occasion de constater que le suivi des futures mères porte moins sur leur santé physique et mentale que sur le bien-être et les risques pour l'enfant à venir. Ils critiquent également la lourdeur de l'encadrement médical de la grossesse. Ce constat s'appuie souvent sur les épreuves rencontrées durant cette phase. En effet, tous les enquêtés cités dans ce profil ont connu soit une fausse couche (Loïc), soit une interruption médicale de grossesse (IMG) [Frédéric], une interruption volontaire de grossesse (IVG) [Damien] ou un début de parcours de procréation médicalement assistée (PMA) [Jérémy]. Ils témoignent à des degrés divers d'un accompagnement parfois peu adapté, qui les a conduits à être attentifs à leur compagne et à être critiques par rapport aux attitudes des soignant·es.

L'accouchement dit physiologique leur offre une participation plus active et leur permet d'être considérés comme parties prenantes par les sages-femmes. Leur rôle n'est pas seulement celui d'accompagnant, mais engage également leur corps (Quagliariello, 2017). Les pères font état de leur admiration du travail des sages-femmes qui les ont guidés en leur laissant toute la latitude nécessaire pour qu'ils prennent leur place, leur permettant non pas « d'être avec » (pour la femme) en tant que spectateur, mais « d'être avec » en participant pleinement et en ayant une posture active. Cela leur permet d'« "être disponible et à la disposition de l'autre personne avec tout son être" et pas seulement de jouer un rôle » (Olsson *et al.*, 2010, p. 618). Ils décrivent des valeurs telles que l'altruisme, l'estime réciproque et la complicité en soulignant l'expérience incomparable qu'est la venue au monde de son enfant (Rivard et Montigny, 2016) :

> « Au début, je n'étais pas sur toutes les contractions. Et en fait, j'ai remarqué que la sage-femme prenait la place que je ne prenais pas. C'est-à-dire que si je n'étais pas là pendant une contraction, la sage-femme venait à ma place. Mais très calmement, vraiment en observatrice. Et là, je me suis dit : "Waouh, le taf !" [...]

Elle observait mon implication. Elle devait un peu me guider, mais pas trop parce qu'il faut que je fasse à mon rythme. C'est tout un truc d'observation, d'aller-retour, de sensibilité humaine qui est hyper important et qui demande énormément d'énergie et d'attention. Ça m'a halluciné. Quand j'ai compris que c'était bien d'être là à chaque contraction, j'ai pas réfléchi après, j'étais là tout le temps » (Jérémy, 34 ans, au chômage, dans le domaine artistique, compagne comédienne).

Les pères acquièrent leur place en participant activement tout au long du processus, ce qui leur apporte un sentiment de légitimité :

« Elles s'occupaient pas que de Léa, elles s'occupaient vraiment de nous. Elles m'expliquaient aussi. Elles étaient hyper douces avec Léa, elles me disaient ce que je pouvais faire aussi, à un certain moment, où est-ce que je pouvais masser Léa pour la détendre. Vraiment incroyable » (Loïc, 34 ans, enseignant dans le secondaire, compagne pédagogue à l'université).

Pendant ces accouchements, les pères apprennent à être disponibles et à la disposition de leur compagne. Ils acquièrent parallèlement une confiance et un sentiment d'être considéré et respecté par les sages-femmes. Cette « bulle » se confronte par la suite au retour dans le service de maternité classique :

« La gynéco était pas très sûre d'elle, elle disait des mots inutiles, du genre [...] : "Bon, là la prochaine, si ça sort pas, faudrait que je fasse un truc, une épisio ou un machin." Anna, elle a entendu épisio. Et donc, de manière hyper émotionnelle, elle a vu épisio comme échec ou violence. Et donc, elle s'est rétractée. Et là, t'as littéralement j'ai vu la tête qui est re-rentrée. J'ai été... Oui, j'étais mal. J'en voulais à cette gynéco du manque constructif. Et je pense que c'est ça qu'a Amala, que n'ont pas le milieu hospitalier habitué. C'est cette capacité d'écoute et d'adaptation aux patients » (Jérémy, 34 ans, au chômage, dans le domaine artistique, compagne comédienne).

Jérémy dénonce le manque d'assurance et de communication constructive de la gynécologue. Son attitude crée une atmosphère d'incertitude plutôt que de confiance, impactant directement le déroulement de l'accouchement. Cet épisode le conduit à critiquer le fonctionnement du milieu hospitalier en comparaison d'une approche plus humaine qu'incarne Amala :

« J'ai vu un truc hyper violent à ce moment-là. C'est au moment de l'accouchement, la gynéco vient pour faire le dernier acte. Elle vient pour dix minutes, quelque chose comme ça. Et à ce moment-là, directement, les sages-femmes qui étaient avec nous depuis 24 heures. [...]. On les dessaisit du truc à la fin. Et surtout cette posture hyper violente où elles doivent avoir l'aval du professeur. C'était vraiment trop triste [...]. On voulait vraiment que tout se passe super bien. Elle a eu des gestes sans du tout demander l'avis de Léa. Elle a été beaucoup plus à l'ancienne » (Loïc, 34 ans, enseignant dans le secondaire, compagne pédagogue à l'université).

Les interactions avec les gynécologues, telles qu'elles sont rapportées, montrent que dans ce cas, il ne s'agit plus de « faire avec » les parents, mais de revenir à une prise en charge technique, qui conduit dans le pire des cas à des violences gynécologiques.

Les pères évoquent le choc de n'être plus considérés comme des égaux et d'avoir été mis de côté. C'est le cas de Damien qui, après s'être pleinement senti intégré pendant l'accouchement, fait face à de nombreuses désillusions quand la primauté est donnée à la mère et l'enfant :

> « Damien – J'ai eu le premier sentiment de me dire : En fait, à quoi je sers ? Pas du tout à "C'est quoi ce petit être ?", pas du tout : "Mon Dieu, je suis papa". Mais vraiment, il y avait Céline qui s'occupait beaucoup du petit. Il y avait un peu les infirmières qui rentraient, qui ne regardent pas trop la présence masculine [...]. Déjà, le lit sur lequel on dort, c'est une espèce de fauteuil pas très confortable, donc des nuits quand même chaotiques [...]. Je me rappelle d'avoir eu des petits moments de vide comme ça à me dire : "Qu'est-ce que je peux faire". C'était vraiment des sentiments qui émergent comme ça, qu'on ne peut pas freiner. Ce que j'avais très, très fort, c'est l'envie très tôt de rentrer à la maison [...].
> Enquêtrice – On t'a montré quand même les premiers gestes à faire ? On t'a un peu inclus dans tout ça ?
> Damien – Oui, on m'a inclus dans le sens où si au niveau du regard, on m'incluait pas, ça tenait qu'à moi de me lever, de me mettre aussi avec elle et de regarder comment faire » (Damien, 39 ans, graphiste, conjointe scénariste).

Cet extrait met en évidence comment la place du père en maternité reste floue, imprécise et parfois éloignée de pratiques concrètes. Il est évident que le manque de personnel, de moyens et de temps accroît les difficultés de prise en charge des parents. La matricentralité de ces espaces est ressentie par les pères de ce profil. Ils adoptent une position critique envers le milieu hospitalier et protestent quant à la marginalisation de leur rôle. Ils cherchent avant tout de la coopération avec les différent·es professionnel·les. Ils ne se contentent pas d'observer passivement l'accouchement, mais surveillent de près les différent·es intervenant·es parce qu'ils ont le sentiment de connaître les besoins de leur partenaire et de pouvoir interpréter ses souhaits, tout en se sentant eux-mêmes acteurs du processus. Lorsque les professionnel·les formulent des attentes concernant leur rôle, en les encourageant par exemple à couper le cordon pour se positionner comme tiers-séparateur de la « dyade mère-enfant », certains pères élaborent dans le même temps une posture anticonformiste :

> « Elle m'a demandé de couper le cordon, bon ça me passionnait pas, mais j'ai senti que symboliquement c'était important que je le fasse, surtout pour le corps médical. Je les vois venir : "Monsieur vous voulez couper le cordon – Euh oui si vous voulez. – Si si si comme ça vous participez activement. – J'espère avoir déjà participé activement" (*il rigole*). Juste un coup de ciseau, mais j'ai senti que c'était important pour elles, la gynéco, la sage-femme. Moi je me sentais bien, j'ai regardé le bébé sortir » (Frédéric, 35 ans, ingénieur dans le public, compagne cadre dans une association).

En définitive, ces hommes veulent être actifs à toutes les étapes de la grossesse et de l'accouchement. Ils possèdent divers capitaux leur permettant de s'approprier certaines connaissances savantes et de se positionner vis-à-vis des professionnel·les, voire d'adopter une posture de dénonciation.

Faire avec cette place : « Je sais jamais trop où me mettre »

Le deuxième profil rassemble des pères pour qui le projet d'enfant s'inscrit dans la suite logique des évènements (ne plus être en étude, emménager ensemble, avoir un emploi, une situation stable, avoir le bon âge – entre 30 et 35 ans) (Mazuy, 2009). Leurs récits s'apparentent à une mise en adéquation avec le projet de leur compagne. Ils évoquent la force socialisatrice de leur entourage en constatant que leurs ami·es deviennent parents autour d'eux. Ils sont dans la recherche d'une conformité sociale en devenant parents à leur tour. Leur niveau de diplôme est plus hétérogène, mais une large part d'entre eux disposent d'un diplôme du supérieur. Ils exercent des professions d'ingénieurs, d'indépendants dans le bâtiment ou d'employés qualifiés. À la différence des hommes du premier profil, qui envisagent des ajustements professionnels tels qu'un passage à 4/5e de temps plein ou le recours au télétravail pour prendre soin de leur enfant, ceux-ci ne mentionnent aucun changement. Certains expliquent ce choix pour des raisons financières, mais la plupart n'ont pas envisagé de modifier leurs horaires contrairement à leur compagne. Cette dernière prend les décisions concernant le suivi de l'accouchement et opte généralement pour un accouchement classique : « Elle a choisi, je la laisse choisir ». Ils sont dans une position de suiveurs. Au sein du couple, ils adhèrent à un modèle plus égalitaire, mais leur rapport à la paternité reste « conditionnel » (Modak et Palazzo, 2002). Ils sont surtout là pour soulager leur compagne, qu'ils décrivent comme déléguant peu et étant à l'initiative des décisions parentales. S'ils sont présents pour les rendez-vous médicaux, on observe une certaine résignation quant à la place qui leur est accordée dans les différents espaces. Ils formulent des critiques *a minima* :

> « Yohan – Les premiers rendez-vous c'était très fort ma compagne à qui on parlait. Et comme elle [la gynéco] a vu que je venais souvent, ben voilà on parle un peu. Voilà et comme ça elle peut avoir d'autres infos que ma copine n'a pas, par exemple si j'étais vacciné contre certaines maladies. Mon groupe sanguin aussi pour savoir. Donc oui inclus, mais pas non plus, oui inclus, mais que ce qu'il faut quoi.
> Enquêtrice – Il y a quand même certains pères que j'ai pu rencontrer qui ont dit qu'ils avaient un peu l'impression d'être invisibles dans ces moments-là.
> Yohan – Non, mais en fait même si je pense que j'avais été comme soutien invisible, je pense que c'est normal parce que c'est un moment important pour la femme. En fait on n'a presque rien à, on est là en tant que soutien, mais moi si j'avais pas été là ça serait revenu au même pour certains rendez-vous. Donc je sais pas si je me suis déjà senti invisible. Je sais que quand elle me

parle c'est plus pour faire des blagues ou avoir une petite info, mais pas, c'est vraiment, l'entretien était consacré à la femme. Et si on est là c'est en tant que soutien » (Yohan, 28 ans, employé en médiation culturelle, compagne assistante ressources humaines).

L'extrait met en évidence comment la présence masculine est incluse partiellement et davantage de manière fonctionnelle (statut vaccinal ou groupe sanguin). Lors de ces rendez-vous, ces pères se sentent à la fois invisibles et souvent non nécessaires au bon suivi de leur compagne :

> « Enquêtrice – Et ta place pendant les rendez-vous ? Est-ce que tu avais l'impression d'être intégré ?
> Hugo – Heu, oui, je pense. Après, je sais jamais trop où me mettre. Parce que j'ai pas envie de m'imposer ou quoi que ce soit donc j'attends plutôt qu'on m'invite à m'installer quelque part. Pour pas gêner, d'être dans le passage ou quoi que ce soit. Donc j'ai toujours l'impression d'être un petit peu... » (Hugo, 33 ans, employé documentaliste, compagne enseignante dans le secondaire).

Les pères ont conscience que les professionnel·les et les institutions leur proposent une place secondaire de soutien. Ils approuvent tacitement de ne pas être pensés comme occupant une place égale avec la mère dans le projet. Ils craignent d'être gênants, non seulement physiquement, mais aussi en posant des questions lors des rendez-vous. Leur attitude s'explique en partie par leur manque d'assurance dans leur paternité. Contrairement aux pères de la première catégorie, ils n'ont pas d'idées précises sur la place qu'ils veulent avoir et s'informent peu de leur propre initiative (Cheng *et al.*, 2019). Les extraits laissent transparaître leur gène par l'usage répété de la négation : « Je sais pas », « Oui, mais pas non plus », « Je sais jamais ». Leur posture ne varie pas pendant l'accouchement :

> « Il y a beaucoup de moments où on était un peu... Où je suis un peu. On est un peu... Où je suis... Où j'ai été un peu écarté parce que c'est le moment de la maman. Pour l'accouchement, il n'y a pas de soucis, j'étais bien inclus, enfin inclus comme c'est possible. Évidemment, toute la concentration est sur la maman, mais je ne me suis pas senti à l'écart spécialement parce que je sais. Je savais aussi que c'était un moment où c'était pas moi le principal intéressé » (Brice, 31 ans, employé dans une concession automobile, compagne travailleuse indépendante dans le bien-être).

L'extrait met en évidence l'inclusion relative du père. Il se sent écarté à certains moments mais il comprend et accepte que, dans ces circonstances, la priorité est donnée à la mère, ce qui réduit son implication directe. Il ne se sent pas mis à l'écart de manière négative, mais est plutôt conscient que son rôle est celui d'un soutien, et non d'un acteur principal. Comme Hugo, il exprime une forme de résignation sereine plutôt qu'une frustration :

> « Hugo – Je ne me suis pas senti, comment dire, mis à l'écart. Je me sentais par contre un peu parfois dans le chemin. [...] Parce qu'on n'a pas envie d'être, d'être une gêne ou de gêner le travail des médecins et des sages-femmes, etc. Mais voilà, on ne me l'a pas fait sentir.

Enquêtrice – Et ils t'ont expliqué un peu comment ça allait se dérouler ?
Hugo – Non pas vraiment, parce qu'ils font ça un peu dans l'urgence, entre guillemets, ils essayent que ça ne dure pas trop longtemps, donc ils le font. Et puis ils expliquent qu'ils ont dû le faire pour telle ou telle raison. Par exemple l'épisiotomie. Ils avaient prévenu à l'avance qu'ils le faisaient que si c'était nécessaire, et donc on les entendait discuter entre elles, c'était que des femmes. Et ça, je ne pense pas qu'elle a entendu sur le moment et tant mieux parce qu'elle était occupée à autre chose. Mais moi j'entendais qu'ils allaient faire une épisiotomie, mais ils n'ont pas demandé l'accord parce que c'est trop tard. Il faut que ça sorte quoi, que le bébé sorte parce qu'il était en train de chuter » (Hugo, 33 ans, employé documentaliste, compagne enseignante dans le secondaire).

Dans les récits de ces pères transparaît la place floue et restreinte qui leur est laissée. Alors que les nouvelles recommandations stipulent qu'ils doivent jouer un rôle à part entière durant l'accouchement, il apparaît qu'ils sont souvent placés en périphérie. Ils sont perçus comme des soutiens de leur partenaire et leur participation à la prise de décision repose largement sur l'expertise de l'équipe de soins de santé (Cheng *et al.*, 2019). Ils ne sont pas véritablement considérés comme des interlocuteurs à qui on peut expliquer les actes qui vont être réalisés sur leur compagne et parfois sur l'enfant. Pourtant il est fréquent qu'avant l'accouchement, les soignant·es rappellent que le père est le garant du projet de naissance et celui qui doit être informé quand sa compagne n'est plus en état de comprendre la situation. L'entretien avec Hugo montre le décalage entre les discours et les pratiques : il n'est pas informé directement de l'épisiotomie. Il décrit cette absence de demande explicite de consentement par l'urgence. Le père est considéré comme celui qui défend les intérêts de sa partenaire dans les interactions avec les soignant·es (Kululanga *et al.*, 2012), mais dans les pratiques, il est souvent dépossédé de ce rôle. Ces pères sont conscients de la minimisation de leur place, mais se résignent, estimant qu'ils n'ont pas vraiment le choix. Ils adhèrent à l'idée qu'ils ne doivent pas entraver le travail des professionnel·les et ne formulent pas quels auraient été leurs besoins. Les légères frustrations évoquées ne débouchent pas sur une protestation. Si, dans le premier profil, les pères comprennent la primauté accordée à la future mère qui reçoit les soins car elle porte l'enfant, ici ils se placent volontairement dans l'ombre de la mère et du nouveau-né, adoptant une posture plutôt passive. Face aux rôles communément accordés aux pères, ces derniers peuvent se sentir obligés de répondre aux exigences des professionnel·les pour correspondre à la place qui leur est laissée :

« Enquêtrice – Et après, on t'a demandé de couper le cordon et tout?
Brice – Ouais. Oui, ça, je n'avais pas envie de le faire, mais je me suis dit : "Ça va être cool de participer un peu à ma manière" » (Brice, 31 ans, employé dans une concession automobile, épouse travailleuse indépendante dans le domaine des cosmétiques).

« Yohan – À l'accouchement j'ai été bien inclus, vraiment plus que ce que je voulais. Les sages-femmes sont venues et le bébé commençait à sortir. "Venez voir", fascinant d'un point de vue médical, fasciné qu'on voyait déjà le bout du

crâne et les petits doigts qui sortent. “Venez voir, venez voir !” Et j’étais : “Je sais pas si”. “Mais franchement, je pense que si vous ne le voyez pas, vous allez être enfin vous allez vous dire après tiens, j’aurais bien aimé voir, donc regardez”. Et donc j’ai pas été forcé, mais quand même, on a bien insisté pour que je regarde le bébé qui sorte du vagin.
Enquêtrice – Le cordon, on t’a demandé de le couper ?
Yohan – Oui oui, ils m’ont pas laissé le choix non plus, mais ça me dérange pas. Enfin. C’était avec la gynéco. Elle a un humour assez, c’est propre à elle et elle me disait : “Oui, coupez, vous allez voir, c’est comme du calamar” » (Yohan, 28 ans, employé en médiation culturelle, compagne assistante ressources humaines).

Comme en témoignent ces deux extraits, les pères de ce second profil n’ont pas la capacité d’interagir de manière affirmée avec les professionnel·les. Ils disposent d’un moindre capital culturel, contrairement aux premiers, qui les conduit davantage à une logique d’adhésion aux attentes sociales et institutionnelles, sans qu’ils remettent en question ou négocient leur rôle. Leur compagne apparaît à la fois comme le moteur du projet parental et des décisions autour de la parentalité. Leur attitude s’explique également car ils se sont peu interrogés sur la paternité qu’ils souhaitent endosser. Malgré le regard positif qu’ils portent à l’égard de l’égalité des sexes, ils ne désirent pas une révolution dans tous les domaines (Johnson, 2002). Ils adoptent une posture d’accommodement plutôt que de transformation.

Accepter une place secondaire : « La place du papa, c’est à l’écart »

Le dernier profil concerne davantage les hommes issus des classes populaires pour qui la paternité représentait une suite logique dans leur existence. Ils parlent d’une naturalité du projet d’enfant. Ils ont connu une petite ascension sociale par rapport à leurs parents (ouvriers et employés non qualifiés), mais disposent de peu de capital culturel. Ils sont diplômés du secondaire et occupent des emplois de policier, dans le service après-vente, de cuisinier, d’éducateur spécialisé. Ils occupent majoritairement des professions en horaires atypiques (tôt le matin, tard le soir, de nuit ou le week-end). Ils disposent de peu de flexibilité pour les négocier. Certains, plus âgés (autour de 40 ans), ont réussi à être propriétaires quand l’immobilier était plus accessible. Ils ont un rapport davantage affirmé à la religion (chrétienne ou musulmane) et s’identifient à des couples traditionnels où les rôles parentaux sont genrés. Au moment de la grossesse, les futures mères sont majoritairement soit en reprise d’étude, en formation ou sans emploi. Dans la plupart des cas, elles vont garder l’enfant et aucun mode de garde n’est envisagé dans la première année, voire après. Ils perçoivent leur rôle de père avant tout comme celui d’un pourvoyeur et d’un soutien pour leur compagne. S’ils sont présents aux rendez-vous médicaux, ils se considèrent comme des parents secondaires qui ne prennent pas de décisions et s’en remettent à leur compagne et aux professionnel·les pour leur indiquer la conduite à suivre :

> « Quand on va chez la gynéco, elle doit être là parce que c'est sur elle qu'on fait les tests. Je ne vais pas dire que je ne sers à rien, mais je suis passif [...]. C'est son premier enfant, elle a besoin de soutien. Je pense que c'est le minimum de choses qu'on puisse faire quand on est en couple » (Alim, 47 ans, employé SAV, compagne sans emploi).

Pour Alim, l'arrivée du premier enfant est un événement marquant, mais il revêt une importance particulière pour sa compagne. Il explique d'ailleurs qu'il n'est pas certain d'être là pour une seconde grossesse. Sa présence relève moins d'un choix personnel que d'un engagement envers le couple. On retrouve la même dynamique pour André :

> « Moi, pendant neuf mois, je ne sers à rien. Je suis là comme soutien. [...] Qu'est-ce que vous voulez que moi, je fasse de plus ? Je vais plus encombrer qu'autre chose. Je me mets un peu à l'écart, mais je suis là. Si elle m'appelle, j'arrive. C'est ça l'idée. C'est déjà arrivé que je ne pouvais pas rentrer dans un endroit, j'ai attendu dans la salle d'attente. [...] Si je dérange, il y a bien quelqu'un qui va me le dire et je vais attendre là où je peux, même si c'est en dehors de l'hôpital. Mais je ne suis pas loin, je ne suis pas à la maison, pas à jouer à la PlayStation. Je suis avec elle » (André, 44 ans, indépendant dans la location de voiture, compagne ouvrière non qualifiée).

Ces pères perçoivent leur présence à l'accouchement comme un devoir, qui répond par ailleurs aux attentes des professionnel·les. Ils s'arrangent avec leurs employeurs et jonglent avec leurs horaires de travail pour pouvoir être là. Les récits témoignent de leur sentiment d'inutilité et des nombreuses incertitudes qui entourent leur rôle. Ils s'adaptent aux situations, se mettant à l'écart, tout en étant disponibles si besoin. Leur attitude se caractérise par une proximité non intrusive, par exemple en restant dans la salle d'attente plutôt que d'insister pour être présent partout. Ils ont l'impression de faire plus que d'autres hommes de leur entourage. Jacques, d'origine congolaise explique que « d'habitude dans tout ce qui est naissance, l'homme il a pas vraiment sa place. Des hommes qui participent aux accouchements, y en a pas des masses »[10]. Ils éprouvent plutôt de la loyauté envers leur compagne et font confiance au système médical. André rapportera son étonnement positif concernant la prise en charge de la maternité en Belgique. Ces pères expriment avant tout leur malaise d'être dans ces espaces et ne se sentent pas en capacité d'interroger les pratiques médicales effectuées sur le corps des femmes. Cette retenue peut s'expliquer par des différences culturelles et parfois générationnelles.

> « Tous les professionnels ont été top, bien sûr. Mais la place du papa, il n'y a pas vraiment de place du papa. La place du papa, c'est à l'écart. C'est un peu la roue de secours dans une voiture qu'on va sortir vraiment en cas de gros problème. Mais on venait me rassurer tout ça, mais je ne savais rien faire. Non, vraiment, ce n'était pas chouette. [...] Je pense, peut-être c'est la vieille école, mais il n'y a pas vraiment la place pour un papa. Le papa, j'ai eu l'impression de plus déran-

10. Jacques, 44 ans, éducateur spécialisé, compagne étudiante d'aide-soignante.

ger qu'autre chose parce que tout ce que je faisais ne servait à rien. [...] Après, je me suis jamais senti exclu et tout ça. Et j'étais là, j'étais sur le canapé ou je tournais autour du lit pour montrer que je suis là, au cas où » (André, 44 ans, indépendant dans la location de voiture, compagne ouvrière non qualifiée).

Cet extrait montre que ces hommes ne se sentent pas exclus pendant les soins périnataux car leur rôle n'est pas « vraiment » de faire quelque chose :

« Alim – J'ai rien fait en fait. Très honnêtement, j'étais avec elle quand elle a commencé à pousser. Donc je la soutenais et je lui disais de respirer un petit peu comme ils nous avaient expliqué. Mais à côté de ça. J'étais plus en décoration, on va dire qu'actif [...]. Moi je ne suis pas resté parce qu'elle était en chambre double.
Enquêtrice – On vous a montré comment faire les langes, certains gestes et tout ?
Alim – Moi pas, à elle oui. Mais avant l'accouchement, elle avait déjà appris. Moi, j'étais forcément en train de faire autre chose. Il y avait toujours, on va dire, 2 heures ou peut-être 3 heures sur la journée où j'étais à gauche à droite pour essayer de ramener ce qu'il fallait » (Alim, 47 ans, employé SAV, compagne sans emploi).

L'accouchement et les soins de l'enfant renforcent leur rôle de parent secondaire. Ils affirment leur sentiment d'inutilité, tout en minimisant leur rôle de soutien émotionnel. Ils intègrent l'idée que leur implication est restreinte, justifiant ainsi un apprentissage différencié entre le père et la mère dans les pratiques parentales. Alim explique par exemple que sa compagne était prête à jouer son rôle de mère, tandis que lui devait être à l'extérieur à « faire autre chose ». Pour ces hommes, subvenir aux besoins est leur responsabilité principale. Contrairement aux deux autres profils, ils restent rarement dormir à la maternité. Leur absence fragmente leur rôle et renforce leur position marginale dans le soin direct du bébé. Leurs attitudes les éloignent des attentes des professionnel·les, qui souhaitent qu'ils soient présents tout au long du séjour et qu'ils établissent une relation avec le bébé :

« Enrico – Elle est restée 4-5 jours à l'hôpital. Donc moi du coup avec le travail j'ai recommencé un petit peu. Je ne pouvais pas faire grand-chose, la maison était rangée, tout était prêt. Donc j'ai recommencé, j'ai pris le boulot les deux ou trois premiers jours et je magouillais un petit peu. J'arrivais à l'hôpital le matin à 7 heures du matin, les visites n'étaient pas beaucoup autorisées. Et le soir, je finissais à minuit, donc forcément les hôpitaux étaient fermés. Je passais par les urgences [...].
Enquêtrice – Et comment ils étaient les personnels hospitaliers avec toi ?
Enrico – Le premier jour, ils étaient un peu fâchés, ils ont fait la remarque à ma femme. Et puis le deuxième jour, ma femme a expliqué que je serai pas là, car je travaillais dans la restauration. [...] Et de là, ils ont compris, ils sont restés ouverts » (Enrico, 22 ans, cuisinier, compagne au chômage).

Enrico explique les contraintes temporelles liées à son activité professionnelle dans la restauration, un secteur où les horaires sont souvent atypiques et peu compatibles avec une présence prolongée à l'hôpital. Il souligne une forme de résignation face à son impossibilité d'être plus impliqué au quotidien, rationalisant son absence par le fait que « tout était prêt » à la maison. On perçoit les obstacles pratiques auxquels les pères peuvent être confrontés lorsqu'ils essaient de jongler entre leurs responsabilités professionnelles et leur volonté d'être présents pour leur compagne et leur nouveau-né. Il y a peu de communication entre les soignant·es pour mieux appréhender les réalités individuelles et la place que ces pères veulent avoir :

> « En fait, c'est vraiment l'infirmière, grosse belge, bien... j'ai envie de dire bien paysanne. Elle disait : “Allez, monsieur, on le prend.” Elle ne m'a même pas demandé si je voulais... Elle me l'a jeté comme ça. Je me suis retrouvé comme ça avec ce bébé dans les bras. Je n'osais plus bouger. C'est tout petit quand ça se prend, attention » (André, 44 ans, indépendant dans la location de voiture, compagne ouvrière non qualifiée).

Les hommes ne discutent généralement pas ouvertement de leurs craintes, de leurs aspirations ou de leurs limites et ne sont pas invités à les formuler. Si, au cours de l'enquête, aucun homme n'a exprimé son souhait de ne pas être présent lors de l'accouchement, des travaux témoignent que dans certains cas cette présence n'est pas entièrement volontaire, mais résulte d'une contrainte. Ils subiraient des pressions à assister sous couvert d'être « encouragés » (Johnson, 2002). Les entretiens illustrent comment les contraintes professionnelles, les normes hospitalières et les représentations sociales du rôle des pères peuvent affecter leur implication et leur accès aux soins périnataux. Cette injonction, bien qu'elle soit présentée comme une avancée dans la reconnaissance de leur place, peut aussi se traduire par une contrainte implicite, les plaçant dans un rôle qui n'a pas forcément été réfléchi ou souhaité.

Ce troisième profil caractérise des hommes appartenant majoritairement aux classes populaires, souvent racisées, et disposant d'un faible capital symbolique. Ils évoluent dans un contexte où les normes institutionnelles et sociales s'imposent avec force, sans qu'ils disposent des ressources ou de la légitimité nécessaires pour les contester. Ils ne remettent pas en cause ces normes, non par adhésion pleine et entière, mais parce qu'ils ne peuvent ni ne veulent s'y opposer. Souvent engagé dans des relations marquées par une hypergamie masculine, leur rapport à la parentalité s'inscrit dans une répartition traditionnelle des rôles, où la figure du père pourvoyeur reste centrale. La paternité, loin de remettre en question les logiques genrées, tend au contraire à renforcer leur position de chef de famille.

Ces analyses, bien qu'elles fournissent un aperçu des positionnements des pères face aux attentes et aux représentations des professionnel·les, gagneraient à être complétées. En effet, que se passe-t-il lorsque surviennent des complications pendant l'accouchement ? Les récits témoignent de différentes logiques : la pathologisation et la technicisation de l'accouchement accentuent la mise à l'écart des pères, mais dépossèdent également les mères. Le personnel hospitalier a tendance à ignorer le stress que subissent les pères quand leur partenaire est impliquée dans un accouchement d'urgence. Néanmoins, dans d'autres cas, lorsque la mère n'est pas en état de s'occuper du bébé, le père acquiert une place prédominante en devenant l'interlocuteur principal et le pourvoyeur de *care*.

Conclusion

Si, au début des années 2000, il appartenait aux pères de choisir quelle paternité ils voulaient vivre, cette « liberté » restait en réalité conditionnée par des normes sociales et institutionnelles qui marginalisaient ceux ne correspondant pas aux figures dominantes de la paternité (Truc, 2006). Ce constat est toujours actuel. Il existe de nouvelles attentes concernant la place des futurs pères : ils doivent être aux rendez-vous médicaux, faire attention à la future mère en la soulageant de certaines tâches domestiques, assister à l'accouchement en étant un soutien émotionnel, couper le cordon et être présents à la maternité. Dans le même temps, ils ne doivent ni prendre trop de place ni interférer dans la prise en charge de la mère et de l'enfant. Les professionnel·les doutent de leurs compétences en tant qu'hommes, se moquent souvent d'eux, les décrivant avec ironie pour souligner leurs maladresses.

Face au flou autour de la place qui leur est laissée, j'ai identifié trois profils qui traduisent le degré d'investissement des pères dans les soins prénataux et leur positionnement face aux professionnel·les. Le premier concerne des hommes dotés d'un fort capital culturel qui veulent être engagés dès le départ dans le projet d'enfant. Ils souhaitent être parties prenantes lors des rendez-vous. Lorsque leur rôle est marginalisé et minoré, ils adoptent une posture de dénonciation. Ils recourent à des stratégies pour défendre leur place, car ils disposent d'un pouvoir symbolique pour le faire. Dans le deuxième profil, les pères souhaitent être inclus dans le projet d'enfant mais se sentent moins acteurs que leur compagne. Sans vraiment savoir quelle place ils désirent avoir, ils acceptent avec une certaine résignation la minimisation de leur rôle, tout en énonçant quelques critiques. Enfin, le troisième profil caractérise des hommes davantage issus des classes populaires qui adhèrent à une répartition genrée de la parentalité. Ils conçoivent d'emblée que leur place est secondaire et se mettent à l'écart. Faute de ressources ou de légitimité, ils se confrontent aux normes dominantes sans les contester, non par adhésion, mais par contrainte ou fatalisme. Pour comprendre la place que les hommes veulent avoir et leurs réactions quant à celle qui leur est laissée, il est donc nécessaire de prendre en compte la manière dont ils envisagent leur paternité et leurs caractéristiques sociales.

En outre, cet article montre que si les futurs pères sont de plus en plus nombreux à revendiquer une place dans le parcours périnatal, cette plus grande présence est loin d'abolir les inégalités de genre. On peut ainsi interpréter la plus grande participation des hommes au suivi de grossesse et à l'accouchement comme une manifestation de la diffusion de « masculinités hybrides » (Bridges et Pascoe, 2014). Certains hommes adoptent des pratiques caractérisées par l'acceptation de masculinités « plus douces » et « plus sensibles », tout en considérant les mères comme les principales responsables de l'enfant. Ainsi, même les hommes regroupés dans le premier et, dans une moindre mesure, dans le deuxième profil décrit dans cet article, qui souscrivent à un idéal de paternité impliquée, font preuve de résistances au travail de préparation avant la naissance, en se présentant comme incompétents pour réaliser certaines tâches ou en adoptant une attitude d'« attentisme » (Chatot et Quennehen, 2025). Cet exemple illustre comment « se montrer présents » (Sponton, 2023) dans certaines dimensions visibles de la parentalité, ici en participant à des étapes jugées particulièrement symboliques du parcours périnatal, permet aux pères de retirer une certaine reconnaissance sociale sans avoir à adopter une stricte répartition égalitaire des tâches parentales.

Dans l'ensemble, cet article souligne la nécessité de reconnaître les obstacles rencontrés par les hommes pour participer aux soins périnataux, encore largement conçus autour des mères. Il interroge la capacité des structures périnatales à accompagner efficacement l'émergence de paternités actives et engagées (Draper et Ives, 2013). Comme le rappelle Hélène Trellu, si l'engagement paternel relève en partie d'un choix individuel, il est aussi façonné par « les institutions, les organisations sociales et les politiques publiques qui conditionnent, *via* le système de genre, l'identité et le statut du père, et par extension celui de la mère » (2008, p. 293).

Références bibliographiques

Alvarenga W. de A., Sousa M. da C. S. C., Sales J. K. L. de *et al.* (2024), « Elements of Fatherhood Involved in the Gestational Period: a Scoping Review », *Revista Brasileira de Enfermagem*, vol. 77, n° 1, p. 1-11.

Boulet E. (2021), « La triple journée des femmes enceintes : l'encadrement des grossesses en France, entre droits des femmes et devoirs des mères », *Enfances, Familles, Générations*, n° 38 [en ligne] journals.openedition.org (consulté le 22 août 2025).

Bridges T. et Pascoe C. J. (2014), « Hybrid Masculinities: New Directions in the Sociology of Men and Masculinities », *Sociology Compass*, vol. 8, n° 3, p. 246-258.

Cahen F. (2014), « Le gouvernement des grossesses en France (1920-1970) », *Revue d'histoire de la protection sociale*, vol. 7, n° 1, p. 34-57.

Cartier M., Collet A., Czerny E. *et al.* (2021), « Allez, les pères ! : Les conditions de l'engagement des hommes dans le travail domestique et parental », *Travail, genre et sociétés*, vol. 46, n° 2, p. 33-53.

Céroux B., Ridder G. (de) et Bigot S. (2005), « Le suivi médical de la grossesse. Les pères en devenir face à leur implication », *in* Le Gall D. (dir.), *Genre de vie et intimités. Chronique d'une autre France*, France, L'Harmattan, collection « Sociologies et environnement ».

Chatot M. et Quennehen M. (2025), *Être un père féministe, mission impossible ?*, Paris, Textuel, collection « Petite encyclopédie critique ».

Cheng E. R., McGough H. et Tucker Edmonds B. (2019), « Paternal Preferences, Perspectives, and Involvement in Perinatal Decision Making », *Obstetrical & Gynecological Survey*, vol. 74, n° 3, p. 170-177.

Draper H. et Ives J. (2013), « Men's Involvement in Antenatal Care and Labour: Rethinking a Medical Model », *Midwifery*, vol. 29, n° 7, p. 723-729.

Fusulier B., Scacchitti C. et Mahieu C. (2022), « Engagement paternel, santé de la famille et soutien aux pères », *La revue internationale de l'éducation familiale*, vol. 50, n° 1, p. 95-111.

Goody J. (2001), *La famille en Europe*, Paris, Seuil, collection « Faire l'Europe ».

Jacques B. (2012), « Les cours de préparation à la naissance comme espace de ségrégation sexuelle », *L'Information géographique*, vol. 76, n° 2, p. 108-121.

Johnson M. P. (2002), « An Exploration of Men's Experience and Role at Childbirth », *The Journal of Men's Studies*, vol. 10, n° 2, p. 165-182.

Knibiehler Y. (2007), *Accoucher : femmes, sage-femmes et médecins depuis le milieu du xxe siècle*, Rennes, Éditions de l'École nationale de la santé publique.

Kululanga L. I., Malata A., Chirwa E. et Sundby J. (2012), « Malawian Fathers' Views and Experiences of Attending the Birth of their Children: a Qualitative Study », *BMC Pregnancy and Childbirth*, vol. 12, n° 1, p. 1-10.

Longworth M. K., Furber C. et Kirk S. (2015), « A Narrative Review of Fathers' Involvement during Labour and Birth and their Influence on Decision Making », *Midwifery*, vol. 31, n° 9, p. 844-857.

Mazuy M. (2009), « Avoir un enfant : être prêts ensemble », *Revue des sciences sociales*, vol. 41, p. 30-41.

Miller T. (2010), « "It's a Triangle That's Difficult to Square" : Men's Intentions and Practices around Caring, Work and First-Time Fatherhood », *Fathering: A Journal of Theory, Research, and Practice about Men as Fathers*, vol. 8, n° 3, p. 362-378.

Modak M. et Palazzo C. (2002), *Les pères se mettent en quatre ! : Responsabilités quotidiennes et modèles de paternité*, France, Presses universitaires romandes.

Olsson A., Robertson E., Björklund A. et Nissen E. (2010), « Fatherhood in Focus, Sexual Activity can Wait: New Fathers' Experience about Sexual Life after Childbirth », *Scandinavian Journal of Caring Sciences*, vol. 24, n° 4, p. 716-725.

Paillet A., Brugeilles C. et Samuel O. (2025), « Qui s'occupe des nourrissons ? Cumuls de charges et pouvoirs d'évitement chez les mères et les pères de la cohorte Elfe », *Travail, genre et sociétés*, n° 53, p. 119-140.

Pointet J. (2025), « Un premier enfant à 29,1 ans en 2023 : un âge qui continue d'augmenter », *Insee Focus*, n° 356 [en ligne] insee.fr (consulté le 15 août 2025).

Quagliariello C. (2017), « L'accouchement naturel contre l'hôpital moderne ? », *Anthropologie & Santé. Revue internationale francophone d'anthropologie de la santé*, n° 15 [en ligne] journals.openedition.org (consulté le 22 août 2025).

Rannoux J. et Saussey M. (2024), « Promouvoir et impliquer les (futurs) pères dans le suivi médical de grossesse : Un rendez-vous manqué en maternité », *Revue des politiques sociales et familiales*, n° 152, p. 117-132.

Rivard A. et Montigny F. de (2016), *De la naissance et des pères*, Montréal (Québec), Les Éditions du remue-ménage.

Sponton A. (2023), « Se montrer présent. Réception du congé de paternité, parentalités et masculinités de la grossesse à la petite enfance », Doctorat de sociologie, sous la direction de Marta Dominguez Folgueras et Ariane Pailhé, Paris, Institut d'études politiques.

Statbel (2024), « L'âge de la mère lors de la naissance de son premier enfant se stabilise à 29,6 ans en 2022 » [en ligne] statbel.fgov.be/fr (consulté le 15 août 2025).

Tokhi M., Comrie-Thomson L., Davis J. *et al.* (2018), « Involving Men to Improve Maternal and Newborn Health: A Systematic Review of the Effectiveness of Interventions », *PLOS ONE*, vol. 13, n° 1, p. 16.

Trellu H. (2008), « Quand la femme fait carrière et l'homme est au foyer… », *in* Guichard-Claudic Y., Kergoat D. et Vilbrod A. (dir.), *L'inversion du genre. Quand les métiers masculins se conjuguent au féminin et réciproquement*, Rennes, Presses universitaires de Rennes.

Truc G. (2006), « La paternité en Maternité : Une étude par observation », *Ethnologie française*, vol. 36, n° 2, p. 341-349.

ANNEXE

TABLEAU 1
Profils des pères enquêtés[11]

Prénom anonymisé	Âge	Emploi de l'enquêté	Emploi de la compagne
Frédéric	**35 ans**	**Ingénieur dans le public**	**Cadre dans une association**
Brice	**31 ans**	**Employé dans une concession automobile**	**Travailleuse indépendante dans le bien-être**
Jérémy	**34 ans**	**Chômage dans le domaine artistique**	**Comédienne**
Simone	45 ans	Employé dans une fondation internationale	Cadre dans une ONG
Florent	37 ans	Employé électromécanicien	Assistante juridique
Yohan	**28 ans**	**Employé en médiation culturelle**	**Assistante en ressources humaines**
Adrien	36 ans	Ingénieur-chef de projet dans le transport	Assistante en ressources humaines
Marc	30 ans	En reprise d'étude pour devenir enseignant du secondaire (lettres modernes)	Chanteuse
Hugo	**33 ans**	**Employé documentaliste**	**Enseignante dans le secondaire**
Steven	31 ans	Policier	Enseignante dans le secondaire
Jacques	**44 ans**	**Éducateur spécialisé**	**Étudiante aide-soignante**
Alim	**47 ans**	**Employé SAV**	**En formation d'accompagnement de jeunes adultes handicapés mentaux et gestionnaire administrative pour un centre social associatif**
Maxime	30 ans	Consultant indépendant	Scénariste
Damien	**39 ans**	**Graphiste**	**Scénariste**
Loïc	**34 ans**	**Enseignant du secondaire (histoire-géo)**	**Pédagogue à l'université (sciences sociales)**
Antoine	30 ans	Plombier indépendant	Gestionnaire administrative pour un centre social associatif
Enrico	22 ans	Cuisinier	Ouvrière non qualifiée
André	**44 ans**	**Indépendant location voiture**	**Ouvrière non qualifiée**
Issa	36 ans	Infirmier	Cadre ONG
Seydou	40 ans	Cadre téléphonie	Alternance comptabilité
Kylian	20 ans	Alternance électricité	Esthéticienne

11. Les profils en gras sont ceux mobilisés dans l'article.

L'encadrement de la paternité : quelles perceptions du côté des pères solos ?

Alexandra Piesen

RÉSUMÉ

À partir de 22 entretiens semi-directifs compréhensifs menés auprès de pères solos, cet article analyse les différents « cadres » auxquels ces pères sont confrontés au quotidien et comment ils s'en accommodent. En fonction des conditions d'entrée en parentalité solo, du rôle de la mère dans le quotidien de leurs enfants et de la façon dont ils conjuguent travail et famille, on observe une pluralité de situations d'encadrement. Ces différents types d'encadrements, qu'ils soient institutionnel, médico-social, professionnel et/ou liés à des représentations, se caractérisent par leur ambivalence : ils sont à la fois contraints par des normes parentales fortement liées à des identités de genre et par une absence de modèle de paternité solo.

ABSTRACT

Framing Fatherhood: What are the Perceptions of Single Fathers?

Based on 22 comprehensive semi-structured interviews carried out among single fathers, this article analyses the different "frameworks" that these fathers face on a daily basis and how they deal with them. Depending on the conditions in which they became single parents, on the mother's role in their children's everyday life and on how they combine work and family life, several framing situations can be observed. These different types of framing, whether institutional, medico-social, professional and/or linked to representations, are characterised by their ambivalence: they are simultaneously constrained by parental norms tied strongly to gender identities as well as by the lack of a model of single fatherhood.

Introduction

Dans une société où les attentes envers les pères ont profondément évolué depuis les années 1970, l'image « traditionnelle » du père comme figure d'autorité et principal pourvoyeur de revenus a été fortement interrogée au profit d'une paternité plus « relationnelle » (Singly, 2023), incarnée par un père proche de ses enfants sur le plan affectif et investi dans leur éducation quotidienne (Coltrane, 1996 ; Dermott, 2008). Ces nouvelles représentations ont donné lieu à des politiques publiques valorisant cet investissement paternel (congé paternité allongé, soutien à la coparentalité, etc.). Les situations de séparation conjugale sont particulièrement heuristiques pour analyser les enjeux contenus dans cette (re)définition des rôles parentaux au sein de la famille (Martial, 2012, 2013, 2016 ; Piesen, 2017 ; Le Pape et Virot, 2019 ; Hachet, 2021) et les différentes formes d'encadrement qui en découlent.

Cet article prend pour objet les perceptions des « encadrements » de la paternité par vingt-deux « pères solos »[1] hétérosexuels (divorcés, veufs ou célibataires), qui assurent la garde principale à plein temps de leur(s) enfant(s) âgé(s) de moins de 18 ans dans leur résidence principale[2]. On s'appuie ici sur la notion d'« encadrement » telle qu'elle est définie dans l'appel à article : « la manière dont différentes sphères, institutionnelle, médico-sociale, professionnelle, encouragent ou freinent les hommes, explicitement ou implicitement, dans l'investissement parental » et sur les travaux de Delphine Serre sur l'encadrement des familles (2010), ainsi que ceux de Muriel Darmon sur les entreprises de la morale familiale (1999). Il s'agira de prendre notamment en considération « deux aspects du travail d'encadrement des familles : d'une part l'encadrement comme activité cognitive et normative de cadrage, de classification entre éducations acceptables et non acceptables, d'autre part l'encadrement comme travail de gouvernement, d'orientation des comportements parentaux » (Serre, 2010, p. 150). Ainsi, pour chaque situation observée, nous avons interrogé la notion de « cadre » à l'aune de ces deux dimensions cognitive/normative *versus* travail de gouvernement. En fonction de l'ancienneté de la parentalité solo et du contexte de sa mise en place, ces deux dimensions ont pu apparaître sur différentes temporalités. Si le volet « cognitif/normatif » est moins « palpable », prenant souvent la forme de conseils ou recommandations, et émanant d'acteurs pluriels (famille, amis, ex-conjointe, etc.), la dimension « gouvernementale » en revanche semble plus verticale et directement issue des « cadres » institutionnels (tribunal, gendarmerie, enquête sociale, etc.). Dans son article, Delphine Serre rappelle qu'« appréhendé de façon longitudinale et pas seulement dans sa forme écrite finale, le signalement apparaît comme l'aboutissement d'un processus d'étiquetage qui n'est pas toujours linéaire » (Serre, 2020, p. 151). On pourrait faire la même observation pour les pères, l'étiquetage de leurs pratiques parentales relève d'un processus qui peut donner lieu à différentes interprétations

1. Le choix du terme de « solo » pour qualifier ces pères, renvoie à la métaphore du soliste qui joue seul sur le devant de la scène avec des tiers en appui (Piesen, 2016).
2. Cette définition de la population à enquêter s'appuie, en partie, sur la définition de la famille monoparentale retenue par l'Insee dans l'article de Guillemette Buisson, Vianney Costemalle et Fabienne Daguet, paru en 2015.

en fonction des périodes et des acteurs concernés. Nous prendrons également « la mesure des diverses forces qui s'exercent sur [la famille] "de l'extérieur" et des divers instances et processus sociaux qui la définissent, la construisent, la régulent ou la légitiment » (Darmon, 1999, p. 1). Plus précisément, nous questionnerons les cadres de la « parenté pratique » de ces pères solos, c'est-à-dire « les liens créés par le partage de la vie quotidienne et de l'économie domestique, dans leur dimension matérielle (corésidence, tâches domestiques) et affective (partage du travail, soins donnés et reçus » (Weber, 2013, p. 35) (Martial, 2020, p. 1).

Il s'agit d'explorer les contours des différents cadres auxquels sont confrontés ces pères solos au quotidien et de mettre au jour les différents registres dans lesquels ils s'inscrivent (perception du père lui-même, de son entourage, dispositif institutionnel et juridique, médico-social, univers imaginaire et symbolique). Comme le rappelle Muriel Darmon :

> « au pouvoir d'institutionnalisation de la politique familiale s'adjoint en effet le pouvoir de conviction d'une multiplicité d'autres sources "autorisées" de discours sur la famille : l'Église, le travail social, les professionnels de la thérapie familiale, les médecins, la presse féminine, etc., qui concourent toutes à définir ce que doit être "la bonne famille". Ces discours normatifs publics sur les mondes "privés" de la famille, qu'ils soient énoncés par le savant ou le politique, l'expert ou le professionnel ne sont pas que des "mots", et les envisager comme une entreprise d'imposition de normes c'est se donner la possibilité d'observer leurs effets de construction sociale de la réalité » (Darmon, 1999, p. 1).

Puisque les pères solos représentent une minorité en France – 19 % des familles dites « monoparentales »[3] (Insee, 2018) – et se situent à la marge de la paternité « conventionnelle » et « traditionnelle », incarnée par les couples biparentaux, souvent cohabitants (Buisson *et al.*, 2019 ; Le Pape et Helfter, 2023 ; Piesen, 2023), il peut être particulièrement intéressant de comprendre comment ces pères façonnent au quotidien les contours d'une paternité encore peu pensée et peu diffusée. Comment se construit cette paternité solo « hors cadre » ?

Dans un premier temps, nous reviendrons sur les différentes appréhensions des cadres par les pères solos en fonction des conditions d'entrée dans cette configuration familiale et du rôle joué par la mère de leur(s) enfant(s) (Martial, 2020 ; Modak et Protar, 2023). Nous aborderons ensuite la centralité de la figure maternelle comme toile de fond de ces perceptions des encadrements. Dans un troisième temps, nous nous intéresserons aux façons dont l'articulation travail/famille de ces pères interroge les cadres liés à la vie professionnelle. Dans une dernière partie, nous montrerons comment la paternité solo conduit à repenser les cadres « habituels » de la paternité au sens où ces pères questionnent et aménagent les contours de leurs pratiques parentales, qui sont à la fois « sans modèle » auquel se rattacher et parfois « surveillées », ce qui conduit à une paternité « à tâtons ».

3. Si la part des hommes est identique au niveau des années 1960, après une diminution dans les années 1980, les motifs conduisant à la situation en solo ont changé. Désormais, les parents deviennent majoritairement solos suite à une séparation et non plus un veuvage (Insee, 2018).

MÉTHODOLOGIE [ENCADRÉ 1]

S'inscrivant dans une sociologie compréhensive (Watier, 2002), la méthodologie retenue pour mener ces entretiens a été celle de l'entretien semi-directif compréhensif (Kaufmann, 2011 ; Ramos, 2015), réalisé avec le parent « gardien », celui ayant la résidence quotidienne à son domicile. Selon Françoise Le Borgne-Uguen, « le fait d'être parent "gardien" fait peser sur ce dernier le poids de l'autorité parentale. Les devoirs de parent et le métier de parent sont plus lourds » (Le Borgne-Uguen, 2001, p. 118).
Le dispositif méthodologique s'appuyant sur les discours des pères solos, il ne permet pas d'accéder directement aux pratiques d'encadrement de la paternité par les institutions (scolaire, judiciaire, médico-sociale, familiale, etc.) et leurs acteurs (enseignants, travailleurs sociaux, parents, etc.). Le fait que les pères rencontrés se soient portés volontaires pour participer à cette enquête ne permet pas la généralisation des propos recueillis. Il s'agit d'un corpus qualitatif visant à valoriser la singularité de chaque situation. En revanche, à travers les entretiens menés, nous avons accès aux perceptions et aux restitutions de ces différents cadres par les pères solos. Ainsi, notre matériel limite la portée de notre propos aux seuls regards des pères.
Au sein du corpus de 22 entretiens menés avec des pères solos, 18 ont été réalisés dans le cadre d'une thèse de sociologie (entre 2014 et 2016) relative au quotidien des parents solos (Piesen, 2017), et 4 ont été conduits plus récemment (en 2020), lors d'une recherche collective[1] portant sur les discriminations vécues par les familles dites « monoparentales ». Les données présentées dans le cadre de cet article sont donc issues d'une analyse secondaire. Ces 22 pères solos enquêtés ont été rencontrés *via* différents canaux de mise en contact : appels à témoins sur des sites consacrés aux différentes formes familiales, réseaux familiaux et d'interconnaissances, et prise de contact avec une association consacrée aux familles solos. Au moment de l'entretien, les pères résident sur le territoire français (sauf un père habitant en Belgique) et se répartissent entre l'Île-de-France (9) et le reste du territoire (13). Ils sont âgés de 40 à 55 ans (44,5 ans en moyenne au moment de l'entretien) et sont solos depuis cinq ans. Ils appartiennent à des catégories socioprofessionnelles variées (en recherche d'emploi, étudiant, agriculteur, employé, cadre) et ont des statuts divers (salariés, autoentrepreneur, libéral). Les prénoms des pères et les éléments relatifs à leur cadre de vie (lieu d'habitation, employeur, etc.) ont été modifiés pour garantir leur anonymat. Sur les 22 pères rencontrés, 2 sont veufs, 14 se sont retrouvés solos suite au départ de la mère et 6 sont dans une situation qui reste contestée par la mère (voir le tableau des caractéristiques en annexes). Tous les pères rencontrés vivent sans conjointe au moment des entretiens et ont vécu en situation de biparentalité auparavant.

1. Cette recherche collective financée par le ministère des Solidarités et de la Santé, la direction générale de la Cohésion sociale et le Secrétariat d'État chargé de l'égalité entre les hommes et les femmes et de la lutte contre les discriminations était portée par quatre chercheuses : Marion Charpenel, Sandrine Garcia, Jessica Pothet et Alexandra Piesen.

Les appréhensions des cadres de la paternité par les pères

Au sein de notre corpus de 22 pères solos, tous n'appréhendent pas de la même façon les institutions en fonction de la situation ayant conduit à la parentalité solo et du rôle de la mère de leur(s) enfant(s) dans le quotidien de ces enfants.

Nous avons pu identifier différentes formes d'encadrement, ces dernières n'étant pas figées dans le temps et pouvant fluctuer en fonction des évolutions de contexte (familial, professionnel et social). Les encadrements « légers » relèvent davantage des pratiques parentales des pères solos au regard des normes de parentalité (disponibilité, écoute, etc.) véhiculées par les entrepreneurs de la morale familiale (Darmon, 1999). Les encadrements qualifiés de « forts » s'inscrivent, quant à eux, dans un modèle prescriptif faisant appel aux normes de genre. Ils témoignent de l'idée selon laquelle :

> « la paternité s'inscrit ainsi dans le passage d'une conception profondément asymétrique des rapports de genre au sein du couple et de la famille à celle d'un "couple duo" fondé en principe sur l'égalité [Théry, 2007], au fil d'une évolution scandée par l'abolition de la puissance paternelle et maritale, la dualisation de la notion de chef de famille, jusqu'à l'éclosion de la notion contemporaine de coparentalité. […] La paternité doit trouver sa place dans ce nouvel agencement des relations et des statuts, tant du point de vue de la division des droits et des devoirs parentaux, que de la prise en charge des tâches relatives à l'éducation des enfants » (Martial, 2012, p. 106).

Cette évolution des conceptions et contextes de pratiques parentales « contribue ensuite à donner un nouveau sens à la paternité, qui ne s'ancre plus dans "un modèle purement institutionnel" garant de la légitimité des enfants, et réfère à un modèle plus "identitaire", dans lequel chacun cherche à voir reconnaître sa "véritable" filiation [Brunet, 2011] » (Martial, 2012, p. 106).

Des institutions jugées confiantes

Les différents pères qui composent le groupe dont l'encadrement est le plus « léger » se sont retrouvés solos suite à un veuvage. Ces pères minoritaires[4] ne décrivent que peu voire pas de situations donnant lieu à des encadrements spécifiques de leurs pratiques parentales au quotidien. Pour ces pères, le fait d'être veuf assoit d'une certaine manière la légitimité de leur parentalité solo, voire leur confère une certaine aura de bienveillance. Cette perception « favorable » de ces pères dans un contexte où les familles dites « monoparentales » féminines sont majoritaires rappelle les travaux de Nadine Lefaucheur sur les catégorisations « internes » au sein des familles « monoparentales ». Ainsi, la chercheuse soulignait que :

> « les représentations de la dignité et de l'indignité féminines ont longtemps voilé l'œil de la société d'une taie l'empêchant d'embrasser dans un même regard celle que la douleur hissait, près de la religieuse, au sommet de la hiérarchie de la légitimité, et celle qui disputait à la prostituée les derniers barreaux de l'échelle de l'indignité. Ce que la veuve éplorée et la fille-mère éhontée pouvaient

4. En 2011, 9 % pères solos sont veufs (Algava *et al.*, 2023, p. 46).

avoir de commun était ainsi à proprement parler rendu invisible. Qu'un même terme puisse les désigner était également à proprement parler impensable » (Lefaucheur, 1986, p. 176).

Les cadres dans lesquels s'inscrivent ici les perceptions des pères sont à rattacher aux imaginaires de la parentalité et aux assignations symboliques. Ces pères solos veufs s'inscrivent dans une « figure singulière : le père "en solitaire", dont les liens aux enfants doivent se dispenser de la médiation quotidienne de la mère, et se jouent dans un espace et un temps redéfinis par la rupture du couple et le réaménagement des relations parentales » (Martial, 2012, p. 107).

La deuxième situation rencontrée qui semble donner lieu, dans les représentations, à un encadrement peu marqué concerne les pères solos qui se sont retrouvés seuls avec leurs enfants suite au départ de la mère sans que celle-ci ne se soit manifestée pour en obtenir la garde. Ces pères, qu'ils aient été « familiarisés » ou « apprentis » (Piesen, 2016)[5], ne déclarent pas avoir de suivi particulier, qu'il s'agisse des institutions judiciaires ou médico-sociales. Bien qu'ils se trouvent dans une situation atypique et minoritaire, ils « font face » à l'absence de souhait de garde de la mère et si cette situation peut donner lieu à des réactions dans l'entourage (professionnel comme familial), ils n'ont pas de comptes à rendre sur leurs pratiques. Ici, le cadre relève davantage des assignations symboliques rattachées aux identités de genre et notamment à l'imaginaire de la figure de la « mauvaise mère » (Cardi, 2007 ; Martial, 2020).

> « Du jour au lendemain, leur mère est partie donc j'ai calqué toute mon organisation sur celle des enfants » (Oliver, 40 ans, commercial, 1F de 8 ans, 1G de 5 ans, solo depuis trois ans et demi)[6].

> « D'un commun accord, on s'est dit que c'était mieux qu'ils restent avec moi, même si le juge avait statué qu'ils étaient en résidence quotidienne chez leur mère. On est resté comme ça depuis » (Marco, 40 ans, étudiant, 1F de 13 ans, 1G de 10 ans, solo depuis quatre ans).

Dans ce deuxième groupe, l'absence de remise en cause des pratiques parentales paternelles, voire de la modalité de garde par la mère semble permettre à la justice de s'accommoder de ce mode de garde « socialement inversé » (Le Collectif Onze, 2013). Cette absence de remise en question de leurs compétences parentales permet à ces pères d'éviter un encadrement plus institutionnel de leurs pratiques parentales quotidiennes puisque celles-ci ne font pas l'objet ni d'une évaluation ni d'un contrôle (médico-social à travers les enquêtes sociales, ou institutionnel et juridique si les pères doivent se rendre régulièrement à la gendarmerie ou au tribunal pour attester de leurs pratiques). Comme le soulignent Pauline Virot et

5. Les pères qualifiés de « familiarisés » étaient déjà investis auprès de leurs enfants au quotidien avant l'entrée en parentalité solo, à travers diverses pratiques telles que la préparation des repas, le bain, l'accompagnement à l'école, etc. Ces pères « familiarisés » déclarent avoir perçu un changement au moment de l'entrée en parentalité solo, mais cette adaptation s'inscrit dans une relative continuité avec une paternité déjà investie. À l'inverse, pour les pères « apprentis », la rupture a succédé à une situation de couple dans laquelle l'ex-conjointe occupait la majorité des tâches parentales et domestiques au quotidien. Ces pères sont qualifiés d'« apprentis » au sens où l'entrée en parentalité est une période d'apprentissage de nouvelles compétences parentales.
6. Pour plus de clarté, le sexe des enfants sera indiqué par « F » pour une fille et « G » pour un garçon.

Marie-Clémence Le Pape, « au-dessous de 6 ans, la résidence chez la mère a, de fait, longtemps été privilégiée par les professionnels de la justice, comme par les parents. Du fait des normes de coparentalité qui valorisent désormais le rôle du père dès le plus jeune âge, cela tend à évoluer, lentement toutefois » (Virot et Le Pape, 2025, p. 2).

Des institutions jugées frileuses voire soupçonneuses

Lorsque la résidence chez le père découle d'une demande de l'enfant, la paternité peut faire l'objet d'un encadrement jugé plus étroit par les pères de la part des institutions juridiques et médico-sociales. Bien que la parole de l'enfant soit prise en considération dans le statut de son lieu d'habitation quotidien, en fonction des relations entre les parents, celle-ci peut faire l'objet d'un traitement différencié. Lorsque les relations parentales sont conflictuelles, la parole de l'enfant sera davantage questionnée et remise en contexte par le biais d'une enquête sociale afin de s'assurer que l'enfant n'est pas sous l'influence d'un de ses parents.

Dans le cas présenté ci-dessous, bien que la demande de changement de modalité de garde émane de l'enfant, ici une adolescente qui avait alors 13 ans, elle va donner lieu à une enquête sociale car la femme de Davy (procédure de divorce encore en cours) n'est pas favorable à ce changement de modalité :

> « Donc il y a eu procédure, on est passé devant un juge qui a dit que c'était moi qui avais la garde. [...] Après il y a eu le jugement, et le juge a dit que ma fille devait aller chez sa mère un week-end sur deux, et la moitié des vacances scolaires, mais ma fille n'a pas voulu. Il y a eu une enquêtrice sociale qui est venue. Moi j'ai beaucoup mis la pression à ma fille parce que j'avais très peur de la situation, qu'on m'accuse [qu'elle n'y aille pas]. Et puis l'enquêtrice est venue en disant que ce n'était pas normal qu'elle ne voit pas sa mère. Elle a parlé à ma fille, elle lui a dit : "Tu es hors la loi, ton père est hors la loi". [...] » (Davy, 55 ans, éditeur, 1F de 15 ans, solo depuis deux ans).

Enfin, les situations de paternité solo où l'encadrement est ressenti le plus « fort » sont celles où la résidence quotidienne a été attribuée au père, mais où la mère n'était pas favorable à cette décision de justice et continue à entreprendre des démarches juridiques pour modifier la modalité de garde entérinée. Ces pères déclarent consacrer une part importante de leur quotidien aux démarches juridiques pour « attester » de leurs « bonnes » pratiques parentales au quotidien (Martin, 2014) :

> « J'estime que ma procédure équivaut à un mi-temps parce que je passe beaucoup de temps à faire des lectures et à renvoyer des dossiers pour conserver les droits actuels auprès de mes enfants et ça prend énormément de temps. [...] J'ai l'impression d'avoir été puni d'avoir la garde de mes enfants quelque part, parce que j'ai l'impression que je dois toujours prouver que je suis apte à

m'occuper d'eux » (Sylvain, 45 ans, chef d'entreprise, 2 enfants, 1G de 9 ans et 1F de 3 ans, solo depuis un an et demi).

Le cadre est ici qualifié de plus « fort » parce qu'il est plus institutionnalisé et plus contraignant pour l'enquêté, s'accompagnant de contrôles réguliers des pratiques parentales dans différentes instances formelles (tribunal et gendarmerie notamment). Le vocabulaire utilisé (« prouver », « apte à ») illustre la dimension injonctive de cet encadrement perçue par les pères, qui ne peut pas, selon eux, donner lieu à des marges de manœuvre ou des négociations :

> « J'ai eu la garde quotidienne de mes enfants il y a huit ans et, depuis, j'ai toujours des comptes à rendre aux tribunaux et aux gendarmes pour démontrer que je m'occupe correctement de mes enfants et c'est vrai que c'est épuisant » (Dimitri, 40 ans, chirurgien libéral, 1G de 16 ans et 1F de 12 ans, solo depuis huit ans).

Si les conditions d'entrée en parentalité solo jouent un rôle important dans l'encadrement des pratiques parentales de ces pères au quotidien, la figure de la mère, sa « matricentralité » (Blöss, 1996 ; Cadolle, 2000) et le rôle que cette dernière joue ou non dans le quotidien de l'enfant restent des éléments essentiels à prendre en compte dans l'appréhension globale de ces pères solos (Martial, 2020).

La figure de la mère comme toile de fond

Romain Delès souligne dans son article sur le travail parental que « la parentalité demeure somme toute assez largement définie par des repères maternels (Doucet, 2015), ce qui a tendance à réduire les pères au rôle "d'assistants", certes formellement impliqués mais ne partageant pas les dimensions mentales de la charge parentale (Daminger, 2019) » (Delès, 2022, p. 77). Agnès Martial évoque dans ses travaux que les « pères intérimaires », ceux qui ne vivent pas quotidiennement avec leur(s) enfant(s), peuvent parfois se percevoir comme des « parents de second ordre » (Martial, 2012, p. 110). Dès lors, le fait que des pères appréhendés le plus souvent comme des « assistants » (Delès, 2022, p. 77) ou des « auxiliaires » (Cartier *et al.*, 2021, p. 35) s'occupent désormais à plein temps de leur(s) enfant(s) interroge.

L'enjeu de la coparentalité

Lorsque les pères solos entretiennent des relations « cordiales » avec leur ex-conjointe, ces situations de paternité solo sont perçues avec moins de soupçons, sans doute parce que la coparentalité est maintenue :

> « C'est des questions comme ma fille qui a 13 ans et demi, il y a toutes les questions autour des règles et des garçons, je ne sais pas trop comment aborder

le sujet avec elle. C'est vrai que c'est des choses où je sentais qu'elle n'osait pas trop m'en parler. J'étais un peu mal à l'aise et elle aussi. Mais comme on est en bonnes relations avec sa mère, j'ai pu appeler sa mère et elles en ont discuté toutes les deux et ça m'a soulagé » (Marco, 40 ans, étudiant, 1F de 13 ans, 1G de 10 ans, solo depuis quatre ans).

Cette coparentalité conservée leur permet un quotidien plus serein notamment au moment de la puberté, quand ils ont des filles adolescentes et qu'ils craignent de ne pas avoir les ressources pour répondre à leurs attentes (Piesen, 2016). Si la « révolution du genre » (Delès, 2022) est en marche, il est intéressant de garder à l'esprit que le travail parental et ses différentes composantes restent inégalement partagés entre les deux membres du couple. Si on appréhende le travail parental comme les « activités, pratiques ou mentales, réalisées dans le cadre familial par des adultes en situation de parents en charge d'enfants » (Deschaux, 2009, p. 14), plusieurs études soulignent que si les pères s'investissent plus qu'auparavant, c'est sur certaines tâches qui relèvent davantage du domestique que du parental à proprement parler (notamment pour ce qui relève des soins aux enfants) (Delès, 2022). Si les pères s'investissent plus, mais sous l'orchestration de leur conjointe, comment font les pères solos, qui n'ont pas cet encadrement conjugal féminin au quotidien ? Ces derniers font appel à des « référentes féminines », qui « sont sollicitées à différentes étapes "clés" de la vie de l'enfant pour l'accompagner (le conseiller, échanger avec lui, le soutenir, etc.) : enfance, puberté, passage à l'adolescence, puis entrée dans l'âge adulte » (Piesen, 2016, p. 82). Il peut s'agir de leur mère, de leur sœur, d'une amie ou encore de l'ex-conjointe en fonction des ressources et de la proximité de lien entretenu.

Lorsque les mères sont décrites comme « défaillantes » (Martial, 2012) voire « folles » (Martial, 2020), parce qu'elles ne prennent « pas assez » de nouvelles ou parce qu'elles sont porteuses de troubles psychiatriques ou de problématiques d'addictions, en fonction de l'âge des enfants, ces situations peuvent donner lieu à des encadrements variés selon les caractéristiques de cette maternité. Ainsi, les pratiques parentales de ces pères sont à mettre en perspective avec les figures maternelles et mises en miroir (Martial, 2020), puisqu'elles sont lues à travers une grille de lecture relative à la « bonne » maternité.

La figure de la mère « défaillante »

Dans le cas de Charles, lorsque sa fille âgée de 10 ans a émis le souhait de venir vivre avec lui, cette demande s'inscrivait dans un contexte de détérioration des relations mère/fille. L'ex-conjointe est ici présentée en négatif (problématiques d'alcool, chantage affectif, pression émotionnelle, etc.) ce qui permet en miroir d'asseoir encore davantage la stabilité du père qui apparaît comme plus à même de répondre aux attendus de la « bonne parentalité » contemporaine (Martin, 2014) :

« Sa mère a rencontré quelqu'un [...]. Elle s'est mariée, elle est tombée enceinte, et c'est à ce moment-là où Prisca a émis le désir en tout cas de partir de chez sa mère. [...] Donc après il y a eu des discussions, parce que les tractations avec sa mère ont été plutôt longues et plutôt virulentes que ce soit avec moi ou avec Prisca, puisqu'elle faisait du chantage à l'affect avec Prisca en lui disant que si elle faisait, enfin bon, que si elle partait, elle allait finir sous les ponts donc il y avait une pression émotionnelle très forte » (Charles, 49 ans, DRH, 1F de 17 ans, solo depuis sept ans).

Pour Jean, c'est le diagnostic médical qui est posé sur les troubles psychiatriques de sa femme qui va conduire à une résidence à son domicile et à la mise en place d'une aide quotidienne pendant un an alors que les deux enfants sont encore en bas âge. Ici encore la figure de la « mauvaise mère » (Cardi, 2010) prend les traits des problématiques liées à la santé mentale :

« On l'a fait soigner dans 5-6 hôpitaux... [...] Et puis elle me disait toujours qu'un jour elle s'en irait et moi quelqu'un qui veut partir bah il s'en va. Et puis moi, je lui avais dit : "Vu ton état mental, je ferai tout pour garder les enfants à la maison et c'est tout". [...] elle est partie en abandonnant ses enfants » (Jean, 54 ans, agriculteur, 1F de 18 ans, 1G de 16 ans, solo depuis seize ans).

Suite au départ de son épouse, un soutien médico-social est mis en place à travers l'aide de professionnelles dans la gestion quotidienne de ces enfants :

« En ce temps-là, il y a l'assistante sociale, elle m'a bien aidé, la puéricultrice, elle m'a bien aidé, elle m'a envoyé trois fois par semaine, il y avait une aide-famille, elle faisait l'affaire, donc je me débrouillais. Elle s'occupait des enfants » (Jean, 54 ans, agriculteur, 1F de 18 ans, 1G de 16 ans, solo depuis seize ans).

L'aide dont bénéficie Jean n'a pas été mise en place à son initiative. Elle vise certes à l'épauler dans son quotidien de père solo agriculteur, mais elle permet également l'accompagnement voire l'encadrement de ses pratiques parentales. La frontière entre accompagnement et encadrement apparaît ici fine. Bien que sa situation ait permis la mise en place de cette aide, elle n'a pas exclu les contrôles sociaux dont il a fait l'objet pour vérifier qu'il était bien solo.

Bien que ces deux pères aient en commun des discours critiques sur leurs ex-compagnes dépeintes comme des mères « défaillantes », les deux cas n'ont pas donné lieu au même traitement. Si le premier, père solo directeur des ressources humaines, n'a pas fait l'objet d'un encadrement ou d'un suivi spécifique, ce n'est pas le cas de Jean, agriculteur. La situation socioprofessionnelle des pères solos est un élément pris en compte dans la lecture de leurs situations de parentalité. Plus ces pères disposent de qualifications et plus ils sont appréhendés comme disposant *a priori* des ressources nécessaires pour s'inscrire dans les normes de la « bonne parentalité » contemporaine (Martial, 2012 ; Martin, 2014). Muriel Darmon rappelle dans ses travaux que « la question de la normalisation familiale [est devenue] une question de classe sociale, et plus précisément une question de classes populaires » (Darmon, 1999, p. 11). Par ailleurs, l'âge des enfants est également un critère qui peut jouer sur les marges de manœuvre des pères en fonction de leurs ressources.

On voit dans ces deux premières parties combien les conditions d'entrée en parentalité solo et la « matricentralité » en matière de travail parental impactent les encadrements des pratiques parentales de ces pères. Pour ces derniers, comme pour les institutions, la référence parentale reste la mère, celle de leur(s) enfant(s) ou la leur (Piesen, 2016, 2023 ; Modak et Protar, 2023). On observe ici des imbrications fortes entre identité de genre, travail parental et situation socioprofessionnelle qui colorent ces différentes formes d'encadrement. Dans ses travaux, le Collectif Onze soulignait déjà en 2013 la frilosité de la justice à confier un enfant à son père :

> « La résidence socialement "inversée" passe alors par une nécessaire disqualification de la mère, qui se trouve judiciairement déchue de ses prérogatives sur les enfants, tandis que, parfois, s'effectue symétriquement la requalification d'un père meilleur éducateur – ou en tout cas "moins mauvais" éducateur que la mère » (p. 199).

Veronika Nagy (2016) rappelle que la maternité reste perçue comme une pratique individuelle, là où la paternité est appréhendée comme collective, que ce « collectif » soit constitué du père et d'une nouvelle compagne ou du père et de la famille paternelle. C'est notamment parce que la paternité est perçue comme collective que ces différentes formes d'encadrement se donnent à voir. Les pères solos bénéficient d'une marge de manœuvre variable face à ces cadres en fonction de leurs ressources économiques et sociales.

L'articulation travail/famille : des pères qui interrogent les cadres ?

Si l'articulation travail/famille est souvent perçue comme une « affaire de femmes » (Chauffaut et Lévêque, 2012, p. 14), la situation des pères solos fait exception. Parce qu'ils sont majoritairement seuls au quotidien pour gérer leur(s) enfant(s), ces pères sont confrontés à des problématiques souvent prises en charge par les femmes ou orchestrées par elles (Champagne *et al.*, 2015 ; Cartier *et al.*, 2021). Marie Cartier et ses collègues soulignent la dimension « d'enrôlement » au sein des couples (p. 37), dans le cas où le père est seul au domicile familial avec les enfants. Selon eux, c'est le « premier facteur qui contribue à rééquilibrer le partage des tâches : les horaires de travail décalés qui conduisent les deux parents à se trouver, à tour de rôle, seuls à la maison avec ou sans les enfants, que ce soit pour quelques heures ou pour des journées entières » (Cartier *et al.*, 2021, p. 37). Dans notre corpus, ce n'est pas la situation professionnelle qui induit cette présence en solo au domicile avec les enfants, mais la configuration familiale. Cette situation atypique voire « contre-normative » (Delès, 2022, p. 87) contraint les hommes à ajuster leurs activités professionnelles à leurs contraintes familiales et bouscule les identités de genre (Merla, 2007 ; Doucet, 2015) où l'identité masculine reste étroitement liée à l'activité professionnelle.

Des pratiques d'articulation comparables à celles des mères solos

Dans les entretiens réalisés, les pères soulignent les changements opérés dans leur vie professionnelle suite à l'entrée en parentalité solo. Deux stratégies sont identifiées : soit les pères ajustent leurs activités professionnelles à leur(s) enfant(s) (adaptation des horaires, limitation des déplacements, etc.), soit lorsque ces ajustements ne sont pas réalisables dans leur milieu professionnel, ils changent alors de statut, passant de salariés à indépendant/libéral, pour acquérir plus d'autonomie dans la gestion du quotidien. On retrouve des comportements comparables chez les mères solos. En fonction de leur situation sur l'échiquier social, les pères ont plus ou moins de marge de manœuvre auprès de leurs employeurs et si certains peuvent négocier des ajustements, d'autres à l'inverse sont contraints de les subir. Agnès Martial rappelle que :

> « concilier un emploi et la présence de jeunes enfants au domicile paternel est en effet d'autant plus difficile que les hommes sont peu qualifiés. Presque tous ont dû adapter leur vie professionnelle à ces nouvelles contraintes, ce qui semble finalement plus aisé pour les cadres et les ingénieurs que pour les petits employés, ou les hommes travaillant grâce à de petits contrats à durée déterminée, dont ils ne peuvent négocier les horaires » (Martial, 2012, p. 112).

On retrouve ici des caractéristiques également présentes chez les mères solos dont certaines sont parfois contraintes à se retirer de la vie professionnelle provisoirement faute de trouver une activité professionnelle permettant d'articuler les deux sphères (Charpenel *et al.*, 2021 ; Algava *et al.*, 2023). Dans les deux cas, cette meilleure articulation travail/famille est indissociable du changement de situation familiale puisque l'orchestration du quotidien n'est plus prise en charge par l'ex-conjointe. Les pères rencontrés ont intériorisé les attentes qui reposent sur le parent « gardien » quel que soit son sexe. De fait, cet ajustement professionnel mis en place pour mieux répondre aux attendus en termes de disponibilité parentale n'est pas questionné en tant que tel par ces pères.

Pour ceux qui ont ajusté leur activité professionnelle à la parentalité solo, les adaptations peuvent prendre différentes formes : poste sédentaire, ajustements de l'amplitude horaire, prise des jours « enfants malades », etc.

> « Au départ, j'étais chauffeur longue distance. À partir du moment où la maman de Marie est tombée enceinte, j'ai modifié mes horaires de façon à rentrer presque quotidiennement. [...] À partir du moment où j'ai été parent solo, j'ai pris un boulot de chauffeur livreur qui avait des horaires plus restreints. Ça n'a plus rien avoir avec la longue distance. C'était un choix pour m'occuper de Marie [...] Ils sont au courant que je suis seul avec ma fille et donc que les

jours enfant malade, c'est moi qui les prends » (Lucas, 40 ans, chauffeur-livreur, 1F de 9 ans, solo depuis neuf ans).

Dans le cas de ce père, la paternité a été anticipée et a donné lieu à des négociations avec son employeur. Le fait de réajuster l'organisation suite à l'entrée en parentalité solo s'inscrit donc dans une forme de continuité. Si, dans ce premier cas, les ajustements sont anticipés et négociés, dans celui de Damien, la situation semble davantage subie puisque ce père fait explicitement mention du fait que son poste actuel est moins intéressant que celui qu'il occupait précédemment et qu'il est également moins rémunérateur :

> « Aide-soignant, c'est un poste où on travaille matin, soir, nuit, week-end, jours fériés, là donc j'ai dû me rabattre sur un poste qui, on va dire, est moins intéressant mais qui permet d'avoir des horaires de journée. Je ne travaille plus les soirs, les week-ends et les jours fériés » (Damien, 43 ans, aide-soignant, 1G de 13 ans, 1F de 9 ans, solo depuis un an).

D'autres pères ont, quant à eux, opté pour le changement de statut professionnel. C'est le statut d'indépendant ou de libéral qui est choisi par le parent car celui-ci est présenté par les pères solos comme étant garant d'un « meilleur » équilibre entre travail et famille, bien qu'il présente également de nombreuses contraintes. C'est alors l'adéquation du rythme professionnel du père à celui de ses enfants qui prime comme dans le cas des mères solos (Charpenel *et al.*, 2021). On retrouve en filigrane dans les discours des pères l'intériorisation des attendus du « bon » parent (Martin, 2014) en termes de disponibilité temporelle, notamment lorsque les enfants sont en bas âge :

> « L'entrée dans la vie solo entraîne de nombreux changements dans l'organisation de la vie familiale et de la vie professionnelle. [...] Au départ, j'ai dû réfléchir à savoir comment m'organiser au quotidien. Il fallait que je puisse continuer à travailler tout en pouvant accompagner mes enfants à l'école le matin et aller les rechercher le soir. [...] Donc j'ai complètement calqué mes horaires de travail aux horaires des écoles des enfants » (Sylvain, 45 ans, chef d'entreprise, 1G de 9 ans et 1F de 3 ans, solo depuis un an et demi).

> « Dès que j'ai eu les enfants avec moi, j'ai réduit mes horaires pour terminer mes consultations à 16 heures et aller les chercher à l'école et j'ai pris mon mercredi pour emmener les enfants à leurs activités respectives. [...] J'étais à l'hôpital, je travaillais comme chirurgien orthopédique, du jour au lendemain, j'ai donné ma démission et j'ai cherché un cabinet pour m'installer en libéral et ainsi adapter mon emploi du temps à celui de mes enfants. [...] Le fait d'être en libéral et d'avoir mon propre cabinet me permet de m'organiser comme je l'entends dans mon activité professionnelle et de ne pas avoir de comptes à rendre à quelqu'un. Ça permet aussi la place aux imprévus s'il y en a [...] » (Dimitri, 40 ans, chirurgien libéral, 1G de 16 ans et 1F de 12 ans, solo depuis huit ans).

Dans ces deux exemples, les activités professionnelles exercées permettaient à ces pères d'effectuer un changement de statut en passant de salarié à indépendant ou libéral, mais ce n'est pas le cas de toutes les professions.

Au-delà de la question de l'articulation travail/famille, pour ces pères, ajuster son activité à sa nouvelle situation familiale est également un argument pour maintenir le mode de garde à leur domicile. Plusieurs pères ont fait mention dans les entretiens du fait qu'il était attendu d'eux une disponibilité plus grande du fait d'être désormais solo. Cette injonction à la disponibilité pèse peut-être encore plus lourd sur ces pères qui sont souvent solos suite à des situations « subies » (Piesen, 2023). Comme évoqué dans la première partie, lorsque l'attribution de la garde au père fait encore l'objet de discorde, en adaptant sa vie professionnelle à sa vie familiale, le père cherche à démontrer son intériorisation de la norme de disponibilité attendue d'un « bon » parent contemporain (Martin, 2014). Encore une fois, c'est le bien-être de l'enfant qui est présenté comme *leitmotiv* (Charpenel *et al.*, 2021).

Un regard spécifique marqué par les figures de la masculinité

Les pères rencontrés font part des difficultés qu'ils peuvent rencontrer pour justifier leur souhait d'ajuster leur activité professionnelle. Ce sont ici à nouveau les identités de genre qui sont mobilisées :

> « J'ai changé de travail, et là effectivement, j'ai eu les premières difficultés qu'un papa peut rencontrer, qu'on n'imagine pas en tant que maman… […] Quelques exemples flagrants, une femme qui dit à son chef de service à 15 heures : "Chef, j'ai eu un coup de fil du collège, mon fils a vomi, je dois aller chercher mon fils au collège", ça reste quasiment dans le normal, dans la normalité, un papa qui dit ça c'est vexant parce que la réaction peut être dans un premier temps risible, du style : "Quoi, c'est toi qui vas chercher tes enfants ? Et ta femme ?", donc très machiste, et paradoxalement, je pensais qu'une femme pouvait plus facilement accepter ce genre de chose, et bien certaines femmes à responsabilités n'apprécient pas du tout ce genre de chose donc en fait on est vraiment entre deux eaux quand on est un homme et qu'on est dans cette partie-là [parents solos], […] on a l'impression de quémander quelque chose, qui n'est rien de plus naturel que "Le collège vient de m'appeler quoi". […] Tout comme quand on dit : "Je ne peux pas rester trop tard" en réunion et là c'est marrant parce qu'on retrouve les problématiques du monde féminin dans le travail. Et c'est à cause de ça, on n'a pas de carrière quoi » (Joël, 44 ans, cadre, 1F de 15 ans, 1G de 14 ans, solo depuis sept ans et demi).

Dans le cas de ce père, on note à nouveau de caractère subi de la situation. On constate également que c'est parce que la figure du père solo demeure impensée qu'elle ne donne pas lieu à des dispositifs de conciliation de la part des employeurs.

Certains pères exposent leur situation familiale dès la prise de poste, afin de donner plus de lisibilité à leur hiérarchie sur leur configuration atypique. Cependant, malgré cette anticipation des ajustements, ces derniers ne sont pas toujours possibles en fonction du milieu professionnel et, si une certaine souplesse est envisageable, l'impensé de la paternité solo conduit à des problématiques spécifiques :

> « J'ai abordé ma situation familiale dès ma prise de poste. [...] J'ai dit que je ne prenais pas le poste si c'était incompatible avec mon rôle de père. On m'a dit que ça ne posait pas de problème. Dans la pratique, c'est parfois compliqué pour les déplacements en formation donc je me bats à chaque fois pour ne pas avoir de souci. Après la contrepartie, c'est que mon salaire devait augmenter régulièrement et pour l'instant, il stagne. Comme on me reproche de ne pas être un homme "normal", mon salaire n'a pas bougé, après ce n'est pas un problème pour moi. [...] Après, curieusement, j'ai plus de problèmes avec les femmes qu'avec les hommes. [...] Elles me disent qu'elles, les femmes, elles se débrouillent bien et donc que moi aussi je dois savoir me débrouiller » (Thomas, 41 ans, chef de projet, 1F de 18 mois, solo depuis un an).

> « J'ai eu la garde quotidienne de mes enfants il y a trois ans et demi. [...] J'ai calqué toute mon organisation sur celle des enfants. [...] Maintenant c'est clair que professionnellement je n'évolue pas, parce que j'ai fait ce choix, que mes enfants sont encore petits et que j'ai fait ce choix pour eux d'être le plus présent possible même si je sais que je pourrais gagner plus en prenant des postes où il y a des déplacements. [...] Après, on verra quand ils seront plus grands, peut-être que je m'organiserai différemment mais pour l'instant ils sont petits et ils ont besoin de leur papa » (Oliver, 40 ans, commercial, 1F de 8 ans, 1G de 5 ans, solo depuis trois ans et demi).

Les pères solos expérimentent les problématiques de conciliation et de « plafond de verre » (Chauffaut et Lévêque, 2012 ; Marry *et al.*, 2017) rencontrées par les mères en couple ou solos. Agnès Martial rappelle à ce titre que la « paternité fait l'objet d'une injonction paradoxale, opposant au modèle du père "investi", la faible reconnaissance sociale des expériences de forte implication paternelle dans l'éducation des enfants (Merla, 2007) » (Martial, 2012, p. 108).

L'articulation travail/famille de ces pères solos, au regard de leur situation familiale et de leurs ressources, interroge ainsi les cadres liés à la vie professionnelle. Les pères de notre corpus confirment que le fait d'être seuls avec leurs enfants au sein du domicile familial, sans médiation maternelle, est un facteur d'enrôlement dans le travail parental (Cartier *et al.*, 2021). Ces pères expérimentent des situations bien connues de leurs homologues féminines avec un recentrement des priorités autour du bien-être de l'enfant et la parentalité (Neyrand, 2011), ainsi qu'une articulation travail/famille plus calquée sur les emplois du temps des enfants (Charpenel *et al.*, 2021 ; Piesen, 2023). Cependant, comme l'ont démontré Marion Charpenel et ses collègues, tous les pères ne disposent pas des mêmes ressources pour « faire face » à ces normes parentales. L'impensé de la paternité solo et l'absence de dispositif de conciliation de la part des employeurs interrogent les contours de la paternité contemporaine, encore fortement marquée par la figure de la masculinité « traditionnelle ».

Une paternité solo qui conduit à (re)penser les cadres « habituels » de la paternité contemporaine

La paternité solo comme une nouvelle gamme dans le répertoire des paternités ?

Si de nombreux travaux soulignent combien la charge mentale de l'organisation quotidienne repose sur les femmes au sein du couple, il est intéressant de noter que la configuration en solo contraint de fait les pères dans l'exercice de leur rôle parental. Pour ces pères, la parentalité solo agit comme « révélateur de paternité » (Piesen, 2019), puisqu'ils doivent désormais gérer seuls, la majeure partie du temps, un ensemble d'activités qui étaient préalablement coordonnées par leur ex-compagne.

Suite à ce changement de situation familiale, que ces pères solos soient « familiarisés » ou « apprentis » (Piesen, 2016), ils soulignent combien cette nouvelle configuration familiale les amène à repenser leurs rôles et leurs « compétences » parentales au-delà des schémas traditionnels rattachés à des identités de genre (Dermott, 2008 ; Almqvist, 2008). Pour nombre d'entre eux, la paternité solo les amène à sortir du cadre « habituel » et parfois même à expérimenter de nouvelles pratiques parentales, au-delà de l'éducation dont ils ont eux-mêmes bénéficié. Il s'agit désormais de « jouer les deux rôles », de cuisiner, d'effectuer les tâches parentales, mais aussi toutes celles relatives au quotidien d'une vie de famille (Piesen, 2023 ; Salerno et Raciti, 2023 ; Noël, 2023) :

> « Je suis le papa, mais je dois aussi jouer à la maman. [...] Et puis que son papa lui mette du vernis le dimanche, ça me permet d'avoir un échange avec ma fille. [...] C'est parce qu'on est obligé de penser à tout, et puis penser comme une mère et penser comme un père. [...] Mais je pense que les mamans solos, ça doit être pareil. Voilà, on est obligé de faire les deux rôles en même temps, donc il y a des semaines où ça se passe super bien, et puis il y a des semaines où on est complètement usé parce qu'on a les deux rôles » (Damien, 43 ans, aide-soignant, 1G de 13 ans, 1F de 9 ans, solo depuis un an).

Dans le cas d'Oliver présenté ci-dessous, l'ancienneté de sa situation de père solo et la familiarisation précoce au travail parental lui permettent de se sentir plus « assuré » voire légitime dans ses « bonnes » pratiques. On note ici le rôle de la socialisation du père dans l'exercice de sa paternité (Almqvist, 2008 ; Piesen, 2016) :

> « J'ai les petits depuis plus de trois ans et demi maintenant donc, disons que je les connais par cœur. Je n'ai aucune gêne ou quoique ce soit. Par exemple, je faisais déjà prendre le bain à Charlène quand elle était petite. [...]. Donc c'est vrai qu'à ce niveau-là, je n'ai pas eu de problèmes particuliers suite à la séparation puisque je le faisais déjà avant. [...] Si l'un d'entre eux a du mal à dormir la nuit, il n'hésite pas à venir me réveiller et on va boire un verre de lait et je le recouche tranquillement donc c'est vrai qu'à ce niveau-là, je suis vraiment devenu un peu leur "mère" je dirai. Je dis "mère" parce qu'habituellement, quand un enfant ne

dort pas la nuit, on dit qu'il va voir sa mère et bien moi, mes enfants viennent me voir » (Oliver, 40 ans, commercial, 1F de 8 ans, 1G de 5 ans, solo depuis trois ans et demi).

Certains pères de notre corpus ont été familiarisés par la prise en charge précoce de leur(s) enfant(s) (Almqvist, 2008 ; Delès, 2022), ce qui a participé à « banaliser » leurs pratiques parentales, autour du *care* notamment. Plusieurs pères mettent aussi en avant leur volonté de se saisir de leur paternité solo pour continuer d'incarner un père différent du modèle qui leur a été inculqué. Ces pères adhèrent à la figure du « nouveau père », qui « peut jouer aujourd'hui un rôle de support d'identification dans le déploiement de nouvelles masculinités et participer au renouvellement des rapports de genre » (Delès, 2022, p. 82). La socialisation familiale et la participation précoce au travail parental sont, selon Marie Cartier et ses collègues, des leviers « d'activation des dispositions » (Cartier *et al.*, 2021, p. 46). Ces pères sont souvent ceux issus des classes moyennes voire supérieures, familiarisés avec la paternité relationnelle (Singly, 2023). À l'inverse, ceux qui disposent de moins de ressources sont davantage dans le tâtonnement voire la reconduction des identités de genre. Ces variations de pratiques parentales et d'appréhensions de la paternité contemporaine peuvent aussi s'inscrire dans des contextes culturels spécifiques (Le Pape *et al.*, 2015) :

> « Mes parents ne comprennent pas trop. Je suis sicilien donc je n'ai jamais été élevé dans l'idée qu'un jour c'est moi qui élèverai mes enfants. […] Pour ma mère, c'est limite je devrais avoir une médaille. Quand elle vient à la maison, elle dit toujours : “Ah c'est tout propre, c'est bien mon fils”. Pour une sicilienne, c'est un choc de voir son fils élever ses enfants, surtout quand la mère habite la même ville » (Marco, 40 ans, étudiant, 1F de 13 ans, 1G de 10 ans, solo depuis quatre ans).

Le rôle de l'entourage dans l'encadrement de ces pratiques parentales

Comme nous l'avons vu jusqu'à présent, tous les pères solos ne bénéficient pas des mêmes ressources en fonction des conditions d'entrée en parentalité solo, de leur âge, celui de leur(s) enfant(s), et de leur situation professionnelle et économique. Si certains peuvent s'appuyer sur un environnement familial disponible et soutenant, voire sur une relation de coparentalité cordiale, pour d'autres, l'entourage amical voire le voisinage peuvent parfois prendre le relais (Piesen, 2023 ; Virot et Le Pape, 2025). Ce sont principalement des « référentes féminines » qui sont mobilisées (Piesen, 2016). Ces pères solos considèrent les femmes et les mères de leur entourage comme des personnes-ressources en matière de parentalité, ceci d'autant plus lorsqu'il y a au moins une fille dans la fratrie (Salerno et Raciti, 2023) :

« [Et comment vous faites quand vous avez des questions ?] Soit je demande à ma voisine, ou à une amie. J'ai des couples d'amis donc je passe des coups de fil aux filles qui ont des enfants. Je leur demande, etc. Là, il n'y a pas longtemps, j'ai demandé à une amie de m'apprendre à faire un chignon sur ma fille, donc elle m'a expliqué etc., machin, donc non, ça se passe. Vous savez, j'arrive à retrouver un peu le côté féminin » (Damien, 43 ans, aide-soignant, 1G de 13 ans, 1F de 9 ans, solo depuis un an).

« Ma mère a été super présente. J'ai une mère qui est adorable et qui est très proche de ses petites-filles et qui a joué le rôle un peu de, en fait toute présence féminine compensait le manque de la maman, donc c'était des amies à moi, féminines, la petite allait très vite vers elles, parce qu'il y avait ce besoin. Parce que même si je ne suis pas un père très très masculin, dans le sens où je n'ai jamais vraiment joué le rôle de « Ho… » voilà quoi, faire les deux quoi, mais il fallait cette présence féminine et ma mère a été importante » (Romain, 49 ans, directeur clinique, 2F de 21 et 14 ans, solo depuis sept ans).

L'entourage peut également être là pour proposer des aides ponctuelles ou régulières, notamment en termes de modalités de garde en semaine ou pendant les vacances scolaires. Les grands-mères apparaissent comme des figures essentielles dans le quotidien de ces pères solos (Roigé, 2016 ; Kitzmann, 2018 ; Virot et Le Pape, 2025). Il est intéressant de souligner que ce recours aux aides grand-maternelles ne semble pas conduire à des renégociations du rôle parental, à l'inverse des mères solos (Modak et Protar, 2023) : « J'ai été soutenu, par ma famille. Ma mère, Prisca allait régulièrement en vacances chez ma mère, donc, oui, c'était un soutien important, pas un soutien psychologique mais un soutien dans mon quotidien » (Charles, 49 ans, DRH, 1F de 17 ans, solo depuis sept ans).

Une paternité à tâtons ?

Tous les pères rencontrés évoquent les ajustements dans leurs pratiques parentales suite à leur entrée en parentalité solo mais également la difficulté à savoir s'ils « font bien ». Si leurs pratiques sont souvent questionnées voire surveillées dans certains cas, ces pères n'ont pas de modèle de parentalité solo auquel se référer au quotidien. Cette absence de modèle génère des inquiétudes et des incertitudes dans leur quotidien. Consulter des professionnels permet alors à ces pères de se rassurer sur leurs compétences parentales (Piesen, 2016) et de s'assurer que celles-ci s'inscrivent bien dans le cadre de la « bonne » parentalité (Martin, 2014) :

« C'est vrai que ce n'est pas évident tous les jours. On n'a pas de modèle de père qui élève seul leurs enfants donc c'est compliqué, on ne sait jamais vraiment si on fait correctement les choses » (Oliver, 40 ans, commercial, 1F de 8 ans, 1G de 5 ans, solo depuis trois ans et demi).

> « Je me suis retrouvé un peu perdu pendant un moment, donc j'avais peur que la situation m'échappe, et je suis allé voir une psy pour moi déjà, et ça a été très rapide en fait. En l'espace de 4-5 séances, elle m'a dit : "C'est bon vous avez remonté". Et je suis allé voir une psy aussi, une pédopsychiatre pour mes filles, parce que je savais pas trop comment gérer la situation [...] » (Romain, 49 ans, directeur clinique, 2F de 21 et 14 ans, solo depuis sept ans).

Les pères solos des classes moyennes et supérieures n'hésitent pas à faire appel à ces professionnels pour eux et leurs enfants. Ils sont familiarisés à ces pratiques et en ont la possibilité financière.

« Si maman va bien, tout va bien » (Vozari, 2015), mais qu'en est-il quand le père est seul ? L'atypicité des pères solos, bien que leur nombre soit faible, met en exergue des dispositifs impensés pour ces pères et les difficultés qu'ils peuvent rencontrer dans leur paternité. Nombre de pères solos, comme leurs homologues féminines, soulignent leur isolement social depuis l'entrée en parentalité solo mais également le repli sur le cocon parent-enfant (Charpenel *et al.*, 2021) :

> « Disons que les trois premiers mois, on restait souvent ensemble, on ne faisait que des trucs tous les trois et finalement, j'ai remarqué que pour mon bien-être psychologique, ça ne devenait pas bon et même pour les enfants. Et j'ai eu une réflexion qui a fait tilt, d'un très bon ami qui m'a dit : "Tu commences à former un couple avec tes enfants". Et puis là je me suis dit que pour leur bien-être aussi, ce n'était pas bon non plus, de rester tout le temps à trois » (Damien, 43 ans, aide-soignant, 1G de 13 ans, 1F de 9 ans, solo depuis un an).

> « C'est pas facile, je vous l'avoue, ça m'est déjà arrivé d'aller pleurer cinq minutes dans ma chambre après je me reprends, je me dis que ça ne rime à rien, je me dis "bouge ton cul", et puis je bouge, mais parce que j'ai l'impression parfois d'avoir dans un sac trop de cailloux. [...] En fait, on n'a personne à qui en parler réellement » (Vincent, 45 ans, hypnothérapeute, 1F de 13 ans, 1G de 10 ans, 1F de 8 ans, solo depuis quatre ans).

Si ces caractéristiques sont déjà connues pour les configurations solos féminines, il s'agirait de les penser également pour ces pères, afin de veiller au bien-être psychologique du père solo et de l'enfant. Nombreux sont les pères à revenir sur des épisodes de flottement qui ont suivi la séparation et le quotidien seul avec les enfants. Ils évoquent également l'absence de dispositifs dédiés au soutien psychologique. Par ailleurs, penser ces dispositifs permettrait à tous les pères souhaitant être suivis de le faire, ce qui n'est pas possible aujourd'hui compte tenu du coût financier et temporel de ces prises en charge psychologiques.

> « Quelque chose dont j'aurais pu avoir besoin au début, c'est parfois même une aide psychologique pour les parents solos, parce que quand même, on est confronté à des attitudes d'enfants, d'ados. Ces problématiques quand on est en couple, on peut les partager avec l'autre. Une personne qui est toute seule, elle porte tout, et parfois psychologiquement, ça peut être dur pour elle parce que même s'ils ont des gens autour d'eux, une famille, etc., c'est pas pareil » (Vincent, 45 ans, hypnothérapeute, 1F de 13 ans, 1G de 10 ans, 1F de 8 ans, solo depuis quatre ans).

Conclusion

Si les pères solos restent une minorité, leur situation atypique permet d'interroger les contours de la paternité contemporaine. Ils semblent avoir un encadrement institutionnel et médico-social fortement corrélé à leurs conditions d'entrée en parentalité solo et au rôle exercé par la mère de leur(s) enfant(s). Le fait d'être seul avec ses enfants et de devoir concilier travail et famille dans une nouvelle configuration familiale permet de donner à voir différentes formes d'autorégulation de leur vie professionnelle. Ces dernières sont appréhendées différemment selon les ressources qu'ils peuvent mobiliser pour ajuster leur activité professionnelle à leur vie familiale (horaires, poste plus sédentaire, changement de statut professionnel, etc.). L'encadrement du travail parental de ces pères est ambivalent puisqu'il est à la fois contraint par des normes parentales fortement liées à des identités de genre (Merla, 2007 ; Doucet, 2015 ; Modak et Protar, 2023) et par une absence de modèle de paternité solo. Ces différentes formes d'encadrements, qu'elles soient institutionnelles, médico-sociales, professionnelles et/ ou liées à des identités de genre, s'ajustent en fonction des ressources parentales et de l'âge des enfants. Plus ces derniers sont petits, plus le cadre est contraint, à l'inverse, plus les enfants grandissent et plus les pères bénéficient de marge de manœuvre dans leur organisation quotidienne. Cette paternité solo interroge les cadres « habituels » de la paternité contemporaine, au sens où ces pères remettent en question les normes parentales (pas de biparentalité, de cohabitation, de coparentalité relative, etc.) et plus largement les identités de genre. Là où la maternité, et notamment le bien-être maternel, est fortement pensée et accompagnée (Vozari, 2015), la paternité solo bien qu'impensée est toutefois encadrée. Travailler sur cette paternité minoritaire permet de mettre en lumière l'ambivalence des « cadres » auxquels se confrontent ces pères quotidiennement (entre tensions normatives de la parentalité et absence de modèle dédié à la parentalité solo), mais également les défis qu'ils doivent relever pour faire leurs preuves (être un « bon » parent contemporain malgré l'absence de modèle de père solo, articuler travail et famille dans une société encore fortement organisée autour des identités de genre, faire face aux soupçons d'incompétences parentales, etc.) et se faire accepter comme des parents comme les autres. Cet article s'inscrit dans les travaux déjà menés sur la paternité contemporaine qui soulignent le caractère « en construction » de cette dernière, entre normes et pratiques effectives (Boyer et Céroux, 2010 ; Boyer, 2016). Il s'agit également de souligner la dimension plurielle des pratiques parentales et des acteurs en jeu. Désormais, les paternités comme les maternités sont mouvantes et évolutives dans le temps en fonction de la trajectoire du parent (remise en couple ou non), de l'âge des enfants, mais également de l'environnement (Modak et Protar, 2023).

Références bibliographiques

Algava E., Buisson G. et Toulemon L. (2023), « Les familles monoparentales : une catégorie statistique bien établie, assortie de nombreuses limites », *in* Le Pape M.-C. et Helfter C. (dir.), *Les familles monoparentales. Conditions de vie, vécu et action publique*, Paris, La Documentation française.

Almqvist A.-L. (2008), « Why Most Swedish Fathers and Few French Fathers Use Paid Parental Leave: An Exploratory Qualitative Study of Parents », *Fathering: A Journal of Theory, Research & Practice about Men as Fathers*, n° 6, p. 34-51.

Boyer D. (2016), « Les pères en congé parental à temps partiel en France : vers un modèle égalitaire ? », *Revue des politiques sociales et familiales*, n° 122, p. 63-76.

Boyer D. et Céroux B. (2010), « Les limites des politiques publiques de soutien à la paternité », *Travail, genre et sociétés*, vol. 24, n° 2, p. 47.

Buisson G., Costemalle V. et Daguet F. (2015), « Depuis combien de temps est-on parent de famille monoparentale ? », *Insee Première*, n° 1539.

Buisson G., Le Pape M.-C. et Virot P. (2019), « Des parentalités bousculées », *Revue française des affaires sociales*, n° 4, octobre-décembre, p. 5-24.

Cartier M., Collet A., Czerny E. *et al.* (2021), « Allez, les pères ! Les conditions de l'engagement des hommes dans le travail domestique et parental », *Travail, genre et sociétés*, n° 46, p. 33-53.

Champagne C., Pailhé A. et Solaz A. (2015), « Le temps domestique et parental des hommes et des femmes : quels facteurs d'évolutions en 25 ans ? », *Économie et Statistique*, vol. 478, n° 1, p. 209-242.

Charpenel M., Garcia S., Piesen A. et Pothet J. (2021), « Les effets de la "parentalité solo" sur l'exercice des rôles parentaux et les frontières de l'enfance », *Revue des politiques sociales et familiales*, n° 138, p. 5-25.

Chauffaut D. et Lévêque S. (2012), « Femmes, mères, épouses et travailleuses : les représentations parlementaires des rôles sexués au travers des débats sur les politiques de conciliation (1965-2010) », *Revue française des affaires sociales*, n° 2-3, p. 13-31.

Coltrane S. (1996), *Family Man: Fatherhood, Housework, and Gender Equity*, Oxford, Oxford University Press.

Daminger A. (2019), « The Cognitive Dimension of Household Labor », *American Sociological Review*, n° 84, p. 609-633.

Darmon M. (1999), « Les "entreprises" de la morale familiale », *French Politics, Culture and Society*, n° 17, p. 1-19.

Déchaux J.-H. (2009), *Sociologie de la famille*, Paris, La Découverte.

Delès R. (2022), « Le travail parental, dernier verrou de la révolution de genre. Une revue de littérature internationale », *Revue internationale de l'éducation familiale*, n° 50, p. 75-93.

Dermott E. (2008), *Intimate Fatherhood: A Sociological Analysis*, Londres, Routledge.

Doucet A. (2015), « Parental Responsibilities: Dilemmas of Measurement and Gender Equality », *Journal of Marriage and Family*, vol. 77, n° 1, p. 224-242.

Hachet B. (2021), « Temps avec les enfants et temps sans les enfants. L'expérience parentale de la résidence alternée paritaire », *Revue des politiques sociales et familiales*, n° 139-140, p. 9-26.

Kaufmann J.-C. (2011), *L'entretien compréhensif. L'enquête et ses méthodes*, Paris, Armand Colin.

Kitzmann M. (2018), « Les grands-parents : un mode de garde régulier ou occasionnel pour deux tiers des jeunes enfants », Drees, *Études et Résultats*, n° 1070.

Le Borgne-Uguen F. (2001), « Des styles familiaux au rôle parental… », *in* Coum D. (dir.), *Des parents ! À quoi ça sert ?*, Toulouse, Érès.

Le Collectif Onze (2013), *Au tribunal des couples. Enquête sur des affaires familiales*, Paris, Odile Jacob.

Lefaucheur N. (1986), « Les familles monoparentales : des chiffres et des mots pour le dire, formes nouvelles ou nouveaux mots », *Les familles d'aujourd'hui,* Actes du colloque de Genève, Association internationale des démographes de langue française (septembre 1984).

Le Pape M.-C., Lhommeau B. et Raynaud E. (2015), « Les familles monoparentales en Europe : de nouvelles façons de faire famille pour de nouvelles normes ? », *Couples et familles*, Paris, Insee, collection « Insee Références ».

Le Pape M.-C. et Helfter C. (dir.) (2023), *Les familles monoparentales, conditions de vie, vécu et action publique. Un état des savoirs*, Paris, La Documentation française.

Le Pape M.-C. et Virot P. (2019), « Les changements d'organisation de la résidence des enfants après une séparation : des arrangements consentis au nom de l'intérêt de l'enfant ? », *Revue française des affaires sociales*, n° 4, octobre-décembre, p. 97-124.

Lores Masip F. et Ayala Rubio A. (2017), « Mériter la paternité : sur les discours et les stratégies des pères célibataires par choix en Espagne », *Recherches familiales*, n° 14, p. 149-168.

Marry C., Bereni L., Jacquemart A. *et al.* (2017), *Le plafond de verre et l'État. La construction des inégalités de genre dans la fonction publique,* Paris, Armand Colin.

Martial A. (2012), « Paternités contemporaines et nouvelles trajectoires familiales », *Ethnologie française*, XLII, p. 105-116.

Martial A. (2013), « Des pères "absents" aux pères "quotidiens" : représentations et discours sur la paternité dans l'après-divorce », *Informations sociales*, vol. 176, n° 2, p. 36-44.

Martial A. (dir.) (2016), *Des pères « en solitaire » ? Ruptures conjugales et paternité contemporaine*, Aix-en-Provence, Presses universitaires de Provence.

Martial A. (2020), « Les pères en solitaire et la folie des mères : portraits en miroirs », *in* Sarcinelli A., Duysens F. et Razy É. (dir.), *Espaces pluriels de la parenté. Approches qualitatives de (re)configurations intimes et publiques dans le monde contemporain*, Louvain-La-Neuve, Academia.

Martin C. (2014), *Être un bon parent. Une injonction contemporaine*, Rennes, Presses de l'EHESP.

Merla L. (2007), « Masculinité et paternité à l'écart du monde du travail : le cas des pères au foyer en Belgique », *Recherches sociologiques et anthropologiques*, vol. 38, n° 2, p. 143-163.

Modak M. et Protar L. (2023), « Qui s'occupe des enfants ? La division sexuée et sociale du travail parental dans les familles monoparentales », *in* Le Pape M.-C. et Helfter C. (dir.), *Les familles monoparentales. Conditions de vie, vécu et action publique*, Paris, La Documentation française.

Neyrand G. (2011), *L'enfant, la mère et la question du père. Un bilan critique de l'évolution des savoirs sur la petite enfance*, Paris, Presses universitaires de France.

Nagy V. (2016), « La cause des paternels dans les litiges de l'après-rupture », *in* Martial A. (dir.), *Des pères « en solitaire »*, Aix-Marseille, Presses universitaires de Provence.

Noël R. (2023), « La monoparentalité d'hier à aujourd'hui : réflexion sur la fonction du tiers à l'époque de la postmodernité », *in* Monzani S. et Rizzo N. (dir.), *Les parentalités contemporaines. Regards croisés systémiques et psychanalytiques*, Paris, ESF Sciences humaines.

Piesen A. (2016), « Une paternité à construire au quotidien : le cas de la résidence au père », *Revue des politiques sociales et familiales*, n° 122, p. 77-88.

Piesen A. (2017), « La redéfinition du rôle parental au regard de la parentalité solo contemporaine », Doctorat de sociologie, sous la direction de François de Singly, Université Paris Descartes.

Piesen A. (2019), « Célibat masculin : un révélateur de paternité ? », *L'école des parents*, vol. 4, n° 633, p. 49-51.

Piesen A. (2023), « Le quotidien des pères et des mères solos : des temporalités et des espaces à réaménager », *in* Le Pape M.-C. et Helfter C. (dir.), *Les familles monoparentales. Conditions de vie, vécu et action publique*, Paris, La Documentation française.

Ramos E. (2015), *L'entretien compréhensif en sociologie. Usages, pratiques, analyses*, Paris, Armand Colin.

Roigé X. (2016), « Nouvelles paternités, nouvelles grands-parentalités : divorce et relations entre générations », *in* Martial A. (dir.), *Des pères « en solitaire » ? Ruptures conjugales et paternité contemporaine*, Aix-Marseille, Presses universitaires de Provence.

Salerno A. et Raciti I. (2023), « Les familles monoparentales entre criticité, ressources et défis évolutifs », *in* Monzani S. et Rizzo N. (dir.), *Les parentalités contemporaines. Regards croisés systémiques et psychanalytiques*, Paris, ESF Sciences humaines.

Serre D. (2010), « Les assistantes sociales face à leur mandat de surveillance des familles. Des professionnelles divisées », *Déviance et société*, n° 34, p. 149-162.

Virot P. et Le Pape M.-C. (2025), « Monoparentalités : les solidarités familiales, un relais important au quotidien pour la prise en charge des jeunes enfants », Drees, *Études et Résultats*, n° 1326.

Vozari A.-S. (2015), « "Si maman va bien, bébé va bien", La gestion des risques psychiques autour de la naissance », *Recherches familiales*, n° 12, p. 153-163.

Singly F. (de) (2023), *Sociologie des familles contemporaines*, Paris, Armand Colin.

Watier P. (2002), *Une introduction à la sociologie compréhensive*, Belval, Circé.

La Revue d'histoire de la protection sociale est une publication du Comité d'histoire de la Sécurité sociale éditée grâce au soutien de l'Association pour l'étude de l'histoire de la Sécurité sociale.

La revue est disponible en version électronique sur le site de Cairn : www.cairn.info/revue-d-histoire-de-laprotection- sociale.htm

LE « MOMENT 1945 »

SOURCES ET TÉMOIGNAGES

HOMMAGES

CHSS, Ministère du Travail, de la Santé, des Solidarités et des Familles
14 avenue Duquesne, 75350 Paris 07 SP - chss@sante.gouv.fr

ANNEXE

TABLEAU 1
Caractéristiques des enquêtés

Enquêtés	Âge	Caractéristiques des enfants	Cadre des entretiens	Origine de la parentalité solo	Ancienneté de la parentalité solo
Sylvain	45	G - 9 ans, F - 3 ans	Thèse	Mésentente	1,5 ans
Fabien	40	F - 6 ans	Thèse	Mésentente	1 an
Lucas	40	F - 9 ans	Thèse	Abandon du domicile par la mère	9 ans
Dimitri	40	G - 16 ans, F - 12 ans	Thèse	Mésentente	8 ans
Oliver	40	F - 8 ans, G - 5 ans	Thèse	Abandon du domicile par la mère	3,5 ans
Marco	40	F - 13 ans, G - 10 ans	Thèse	Divorce à l'initiative de la mère	4 ans
Lucien	40	F - 4,5 ans	Thèse	Séparation (consentement mutuel)	3 ans
Damien	43	G - 13 ans, F - 9 ans	Thèse	Divorce à l'initiative de la mère	1 an
Joël	44	F - 15 ans, G - 14 ans	Thèse	Abandon du domicile par la mère	7,5 ans
Romain	49	F - 21 ans, F - 14 ans	Thèse	Abandon du domicile par la mère	7 ans
Samuel	49	F - 16 ans, F - 14 ans, F - 12 ans	Thèse	Abandon du domicile par la mère	5 ans
Antoine	50	G - 21 ans, F - 19 ans, F - 16 ans	Thèse	Veuvage	4 ans
Thomas	41	F - 18 mois	Thèse	Divorce à l'initiative de la mère	1 an
Édouard	46	F - 17 ans, F - 15 ans, G - 14 ans, G - 11 ans	Thèse	Abandon du domicile par la mère	10 ans
Charles	49	F - 17 ans	Thèse	Mésentente	7 ans
Alexis	40	F - 18 ans, F - 13 ans, F - 7 ans, F - 5 ans	Thèse	Abandon du domicile par la mère	1 an
Jean	54	F - 18 ans, G - 16 ans	Thèse	Abandon du domicile par la mère	16 ans
Paul	46	F - 12 ans, F - 9 ans	Thèse	Séparation à l'initiative de la mère	7 ans
Vincent	45	F - 13 ans, G - 10 ans, F - 8 ans	Recherche collective	Mésentente	4 ans
Patrice	42	F - 10 ans, F - 9 ans, F - 5 ans	Recherche collective	Veuvage	1 an
Davy	55	F - 15 ans	Recherche collective	Séparation à l'initiative de la mère	2 ans
Émile	42	F - 7 ans	Recherche collective	Séparation à l'initiative de la mère	4 ans

Situation matrimoniale	Coparentalité	Réseau/ famille	Emploi	Statut	Localisation
Séparé	Non	Non	Chef d'entreprise	Indépendant	Île-de-France
Séparé	Oui	Non	Sans emploi	X	Province
Séparé	Non	Oui	Chauffeur-livreur	Salarié	Province
Séparé	Non	Non	Chirurgien libéral	Indépendant	Province
Divorcé	Non	Non	Commercial	Salarié	Province
Divorcé	Oui	Oui	Étudiant	X	Île-de-France
Séparé	Oui	Non	Chef d'entreprise	Indépendant	Province
Divorcé	Oui	Non	Aide-soignant	Salarié	Province
Divorcé	Oui	Oui	Assimilé cadre	Salarié	Île-de-France
Séparé	Non	Oui	Directeur de recherche clinique	Salarié	Île-de-France
Divorcé	Non	Non	Commerçant	Indépendant	Île-de-France
Veuf	Non	Non	Inspecteur de sécurité	Salarié	Île-de-France
Divorcé	Oui	Non	Chef de projet	Salarié	Province
Divorcé	Non	Oui	Sans emploi	X	Île-de-France
Séparé	Non	Oui	DRH	Salarié	Île-de-France
Divorcé	Non	Oui	Commercial	Salarié	Province
Divorcé	Non	Oui	Agriculteur	Indépendant	Province
Séparé	Non	Non	Sans emploi	X	Belgique
Séparé	Non	Non	Hypnothérapeute	Indépendant	Province
Veuf	Non	Oui	Ingénieur	Salarié	Île-de-France
En cours de divorce	Oui	Non	Éditeur	Indépendant	Province
Séparé	Oui	Oui	Commercial	Salarié	Province

[POINT DE VUE]

Les débats parlementaires sur la réforme du congé parental (France, 2014) : la place des pères est-elle au foyer ?

Myriam Chatot

Le congé parental d'éducation et surtout l'allocation qui peut y être attachée (appelée « complément d'activité », car soumise à des conditions d'emploi[1]) font l'objet de critiques depuis leur instauration : « salaire maternel » déguisé, trappe à inactivité (Jenson et Sineau, 1998 ; Collombet, 2016), etc. Le dispositif a été réformé tous les dix ans depuis sa création, s'ouvrant peu à peu à davantage de bénéficiaires.

La réforme de 2014, entreprise dans le cadre du projet de loi pour l'égalité réelle entre les femmes et les hommes (LERFH), visait selon la ministre du Droit des femmes Najat Vallaud-Belkacem à « changer les regards » et « introduire une impulsion » (LERFH, Assemblée nationale [AN], 20 janvier 2014), en incitant les hommes à recourir au dispositif. En effet, si le complément d'activité a toujours été ouvert aux parents des deux sexes, les pères restent minoritaires parmi les bénéficiaires : au début des années 2000 et 2010, un homme sur cent y a recours (Boyer et Renouard, 2003 ; Boyer *et al.*, 2013), et les femmes représentent 97 % des bénéficiaires du dispositif (Berger *et al.*, 2006).

Pourtant, cette réforme du complément d'activité (rebaptisé « PréParE » ou « Prestation partagée d'accueil du jeune enfant ») s'avère décevante en termes d'enrôlement paternel (Périvier et Verdugo, 2021). Loin de l'objectif affiché par le Gouvernement de 100 000 pères en congé parental d'ici à 2017, le nombre de bénéficiaires masculins a diminué après la réforme (Laporte et Legendre, 2018). Si une revalorisation du complément de libre choix d'activité (CLCA) a été envisagée en 2013, cette piste a finalement été abandonnée, officiellement pour ne pas favoriser les ménages les plus aisés et ne pas aggraver l'effet de « trappe à inactivité » du dispositif en le rendant plus attractif pour les femmes. La solution privilégiée a donc été celle d'un partage de l'allocation, réduisant la durée maximale

1. On confond souvent le congé parental d'éducation et le complément d'activité. Le premier, instauré en 1977, dépend du Code du travail. Il peut être souscrit à la suite d'une naissance ou d'une adoption jusqu'au troisième anniversaire de l'enfant pour tout parent salarié de son entreprise depuis au moins un an. Après le congé, le salarié doit retrouver son précédent emploi ou bien un emploi similaire et une rémunération au moins équivalente. Le complément d'activité (1985) est une allocation qui dépend du Code de la Sécurité sociale, et ses modalités (durée, montant, etc.) sont fixées par décret. En 2012, le montant du complément de libre choix d'activité (CLCA) à taux plein est de 383,59€ pour les ménages qui perçoivent la prestation d'accueil du jeune enfant (PAJE) et de 566,01€ pour les ménages qui ne la perçoivent pas. Les « réformes du congé parental » en France ont concerné jusqu'à présent le complément d'activité.

de souscription par un des parents[2]. La volonté de réduire ce congé n'a rien de neuf : la question de le raccourcir s'est posée dès l'introduction du congé parental d'éducation et est revenue régulièrement dans le débat public depuis (Thévenon, 2011).

Cette mesure a été présentée comme inspirée par la création de l'*Elterngeld* (ou « allocation parentale ») en Allemagne en 2007 (quatorze mois de congé post-naissance, dont deux mois réservés aux pères, indemnisés à hauteur de 67 % du salaire net) : « Le Gouvernement attend de cette réforme un résultat équivalent à celui qu'a permis [...] la création du *Elterngeld* en 2007 (deux mois réservés au père sur douze) : trois ans après cette réforme, la proportion des pères prenant un congé parental y a été multipliée par sept (passant de 3 à 21 %) » (LERFH, projet de loi n° 717 [2012-2013], Najat Vallaud-Belkacem, Parti socialiste [PS], exposé des motifs, 3 juillet 2013). De fait, cette réforme a été considérée comme un succès en termes d'enrôlement des pères, même si la majorité d'entre eux se contentent des deux mois qui leur sont réservés (Périvier, 2017).

Or les exemples internationaux montrent que pour qu'une part importante des pères prennent un congé parental, il ne suffit pas qu'une partie du congé soit non transférable, il faut également que le congé soit bien indemnisé (Thévenon, 2011). C'est d'ailleurs le cas du congé de paternité, pris par 70 % des pères éligibles depuis sa création en 2002 (Chauffaut, 2003 ; Guedj et Le Pape, 2023). L'effet contre-productif de la réforme du complément d'activité sur le recours masculin n'a donc rien d'une surprise et avait été souligné dans les débats parlementaires, les député·es et sénateur·rices anticipant que cette réforme conduirait *de facto* à une réduction du congé parental pour les familles de deux enfants et plus.

Les pères constituent l'objet des débats au Parlement concernant la réforme française du congé parental de 2014. Dans cet article, les arguments mobilisés sont considérés comme un signal des valeurs et des normes intériorisées par les orateur·rices. Pour les parlementaires, à qui bénéficie (et à qui nuit) la réforme du congé parental ? En quoi ces prises de position témoignent de leurs représentations concernant la légitimité des pères et des mères à s'investir dans la sphère professionnelle et la sphère familiale ? Pour répondre à ces questions, cet article s'appuie sur les débats menés au Sénat et à l'Assemblée nationale concernant la réforme du complément d'activité instaurée par la LERFH et mise en application par la loi de financement de la Sécurité sociale pour 2015 (LFSS 2015). La première a introduit le principe du partage de l'indemnité entre les parents au sein des couples. La seconde n'a pas arrêté à proprement parler les modalités de partage (24 mois/12 mois pour les parents de deux enfants et plus) puisqu'elles sont fixées par décret, mais ces modalités ont été discutées dans le cadre des débats sur le montant des dépenses de la branche famille de la Sécurité sociale.

Les discussions parlementaires mettent en évidence que, bien que les pères soient présentés comme les cibles de cette réforme, il s'agit davantage de protéger les carrières féminines en réduisant la période maximale d'indemnisation. De fait, les débats portent essentiellement sur les femmes et leur liberté de prendre un

2. Cela concerne les familles de deux enfants. Pour les parents d'un seul enfant, la durée totale d'allocation a au contraire été rallongée par la réforme, en permettant à chaque parent de bénéficier de six mois de complément d'activité.

congé parental ou de privilégier leur engagement dans la sphère professionnelle. Les amendements déposés sont à ce titre révélateurs : une part importante des parlementaires se soucie moins de favoriser le partage du travail parental au sein des couples que de protéger l'investissement prioritaire des travailleur·euses dans leur activité rémunérée.

MÉTHODOLOGIE DE L'ENQUÊTE **[ENCADRÉ 1]**

Les matériaux analysés dans cet article ont été collectés *via* les dossiers législatifs en ligne de l'Assemblée nationale et du Sénat. Ils sont constitués des rapports parlementaires produits en commission, des amendements déposés et des comptes rendus intégraux des discussions publiques. Concernant la LERFH (qui deviendra la loi n° 2014-873, août 2014), l'analyse s'est concentrée sur les discussions générales et l'article 2, qui introduit le partage du complément d'activité. Concernant la LFSS 2015 (qui deviendra la loi n° 2014-1554, décembre 2014), l'analyse s'est concentrée sur les discussions générales et l'article 62, qui fixe le montant global des objectifs de dépenses de la branche famille de la Sécurité sociale. Pour cette dernière, aucun des amendements déposés concernant l'article 62 ne portait sur le complément d'activité.

Le choix a été fait, dans cet article, de se concentrer sur les débats parlementaires en séance, plutôt que considérer plus globalement l'activité parlementaire ou l'élaboration de la loi. Il s'agit de considérer les débats parlementaires comme cristallisant les valeurs, les normes et les représentations (Vigour, 2013) attachées au dispositif du congé parental, à la paternité et la maternité. Ces discussions sont considérées comme « une arène vouée à l'explicitation par les députés de leur point de vue sur un projet de loi » (Rasch, 2013, p. 158). Aussi, quand dans l'article sont opposé·es « défenseur·euses » et « détracteur·rices » du projet de partage du complément d'activité, ces expressions doivent être considérées comme une facilité d'écriture. Elles ne reflètent pas l'existence de deux camps homogènes, et elles ne renvoient pas à des prises de position en dehors des bancs de l'Assemblée nationale ou du Sénat ni au travail parlementaire d'élaboration des lois en dehors des débats au sein de l'Hémicycle. Notons que la transposition écrite des déclarations des parlementaires induit des pertes, notamment la posture des parlementaires ou le paraverbal (le ton, les silences, etc.). De plus, ces transcriptions ne sont pas à proprement parler un verbatim, puisqu'elles répondent à des conventions institutionnelles codifiées et font intervenir une pluralité d'acteur·rices, ce qui produit un effet de « polissage » sur ces transcriptions publiques (de Galembert *et al.*, 2013).

Le partage du complément d'activité : une imitation inachevée de la réforme allemande

Bien que le complément d'activité ait été ouvert aux hommes comme aux femmes dès sa création, le public cible en a toujours été les femmes (Jenson et Sineau, 1998). De fait, lors de la mise en place du CLCA dans le cadre de la LFSS pour 2004, les débats parlementaires ne mentionnent pas les pères, considérant soit les parents comme interchangeables (« une mère ou un père de famille doit pouvoir choisir d'interrompre son travail afin de guider les premiers pas de ses enfants[3] »), soit que ce sont les mères les principales concernées (une députée invite à « une meilleure reconnaissance des mères qui arrêtent de travailler pour élever leurs enfants[4] »). De même, le rapport demandé au Haut Conseil à la famille en septembre 2009 concernant l'examen de différents scénarios de réforme du congé parental (point de départ à la réforme du 2014) vise à faire en sorte que « ce congé ne pénalise ni n'écarte de l'emploi les salariés les moins bien formés » (Haut Conseil à la famille, 2010, p. 1). Le rapport propose cependant un partage de la prestation, dans le but de « développer le partage des tâches domestiques et éducatives entre les parents afin de peser, dans la durée, sur les représentations et les comportements [...] [et] d'inciter les pères à le prendre » (*Idem*, p. 26-27).

Le projet de loi sur l'égalité réelle poursuit un triple objectif en réformant le complément d'activité : « accroître le niveau d'emploi des femmes » en raccourcissant la durée de la prestation et en accompagnant davantage le retour à l'emploi des bénéficiaires, « rééquilibrer les arbitrages au sein des ménages » en matière d'interruption d'activité professionnelle à la suite d'une naissance en instaurant un partage du CLCA entre les parents et mettre en place un « plan pour la création de nouveaux services d'accueil de la petite enfance » (LERFH, projet de loi n° 717 [2012-2013], étude d'impact).

Cette pluralité de finalités est fréquente dans les politiques familiales françaises, qui mêlent depuis les années 1980 visées natalistes, lutte contre le chômage et soutien à l'articulation travail-famille (Murcier, 2007). Les pères sont rarement les cibles explicites des politiques publiques et le congé de paternité est l'unique politique familiale à destination explicite des hommes (Boyer et Céroux, 2010). L'objectif affiché en 2013 d'inciter les hommes à recourir au complément d'activité constitue à ce titre une nouveauté. Cependant, les justifications de la réforme portée par les membres du Gouvernement dans les débats de la LERFH et la LFSS 2015 témoignent du fait que ce sont moins les pères qui sont la cible première de la réforme que les entreprises et les mères.

Loi sur l'égalité réelle entre les femmes et les hommes : une mesure volontairement symbolique

Le projet de loi est présenté par Najat Vallaud-Belkacem comme une manière « d'accélérer la voie de l'égalité[5] » en s'inscrivant dans une démarche de progrès et de modernité. Cette loi s'attaquerait aux différentes causes d'inégalités entre les femmes et les hommes, et en particulier défendrait l'investissement des hommes dans le travail parental :

> « Pour la première fois, nous abordons de front la question de la répartition des tâches au sein des ménages. Pourquoi ? Parce que de l'équilibre de cette répartition dépendent non seulement le taux d'emploi des femmes et leur accès aux

3. LFSS 2004, Sénat, Philippe Nogrix. Union pour la démocratie française, 19 novembre 2003.
4. LFSS 2004, AN, Martine Aurillac, Union pour un mouvement populaire (UMP), 28 octobre 2003.
5. LERFH, Sénat, 16 septembre 2013.

responsabilités professionnelles, mais aussi l'implication des pères dans la vie familiale, une implication que votre commission a d'ailleurs souhaité renforcer en apportant des garanties et une légitimité nouvelles aux pères qui font le choix d'être auprès de leur compagne avant, pendant et après l'arrivée de l'enfant[6] » (LERFH, AN, Najat Vallaud-Belkacem, PS, 20 janvier 2014).

La réforme du congé parental est la première mesure mentionnée dans le discours au Sénat (et la deuxième à l'Assemblée nationale). La ministre rappelle qu'une femme sur quatre prend un congé, mais seulement un homme sur cent. Cette disparité serait responsable d'un « décrochage [professionnel et] salarial de 10 %[7] » pour les femmes. La réforme se propose de lutter contre ce décrochage en incitant les pères à recourir à un congé parental partagé, mais aussi en développant l'offre de crèches et des dispositifs d'accompagnement de retour à l'emploi spécifiques pour les parents sortant de congé parental.

Il s'agit donc de changer les comportements des hommes et d'envoyer un signal aux entreprises, en faisant en sorte que le « risque » de recours au congé parental soit assumé par les deux sexes :

> « Quand on met bout à bout tous les avantages offerts aux parents par ce texte, l'intérêt d'une réforme en profondeur des mentalités paraît évident. Il faut parvenir à libérer les hommes salariés de la stigmatisation pesant aujourd'hui sur ceux qui voudraient être pères à part entière et s'investir dans leur vie familiale, et faire disparaître l'"effet réputation" pesant sur les seules femmes. [...] Demain, grâce à notre réforme, l'employeur n'aura pas plus de raison de craindre la prise d'un congé parental s'il a une femme en face de lui, puisqu'un jeune homme sera tout aussi susceptible de prendre ce congé » (LERFH, AN, Najat Vallaud-Belkacem, 20 janvier 2014).

Or, si la volonté de changer les mentalités (des entreprises) est répétée par la ministre à de nombreuses reprises, elle ne s'accompagne pas d'une réflexion concrète sur la façon de mettre en œuvre une transformation des pratiques. L'instauration d'une période d'indemnisation non transférable est présentée comme une annonce suffisamment symbolique pour entraîner le changement, en prenant en exemple le succès de l'*Elterngeld* allemand. Les pères sont implicitement considérés comme demandeurs du congé parental, mais empêchés d'y recourir par des freins « culturels ». La réforme suffirait donc à leur donner la « légitimité » dont ils auraient besoin :

> « Aujourd'hui, on voit que des jeunes pères, de jeunes salariés essaient de s'investir » (LERFH, AN, Catherine Coutelle, PS, 26 juin 2014).

> « Nombre de pères se sentiront certainement davantage soutenus dans leur démarche par la société lorsqu'ils feront le choix de bénéficier de la prestation » (LERFH, Sénat, Muguette Dini, Alliance centriste [AC], avis n° 794).

6. Dans l'ensemble des débats, le père est en couple avec la mère de ses enfants et hétérosexuel. La situation des mères monoparentales est évoquée à plusieurs reprises pendant les discussions, les parlementaires ayant à cœur qu'elles ne soient pas lésées par une perte de leur indemnité par la réforme.
7. LERFH, Sénat, 16 septembre 2013.

Cependant, il est peu question des bénéfices pour les hommes dans l'argumentation. Les femmes sont présentées comme les premières bénéficiaires de la réforme, qui protège leurs carrières professionnelles en limitant les discriminations à l'embauche et les interruptions professionnelles. Ce sera encore davantage le cas dans les débats de la LFSS 2015.

LFSS 2015 : protéger les mères de la trappe à inactivité

Au contraire de la loi sur l'égalité réelle, la défense de la réforme du complément d'activité intervient relativement tard dans la présentation de la LFSS 2015 (après une présentation des mesures de financement en faveur de divers modes d'accueil). La création de la PréParE est présentée comme un dispositif de protection des femmes :

> « La création de la prestation partagée d'éducation de l'enfant, prévue par la loi pour l'égalité réelle entre les femmes et les hommes, est nécessaire. Elle n'est pas dictée d'abord par un objectif d'économies, qui ne peuvent être réalisées que par surcroît, comme conséquence des effets bénéfiques de cette prestation sur l'activité des mères. Elle vise d'abord à diminuer un risque considérable pour les familles aux revenus les plus faibles : celui d'un éloignement durable des mères de l'emploi, et donc de trappe à pauvreté » (LFSS 2015, AN, Marie-Françoise Clergeau, rapporteure, PS, 21 octobre 2014).

Les arguments en ce qui concerne le « changement de regard » des entreprises ne sont pas mobilisés, et les pères sont peu présents. Tout au plus la rapporteure estime que le partage du congé permettra « d'associer les pères aux tâches d'accueil et d'éducation de l'enfant[8] ». Il s'agit surtout de réduire la durée de l'indemnité car la longueur du congé parental français serait « un facteur d'exclusion durable des femmes du monde du travail, mais aussi de limitation de leur évolution de carrière et de leur niveau de salaire[9] ». Le risque d'éloignement de l'emploi justifie également le nouveau partage de l'indemnité (24 mois/12 mois, au lieu des 30 mois/6 mois envisagés lors de la LERFH). Ainsi, sous couvert de permettre aux familles d'articuler plus facilement travail et famille, un objectif explicite des politiques publiques depuis les années 2000 (Fusulier et Nicole-Drancourt, 2015), il s'agit en réalité d'une politique d'emploi ciblant les mères (Revillard, 2006 ; Jönsson et Morel, 2008), dont il faudrait éviter le décrochage de l'emploi. En dépit de son objectif affiché d'encourager les pères à recourir au dispositif, le refus d'augmenter le montant de l'indemnité vide la réforme de toute portée réelle et la réduit, comme la plupart des lois sur l'égalité femmes-hommes (Mazur, 2004), à une loi essentiellement symbolique.

8. LFSS 2015, AN, Marie-Françoise Clergeau, 24 octobre 2014.
9. LFSS 2015, AN, Marie-Françoise Clergeau, 24 octobre 2014.

Une réforme qui nuit à la liberté des mères ?

Depuis les années 1970, les politiques familiales ont privilégié le développement de l'aide individuelle aux familles plutôt que le soutien aux structures collectives (Jenson et Sineau, 1998). Les réformes des différents dispositifs ont été présentées comme offrant aux parents une plus grande diversité d'options quant à leur choix en matière de mode d'accueil. En particulier, lors de la mise en place de la prestation d'accueil du jeune enfant (Paje) en 2004, c'est la notion de « liberté » qui avait été mise en avant : celle des familles d'opter pour le mode d'accueil de leur choix.

À ce titre, la promotion de l'égalité dans la mise en place du partage du complément d'activité semble constituer une rupture par rapport à ce principe, évolution qui n'a pas échappé aux opposant·es à la réforme qui reprennent à leur compte la rhétorique de la liberté. Cependant, ce n'est pas tant la liberté des pères dont il est question, que la liberté des femmes à être « autre chose que des mères ».

L'égalité contre la liberté ?

Dans les discussions parlementaires, deux conceptions de la liberté s'opposent : liberté des mères de conserver une activité professionnelle pour les partisan·es de la réforme, liberté des parents d'élever les enfants (et donc de préserver la « liberté de choix » du mode d'accueil), comme iels l'entendent pour ses détracteur·rices. En effet, dans les discours des promoteur·rices du partage du congé, la liberté des femmes et des hommes est présentée comme restreinte par les stéréotypes de sexe :

> « L'égalité, aujourd'hui, consiste, d'abord, à donner aux pères la liberté d'être pères, pour donner aux mères la liberté d'être autre chose que des mères ! [...] nous voulons privilégier ce qui nous est le plus cher, la vraie liberté de choix » (LERFH, Sénat, Najat Vallaud-Belkacem, 16 septembre 2013).

> « Cet article prévoit une liberté nouvelle pour les pères, qui ne seront pas obligés de prendre les six mois, et les encouragera à en faire la demande auprès de leur employeur » (LERFH, AN, Barbara Romagnan, PS, rapport n° 1663).

Il s'agirait en particulier de libérer les mères des contraintes imposées par leur assignation à la sphère privée :

> « Le père doit s'investir davantage dans l'éducation de l'enfant et assumer sa responsabilité. Avez-vous pensé à toutes ces femmes qui se sacrifient, souvent au prix de leur carrière, et dont la retraite est souvent très faible ? Pourquoi la femme devrait-elle toujours en être réduite à faire un choix contraint ? » (LERFH, AN, Monique Orphé, rapporteure, PS, avis n° 1657).

À l'inverse, pour les parlementaires opposé·es à la réforme, l'introduction du principe de partage nuirait à la liberté des familles d'opter pour le mode d'accueil de leur choix :

> « L'égalité n'est pas l'égalitarisme brutal. La liberté du couple de déterminer quel parent prendra un congé parental est remise en cause par l'article 2. Il s'agit d'une intrusion de l'État dans un choix qui relève de la responsabilité du couple, l'égalité consistant à permettre à l'un comme à l'autre de bénéficier du droit au congé parental et des aides induites et non à l'imposer. C'est parce que je suis sensible à la famille et aux responsabilités qui en découlent que je ne souhaite pas que l'on impose aux hommes six mois de congé parental (LERFH, AN, Claude Greff, UMP, 20 janvier 2014).

> « Vous vous attaquez aussi au congé parental. De quoi allez-vous donc vous mêler ! Vous entrez là dans ce qui relève de l'intimité des familles ! [...] Nous sommes là dans la sphère privée. Laissez les familles se débrouiller et choisir le mode de garde de leurs enfants ! [...] Arrêtez de vous mêler des familles ! Fichez-leur la paix et laissez-les vivre ! [...] C'est aux parents de décider comment ils s'organisent pour prendre ce congé, au lieu de quoi vous obligez un parent plutôt qu'un autre à le prendre » (LFSS 2015, AN, Christian Jacob, UMP, 23 octobre 2014).

Il s'agit en particulier de protéger la liberté des mères qui le souhaitent de prendre un congé parental :

> « J'ai été choquée d'entendre tout à l'heure la rapporteure pour avis déclarer qu'une femme qui cesse de travailler et prend un congé pour se consacrer à l'éducation de ses enfants se "sacrifie". En effet, certaines femmes choisissent d'avoir un enfant avec leur mari et font le libre choix d'élever leurs enfants dans les premiers mois ou les premières années de leur vie. Il est choquant de s'immiscer dans la vie des gens et d'occulter leur liberté de choix » (LERFH, AN, Isabelle Le Callennec, UMP, avis n° 1657).

Le débat porte donc en partie sur deux conceptions abstraites et opposées de la liberté des femmes : accès à la sphère professionnelle, droit de rester à la maison pour celles qui le souhaitent. D'autres critiques de la réforme portent au contraire sur sa mise en place concrète :

> « La personne du foyer qui prendra le congé parental est celle qui a le plus petit salaire. Et, dans les faits, ce n'est pas l'homme ! [...] Au bout du bout, même si les intentions étaient louables, cette mesure conduira, par effet confiscatoire, à réaliser des économies, en privant les femmes d'un temps de congé que les hommes ne prendront pas » (LFSS 2015, Sénat, Laurence Cohen, PCF, 14 novembre 2014).

L'argument de l'écart de salaires entre hommes et femmes qui conduit le parent qui a le plus petit salaire (la femme) à s'arrêter de travailler est mobilisé à de nombreuses reprises. À ce titre, quelques parlementaires accusent la réforme de conduire paradoxalement à renvoyer les femmes au foyer, en déstabilisant le système des modes d'accueil : « Les mères vont se retrouver avec des enfants de 2 ans sans solution [...]. Quand cette mesure a été décidée, j'ai pensé à Pétain et à la femme condamnée à rester au foyer » (PLFSS 2015, Sénat, Catherine Procaccia, UMP, 14 novembre 2014).

Au nom de l'égalité, les défenseur·euses de la réforme mettent en avant une démarche incitative en direction des pères. Elle est décrite au contraire comme une mesure coercitive par ses détracteur·rices, qui lui reprochent de s'en prendre à la liberté des familles de s'organiser comme elles le souhaitent. Cette ambivalence n'est d'ailleurs pas nouvelle : les politiques publiques font montre depuis les années 1970 d'ambivalence à l'égard des femmes, en tentant à la fois de permettre leur engagement dans la famille et de s'en émanciper en s'investissant dans une activité professionnelle (Commaille, 2001).

L'égalité au service de l'austérité ?

Dans les débats de la LFSS 2015, c'est cependant moins le risque de réduire la liberté des familles qui est discuté que le soupçon de faire passer une mesure d'économie déguisée[10] (d'autant que les propositions d'augmenter le montant de l'indemnisation ont été repoussées) :

> « En prévoyant finalement de porter la durée réservée au second parent à douze mois, au lieu de six, le Gouvernement détourne ce texte de son objectif, pour en faire une nouvelle mesure d'économie, en pariant sur le fait que les pères ne prendront pas le congé qui leur est réservé. [...] C'est d'ailleurs là l'objectif à peine déguisé du Gouvernement. La logique comptable primant sur l'intérêt des familles et de leurs enfants (LFSS 2015, Sénat, Caroline Cayeux, rapporteure pour la famille, UMP, 10 novembre 2014).

Si l'accusation de vouloir faire des économies a été repoussée par les porteur·euses de la réforme en arguant que les diminutions éventuelles des dépenses seraient réinvesties dans l'ouverture de places en crèche, les pères ne sont plus considérés dans la LFSS 2015 comme les bénéficiaires de la réforme. En effet, les parlementaires estiment qu'ils ne prendront pas l'année de complément d'activité qui leur est réservée et donc que cette réforme est réalisée au détriment des mères.

Au-delà des déclarations d'intention des promoteur·rices de la réforme, les pères disparaissent progressivement des débats. Les parlementaires s'accordent sur le principe d'encourager les pères à s'impliquer davantage dans le travail parental, mais le contenu des échanges témoigne de l'intériorisation du préjugé selon lequel la charge des enfants en bas âge est une affaire de femmes. À ce titre, la rhétorique de l'égalité apparaît (comme pour les réformes précédentes

10. De fait, l'étude d'impact prévoit une économie de 300 millions d'euros avec la mise en place de la réforme 30 mois/6 mois (LERFH, projet de loi n° 717 [2012-2013], étude d'impact), que le Gouvernement s'est engagé à réinvestir dans les crèches.

du complément d'activité) comme un « voile idéologique qui masque assez mal les impératifs macro-économiques » (Jenson et Sineau, 1998, p. 172), la réforme s'avérant en pratique une mesure d'économie qui a conduit à une diminution du nombre de bénéficiaires.

Permettre la conciliation ou assurer la disponibilité des parents pour le travail ?

Si le rôle concret de pères n'est envisagé que de manière périphérique dans les discussions parlementaires, leur implication dans la sphère professionnelle (et celle des mères) est au contraire largement discutée dans les débats, que ce soit en réclamant plus de modes d'accueil ou des garanties pour que la parentalité n'impacte pas trop les entreprises.

Défendre la liberté des mères à travailler

Dans les discours des parlementaires, le congé parental (envisagé presque systématiquement à temps plein, alors que le recours au CLCA à taux partiel concerne plus de 40 % des bénéficiaires en 2009 [Nicolas, 2010]) est présenté comme un mode d'accueil parmi d'autres, et comme un mode d'accueil par défaut choisi par les mères. Ainsi, les mères sont décrites comme désireuses de privilégier leur carrière professionnelle, mais comme étant empêchées, faute d'offre suffisante de modes d'accueil payants. La réforme du complément d'activité représenterait donc une contrainte supplémentaire pour les mères :

> « La réforme complexifiera le rythme de vie des familles, alors même qu'il est déjà compliqué d'être parent tout en exerçant une activité professionnelle. Je ne peux m'empêcher d'avoir, ici, une pensée pour nos collaborateurs qui sont jeunes parents. Pour les parents, en particulier les mères, le choix du congé parental permet de concilier vie familiale et vie professionnelle ; il permet de protéger le droit au retour dans la vie professionnelle. Dans de nombreux départements, les mères d'enfants de deux ans ne disposeront d'aucune structure d'accueil et si le père ne veut ou ne peut prendre le congé, elles n'auront aucune solution. Ainsi, chers collègues socialistes, vous inciterez un certain nombre de femmes à démissionner[11] afin de rester à la maison. Elles seront alors écartées du monde du travail, non pas temporairement, mais définitivement. Après deux ou trois années sans emploi, elles ne parviendront plus à en trouver. Sous cou-

11. Témoignant d'une confusion entre le complément d'activité et le congé parental d'éducation, ce dernier n'étant pas concerné par la réforme et permettant à un parent de rester en congé jusqu'au troisième anniversaire de son enfant et de retrouver son emploi ensuite.

vert d'égalité hommes-femmes, votre mesure pénalisera en réalité les femmes encore davantage » (LFSS 2015, AN, Dino Cinieri, UMP, 1er décembre 2014).

Quelques parlementaires estiment que ce sont surtout les familles les plus modestes qui seront affectées en priorité par la réforme, comme « les femmes qui travaillent à temps partiel, les bas niveaux de qualification, celles qui vivent dans les territoires touchés par le chômage de masse » (LFSS 2015, Sénat, Marie-Noëlle Lienemann, PS, 14 novembre 2014), « en horaires décalés, [...] qui, compte tenu de la faiblesse de leurs ressources, n'ont pas le choix d'autres modes de garde [...] [ou] des familles pour lesquelles les horaires des crèches ne sont pas toujours adaptés » (LFSS 2015, AN, Gilles Lurton, UMP, 1er décembre 2014). Cependant, en dehors de ces inquiétudes pour les femmes travaillant dans des conditions de travail atypiques et touchant des rémunérations faibles, la question des inégalités entre femmes n'est pas interrogée (Dauphin, 2016). Les débats parlementaires présentent un renversement par rapport à ceux concernant l'allocation parentale d'éducation (APE) en 1984 et 1994, où la liberté des femmes était présentée comme celle de pouvoir rester au foyer (Chauffaut et Lévêque, 2012). À l'exception de quelques détracteur·rices de la réforme, les promoteur·rices comme les critiques s'accordent sur la centralité de l'activité professionnelle pour les femmes, pensée comme un vecteur d'émancipation.

Les pères, avant tout des pourvoyeurs de ressources

La LERFH veut offrir des droits nouveaux pour les pères salariés, en les incitant à prendre un congé parental donc, mais aussi en les protégeant du licenciement durant les quatre semaines qui suivent la naissance de leur enfant ou en leur accordant des autorisations d'absence pour assister à certains des examens prénataux de leurs compagnes. Les défenseur·euses de la réforme attribuent implicitement le faible recours au dispositif à la peur des conséquences professionnelles :

> « L'attachement des pères au déroulement de leur carrière professionnelle, explique, malgré l'évident succès du congé de paternité, qu'ils ne sont pas intéressés par le recours aux autres congés liés à l'enfant, notamment le congé parental. [...] Parmi les raisons invoquées pour ne pas en bénéficier, 30 % des pères ont indiqué que la prise du congé aurait causé des problèmes dans leur travail ou pour leur carrière, contre 16 % des femmes » (LERFH, AN, avis n° 1657).

À l'inverse, les détracteur·rices de la réforme défendent la possibilité pour les hommes de continuer à travailler, par le dépôt d'amendements garantissant à ceux exerçant des métiers ou étant soumis à des conditions d'emploi perçus comme peu compatibles avec le recours au congé parental de ne pas être concernés par le partage du complément d'activité. En particulier, des député·es de l'UMP ont déposé cinq amendements à l'Assemblée nationale visant à exclure du partage les couples où l'un des parents exerce la profession d'artisan, de commerçant, de chef d'entreprise, de professionnel libéral ou de militaire, est demandeur d'emploi, salarié en contrat à durée déterminée ou salarié intérimaire, étudiant ou travailleur frontalier[12] (liste qualifiée « d'inventaire à la Prévert, peut-être la poésie en moins » par le rapporteur, 20 janvier 2014). Les professions citées sont majoritairement masculines, et l'argumentation témoigne que c'est le père qui est implicitement pensé comme exerçant ces métiers jugés peu propices au partage du congé :

> « Force est de constater que ce dispositif est pensé pour un modèle de famille dans laquelle les deux parents sont salariés en CDI. Il risque de mettre certaines familles en grande difficulté pour différentes raisons. En effet, les indépendants auront beaucoup de mal à abandonner leur entreprise par exemple. [...] De fait, ce dispositif n'est pas seulement incitatif : il est aussi punitif. Ne nous leurrons pas : ce sont les mères qui vont souffrir de cette situation » (LERFH [n° 2043], AN, amendement n° 11, UMP).

Plus largement, selon les parlementaires critiques de la réforme, les pères risquent de mettre en péril la santé financière de la famille en ayant recours au congé parental du fait des écarts de salaire au sein des couples. Six amendements ont ainsi été proposés par les député·es pour que la réforme ne s'applique pas aux couples ayant un écart de revenu supérieur à 10 % ou à 15 %[13] ou ceux pour qui le partage représenterait une baisse des ressources du ménage supérieure à un plafond donné[14]. Cet argument a été contrecarré par Najat Vallaud-Belkacem, qui avance que la différence de salaire au sein des couples est de 4 % en moyenne du fait de l'homogamie[15], mais l'argument de l'écart de revenu a continué à être mobilisé par la suite sans que ce chiffre avancé par la ministre ne soit repris.

Le lien père-enfant ou les bénéfices pour les pères de prendre un congé parental ne sont mentionnés qu'une fois, dans un rapport :

> « De nombreuses études soulignent les retombées extrêmement positives d'une participation précoce des pères à l'éducation de leurs enfants, en particulier en termes de socialisation. C'est donc dans l'intérêt de l'enfant qu'il faut favoriser l'implication précoce des pères. [...] Aujourd'hui, parmi les jeunes générations, de plus en de plus de pères souhaitent s'investir auprès de leurs enfants davantage que ne l'ont fait leurs aînés. Mais ils se heurtent encore à de nombreux obstacles : stéréotypes de genre, difficultés d'accès à l'aménagement de leur temps de travail, normes héritées de la famille... » (LERFH, Sénat, avis n° 794, p. 28-29).

Le profil des pères qui prennent effectivement un congé parental est peu mobilisé (ou le fait que le recours masculin est majoritairement à taux partiel [Boyer *et al.*, 2013]), en dehors d'un rapport qui mentionne que ce sont des « pères hors normes, qui vivent dans des couples atypiques ou qui travaillent avec des horaires

12. LERFH, AN, amendement n° CL98 pour le projet de loi n° 1382, n° 131 pour le projet n° 1663, n° CL5 et n° CL44 pour le projet n° 1894, n° 11 pour le projet n° 2043.
13. LERFH, AN, amendement n° CL99 pour le projet de loi n° 1380, amendement n° 132 et n° 274 pour le projet n° 1663, UMP.
14. LERFH, AN, amendement n° CL6 et n° CL45 pour le projet de loi n° 1894, amendement n° 12 pour le projet n° 2043, UMP.
15. LERFH, AN, Najat Vallaud-Belkacem, PS, 20 janvier 2014.

spécifiques » (LERFH, AN, avis n° 1657). Les freins concrets au recours au congé parental par les pères sont donc envisagés par les parlementaires principalement comme la crainte du licenciement, celle de la perte financière ou l'impossibilité de s'absenter dans certaines professions. À ce titre, les hommes sont appréhendés principalement comme pourvoyeurs de revenus du ménage.

Protéger les entreprises de la vie familiale de leurs employé·es

Si l'accent a été mis, du côté des promoteur·rices de la réforme, sur l'importance de « changer les regards » des employeurs sur le risque d'absence des salarié·es pour raisons parentales, des parlementaires souhaitent au contraire protéger les entreprises des inconvénients de la vie privée de leurs employé·es. Cinq amendements ont été déposés à l'Assemblée nationale[16] et un au Sénat[17] pour la loi sur l'égalité réelle afin d'allonger le délai de prévenance des employeurs d'un à trois mois pour la prise du congé parental :

> « Les petites structures ont besoin de cette disposition. Pour une personne travaillant dans un petit commerce ou exerçant une profession libérale, avec une ou deux personnes qui travaillent avec elle, la limitation à un mois de ce délai de prévenance est vraiment très courte, d'autant plus que cette possibilité va être offerte plus largement aux hommes qui, à l'évidence, ne sont pas concernés par l'annonce de la prolongation d'un congé de maternité » (LERFH, AN, Françoise Guégot, UMP, 26 juin 2014).

De même, les propositions garantissant le droit aux pères à s'absenter pour assister aux examens prénataux sont décrites par quelques détracteur·rices comme nuisibles et sources de désorganisation « au moment où on entend baisser les charges des entreprises » (LERFH, Sénat, Philippe Bas, UMP, 17 avril 2014).

À l'opposé de la volonté de garantir la possibilité aux pères de s'impliquer dans le travail parental, une partie des discussions autour de la réforme réaffirme l'engagement prioritaire des hommes dans la sphère professionnelle en s'opposant aux droits qui permettent effectivement aux salariés d'investir la sphère parentale (plutôt que des mesures symboliques comme le partage du complément d'activité). En l'absence de revalorisation du complément d'activité ou de mesure coercitive pour les pères ou les entreprises, la réforme du complément d'activité assume son désir de maintenir les parents dans l'emploi, investissement envisagé par les parlementaires comme prioritaire par rapport à celui dans la sphère privée.

16. Amendements n° CL135 et n° AS1 pour le projet de loi n° 1380, n° 221 pour le projet n° 1663, n° CL47 pour le projet n° 1894, n° 51 pour le projet n° 2043, UMP.
17. Amendement n° 2 rect déposés sur le texte de la commission n° 808 (2012-2013), UMP.

Conclusion : une réforme pour les mères

Les débats sur le partage du complément d'activité donnent à voir combien le principe d'égalité entre pères et mères s'est imposé comme une évidence : la prise en charge des tâches parentales majoritairement par les mères est présentée comme un héritage du passé et la conséquence de contraintes sociales et économiques qui pèsent sur ces dernières. Du côté des pères, conformément à la rhétorique du « nouveau père », ceux-ci sont pensés comme naturellement désireux de s'impliquer davantage (Verquere, 2023) mais comme en étant « empêchés » par un sentiment de manque de légitimité ou la crainte des répercussions professionnelles. Cependant, ce raisonnement reste largement implicite, et les enjeux concrets de l'implication paternelle dans la sphère privée sont peu étudiés, la réforme assumant son caractère symbolique vis-à-vis des entreprises et sa volonté de préserver l'investissement dans la sphère professionnelle des mères plutôt que d'agir du côté des pères.

À l'inverse, lors de la réforme de 2021 qui a allongé le congé de paternité et en a rendu la première semaine obligatoire, ce sont les bénéfices pour la famille qui ont été mis en avant : il s'agissait ainsi de « favoriser la création de liens d'attachement durables entre le père ou le second parent et l'enfant, d'accompagner ainsi son développement » et d'accompagner la mère « dans un moment où elle peut être physiquement et moralement fragilisée » (LFSS 2021, AN, Monique Limon, rapporteure de la commission des affaires sociales, la République en Marche, 20 octobre 2020). Cette différence témoigne peut-être du succès des actions militantes concernant l'allongement du congé de paternité (Verquere, 2023), ou du fait que la présence des pères à la maison est tolérée tant que ce n'est pas pour trop longtemps.

La réforme du complément d'activité est de nouveau dans l'air du temps en 2025 : la ministre chargée de l'égalité entre les femmes et les hommes, Aurore Bergé, a réaffirmé en mars le projet du Gouvernement de mettre en place un « congé de naissance » en remplacement du complément d'activité actuel, « plus court et mieux rémunéré » :

> « La difficulté aujourd'hui, c'est surtout que très très peu de parents y ont recours ; pourquoi ? Parce que c'est 429 euros d'indemnisation par mois. Résultat : il y a moins de 1 % des pères qui y ont recours alors que, sans doute, ils voudraient pouvoir passer les premiers mois de la vie de leur bébé avec lui, à ses côtés et en fait, ils n'ont pas les capacités à le faire » (Aurore Bergé, interviewée par Jeff Wittenberg, 27 juillet 2023, France 2).

La « cause des pères » comme prétexte à réduire la durée d'indemnisation du congé parental semble donc avoir de beaux jours devant elle.

Références bibliographiques

Berger E., Chauffaut D., Olm C. et Simon M.-O. (2006), « Les bénéficiaires du complément libre choix d'activité : une diversité des profils », Drees, *Études et résultats*, vol. 510.

Boyer D. et Céroux B. (2010), « Les limites des politiques publiques de soutien à la paternité », *Travail, genre et sociétés*, vol. 24, n° 2, p. 47-62.

Boyer D., Nicolas M. et Robert M.-J. (2013), « Les pères bénéficiaires du complément de libre choix d'activité », Caf, *l'e-ssentiel*, vol. 131.

Boyer D. et Renouard S. (2003), « Les pères bénéficiaires de l'allocation parentale d'éducation », Caf, *l'e-ssentiel*, vol. 17.

Chauffaut D. (2003), « Le congé de paternité: vécus et représentations dans les premiers mois de sa mise en œuvre », Drees, *Études et résultats*, vol. 228.

Chauffaut D. et Lévêque S. (2012), « Femmes, mères, épouses et travailleuses : les représentations parlementaires des rôles sexués au travers des débats sur les politiques de conciliation (1965-2010) », *Revue française des affaires sociales*, n° 2, avril-juin, p. 12-31.

Collombet C. (2016), « Histoire des congés parentaux en France. Une lente sortie du modèle de rémunération de la mère au foyer », *Revue des politiques sociales et familiales*, vol. 122, n° 1, p. 111-122.

Commaille J. (2001), « Les injonctions contradictoires des politiques publiques à l'égard des femmes », *in* Laufer J., Marry C. et Maruani M., *Masculin-Féminin : questions pour les sciences de l'homme*, Paris, Presses universitaires de France.

Dauphin S. (2016), « La politique familiale et l'égalité femmes-hommes : les ambiguïtés du "libre choix" en matière de conciliation vie familiale et vie professionnelle », *Regards*, vol. 50, n° 2, p. 85-98.

Erler D. (2009), « La réforme du congé parental en Allemagne : vers le modèle nordique ? », *Politiques sociales et familiales*, vol. 95, n° 1, p. 43-52.

Fusulier B. et Nicole-Drancourt C. (2015), « Retour sur l'impossible conciliation Travail/Famille », *Interventions économiques*, n° 53 [en ligne] journals.openedition.org (consulté le 20 août 2025).

Galembert C. (de), Rozenberg O. et Vigour C. (2013), « Faire parler ou faire taire le parlement ? Les débats en assemblées politiques, des objets encore méconnus et paradoxaux », *in* de Galembert C., Rozenberg O. et Vigour C. (dir.), *Faire parler le parlement. Méthodes et enjeux de l'analyse des débats parlementaires pour les sciences sociales*, Paris, LGDJ.

Guedj H. et Le Pape M.-C. (2023), « Premiers jours de l'enfant : un temps de plus en plus sanctuarisé par les pères via le congé de paternité », Drees, *Études et résultats*, vol. 1275.

Haut Conseil à la famille (2010), « Problématiques et voies de réformes du complément de libre choix d'activité », Note du 11 février.

Jenson J. et Sineau M. (1998), « La France. Quand "liberté de choix" ne rime pas avec "égalité républicaine" », *Qui doit garder le jeune enfant ? : modes d'accueil et travail des mères dans l'Europe en crise*, Paris, LGDJ.

Jönsson A. et Morel N. (2008), « 11. Soutenir les femmes ou changer les hommes ? Les trois mondes des politiques de conciliation vie familiale-vie professionnelle », *Où va la protection sociale ?*, Paris, Presses universitaires de France.

Laporte C. et Legendre E. (2018), « Bilan de la Prépare – une prestation moins utilisée, rarement partagée et toujours peu attractive auprès des pères », Caf, *l'e-ssentiel*, n° 183.

Mazur A. G. (2004), « La France est-elle toujours le pays des réformes symboliques ? », *Travail, genre et sociétés*, vol. 12, n° 2, p. 173-181.

Murcier N. (2007), « La réalité de l'égalité entre les sexes à l'épreuve de la garde des jeunes enfants », *Mouvements*, vol. 49, n° 1, p. 53-62.

Nicolas M. (2010), « Interrompre ou réduire son activité à la naissance d'un enfant, et bénéficier du CLCA de la Paje », Caf, *l'e-ssentiel*, vol. 97.

Périvier H. (2017), « Réduire les inégalités professionnelles en réformant le congé paternité », *OFCE Policy brief*, vol. 11.

Périvier H. et Verdugo G. (2021), « Cinq ans après la réforme du congé parental (PreParE), les objectifs sont-ils atteints ? », *OFCE Policy brief*, p. 1-16.

Rasch B. E. (2013), « Débats législatifs et délibération démocratique dans les systèmes parlementaires », *in* de Galembert C., Rozenberg O. et Vigour C. (dir.), *Faire parler le parlement. Méthodes et enjeux de l'analyse des débats parlementaires pour les sciences sociales*, Paris, LGDJ.

Revillard A. (2006), « La conciliation travail-famille : un enjeu complexe pour le féminisme d'État », *Recherches et prévisions*, vol. 85, n° 1, p. 17-27.

Thévenon O. (2011), « Pourquoi réformer la politique d'accueil de la petite enfance en France ? Comparaison avec les politiques d'autres pays de l'OCDE », *Revue d'économie politique*, vol. 121, n° 5, p. 667-712.

Verquere L. (2023), « Les fabriques du problème public du congé paternité au prisme du genre. Pour une pluralisation des modes d'être scientifiques », Doctorat de sciences de l'information et de la communication, sous la direction de Joëlle Le Marec, Paris, Sorbonne université.

Vigour C. (2013), « Les débats parlementaires : un levier de connaissance sur le politique. Enjeux du dialogue entre méthodes et théories », *in* de Galembert C., Rozenberg O. et Vigour C. (dir.), *Faire parler le parlement. Méthodes et enjeux de l'analyse des débats parlementaires pour les sciences sociales*, Paris, LGDJ.

[ENTRETIEN]

« Pour les entreprises, le *Family Score* est un très bon outil de benchmark pour se positionner, s'améliorer et valoriser leur marque employeur »

Hubert et Marie Pellerin, fondateurs de la plateforme *Parents on board*

Entretien réalisé en juin 2025 par Hélène Guedj.

Comme le souligne la littérature sur les paternités et les inégalités de genre, les organisations professionnelles, en valorisant un « employé idéal » pleinement disponible et mobile, libre de toute contrainte familiale (Williams, 2001 ; Acker, 2006), contribuent à cadrer la participation des hommes aux soins aux enfants, principalement en la décourageant (Russell et Hwang, 2004). Toutefois, incitée par les agendas publics et européens et soutenue financièrement par l'État, l'entreprise, au tournant des années 2000, est peu à peu devenue un acteur central de l'articulation emploi-famille (Eydoux *et al.*, 2008). Des mesures – comme le maintien total du salaire par l'employeur lors du congé de paternité – prévues par certaines conventions collectives, accords d'entreprise ou encore dans le secteur public peuvent nettement favoriser le recours des pères aux dispositifs légaux dont le but est de les inciter à davantage investir la sphère domestique. Actuellement, peu de recherches portent spécifiquement sur la manière dont les entreprises mettent en place des mesures visant à encourager l'engagement parental des pères, sur leurs motivations et les limites qu'elles peuvent rencontrer.

Dans un contexte en mouvement, marqué par une attente croissante des salariés et par d'importantes mutations des conditions d'emploi, accélérées par la crise sanitaire, différentes initiatives privées soutenues par les pouvoirs publics cherchent à valoriser les entreprises qui prennent en compte la parentalité dans leur politique RH. Le rôle de l'entreprise dans la diffusion de normes contemporaines de paternité amorce ainsi une dynamique qui mérite sans aucun doute de nouvelles analyses. Nous avons ainsi souhaité, pour enrichir ce numéro, rencontrer les responsables d'une plateforme de recrutement sélectionnant les entreprises qui soutiennent la parentalité afin d'éclairer cette question spécifique de l'encadrement des paternités dans la sphère professionnelle et de proposer quelques pistes de réflexion pour de futures recherches.

Cet entretien croisé a été réalisé avec Marie et Hubert Pellerin, fondateurs de la plateforme de recrutement *Parents on board*, qui a pour mission de mettre en relation des candidats avec des entreprises sélectionnées pour leur investissement en matière de soutien à la parentalité. Il donne à voir tout d'abord un dispositif qui intéresse et concerne en premier lieu les femmes. Néanmoins, l'intérêt des pères semble s'affirmer, ceux-ci privilégiant avant tout dans leurs recherches les entreprises proposant le plus de flexibilité dans le temps de travail. Réciproquement, du côté des entreprises, la prise en compte de la parentalité devient un enjeu économique, au-delà de la « valorisation de la marque employeur », pour garantir attractivité et fidélisation des salariés. Cette contribution soulève aussi la question de la cible sociale du dispositif : il touche avant tout des profils qualifiés, dans certains secteurs et avec certains niveaux de responsabilité.

L'enquête longitudinale « Familles et employeurs » lancée en 2024 par l'Ined pourra sans aucun doute prolonger et enrichir ces réflexions. En particulier, elle pourra apporter de précieux éléments d'éclairage quantitatifs et qualitatifs pour déterminer si la tendance *daddy friendly* se diffuse depuis le haut à l'ensemble des secteurs pour l'ensemble des emplois, avec à la clé une évolution marquée de l'égalité de genre ou bien si elle profite seulement à quelques *happy few*, creusant les inégalités sociales en matière d'investissement paternel dans la sphère domestique.

***Revue française des affaires sociales* : Pouvez-vous présenter en quelques mots votre parcours et la plateforme *Parents on board* que vous avez fondée ?**

Marie Pellerin : Je suis Marie Pellerin, fondatrice de *Parents on board*, aventure familiale lancée avec mon frère Hubert en 2022. J'ai passé dix années dans le salariat aux départements marketing de maisons d'édition. Entre-temps j'ai eu trois petites filles et la conciliation des deux n'a pas été un long fleuve tranquille… j'ai fait un *burn-out* et j'ai dû mettre ma carrière en pause pendant un long moment. Suite à cela j'ai décidé de me reconvertir pour devenir coach de carrière.

De fil en aiguille, je me suis spécialisée dans l'accompagnement des parents, en particulier des mères, notamment pendant leur congé maternité. En 2022, avec Hubert nous avons lancé le projet *Parents on board*, une plateforme RH qui a pour objectif de recenser les entreprises les plus *family friendly* – sélectionnées pour leur ADN et leurs engagements salariaux et sociétaux – et de les mettre en relation avec les candidats inscrits sur notre plateforme qui sont pour la grande majorité des parents. Devant la demande de nos clients, on a également développé une offre de conseil, qui vise à aider les jeunes entreprises à étoffer leur politique parentale interne et former leurs managers à mieux aborder le sujet avec leurs salariés.

Hubert Pellerin : En ce qui me concerne, après six années passées dans l'univers de la finance, dans des fonds de Private Equity, j'ai décidé de passer « de l'autre côté de la table » et de rejoindre une entreprise. Je suis devenu directeur administratif et financier d'un cabinet de conseil en informatique en forte croissance. En 2022, les dirigeants ont décidé de vendre l'entreprise à un grand groupe, cession à laquelle j'ai contribué, de même qu'à la phase d'intégration post-fusion. C'était ensuite le bon moment pour moi pour me lancer dans cette aventure entrepreneuriale avec Marie. Dès le début de notre entreprise, pour faire écho au vécu de Marie, nous avons voulu faire de *Parents on board* un projet à fort impact social et c'est la raison pour laquelle nous nous sommes structurés en « entreprise à mission », au sens de la loi[1]. Cette mission est inscrite dans nos statuts : « Permettre

1. Pour obtenir la qualité de « société à mission », les statuts de la société doivent préciser une raison d'être, ses objectifs sociaux et environnementaux, les modalités de suivi de l'exécution de sa mission. La société doit déclarer sa qualité de société à mission au greffier du tribunal de commerce qui vérifiera que la société remplit les conditions requises avant inscription dans les registres. La déclaration peut s'effectuer lors de la création de l'entreprise ou au cours de la vie sociale de l'entreprise. Les sociétés à mission doivent se soumettre à des contrôles effectués par un organisme tiers indépendant (OTI) référencé accrédité [en ligne] entreprendre.service-public.fr

à tous les parents de concilier carrière et famille sans compromis ». Cela implique un suivi régulier et dans la durée de nos objectifs et de notre organisation, ainsi qu'un cadre pour permettre d'accentuer notre impact sur notre écosystème. Par exemple, nous suivons le nombre d'embauches et de candidatures permises par notre intermédiaire, ou encore la moyenne du *Family Score* de nos clients.

RFAS : Abordons justement le sujet du *Family Score*. Vous avez développé cet outil pour mesurer l'engagement des entreprises en faveur de la parentalité. Pouvez-vous décrire la méthodologie de cet indicateur, en particulier les composantes que vous prenez en compte pour évaluer plus spécifiquement le caractère *daddy friendly* d'une entreprise ?

Marie Pellerin : Pour garantir au mieux notre mission, nous nous sommes rapidement dit qu'il fallait un moyen fiable, rapide, clair et impartial pour sélectionner les entreprises qui pouvaient être présentes sur notre plateforme et celles qui ne le pouvaient pas. C'est comme ça que nous avons développé le *Family Score*, qui a nécessité plus d'un an et demi d'itérations et d'analyses avec des experts en ressources humaines et de la petite enfance. Grâce aux deux années de data que nous avions collectées avec nos clients, candidats et partenaires, couplées à des sondages, on a identifié 30 critères clés, répartis sur trois piliers : la culture de l'entreprise, la conciliation des temps de vie et le moment de la maternité et de la paternité.

Chaque critère, par exemple la politique de télétravail, de congés parentaux, de modes de garde ou encore de temps partiel, etc., est décliné en questions. Les réponses possibles sont constituées de la base légale en place et des *best practices* observées chez nos clients.

En ressort une note sur 100 points qui évalue la politique parentale de chaque organisation dans son ensemble. Il est nécessaire d'obtenir un minimum de 60 points pour être considérée selon nos critères comme une entreprise *parent friendly*. La note est calculée de manière automatique *via* le questionnaire en ligne.

Hubert Pellerin : Pour les entreprises, le *Family Score* est un très bon outil de *benchmark* pour se positionner, s'améliorer et valoriser leur marque employeur. Pour les candidats en recherche d'emploi, c'est un indicateur super clair et lisible pour les orienter dans le choix de leur futur employeur.

En ce qui concerne, les mesures *daddy friendly*, nous sommes attentifs en particulier aux congés parentaux et congés spéciaux qui sont proposés aux pères/seconds parents : certaines entreprises rallongent le congé parental, proposent la subrogation de salaire ou des congés spéciaux dans le cadre de parcours PMA ou d'adoption.

Les rôles modèles sont également très importants : avoir un manager ou un dirigeant, père de famille, qui prend l'intégralité de son congé paternité et qui met en place une organisation de travail flexible et bienveillante dans son équipe est un excellent signal pour inciter le reste des salariés à faire de même et impulser un mouvement global dans l'entreprise.

RFAS : Dans les diagnostics que vous avez réalisés, quels sont les dispositifs *daddy friendly* les plus récurrents ? Les plus originaux ? Notez-vous des différences dans le soutien à la parentalité des pères en fonction du type d'entreprise, de missions ?

Marie Pellerin : Si on se focalise sur les mesures en faveur des pères parmi les entreprises ayant passé le *Family Score*, le dispositif le plus fréquemment utilisé est le rallongement du congé paternité. La base légale permet de prendre 28 jours répartis en deux temps (trois jours de congé de naissance et 25 jours de congé paternité). Certaines entreprises prolongent ces délais de plusieurs semaines. Les plus proactives vont même jusqu'à donner la possibilité de prendre un congé aussi long que le congé maternité (16 semaines dans le cas du premier enfant). Sur ce sujet, nous sommes très heureux de voir que les parlementaires ont récemment émis la volonté de suivre ces initiatives en proposant un congé paternité de 16 semaines, comme pour les mères.

On constate également fréquemment que les entreprises permettent aux pères de s'inscrire à 100 % dans les projets de PMA et d'adoption, au même titre que les mères. Certaines entreprises permettent également des congés exceptionnels rémunérés pour évènement familial (rentrée scolaire, enfant malade, adaptation au mode de garde, deuil périnatal, etc.).

Hubert Pellerin : Récemment, nous avons rencontré une entreprise qui a créé un rôle spécifique de « Référent paternité ». Ce dernier se tient à la disposition de ses collègues pour discuter de manière informelle, détailler les droits des pères dans l'entreprise et les devoirs de cette dernière vis-à-vis de ses salariés. Le but est également de créer une liberté de parole, sans passer par le canal RH habituel ou le manager, qui peut être contraignant, pour faire bénéficier des informations essentielles en cas de projet de parentalité, de naissance, puis de suivi en matière d'équilibre pro-perso.

Par ailleurs, nous remarquons assez naturellement que les entreprises dans lesquelles le soutien est le plus abouti et efficace sont des structures où l'équipe de direction (toute ou partie) est elle-même confrontée aux enjeux de conciliation carrière-famille. Les dirigeants, pères et mères de famille, seront en général plus attentifs à l'adaptation de l'environnement de travail de leurs salariés parents que les autres dirigeants. Ceci est particulièrement vrai pour les petites et moyennes entreprises, où la proximité hiérarchique est plus étroite que dans les grandes entreprises.

RFAS : Concrètement, la plateforme *Parents on board* met en relation des recruteurs avec des candidats soucieux de choisir une entreprise engagée en faveur de la parentalité. Si on comprend assez aisément l'intérêt du candidat, il peut paraître moins évident de saisir l'intérêt pour le recruteur. Au-delà de l'affichage pour cultiver la marque employeur, la démarche des entreprises vise-t-elle sincèrement, selon votre expérience, l'amélioration de leur politique parentale, en particulier vis-à-vis des pères ? Avez-vous des cas d'entreprises qui, après diagnostic, ont procédé à des ajustements concrets ?

Marie Pellerin : Effectivement, le sujet de l'attractivité et de la rétention des talents est essentiel et constitue une composante majeure de nos outils et services pour nos clients. En revanche, nous constatons qu'il y a un réel mouvement qui vise à mieux inclure la parentalité au sein des organisations.

Cette dynamique s'est accélérée depuis quelques années, car les employeurs prennent conscience de la difficulté pour les salariés parents de concilier leur carrière et leur vie de famille, et à quel point le sujet devient important dans le choix de leur futur recruteur. Tout cela est d'autant plus vital pour les entreprises quand on sait que près de neuf salariés sur dix sont parents. C'est donc primordial de prendre en compte ces enjeux pour continuer d'attirer les talents, de les fidéliser, et donc d'exister sur le long terme. Un parent épanoui est beaucoup plus productif et aussi moins absent, ce qui représente des économies significatives pour l'entreprise. Il est beaucoup plus engagé sur la durée. En effet, un parent qui trouve le bon équilibre entre sa carrière et sa situation familiale ne va pas prendre le risque de changer d'emploi trop fréquemment sur des critères réduits au niveau de salaire par exemple. Cela diminue donc fortement le *turnover* dans les équipes, autre source d'économie importante, notamment quand on sait ce que coûte le remplacement d'un salarié pour une entreprise.

Ces adaptations concernent les mères mais de plus en plus les pères, car leur rôle évolue rapidement, notamment au sein du foyer. Les pères sont de plus en plus nombreux à souhaiter s'impliquer dans leur vie de famille, ce qui permet de diminuer les inégalités de revenus et d'emploi hommes-femmes, et surtout d'encourager une vraie coparentalité dès les premiers mois.

Hubert Pellerin : Parmi nos clients, nombreux sont ceux qui souhaitent réévaluer leur *Family Score* au fil de l'eau après avoir mis en place de nouveaux dispositifs en matière de parentalité. Nous leur permettons de le faire de manière illimitée et cela contribue au cercle vertueux du modèle. Notre objectif est que la moyenne du *Family Score* de nos clients s'améliore en permanence dans le temps. Elle est aujourd'hui à 74/100 (contre 73 en 2024). Cela prouve que nous sommes capables de présenter des emplois et des entreprises de plus en plus inclusifs en matière de parentalité à nos candidats.

Par ailleurs, les entreprises qui n'obtiennent pas la note de 60/100 se montrent en général très motivées pour revenir nous voir dans un futur plus ou moins proche, après avoir retravaillé leur copie. Nous avons d'ailleurs récemment accueilli sur la plateforme une société qui n'avait pas atteint le seuil minimal l'année dernière, et qui a mis en place plusieurs actions dans la foulée du passage du *Family Score*. Cette société, d'une taille intermédiaire dans le secteur des services B2B[2], disposait d'une politique de flexibilité et de télétravail déjà bien aboutie, mais avait de grosses lacunes en matière de culture d'entreprise. Nous lui avons conseillé plusieurs actions concrètes et peu onéreuses sur le court terme (mise en place d'un guide parentalité destiné aux salariés, nomination et formation d'un référent parentalité, mise en place d'objectifs et d'indicateurs de suivi…), qui lui ont permis

2. Les services B2B (business to business) désignent les services qu'une entreprise propose à une autre entreprise (services informatiques, conseil en management, services financiers, logistique et transport, etc.).

d'atteindre la note requise. Ensuite, *via* leur nouveau groupe de travail, ils ont également décidé d'allouer un budget dédié au sujet, avec pour objectif 2025 d'accompagner les employés sur les enjeux du mode d'accueil des jeunes enfants.

RFAS : Du côté des candidats, avez-vous une visibilité sur les personnes, en particulier les hommes, qui visitent votre plateforme pour trouver un emploi ? Quel est leur profil ? À quels critères se montrent-ils le plus sensibles et quelles sont les annonces qui rencontrent auprès d'eux le plus de succès ? Observez-vous des différences notables selon leur catégorie d'emploi, niveau de responsabilité, etc. ?

Marie Pellerin : Aujourd'hui, les profils masculins représentent environ 20 % de notre audience. Le profil type d'un candidat chez nous est donc plutôt féminin, citadin, âgé en moyenne de 36 ans, et avec une expérience professionnelle d'environ six ou sept ans. Son expertise est souvent axée sur les fonctions dites de « support » ou « corporate » (RH, finance, marketing, administratif, commercial…).

Les hommes sont particulièrement attirés par les offres d'emploi dans des entreprises qui proposent une politique de télétravail très flexible, par exemple avec la possibilité d'organiser son agenda comme bon leur semble.

De manière générale, le temps de travail est également un critère clé, par exemple la possibilité de passer au 4/5e ou à la quinzaine de neuf jours.

Les secteurs d'activité sont en revanche assez variés même si on constate parmi nos clients une prédominance du secteur des services et du digital. Nous n'avons pas décelé de tendance particulière en la matière, et nous en sommes plutôt contents, car cela prouve que la parentalité peut être compatible avec tout type d'activité, avec des dispositifs adaptés à chaque contexte bien sûr.

Hubert Pellerin : La communication et les contenus que nous publions s'adressent toujours aux parents de manière générale. Malgré cela, le sujet attire encore aujourd'hui une grande majorité de femmes. Cela montre très clairement que les enjeux de conciliation entre vie pro et vie perso, ainsi que les difficultés qui y sont liées, touchent plutôt les mères.

RFAS : Entre les débuts de la plateforme et aujourd'hui, avez-vous déjà noté des évolutions, tant du côté des candidats que des recruteurs, en ce qui concerne les représentations, les attentes ou les pratiques en matière d'investissement parental des pères ou de soutien à cet investissement ?

Marie Pellerin : Depuis le lancement, nous avons remarqué l'émergence, dans la société civile, de personnalités publiques masculines ayant une forte influence et qui évoquent ces enjeux de parentalité chez les hommes.

Jusqu'à présent, les influenceurs sur les réseaux sociaux, sur les sujets de parentalité, étaient exclusivement des femmes. Aujourd'hui, plusieurs hommes font émerger le sujet dans le débat public. Certains d'entre eux représentent ce rôle modèle du coparent (souvent avec le prisme carrière-famille), d'autres mettent au jour leurs difficultés et leurs challenges au quotidien.

Parallèlement, nous constatons que la parole se délie peu à peu : les pères expriment plus ouvertement leur volonté de s'impliquer activement dans la vie de leurs enfants, dès la naissance. Au sein des entreprises également, les stéréotypes autour du « père peu concerné » s'effacent progressivement. La paternité est de plus en plus perçue comme un sujet légitime dans le cadre professionnel, même si cela varie encore selon les secteurs ou les cultures d'entreprise (notamment au sein des start-up et des entreprises du tertiaire, par nature plus agiles). Signe peut-être de ces changements, la proportion d'hommes parmi notre audience a augmenté depuis le début de notre aventure. Toutefois, notre historique étant relativement court, nous n'avons pas encore décelé, au-delà de ce constat, de réelle tendance majeure en la matière au sein des organisations.

RFAS : Selon vous, quelles sont les principales difficultés ou résistances dans le monde de l'entreprise qui freinent encore l'investissement parental des pères ? Diriez-vous qu'elles nécessitent de faire évoluer le cadre légal ?

Marie Pellerin : Les principales résistances sont de différents ordres. Culturel d'abord : la figure du père reste souvent associée à celle du « pourvoyeur », tandis que la mère est perçue comme la principale « responsable du soin » des enfants. Cette norme sociale influence encore la manière dont les entreprises perçoivent l'investissement parental des hommes : un père très impliqué dans la sphère familiale peut être vu comme moins engagé professionnellement, moins ambitieux et moins disponible. Cela amène de nombreux pères à s'autocensurer alors qu'ils aimeraient pouvoir accorder plus de temps à la sphère privée. Nous avons pu le constater dans le recueil de témoignages de nos candidats masculins, mais aussi souvent de la part de leur conjointe. Sur les réseaux sociaux, on peut également lire de plus en plus de témoignages relatant cette pression culturelle qui les a poussés parfois jusqu'à la démission ou au *burn-out*. Mais par peur de l'image que cela pourrait renvoyer dans l'entreprise ou par crainte des conséquences sur leur évolution de carrière, ils s'interdisent de prendre leur congé second parent en entier, un congé parental ou un mi-temps.

Générationnel ensuite : les attentes des nouvelles générations en termes d'équilibre pro-perso sont profondément différentes de ce qu'ont vécu celles qui sont aujourd'hui aux commandes des entreprises. Les structures de l'entreprise – souvent pensées par et pour des générations antérieures – n'ont pas encore totalement intégré cette évolution. Certains dirigeants ou managers, appartenant à une génération pour qui la norme était un père peu présent à la maison, peuvent inconsciemment reproduire ces attentes et valoriser un modèle de « disponibilité totale » incompatible avec un investissement parental. Cela crée un conflit de valeurs entre ce que souhaitent les jeunes salariés pères et ce que l'entreprise valorise ou attend implicitement.

Économique bien sûr : dans la majorité des couples hétérosexuels, les hommes gagnent encore plus que les femmes. Face à un congé parental faiblement indemnisé (comme en France), il est donc souvent plus « rentable » économiquement que ce soit la mère qui le prenne. Ce choix est souvent présenté comme libre, mais il est en réalité largement contraint par des arbitrages économiques.

De plus, beaucoup d'entreprises, notamment dans le privé, raisonnent encore en termes de « retour sur investissement » des salariés. L'absence d'un collaborateur est vue comme un coût. Si les hommes – jusque-là considérés comme très disponibles – commencent à prendre des congés longs ou à adapter leurs horaires, cela remet en question l'organisation du travail et les équilibres internes, ce qui peut générer de la résistance.

Hubert Pellerin : Le cadre légal, en effet, mériterait d'être adapté pour accélérer cette évolution. Des progrès ont été faits, notamment avec l'instauration du congé paternité obligatoire, mais cela reste très limité en durée (25 jours en France actuellement, dont seulement sept jours obligatoires). Le congé parental est théoriquement ouvert aux deux parents, mais il est encore très peu pris par les hommes car il est mal rémunéré, mal valorisé et peu soutenu par les entreprises.

Il existe encore peu de dispositifs qui encouragent activement les entreprises à promouvoir l'égalité parentale. Il y a peu de mesures incitatives ou contraignantes, comme des aides, des quotas de congés, des évaluations dans les politiques RSE [responsabilité sociétale des entreprises] qui rendraient économiquement intéressant pour une entreprise de soutenir l'implication des pères.

Par ailleurs, de bonnes pratiques, mises en place dans d'autres pays, pourraient être dupliquées en étant bien sûr adaptées au contexte économique et social de notre pays.

RFAS : Quelles sont les perspectives pour *Parents on board* ? Identifiez-vous des leviers pour favoriser, grâce à la plateforme, la promotion d'une parentalité plus investie du côté des pères ?

Marie Pellerin : Notre mission étant de permettre à tous les parents de pouvoir concilier au mieux leur carrière professionnelle et leur vie de famille, l'inclusion des pères ou seconds parents dans l'équation est une priorité depuis le début du projet.

Nous avons à cœur de travailler avec les entreprises pour accompagner les retours de congés maternité (*via* l'accompagnement individuel des salariées). De plus en plus d'entreprises nous demandent d'accompagner également les retours de congé paternité, mais dans les faits, nous avons très peu de demandes pour accompagner les papas. C'est donc un objectif pour nous.

Promouvoir des rôles modèles de pères au sein de nos entreprises clientes serait un bon moyen de communiquer sur les bonnes pratiques et de provoquer une prise de conscience.

Dans notre feuille de route « produit » nous souhaitons aller encore plus loin sur l'aspect « marque employeur », en proposant à nos clients de tourner des vidéos courtes destinées aux réseaux sociaux, dans lesquelles des salariés parents racontent comment ils arrivent à concilier carrière et famille au sein de leur entreprise, et quel cadre leur est proposé. Ces vidéos concernent les mères mais aussi les pères, l'idée étant d'avoir un équilibre dans les témoignages avec la vision des deux parents. Cela nous permettrait d'ouvrir le débat et d'éveiller des vocations, qu'elles soient professionnelles ou personnelles.

Tout cela nous permettrait ainsi d'augmenter la part d'hommes dans nos statistiques de candidats, et ainsi participer à la dynamique positive du cercle vertueux.

Hubert Pellerin : Notre objectif avec *Parents on board* à terme est de consolider notre position de première plateforme RH dédiée à la parentalité, de toucher de plus en plus d'entreprises et de parents afin de démocratiser ces sujets et de faire en sorte qu'être parent ne soit plus un frein mais au contraire un tremplin dans une carrière.

Le développement de notre entreprise passera nécessairement par le recrutement d'une équipe plus organisée, capable de répondre aux enjeux commerciaux, marketing, mais aussi stratégiques. Pour ce faire, nous aimerions travailler avec des experts de la petite enfance, des personnalités politiques et des professionnels des ressources humaines bien sûr. Plus notre périmètre d'intervention sera important, plus notre impact se fera ressentir sur le long terme.

Nos objectifs sont également économiques et financiers, en faisant de *Parents on board* une entreprise rentable et pérenne dans le temps. Même si en tant que société à mission, nous valorisons comme réussite tout impact social apporté à notre écosystème.

Références bibliographiques

Acker J. (2006), « Inequality Regimes: Gender, Class, and Race in Organizations », *Gender & Society*, vol. 20, n° 4, p. 441-464.

Eydoux A., Gomel B. et Letablier M.-T. (2008), « Activités sociales et aménagements temporels. L'action des entreprises en faveur de la conciliation travail-vie familiale de leurs salariés », Cnaf, *Recherches et Prévisions*, n° 92.

Russell G. et Hwang C. P. (2004), « The Impact of Workplace Practices on Father Involvement », *in* Lamb M. E., *The Role of the Father in Child Development*, Hoboken (NJ), USA, Wiley.

Williams J. (2001), *Unbending Gender: Why Family and Work Conflict and What to Do about It*, Cary, Oxford University Press, Incorporated.

[POINT DE VUE]

Les pères : quels patients pour la psychiatrie périnatale ?

Anne-Sophie Vozari et Bastien Thomas[1]

Au cours des deux dernières décennies, l'expérience subjective de la grossesse et du post-partum s'est imposée comme un objet croissant de préoccupation et un champ d'intervention de l'action publique. Située à l'intersection des politiques sociales, familiales et sanitaires, la prise en charge de la santé mentale des (futurs) parents est désormais envisagée comme un levier privilégié de prévention précoce, susceptible de favoriser le bon développement des enfants et, à terme, de réduire l'incidence de divers problèmes sociaux. Cette attention au mal-être parental autour de la naissance s'est cependant principalement traduite par la mise en œuvre de dispositifs de dépistage et de soins visant en priorité, sinon exclusivement, les femmes. Longtemps absents des politiques périnatales, les hommes tendent néanmoins à être progressivement reconnus comme des sujets légitimes du soutien à la parentalité dans les espaces dédiés à la santé maternelle et infantile.

Le programme des « 1 000 premiers jours », conçu pour « accompagner les parents » entre le quatrième mois de grossesse et le deuxième anniversaire de l'enfant, témoigne de cet infléchissement. Le rapport de la commission d'expert·es ayant orienté cette réforme périnatale soulignait ainsi, en 2020, que « tout comme les mères, les pères peuvent manifester des signes d'inquiétude et de souffrance, voire des états psychiques altérés, et des besoins spécifiques qui méritent un accompagnement » (Ministère des Solidarités et de la Santé, 2020, p. 47). Dans le même temps, de nouvelles mesures ont contribué à inscrire la détresse psychique parentale au cœur des pratiques de soins, en consolidant notamment l'offre de la psychiatrie périnatale.

Institutionnalisée depuis son inscription dans le Code de la santé publique en 2022, la psychiatrie périnatale constitue un domaine de soins situé à l'interface de la psychiatrie adulte et de la pédopsychiatrie. Elle vise à prendre en charge conjointement la santé mentale des parents et le développement psychique précoce de l'enfant. Sans constituer pour autant une spécialité médicale autonome, la genèse de cette clinique s'inscrit dans l'histoire longue de la spécialisation médicale, à la croisée de la psychiatrie adulte, de la psychiatrie infanto-juvénile et de la psychanalyse. Elle se structure en France dès les années 1980 avec la création des premières « unités mère-bébé », dont l'existence est consacrée pour la première fois par une circulaire en 1992.

1. L'ordre a été défini par les auteur·rices.

Aujourd'hui, la psychiatrie périnatale publique s'organise autour de trois dispositifs principaux : les unités d'hospitalisation mère-bébé – désormais souvent renommées « parents-bébé » – qui proposent des prises en charge à temps complet ou partiel ; les structures ambulatoires rattachées à la pédopsychiatrie, implantées dans les centres médico-psychologiques (CMP) et les services hospitaliers d'obstétrique, suites de couches, néonatologie et pédiatrie ; enfin, les unités mobiles, en plein essor, qui réalisent des visites à domicile, souvent dès la grossesse, pour intervenir dès les premiers symptômes, orienter précocement et garantir un meilleur accès aux soins.

Constituées d'équipes pluriprofessionnelles associant notamment pédopsychiatres, psychologues, infirmières de psychiatrie, puéricultrices, psychomotriciennes et assistantes sociales, ces structures ont pour finalité la mise en œuvre de prises en charge conjointes parents-enfant, fondées sur le principe que le soutien simultané du parent et du bébé constitue un levier essentiel pour la construction du lien et la prévention de ses troubles. Cette approche repose sur plusieurs volets : évaluation de la santé mentale parentale, observation et accompagnement des interactions précoces, ainsi que suivi du développement somatique et psychomoteur de l'enfant. Les modalités d'intervention incluent des entretiens individuels, des temps partagés autour des soins quotidiens, des activités médiatisées (psychomotricité, ateliers sensoriels) et des groupes de parole visant à rompre l'isolement, à favoriser l'expression des émotions et à consolider les compétences parentales par l'échange d'expériences.

Si la santé mentale maternelle et les « troubles de la relation mère-enfant » demeurent au cœur de l'architecture de la psychiatrie périnatale, de plus en plus de soignant·es s'emparent de la question de la souffrance psychique des pères et élaborent des modalités spécifiques de prise en charge de la paternité. L'initiative portée par Bastien Thomas, pédopsychiatre, s'inscrit dans ce contexte. Intervenant en centre médico-psychologique et en unité d'hospitalisation mère-bébé, il développe depuis trois ans une activité dédiée aux hommes devenant pères, afin de répondre à leurs besoins spécifiques et de leur offrir des espaces d'expression et de soins. Il revient ici sur la réflexion qui fonde sa pratique clinique, nourrie par son expérience de terrain et ses travaux de recherche. Dans cet entretien, il échange avec Anne-Sophie Vozari, sociologue, qui dirige une recherche sur la sanitarisation des émotions paternelles (« Trouble(s) dans la paternité. Enquête sur le dépistage, la prise en charge et l'expérience des difficultés psychiques des pères autour de la naissance ») bénéficiant du soutien financier de la Caisse nationale des allocations familiales (Cnaf). Cet entretien éclaire les formes que peut prendre la détresse paternelle à l'arrivée d'un enfant, le traitement différencié de la maternité et de la paternité en psychiatrie périnatale et les freins institutionnels qui entravent la reconnaissance des pères comme sujets de soins.

Faisant dialoguer les perspectives de la psychiatrie et des sciences sociales, cet échange met en évidence l'émergence d'une modalité nouvelle d'encadrement de la paternité et la difficulté à intégrer les subjectivités masculines dans un champ historiquement centré sur la maternité. Il souligne également le rôle déterminant du genre dans la production sociale des inégalités de santé, au cœur même des dispositifs de prise en charge (Bajos, 2024-2025 ; Gelly *et al.*, 2021 ; Paillet, 2021). Tant du point de vue de la recherche que de celui de la clinique, cet entretien invite, plus largement, à poursuivre la réflexion sur la différenciation des pratiques soignantes à l'égard des mères et des pères, ainsi que sur les variations des formes d'attention portées aux pères, en périnatalité, en fonction de leurs propriétés sociales.

Anne-Sophie Vozari : Pourriez-vous, dans un premier temps, revenir sur votre parcours et nous expliquer comment vous en êtes venu à vous spécialiser en psychiatrie périnatale ?

Bastien Thomas : À l'origine, je ne me destinais pas spécifiquement à la psychiatrie périnatale, ni même à la pédopsychiatrie. Je voulais faire de la psychiatrie. J'avais déjà réalisé plusieurs stages dans ce domaine, dans le cadre de mes études de médecine à Marseille. Et en 2015, j'ai choisi cette spécialité pour mon internat à Lyon. Dans la maquette, on avait certaines obligations à remplir dont un certain nombre de stages en centre hospitalier universitaire, en psychiatrie adulte et en pédopsychiatrie. Je souhaitais obtenir assez rapidement la licence de remplacement et, pour cela, il fallait avoir effectué au moins un stage en pédopsychiatrie. J'ai cherché à effectuer ce stage au plus vite, au milieu de mon internat, mais les postes étaient rares. Et, par un hasard fabuleux, il restait une place disponible pour un stage de pédopsychiatrie qui combinait différentes activités au sein de trois espaces de soins : en unité d'hospitalisation conjointe mère-bébé, en CMP dans une unité périnatale recevant les familles dès la grossesse et jusqu'aux 3 ans de l'enfant et en maternité, au titre de l'activité de liaison. C'est comme ça que j'ai découvert la périnatalité, en 2017-2018.

Et donc, j'y suis allé parce qu'il fallait faire un stage, mais cette expérience a été une révélation. À partir de là, j'ai tout fait pour poursuivre dans ce domaine en effectuant un nouveau stage en psychiatrie, dans une association d'hospitalisation à domicile où les équipes intervenaient aussi en périnatalité, puis un dernier stage dans une autre unité d'hospitalisation mère-bébé. À la fin de l'internat (novembre 2019), j'ai obtenu un poste de chef de clinique avec une double affectation, l'une choisie et l'autre imposée : en périnatalité et dans une unité pour adolescents. Après deux ans comme chef de clinique, j'ai été recruté comme praticien hospitalier contractuel, puis j'ai intégré mon poste de praticien hospitalier à temps partiel, dans l'unité périnatale du CMP où j'avais réalisé mon stage.

Anne-Sophie Vozari : Qu'est-ce qui vous a donné envie de poursuivre en psychiatrie périnatale ?

Bastien Thomas : J'ai découvert une période très particulière, où l'on peut avoir un impact thérapeutique rapide. C'est une période de la vie qui donne lieu, chez les parents, à certaines prises de conscience. Ils sont souvent prêts à faire des choses pour leur enfant qu'ils ne feraient pas pour eux-mêmes. J'ai vraiment vu des améliorations assez importantes qui, je pense, n'auraient pas pu avoir lieu à d'autres moments. Nous pouvons véritablement aider, en peu de temps, à un moment par ailleurs décisif. Ce qui m'a particulièrement frappé, c'est à quel point ce qui se joue dans les premières années de vie marque durablement la trajectoire des individus et influence profondément l'enfant jusqu'à l'âge adulte. J'ai également été interpellé, et même un peu outré, par le décalage entre l'importance de cette période et la faible considération dont elle bénéficiait. Dans le champ psychiatrique, on considère souvent la pédopsychiatrie – et plus encore la périnatalité – comme une question de moindre importance par rapport à la psychiatrie adulte. Cela dit, je nuancerais aujourd'hui : j'ai l'impression que les choses évoluent. Par exemple, les internes de psychiatrie peuvent désormais choisir une « option tardive » en psychiatrie périnatale, ce qui leur permet de se surspécialiser en fin de cursus. À mon époque, pourtant pas si lointaine, cette possibilité n'existait pas. C'est un signe encourageant d'une reconnaissance progressive de l'importance de la période périnatale.

Enfin, un autre aspect qui m'a séduit, c'est la temporalité et l'approche de la psychiatrie périnatale. En psychiatrie adulte, j'avais l'impression qu'on était trop centré sur la question du diagnostic, des échelles, du bon traitement, avec une logique très gestionnaire visant à rentabiliser la prise en charge. Là où en pédopsychiatrie, il existe encore une marge de manœuvre – même si elle tend à se réduire – pour maintenir une dimension plus humaniste, plus systémique, en tenant compte des interactions familiales. Pour moi, c'est indispensable : on ne peut pas comprendre un individu sans comprendre l'environnement dans lequel il évolue.

Anne-Sophie Vozari : Fait suffisamment rare pour être souligné, vous avez développé une activité clinique dédiée aux pères en périnatalité, dans le cadre d'une « unité transversale de paternologie ».

Bastien Thomas : En effet, depuis environ trois ans, je propose des consultations pour les pères au CMP. Et, depuis un an, nous avons mis en place des groupes de parole entre pères, que j'anime avec une collègue, toujours au CMP mais aussi à l'unité d'hospitalisation mère-bébé – qui vient d'ailleurs tout juste de changer de nom pour devenir l'« unité bébé-parents de psychiatrie périnatale ». Ce qui est curieux, c'est que recevoir les pères n'était pas forcément une volonté farouche de ma part. Mais, petit à petit, les collègues sont venus me solliciter. Quand j'ai fini le clinicat, j'ai commencé à faire des consultations pour les pères, d'abord un peu officieusement, à la demande de collègues qui connaissaient mon intérêt pour la psychopathologie paternelle. Puis, mon chef de service, partisan de l'inclusion des pères dans les soins psychiques périnataux, m'a proposé de créer cette unité que j'ai appelée « de paternologie », une appellation qui, contrairement à la maternologie, n'existait pas. Pour moi, le concept de « paternologie » se définit en effet en miroir de celui de « maternologie », qui est « la démarche thérapeutique qui s'attache à la dimension psychique de la maternité et prend en compte les difficultés de la relation mère-enfant » (Delassus *et al.*, 2010). Administrativement, cette unité n'a pas encore d'existence officielle, mais elle est fonctionnelle. Les collègues qui travaillent en périnatalité au Vinatier, l'hôpital psychiatrique dont dépend mon

CMP, m'adressent des pères. Et il m'arrive aussi de recevoir des patients orientés par des psychologues exerçant en maternité, des soignant·es de protection maternelle et infantile (PMI) ou des sages-femmes libérales.

Anne-Sophie Vozari : L'existence semi-officielle de cette unité donne à voir, me semble-t-il, une institutionnalisation encore inachevée, si ce n'est tout juste à ses prémisses, d'une modalité nouvelle d'encadrement de la paternité. Elle dit aussi, je crois, combien la prise en charge de la détresse psychique des pères dépend pour beaucoup de dynamiques locales et d'engagements individuels, comme le vôtre. Comment a émergé votre intérêt pour la paternité et sa prise en charge en psychiatrie périnatale ?

Bastien Thomas : Lors de mon premier stage en unité mère-bébé, j'avais été frappé par l'absence des pères dans les soins. Ils étaient pourtant pour la plupart présents, dans la vie quotidienne, au cours de l'hospitalisation, mais invisibles dans l'accompagnement thérapeutique. Cela me paraissait paradoxal : comment aider une patiente sans considérer son compagnon comme partie prenante des soins ? À l'époque, seule l'hospitalisation de jour était proposée dans cette unité. Les patientes y étaient accueillies une journée par semaine – parfois deux quand leur état psychique le nécessitait – soit, le plus souvent, seulement environ six heures par semaine. Les soignant·es les voyaient finalement peu au regard des conjoints qui, théoriquement, passaient plusieurs heures chaque jour avec elles. Comment pouvions-nous espérer les accompagner efficacement si nous ne travaillions pas en collaboration avec les personnes qui partageaient leur vie au jour le jour ? Ce questionnement a constitué le point de départ de deux travaux de recherche : ma thèse de médecine, consacrée au vécu des pères dont la compagne souffrait d'une dépression du post-partum (Thomas, 2019), et un mémoire de master de sociologie sur l'inclusion des pères en psychiatrie périnatale (Thomas, 2021).

Anne-Sophie Vozari : À partir de votre pratique professionnelle et des résultats de votre thèse, que pouvez-vous nous dire sur l'expérience des hommes dont la compagne est prise en charge pour une dépression du post-partum ?

Bastien Thomas : J'ai soutenu ma thèse en juin 2019, à partir d'une étude qualitative que j'ai menée auprès de neuf pères, principalement recrutés sur mes terrains de stage. L'objectif était de comprendre leur perception de la pathologie de leur compagne, la manière dont ils vivaient la situation et leur expérience des soins. Il en ressort que les pères que j'ai rencontrés regrettaient de ne pas avoir été assez présents auprès de leur compagne. Ils exprimaient de nombreux doutes et un sentiment de culpabilité : « Ai-je fait assez ? Aurais-je dû agir autrement ? Quelle est ma responsabilité ? » Ce qui était d'ailleurs *a priori* surprenant dans la mesure où ils semblaient pourtant avoir été assez impliqués au cours de la grossesse et à la naissance du bébé. Il y a là, sans doute, un biais de sélection : l'étude a probablement attiré les pères parmi les plus investis.

Ces hommes exprimaient aussi leurs difficultés à concilier ce rôle d'aidant avec leur activité professionnelle. Cette question était assez centrale. Ils considéraient leur travail comme indispensable à la sécurité financière du foyer mais aussi comme un frein à leur engagement auprès de leur compagne. Par ailleurs, plusieurs soulignaient que l'état maternel s'aggravait au moment de leur reprise du travail, ce qui était pour eux une source d'angoisse majeure. D'autant plus qu'ils étaient régulièrement sollicités au travail par leur compagne, *via* des messages ou des appels. Ils se trouvaient dans un état d'hypervigilance permanente et de détresse silencieuse. Ils ne le montraient pas parce que, pour eux, la priorité, c'était la mère et le bébé. Ils disaient devoir tenir bon, au risque de s'effondrer et de compromettre l'équilibre familial. Ce sont des éléments qu'on peut retrouver dans la littérature scientifique. La dépression postnatale chez les pères est en quelque sorte différée. Elle survient généralement plus tard que chez les mères.

Ils géraient leur souffrance par des conduites d'évitement : fuite dans le travail, consommation de substances (alcool, tabac, cannabis, voire d'autres drogues), sorties entre amis. Certains me révélaient même des adultères. Ce qui m'a aussi marqué, c'était leur recours à l'automédication, ce que je retrouve fréquemment en consultation. Ils prenaient les anxiolytiques prescrits à leur compagne pour tenir et réussir à dormir face à l'anxiété. Enfin, ce qui revenait aussi beaucoup, c'était leur place marginale dans les soins. Ils vivaient assez mal le décalage entre leur implication au quotidien et le peu de contacts avec les soignant·es. Ils se sentaient très peu inclus dans les soins de leur compagne et encore moins pour eux. Quand ils bénéficiaient d'une prise en charge, c'était à leur initiative et justifié par la volonté de mieux soutenir la mère et le bébé, jamais pour eux-mêmes. Ceux qui n'avaient pas consulté opposaient d'ailleurs la même justification : la priorité devait aller à la mère et au bébé.

Anne-Sophie Vozari : Dans le cadre de mes travaux de recherche, je me suis entretenue avec des femmes en dépression du post-partum, ou ayant traversé une dépression du post-partum (Vozari, 2023). Je suis frappée par certaines similitudes entre leurs récits et ceux que vous rapportez, notamment sur le fait de dissimuler leur détresse. Elles racontaient avoir déployé un travail émotionnel (Hochschild, 2017) considérable pour cacher leur souffrance et maintenir l'apparence d'une mère heureuse et épanouie, avant de s'effondrer. Finalement, en dehors des comportements de fuite que vous mentionnez – qui paraissent socialement bien moins probables, voire impossibles, pour les mères, tant ils transgressent les normes de genre – qu'est-ce qui, selon vous, caractérise spécifiquement la détresse paternelle et ses modes d'expression ?

Bastien Thomas : Je pense qu'il y a vraiment une différence dans la manière d'exprimer les difficultés. Pour moi, ça relève de la socialisation, des normes sociales et d'autres facteurs. J'ai l'impression que les femmes, malgré la honte et la culpabilité, arrivent quand même à parler d'un mal-être. Les pères, pas forcément. Eux vont plutôt évoquer des symptômes corporels : fatigue, maux de tête, troubles du sommeil. Et ce sont leurs comportements qui vont traduire la souffrance. Ceci étant dit, si on prend le temps de les rencontrer plusieurs fois, qu'on gratte un peu sous la surface, on accède aussi à des symptômes psychiques plus explicites. Et même à des symptômes qu'on pense habituellement « maternels ». Par exemple, on ne parle jamais des phobies d'impulsion[2] chez les pères. Je pense même que certains collègues n'envisagent pas que cela puisse exister chez les hommes. Pourtant, des patients m'en ont parlé. J'ai aussi vu des pères pour qui la séparation d'avec l'enfant était très compliquée, qui avaient des angoisses de mort, qui vérifiaient la respiration de leur bébé la nuit. Tout cela, on le considère comme typiquement maternel, alors que cela arrive aussi aux pères.

Ce que l'on peut noter de différent, c'est une tendance à présenter une froideur affective, une attitude plus critique, plus distante, voire de la colère. C'est un motif récurrent de consultation : la difficulté à gérer l'agressivité qui surgit. Beaucoup des pères que je reçois viennent en me disant ne pas supporter les pleurs de leur bébé. Ils veulent apprendre à gérer leur colère au plus vite, avec une grande culpabilité associée.

Anne-Sophie Vozari : C'est intéressant, cette question de la colère. Chez les mères, on la retrouve aussi, mais elle est peut-être encore moins dicible. Elle constitue peut-être une moindre « déviance émotionnelle » (Thoits, 1990) chez les pères que chez les mères...

Bastien Thomas : Quand on creuse un peu, ce qu'il y a derrière cette colère, c'est bien souvent le sentiment de ne pas réussir à calmer son bébé, de ne pas être à la hauteur, de ne pas en être capable – et c'est cela qui est le plus douloureux. Ce sentiment peut également être vécu lors de l'accouchement, lorsque le père se sent impuissant à soulager la douleur de sa compagne. C'est une expérience qui revient fréquemment : l'impression de ne rien pouvoir faire, de ne pas avoir de prise sur ce moment, ce qui est souvent vécu comme insupportable. D'un point de vue clinique, je dirais qu'au-delà de cette expression manifeste, il existe très souvent, en arrière-plan, des traumas infantiles chez les pères que je reçois. Pour y faire face, beaucoup ont mis en place, parfois dès l'enfance, des stratégies d'adaptation fondées sur le contrôle, destinées à limiter l'exposition à l'imprévisibilité et à l'insécurité. Or, les pleurs du bébé viennent précisément les confronter, de manière brutale, à cette imprévisibilité : ils ravivent ce sentiment d'impuissance et mettent à l'épreuve les mécanismes de maîtrise jusque-là opérants.

Il faut alors avancer par étapes : d'abord, les aider à retrouver un sentiment de contrôle dans les situations de crise, à travers des techniques de régulation du stress ou de gestion de la colère. Ensuite, il s'agit de travailler sur leur capacité à identifier et à nommer leurs signaux internes – car beaucoup de pères perçoivent mal leur stress, leur fatigue ou leur agacement, jusqu'à ce que cela déborde sous la forme d'une vive colère. Ce n'est qu'ensuite, progressivement, qu'on peut aborder les traumas sous-jacents – le plus souvent liés à l'enfance, mais parfois aussi plus récents, comme un accouchement à vécu traumatique ou un événement grave

2. Les phobies d'impulsion désignent des pensées intrusives et irrationnelles dans lesquelles une personne s'imagine et redoute de commettre des comportements violents, nuisibles ou inappropriés, sans en avoir l'intention réelle. Ces pensées, bien qu'étrangères aux désirs et valeurs de l'individu, génèrent une anxiété considérable notamment dans des situations où la peur de nuire à autrui, comme un enfant, devient particulièrement intense.

survenu autour du bébé, par exemple une détresse respiratoire. Bref, derrière la colère, il y a rarement de la simple irritation. Il y a presque toujours un vécu d'impuissance, une douleur de ne pas être capable, qui renvoie à une difficulté à s'orienter dans ses émotions, à les reconnaître, les nommer et en comprendre la logique.

Anne-Sophie Vozari : L'ensemble des éléments que vous soulevez est particulièrement stimulant et ouvre de nombreuses pistes de réflexion. Depuis ma perspective de sociologue, ils invitent à analyser les conditions sociales au principe de la détresse parentale et de son traitement, autrement dit à porter le regard sur ce qui rend probable et possible le ressenti et l'expression d'une détresse qui demeure par ailleurs hautement transgressive lors d'un « heureux événement ». À ce propos, que pouvez-vous nous dire sur les caractéristiques sociales des hommes qui viennent vous consulter ?

Bastien Thomas : La première année, cela m'avait frappé : je ne recevais quasiment que des pères issus de milieux sociaux élevés. Puis, à partir de la deuxième année, la patientèle s'est un peu diversifiée. J'ai réalisé des statistiques descriptives à partir des dossiers de la centaine de pères suivis ces trois dernières années. Ils ont en moyenne 35 ans. Ils sont pour la grande majorité d'origine européenne. Environ 60 % appartiennent aux cadres et professions supérieures, 30 % aux catégories intermédiaires, et 10 % sont ouvriers ou sans emploi. En réalité, les ouvriers représentent moins de 1 % de ma patientèle. Parmi les pères sans emploi, la moitié sont d'anciens cadres en reconversion professionnelle, et l'autre moitié des hommes souffrant de troubles psychiatriques chroniques et invalidants, tels que des troubles bipolaires sévères ou des schizophrénies, qui rendent impossible toute activité professionnelle.

Anne-Sophie Vozari : Au regard des inégalités sociales et de genre en santé – et tout particulièrement en santé mentale –, il ne semble *a priori* pas surprenant que les hommes que vous rencontrez appartiennent majoritairement aux classes moyennes et supérieures.
En complément de votre thèse sur le vécu des pères, et de votre pratique clinique, vous avez poursuivi votre réflexion dans le cadre d'un mémoire de sociologie, en portant cette fois la focale sur les professionnel·les et leur appréhension de la place des pères en psychiatrie périnatale. Pouvez-vous nous en dire plus sur ce travail ?

Bastien Thomas : Mon poste de chef de clinique comportait une activité universitaire et l'obligation de réaliser un master, que j'ai choisi de faire en sociologie, au sein du Master 2 Études sur le genre – Égalités formation continue à l'université Lumière-Lyon 2. C'était pour moi une opportunité de poursuivre ma réflexion sur la paternité. Choisir la sociologie répondait aussi à une insatisfaction relative à ma formation initiale largement marquée par la psychanalyse, qui nous amène à interroger beaucoup l'intériorité des patients, souvent au détriment de la question de leur environnement. Alors que je pense qu'effectivement tout ne nous appartient pas en tant qu'individu. Le social joue un rôle majeur dans ce que nous sommes et la façon dont on fonctionne. Et je voulais creuser ce côté-là. Mon point de départ pour cette recherche de master – dirigée par Marie-Clémence Le Pape –, c'était toujours cette question du hiatus que je percevais entre un discours de plus en plus inclusif vis-à-vis des pères et des pratiques qui, dans les faits, ne les incluent pas vraiment. Même dans mon CMP, où il existe pourtant une volonté politique claire d'inclusion, j'avais l'impression que les pères qui venaient n'étaient pas considérés au même titre que les mères. Je voulais comprendre ce qui se jouait là, ce qui pouvait expliquer cette différence de traitement.

J'ai travaillé sur un corpus de dossiers de soins couvrant la période 2015-2020, soit cinq à six années de prises en charge, ce qui offrait un recul intéressant. L'étude a combiné une approche quantitative et qualitative. Au départ, le corpus comprenait 216 dossiers correspondant à des suivis engagés entre le début de la grossesse et les trois ans de l'enfant. Pour la partie principale de l'analyse, j'ai resserré l'échantillon à 66 dossiers, dans lesquels la demande de prise en charge avait été formulée entre le début de la grossesse et les douze mois de l'enfant. Mon hypothèse de départ était qu'il existait deux types de soignant·es : ceux qui incluent les pères et ceux qui ne les incluent pas, pour des raisons liées à leur obédience psychanalytique et à la vision très centrée sur la relation mère-bébé qu'elle induit souvent. En réalité, la distinction n'est pas si nette que cela. Dans la très grande majorité des cas, qu'ils soient ou non pour l'inclusion des pères, les soignant·es font les deux à la fois : ils les incluent et ne les incluent pas.

Anne-Sophie Vozari : Vous avez finalement renoncé à une lecture dichotomique des pratiques professionnelles, qui opposerait ceux qui incluent les pères à ceux qui les excluent, au profit d'une approche plus nuancée mettant en évidence des logiques d'inclusion plus complexes. À quoi renvoient précisément ces dynamiques ?

Bastien Thomas : J'ai finalement choisi de parler d'une inclusion « discriminante » des pères, pour caractériser une modalité de traitement qui les inclut mais reste différenciée par rapport à celle des mères. Autrement dit, ils sont pris en compte… mais pas de la même manière. Cette différence apparaît d'abord sur le plan quantitatif : dans les dossiers de soins, les pères sont mentionnés beaucoup moins fréquemment que les mères. Lorsqu'ils le sont, c'est souvent dans des rubriques périphériques ou à travers des formulations très floues. Parfois, il en est question en début de suivi, puis ils disparaissent progressivement au profit d'une focalisation exclusive sur la mère. Autre point intéressant : l'usage récurrent du terme « parents ». À première vue, il semble renvoyer aux deux membres du couple parental, mais l'analyse qualitative des observations rapportées dans les dossiers montre que les propos décrits étaient ceux de la mère, et pas forcément ceux du père. De la même manière, je me suis rendu compte que lorsque le père était mentionné, c'était souvent uniquement au titre de conjoint. Son rôle était de soutenir la mère, ou même, dans certains cas, celui d'auxiliaire des soignant·es – par exemple, en contrôlant que la mère prend bien son traitement ou qu'elle assiste à ses rendez-vous. En ce qui concerne le lien au bébé, là aussi il est décrit différemment : pour les mères, on parle d'amour, de soins ; pour les pères, on évoque plutôt des aspects concrets comme le change, la difficulté à prendre soin du bébé ou bien l'agressivité quand il est question des émotions.

J'ai également constaté que les soignant·es procèdent à des arrangements normatifs multiples dont les variations dépendent de différents facteurs : certains relatifs au père, d'autres aux soignant·es, d'autres au contexte de l'arrivée de l'enfant, et sûrement d'autres à la mère, mais je n'ai pas pu l'appréhender à partir des seuls dossiers. Je me suis également rendu compte que leur prise en compte dans les soins dépendait aussi des filtres institutionnels : avant que nous recevions la famille, il y a la personne qui adresse, le secrétariat qui reformule, et ainsi de suite.

Anne-Sophie Vozari : En quoi consistent ces arrangements normatifs et comment se manifestent les variations que vous évoquez ?

Bastien Thomas : En fait, le père est tantôt vu comme un conjoint, tantôt comme un parent, comme un patient ou comme un travailleur. Les soignant·es attribuent, souvent sans en avoir conscience, ces différentes identités aux pères. Ils procèdent alors à des arrangements normatifs en mettant en avant tel rôle social plutôt qu'un autre. Ce qui m'a frappé, c'est que les arrangements effectués dépendent du fait que le père se montre ou non présent. Quand il est là, sa présence bouscule les représentations. J'ai remarqué que le lien mère-bébé était souvent essentialisé, là où la reconnaissance du père comme parent ne va pas de soi : il doit se montrer investi pour être considéré comme tel. Le regard soignant sur lui évolue à partir du moment où il manifeste explicitement son désir de paternité, quand il montre son engagement dans le suivi de la grossesse, qu'il démontre que c'est un projet partagé avec sa conjointe et qu'il en est aussi porteur. À l'inverse, si ce désir d'enfant n'est pas affirmé comme personnel, ni même comme un choix de couple, il n'est pas forcément reconnu en tant que père : il demeure avant tout « le conjoint ». C'est d'ailleurs aussi ce qu'on observe, en pratique, dans les soins. Si le père ne se montre pas présent, on ne va pas forcément aller le chercher ; on attend qu'il se manifeste. Alors qu'on s'inquiète de l'absence des mères… Vous aviez d'ailleurs fait ce même constat à propos de l'accompagnement des parents en protection maternelle et infantile (Vozari, 2012).

J'ai également relevé qu'être un père séparé, voire en couple non marié, avoir un premier enfant ou appartenir aux classes populaires s'accompagnait d'une inclusion plus limitée. À l'inverse, ceux qui étaient mariés, déjà parents ou issus d'une CSP moyenne ou supérieure – finalement proche de la figure des « nouveaux pères » – étaient plus souvent reconnus et inclus comme pères à part entière. Du côté des soignant·es, j'émets l'hypothèse – sans pouvoir la vérifier dans le cadre de cette étude – que les variations observées sont aussi le produit de leur socialisation de genre et de leur socialisation familiale, bien en amont d'un éventuel effet des trajectoires sociales et professionnelles, qui interviennent probablement également. C'est aussi un constat issu de ma pratique.

Parmi mes collègues, les conceptions de ce que signifie « s'intéresser au père » sont en fin de compte très diverses. Certain·es considèrent qu'il s'agit simplement de l'évoquer en entretien avec la mère, autrement dit de lui faire une « place psychique » sans nécessairement le recevoir en consultation. Pour d'autres, cela implique de le faire venir, mais davantage en tant que conjoint qu'en tant que patient à part entière. J'observe par ailleurs, chez certaines collègues femmes, des discours parfois teintés par une approche différentialiste de la parentalité – par exemple : « pour une femme, la maternité c'est important, ça change quelque chose » ou « le lien mère-bébé est essentiel ». Pourtant, nous avons suivi les mêmes cursus de formation médicale, universitaire et clinique. Je ne vois pas comment expliquer ces écarts autrement que par les effets de la socialisation de genre. Cela dit, je reste très prudent dans cette analyse, car je travaille dans un environnement où les collègues hommes sont très peu nombreux. Dans un autre contexte, plus mixte, j'aurais peut-être également observé des formes d'essentialisation chez ces derniers.

Enfin, je pense qu'il n'y a pas la même attention en fonction de quel père les soignant·es ont en face d'elles et de ce qu'elles attendent d'un père. Ce que je perçois aujourd'hui, c'est un décalage parfois marquant entre les motifs de l'orientation, c'est-à-dire les raisons pour lesquelles les collègues m'adressent des pères – souvent parce qu'ils ne soutiendraient pas suffisamment la mère, ou qu'ils « gêneraient » dans la relation thérapeutique – et ce qu'eux expriment une fois reçus. Leurs attentes ne recoupent pas toujours les raisons pour lesquelles ils ont été adressés, ce qui complexifie encore la lecture de la « demande » de soins.

Anne-Sophie Vozari : En psychiatrie périnatale comme ailleurs, les pratiques de différenciation professionnelle tiennent aussi aux logiques institutionnelles. À ce titre, en portant la focale sur les dossiers de soins, votre travail amène à réfléchir aux effets de l'organisation bureaucratique et administrative des soins. Les dossiers médicaux que vous avez analysés étaient ceux des mères et des bébés, jamais ceux des pères puisqu'aucun dossier n'était ouvert à leur nom. Cela rejoint mes propres observations : en suites de couches à la maternité, une psychologue me confiait par exemple que, dans le cadre de la tarification à l'acte, elle ne pouvait pas « coter » un entretien en chambre avec un père, faute de cadre administratif pour le faire, à moins de déclarer l'acte au nom de la mère. Cela rappelle un constat *a priori* banal et pourtant lourd de conséquences : les pères ne sont pas des patients des dispositifs de santé périnatale. Dès lors, les dispositifs ne prévoient pas *a priori* la possibilité de prendre soin de leur santé, somatique ou mentale.

Bastien Thomas : À la différence des mères, il n'existe en effet pas d'actes spécifiques pour les pères. En consultation, les pères que je reçois ont maintenant un dossier à leur nom comme n'importe quel autre patient. Mais pour le groupe de parole que j'anime dans l'unité mère-bébé, il n'a pas de cotation propre. Je suis obligé d'utiliser des subterfuges pour le coter. Concrètement, je cote « groupe prévention maman », parce que cette ligne existe dans la nomenclature. Pour les pères, rien n'est prévu. On essaie de faire bouger les choses, d'obtenir des lignes spécifiques, mais pour l'instant, ce n'est pas le cas. Alors on bricole avec les catégories existantes : soit « groupe prévention maman », soit « groupe de soutien aux familles ». Et ça, c'est très révélateur : soit le père n'existe pas administrativement, soit il est reconnu uniquement sous l'angle du soutien familial, jamais comme sujet de soins à part entière.

Anne-Sophie Vozari : D'ailleurs, les pères sont-ils, comme les mères, hospitalisés dans les unités « parents-bébé » ?

Bastien Thomas : Les hospitalisations père-bébé commencent à être envisagées mais demeurent très marginales. Quelques évolutions sont néanmoins perceptibles. Un de mes collègues, responsable de l'hospitalisation à temps plein de l'unité au sein de laquelle j'interviens, milite en faveur de ces pratiques : il a d'abord réussi à faire accepter des pères en tant qu'« accompagnants », et désormais une cotation un peu plus spécifique permet aussi de les prendre en charge. Depuis peu, les pères peuvent être reconnus administrativement comme patients lorsqu'ils en ont besoin. C'est par exemple le cas d'un père hospitalisé une nuit sur deux pour s'occuper du bébé en alternance avec sa compagne et bénéficier de soins en psychomotricité avec l'enfant.

Toutefois, les hospitalisations père-bébé en l'absence de la mère restent extrêmement rares. Je n'ai jamais rencontré cette situation ; j'ai lu que cela avait déjà été expérimenté dans une unité d'hospitalisation à Marseille, mais dans des circonstances néanmoins exceptionnelles, par exemple lorsque la mère était hospitalisée ailleurs ou dans des situations de violences maternelles envers le bébé (Poinso *et al.*, 2017). Nous n'en sommes pas encore à une situation où des pères seraient hospitalisés à temps plein et seuls avec leur bébé. Et d'ailleurs, la question se pose : pourquoi ne pourraient-ils pas l'être ?

Plusieurs facteurs peuvent être avancés. D'une part, le traitement différencié de la maternité souffrante et de la paternité souffrante, déjà évoqué, y contribue. D'autre part, la temporalité propre aux difficultés paternelles se heurte à l'organisation institutionnelle des unités parents-bébé. Les troubles des pères émergent souvent plus tardivement, en période postnatale tardive – souvent après les neuf premiers mois de l'enfant – et s'accompagnent d'une plus grande difficulté à demander et accepter de l'aide. Cette dynamique concerne également ceux qui présentent des difficultés plus précoces : il faut souvent un temps long d'acceptation avant qu'un père accepte un suivi, et *a fortiori* une hospitalisation.

Or, ces unités accueillent généralement les familles jusqu'aux 12 mois de l'enfant, 18 mois tout au plus. Ce cadre temporel se révèle inadapté aux trajectoires paternelles. L'exemple d'un père que je suis actuellement en consultation illustre bien cette difficulté : il a mis de longs mois à accepter l'idée d'une hospitalisation pour une dépression sévère. Lorsque la décision a été prise, son enfant avait déjà 20 mois. Il a été hospitalisé seul en psychiatrie adulte alors même qu'un accompagnement père-bébé intensif aurait été particulièrement nécessaire.

Anne-Sophie Vozari : Au terme de cet entretien, il apparaît que le relatif défaut d'intérêt porté à la santé mentale des pères, comparativement à celle des mères, nous renseigne autant sur l'encadrement de la paternité contemporaine que sur les attentes spécifiques qui continuent de peser sur les mères. Le bien-être de l'enfant étant largement considéré comme dépendant du leur, elles sont tenues d'« aller bien » et de se faire soigner. Les pères, quant à eux, sont avant tout attendus comme figures présentes et soutenantes, sans que leur propre état psychique fasse systématiquement l'objet d'une attention comparable…

Bastien Thomas : Oui, alors qu'aider les pères c'est aussi aider les mères et les bébés. Ne pas reconnaître que les pères peuvent eux aussi traverser des difficultés durant la période périnatale revient implicitement, lorsque les choses se passent mal, à renvoyer la responsabilité sur les mères. Il existe à mes yeux un véritable paradoxe en périnatalité : d'un côté, on travaille à déculpabiliser les mères face au sentiment de honte de ne pas « y arriver », à leurs difficultés à créer un lien avec leur bébé, ou encore au fait de se sentir malheureuses dans une période supposée heureuse ; de l'autre, en ne recevant pas les pères, on envoie le message implicite : « c'est vous le problème », « cela ne tient qu'à vous ».

Pourtant, la littérature scientifique sur les troubles psychiques paternels est de plus en plus abondante depuis le début des années 2000. La dépression postnatale paternelle, en particulier, fait l'objet d'un nombre croissant d'études. On sait que ce trouble a des conséquences importantes : sur le père lui-même (difficultés professionnelles, risque de suicide), mais aussi sur l'enfant et ce, indépendamment de l'état psychique maternel. Ce sujet est encore trop peu pris en compte, alors même que des études montrent que la dépression paternelle survenant dans la première année de l'enfant est directement corrélée au retrait relationnel du bébé. Elle est également un facteur de risque d'apparition de troubles émotionnels et comportementaux durant l'enfance et constitue, à l'adolescence, un facteur de risque de dépression chez les filles et de suicide chez les garçons. Ces données sont connues, mais restent encore trop peu intégrées dans les pratiques.

Enfin, l'impact sur la compagne est lui aussi largement documenté. Le soutien social, et notamment celui du conjoint, est l'un des facteurs les plus déterminants du pronostic de la dépression du post-partum maternelle. La santé mentale paternelle constitue donc un enjeu majeur pour la santé mentale maternelle. Reconnaître que les pères peuvent eux aussi traverser une période périnatale difficile permet également de rappeler qu'il s'agit d'un moment de grande vulnérabilité pour tous, et non l'expression de failles propres aux mères.

Références bibliographiques

Bajos N. (2024-2025), « La production sociale des inégalités de santé », Chaire annuelle Santé publique, Collège de France.

Delassus J.-M., Carlier L. et Boureau-Louvet V. (2010), « Maternologie », *Aide-mémoire*, Paris, Dunod.

Gelly M., Mariette A. et Pitti L. (2021), « Santé critique. Inégalités sociales et rapports de domination dans le champ de la santé », *Actes de la recherche en sciences sociales*, n° 236-237, p. 4-19.

Hochschild A. R. (2017), *Le prix des sentiments. Au cœur du travail émotionnel*, Paris, La Découverte.

Ministère des Solidarités et de la Santé (2020), « Les 1 000 premiers jours : là où tout commence », Rapport de la commission des 1 000 premiers jours, 20 septembre.

Paillet A. (2021), « Valeur sociale des patient·e·s et différenciations des pratiques des médecins : Redécouvrir les enquêtes de Glaser & Strauss, Sudnow et Roth », *Actes de la recherche en sciences sociales*, n° 236-237, p. 39-55.

Poinso F., Gignoux-Froment F. et Dugnat M. (2017), « La place des pères dans une unité d'hospitalisation parents-bébé », *in* Glangeaud-Freudenthal N. et Gressier F. (dir.), *Accueillir les pères en périnatalité*, Toulouse, Érès.

Thoits P. A. (1990), « Self-labelling Process in Mental Illness: The Role of Emotional Deviance », *American Journal of Sociology*, vol. 91, n° 2, p. 221-249.

Thomas B. (2019), « Dépression du post-partum maternelle : et le père ? À propos des représentations et vécus des pères concernant la pathologie et les soins prodigués : résultats d'une étude qualitative et proposition de dispositifs d'accompagnement spécifiques : les dispositifs "père-aidant" et "S-père" », Thèse d'exercice en médecine, Lyon, Université Claude Bernard Lyon 1.

Thomas B. (2021), « Les pères en périnatalité psychique : une inclusion discriminante ? », Mémoire de master 2 recherche en études sur le genre, Lyon, Université Lumière Lyon 2.

Vozari A.-S. (2012), « "Surveiller" pour "veiller sur" en Protection maternelle et infantile », *in* Knibiehler Y., Arena F. et Cid López R. M. (dir.), *La maternité à l'épreuve du genre. Métamorphoses et permanences de la maternité dans l'aire méditerranéenne*, Rennes, Presses de l'EHESP.

Vozari A.-S. (2023), « En quête de conformité. Se faire soigner pour se faire mère », *Revue française des affaires sociales*, n° 2, avril-juin, p. 301-319.

DES PÈRES HORS CHAMP : QUAND L'ENGAGEMENT PATERNEL DANS LES SOINS AUX ENFANTS EST MARGINALISÉ VOIRE IMPENSÉ

Vécus de la paternité transnationale. À la croisée des aspirations paternelles et des parcours encadrés par le droit des étrangers

Anne Unterreiner et Tatiana Eremenko[1]

1. L'ordre a été défini par les autrices.

RÉSUMÉ

Cet article analyse les vécus de la paternité à distance de pères migrants originaires d'Afrique du Nord et du Sahel résidant en France et la manière dont ils sont affectés par certaines politiques publiques, à savoir le droit à l'entrée, au séjour et à la nationalité. Ces pères sont par ailleurs bénéficiaires des allocations familiales conventionnelles versées sous certaines conditions aux familles de migrants travaillant en France avec des enfants mineurs résidant à l'étranger. Quatre types de vécus émergent en fonction des conceptions de la famille et de la paternité de ces hommes et de leurs capabilités à remplir ce rôle à présent et à l'avenir : être à distance pour reproduire le groupe familial ; se sacrifier pour permettre l'ascension sociale de ses enfants ; être dans le manque de la vie de famille au quotidien et, enfin, vivre dans l'espoir d'être bientôt réunis. Ces résultats soulignent la complexité et la pluralité des expériences de paternité transnationale, vécues différemment selon que les normes de paternité et les projets familiaux de ces hommes coïncident, ou non, aux ressources dont ils disposent, et selon la manière dont les politiques publiques modèlent, plus ou moins intentionnellement, les paternités à distance.

ABSTRACT

Experiences of Transnational Fatherhood. At the Intersection of Paternal Aspirations and Trajectories Constrained by Immigration Policies

Since the 2000s, studies have focused on transnational families (i.e. families whose members live in different countries), and how they maintain family life "at a distance". In this literature men are often portrayed as "workers" or "absent fathers" and their experiences of transnational fatherhood have been rarely addressed. This article analyses experiences of fatherhood at a distance and how they are shaped by public policies, namely policies related to entry and stay of migrants, as well as citizenship policies. Our work is based on interviews with 36 migrant fathers from North Africa and the Sahel living in France. These fathers were beneficiaries of conventional family allowances (benefits paid under certain conditions to families of migrants working in France with minor children residing abroad). Our research shows that experiences of transnational fatherhood differ. They are shaped by fathers' migratory and family trajectories, their social position, as well as their administrative status in France. Four types of experiences emerge based on these men's conceptions of family and fatherhood and their capabilities in fulfilling this role in the present and the future: being at a distance to reproduce the family group; personal sacrifice to allow for their children's social mobility; missing the family on a daily basis and, finally, living with the hope of being reunited soon. Our results highlight the complexity and plurality of transnational fatherhood experiences, which depend on the level of alignment of these men's norms of fatherhood and family projects with the resources available to them, as well as the way in which public policies shape fatherhoods at a distance, intentionally or not.

Le modèle contemporain français de « bonne paternité » se fonde sur une norme de présence paternelle « faite de proximité physique, d'attachement affectif et de complicité » (Martial, 2013, p. 40). Ce modèle invite les pères à valoriser leur engagement parental et à tisser des liens affectifs avec leurs enfants (Sponton, 2023). Dans de nombreux discours politico-médiatiques, les pères minorisés[2] sont présentés comme en étant éloignés et ayant une conception conjugale et familiale « traditionnelle », « inégalitaire », ou encore « patriarcale », voire comme étant « hypermasculinisés » et plus violents que les autres (Datta *et al.*, 2009)[3]. Les caractéristiques attribuées aux communautés spécifiques – les modèles familiaux des migrants originaires du Sahel (Barou, 2001) ou la déstabilisation des rôles parentaux dans des quartiers habités par des personnes immigrées d'Afrique du Nord (Hammouche, 2008) – agiraient comme des facteurs aggravant cette situation de « défaillance paternelle » de pères immigrés. Dans un tel contexte couplant norme de présence parentale, stigmate de l'absence quotidienne et de la paternité d'immigrés, il nous paraît nécessaire de donner la parole aux pères qui résident à distance de leurs enfants pour comprendre comment ils vivent leur paternité. À l'exception de la recherche de J. Barou (2001) réalisée à la fin des années 1990, cette question reste peu explorée dans le contexte français (RPSF, 2020). Dans cet article, nous analysons les expériences de paternité à distance des pères migrants originaires d'Afrique du Nord et du Sahel résidant en France et comment elles sont influencées par les politiques publiques.

Les recherches internationales sur les familles transnationales, à savoir des familles dont les membres vivent dans différents pays, se développent à partir des années 2000 et insistent sur le fait que la proximité géographique n'est pas une condition nécessaire pour mener une vie de famille (Bryceson et Vuorela, 2002) et que le travail de *care* et ses différentes dimensions (matérielle, émotionnelle) peuvent être faits à distance (Baldassar et Merla, 2014). Les parents migrants mettent en place une diversité de pratiques pour rester présents dans la vie de leurs enfants – les contacts réguliers (par téléphone, Whatsapp, etc.) ; les transferts financiers ou matériels ; les visites au pays, etc. (Cienfuego *et al.*, 2023). Ces travaux analysent également les arrangements familiaux et les acteurs impliqués dans la prise en charge des enfants restés au pays, les modes de prise de décisions les concernant (en matière d'école, de santé, de migration éventuelle, etc.) (Mazzucato *et al.*, 2017) et comment ils peuvent faciliter le vécu de ces séparations ou, au contraire, les rendre plus difficiles. À la suite de ces recherches, notre article étudie comment les pères migrants en France vivent cette situation de paternité transnationale et les pratiques qui leur permettent de rester présents dans la vie de leurs enfants.

2. Ce terme renvoie à l'existence d'une hiérarchie entre le groupe majoritaire et les groupes connaissant un processus de minorisation (familles issues de l'immigration récente, minorités visibles, gens du voyage, minorités religieuses, etc.).
3. Ces discours rappellent ceux sur les sujets des colonies pendant la période coloniale (Bancel *et al.*, 2018).

Ces études internationales se sont intéressées au vécu de ces séparations. Les publications les plus anciennes, consacrées aux perspectives des enfants et des mères, font état d'un sentiment d'« abandon » des premiers, surtout lorsque c'est la mère qui part à l'étranger, et de tristesse et de culpabilité des secondes (Salazar Parreñas, 2005). Dans ces récits, les hommes apparaissent comme des « travailleurs », des « breadwinners » à distance, des pères ou des époux « absents », la migration leur permettant de se concentrer sur leur rôle économique dans la famille et de se désengager du travail émotionnel et de *care* (Fiałkowska, 2019). Les travaux qui leur sont consacrés éludent en outre généralement l'analyse des liens affectifs et des pratiques intrafamiliales de *care*, la migration des hommes étant pensée comme économique avant tout (Dumitru, 2014 ; Dávalos, 2020). Face à ce constat, des recherches récentes (Poeze, 2019) sur les pères et leurs vécus de la paternité à distance indiquent une situation plus complexe, ainsi que des évolutions dans la manière dont ils conçoivent leur rôle de mari et de père à distance. C. Dávalos souligne que ces pères « voient les espaces transnationaux comme une opportunité d'être à la fois des *breadwinners* et de communiquer avec leur famille au pays pour construire des relations fondées sur des émotions exprimées, et ce principalement pour protéger leurs privilèges sociaux dans la famille » (2020, p. 3). Ils partagent avec les mères des sentiments de « douleur » et de « culpabilité » (*ibid.*, p. 11). Ainsi, dans la lignée de ces travaux invitant à étudier le rapport subjectif et les émotions entourant la paternité transnationale, nous nous intéressons aux normes de paternité et aux projets parentaux des pères, et comment ceux-ci affectent la manière dont ils vivent la vie familiale à distance.

Les politiques publiques des pays d'origine et de destination – les politiques éducatives, les régimes de protection sociale, le droit à l'entrée, au séjour et à la nationalité – affectent également les expériences des familles transnationales à différentes étapes de leurs vies (Kilkey et Merla, 2014 ; Fillod-Chabaud et Odasso, 2020 ; Gourdeau et Odasso, 2023). Pour certains parents, le fait de laisser ou de renvoyer leurs enfants au pays peut être un choix (Grysole, 2020). Une majorité des recherches montre cependant comment les politiques migratoires rendent difficiles la migration en famille ou la réunification des enfants, empêchant l'exercice de la parentalité souhaitée (Gourdeau et Odasso, 2023), et donnent naissance à d'autres familles transnationales qui perdurent dans le temps (Bonizzoni, 2009). Le statut administratif des parents dans le pays d'installation a aussi des effets sur leurs manières d'être parents à distance : cela a des effets sur leurs possibilités de trouver un travail, sur leur niveau de rémunération et donc sur leurs capacités à effectuer des transferts monétaires ou matériels, de même que leurs possibilités de rendre visite à leurs familles au pays (Fresnoza-Flot, 2009). Le vécu de la séparation par les pères étant intimement lié au fait de pouvoir assurer le bien-être matériel de leurs enfants et un avenir meilleur, l'impossibilité de pourvoir aux besoins de leur famille peut être source de souffrance voire de culpabilité et de honte, et amener certains d'entre eux à s'en éloigner, temporairement ou de manière plus permanente (Poeze, 2019). Ainsi, ce travail analyse la manière dont les politiques publiques, et plus particulièrement le droit à l'entrée, au séjour et à la nationalité, affectent leurs expériences de paternité en déterminant les possibilités qu'ont les pères d'avoir le rôle paternel souhaité.

En tenant compte des parcours migratoires et familiaux et des positions sociales des pères à distance dans l'étude de leurs vécus, nous nous inscrivons dans la lignée de la sociologie des parcours de vie (voir notamment Négroni et Bessin, 2022). Cette approche permet d'explorer les processus par lesquels les inégalités sociales influencent les trajectoires individuelles sur le temps long en ayant une conception non linéaire des cycles de vie, mais également les modalités d'encadrement de ces parcours par les pouvoirs publics (par leur cadre réglementaire et leurs dispositifs). Suivant l'approche d'Amartya Sen (1985) qui souligne l'importance des ressources et des contraintes pour pouvoir comprendre les aspirations et les capabilités[4] individuelles, nous nous intéressons à la manière dont les contextes institutionnels, les normes et les valeurs, de même que les parcours de vie et la position sociale des individus affectent leurs vécus de la paternité transnationale. Nous émettons ainsi l'hypothèse que ces vécus (distance acceptée *versus* subie) dépendent de l'articulation entre paternité « possible » (selon les ressources et contraintes) et « souhaitée » (selon le projet parental).

Fondée sur une enquête auprès des pères bénéficiaires des allocations familiales conventionnelles, notre étude souligne les effets du cadre réglementaire français en matière de droit à l'entrée, au séjour et à la nationalité sur les parcours de ces hommes et de leurs enfants, ce qui permet de mettre au jour différents types de vécus des paternités à distance.

Des pères bénéficiaires des allocations familiales conventionnelles dépendant de la branche Famille

Cet article est issu d'une recherche plus large sur les familles transnationales en France aujourd'hui. Des analyses statistiques, ainsi que des entretiens semi-directifs ont été menés avec des parents transnationaux, c'est-à-dire des parents ayant migré en France et ayant des enfants résidant à l'étranger ou ayant été séparés d'eux par le passé. Cet article se concentre sur l'un des volets de notre étude, à savoir sur les bénéficiaires des allocations familiales conventionnelles relevant de la branche Famille et ayant reçu au moins un versement entre 2019 et août 2022 (5 746 allocataires au total).

Les travailleurs migrants résidant légalement en France et ayant des enfants à charge à l'étranger peuvent percevoir des allocations familiales conventionnelles dans le cadre d'accords de Sécurité sociale signés entre la France et des pays tiers dans les années 1960-1970. Actuellement, la quasi-totalité des bénéficiaires est originaire de cinq pays : Algérie, Maroc, Tunisie, Sénégal et Mali. Les conditions d'éligibilité varient selon le pays de résidence des enfants à charge du travailleur

4. Cette notion renvoie à l'idée que les capacités d'agir des acteurs dépendent de leur degré de liberté, celui-ci étant plus ou moins limité selon les contextes.

(El Achi, 2024). Le parent résidant légalement en France doit attester d'une durée minimale de travail. Dans la majorité des accords, les versements sont effectués dès le premier enfant et pour quatre enfants au maximum. Le plafond d'âge maximal pour être considéré comme enfant à charge est entre 17 et 19 ans.

Les allocataires dont nous connaissions les courriels ont reçu une invitation à répondre à un questionnaire en ligne et à participer au volet qualitatif de l'enquête. Parmi eux, 96 ont donné leur accord pour échanger avec nous et 36 entretiens semi-directifs ont été réalisés avec des pères entre mars et octobre 2023. La grille d'entretien utilisée portait sur leur parcours migratoire, leur situation familiale, leurs normes et pratiques parentales, l'accès à leurs droits et leurs relations avec les administrations.

Les caractéristiques des 18 enquêtés cités dans l'article sont présentées en annexe. De manière synthétique, l'ensemble de nos enquêtés ont exercé, de manière plus ou moins pérenne, une activité professionnelle déclarée à temps plein sur la période, ce qui leur a permis d'ouvrir un droit à ces allocations. Les informations relatives à l'existence de ces prestations circulent en grande partie dans les foyers d'hébergement ou au sein d'entreprises de transports, du bâtiment, de la sécurité ou encore de nettoyage. La majorité des enquêtés travaille dans ces secteurs et fait partie des catégories populaires relativement stabilisées sur le marché du travail. Neuf enquêtés exercent, quant à eux, des métiers à plus haut niveau de responsabilité (par exemple des chefs d'équipe à la suite d'une ascension au sein de l'entreprise et à l'obtention de qualifications professionnelles), voire sont cadres. Cela dit, onze enquêtés ont eu (ou ont toujours) un parcours professionnel plus précaire ou accidenté (intérim, perte d'un emploi ou encore accident du travail). Les pères enquêtés ont des familles nombreuses (de 1 à 17 enfants) et la plupart des enfants sont nés ou résident dans le pays d'origine de leur père au moment de l'enquête. Ils vivent plus rarement en France ou dans des pays frontaliers de leur pays de naissance. Les pères sont majoritairement en couple avec la ou l'une des mères de leurs enfants résidant à l'étranger, même si quelques situations familiales plus complexes ont été observées.

Les pères de cette étude vivent tous (ou ont tous vécu) leur paternité transnationale en étant suffisamment engagés pour avoir déclaré leurs enfants à charge à l'étranger auprès de l'administration française (la Caf, *a minima*) et pour effectuer des démarches, souvent complexes et chronophages, en vue d'obtenir les allocations familiales conventionnelles. Cet engagement paternel – ainsi que les pratiques et vécus décrits dans cet article – va dans le sens de recherches passées sur les pères migrants (Poeze, 2019) qui ont révélé l'existence d'un lien entre insertion professionnelle, normes et pratiques paternelles. Alors que leurs expériences ne sont pas représentatives de l'ensemble des parents transnationaux en France, ils présentent néanmoins une diversité de profils et de parcours familiaux et migratoires. Ainsi, notre contribution permet de donner voix à un groupe sous-représenté dans les recherches sur la parentalité transnationale, à savoir les pères.

L'imbrication du droit français des étrangers et de la vie familiale

Les transformations des politiques d'immigration françaises et européennes (Hollifield et Héran, 2022) ont abouti à un régime de « stratification civique » (Kofman, 2002) de droits différenciés et déterminés par la position sociale des individus. Nous examinons ici la manière dont la réglementation française en matière d'entrée, de séjour et de nationalité affecte les expériences de nos enquêtés en nous intéressant à trois moments clés de leurs parcours : l'obtention d'un statut légal stable, le (non-)regroupement de la famille en France et la demande, voire l'obtention, de la nationalité française.

Des parcours familiaux heurtés par les règles d'entrée et d'accès au séjour

Les restrictions progressives des possibilités d'entrée des étrangers directement sur le marché du travail en France marquent les parcours des pères enquêtés, qui déclarent pour la plupart venir en France pour travailler et subvenir aux besoins de leurs familles. Même si les situations à l'entrée en France sont relativement variées – l'un d'eux est né en France, deux sont venus en France en tant que citoyens français ou européens – la majorité d'entre eux sont ressortissants de pays tiers et sont donc soumis au Code de l'entrée et du séjour des étrangers et du droit d'asile (Ceseda[5]). Cinq d'entre eux mentionnent qu'ils sont venus pour leurs études et connaissent un parcours administratif relativement linéaire – visa ou titre de séjour « étudiant », suivi par un changement de statut vers un titre de séjour « salarié » –, mais la majorité connaît une période de vie en France avec une situation administrative précaire (statuts « temporaires », sans papier), faisant écho à d'autres études sur le sujet (Jourdan et Prévot, 2020).

Le statut administratif a un impact direct sur d'autres domaines de leurs vies, notamment la formation de la famille et le maintien des liens familiaux (Gosselin *et al.*, 2018 ; Aulanier, 2025). Alors que les familles transnationales étudiées dans les travaux internationaux sont majoritairement formées lorsque l'un des parents migre et laisse des enfants au pays, dans notre échantillon, rares sont les enquêtés mariés ou ayant eu des enfants hors mariage avant la migration en France. C'est le cas de M. Kouadio, marié religieusement en Côte d'Ivoire depuis 2000 et père de quatre enfants lorsqu'il arrive en France pour y demander asile dans le contexte de la crise ivoirienne de 2010-2011. Sa demande est rejetée, le conduisant à l'irrégularité jusqu'en 2014. Dès l'obtention de son titre de séjour, M. Kouadio rentre au pays pour se marier civilement avec son épouse afin de débuter les démarches en vue d'obtenir le regroupement familial de l'ensemble de sa famille.

5. Le Ceseda entre en vigueur en 2005. Il remplace l'ordonnance n° 45-2659 du 2 novembre 1945 relative aux conditions d'entrée et de séjour des étrangers en France.

La majorité des pères enquêtés forment une famille (mariage civil ou religieux suivi par la naissance des enfants) après la migration et l'obtention d'un statut légal stable en France. Un an après la naissance de son fils aîné né hors mariage, M. Diaby arrive en France, en 1996. Sans titre de séjour à son nom, il travaille dans la restauration jusqu'à sa régularisation pour motif de travail en 2008. L'obtention d'un titre de séjour lui permet de rentrer au Mali et de se marier en 2009, un mariage qui donne naissance à trois enfants. Après le départ de sa première épouse, il se remarie en 2019 et a à nouveau trois enfants. Il pourvoit à présent aux besoins de sa femme et de tous ses enfants, et se rend, depuis sa régularisation, tous les deux ans au Mali.

Un rapprochement familial difficile à réaliser pour les ressortissants des pays tiers

Les possibilités, pour ces pères, de vivre avec leurs enfants en France s'ils le souhaitent dépendent également de leur statut administratif et de leur position sociale. Les migrations familiales au sein de l'Union européenne et, par extension, en France relèvent de trois régimes distincts. Les régimes de libre circulation (ressortissants européens) et national (ressortissants français) permettent aux familles (conjoints et enfants jusqu'à un certain âge) d'accompagner ou rejoindre ces derniers sans condition de ressources ou de logement spécifiques. Tel est par exemple le cas de M. Bennani qui a la nationalité espagnole par naturalisation et a pu faire venir sa femme et ses enfants en France, ou encore de M. Sakho, qui a la nationalité française par filiation, et envisage de faire venir ses aînés en France pour prendre sa suite dans le futur (voir ci-dessous).

Les ressortissants des pays tiers et leurs familles doivent, quant à eux, passer par la procédure de regroupement familial[6] et remplir, entre autres, des conditions de ressources et de logement[7]. Ces conditions se sont considérablement durcies à partir des années 1980 : établissement d'un minimum de ressources en 1984 ; exclusion du calcul des revenus de certaines prestations sociales (prestations familiales en 1993, allocations logement en 2000, et d'autres prestations en 2006) ; calcul des ressources variable selon la taille de la famille en 2007. Alors que l'insuffisance des ressources financières est le premier motif de refus des demandes de regroupement familial en France (Haut Conseil de la famille, 2010 ; Descamps, 2024), ce motif a été moins évoqué par les pères enquêtés. Cela pourrait s'expliquer par leur position plus stabilisée sur le marché du travail. Cependant, des événements inattendus, tels que la perte d'un emploi ou un

6. La possibilité pour les travailleurs étrangers d'être rejoints ou accompagnés par certains membres de leurs familles est inscrite dans l'ordonnance n° 45-2658 du 2 novembre 1945, mais la procédure de regroupement familial est créée en 1976.

7. Les personnes ayant le statut de réfugié ou une autre forme de protection internationale en France peuvent bénéficier de la procédure de réunification familiale. Comparée à celle de regroupement familial, elle a une définition plus étendue des membres de la famille éligibles, et n'est pas soumise aux conditions de ressources et de logement. Néanmoins, les demandes d'asile des pères enquêtés ayant été rejetées, aucun d'entre eux n'a pu bénéficier de cette procédure.

accident du travail, peuvent impacter durablement les projets des pères, comme le montre le parcours de M. Hammami. Arrivé en France en 2005 pour y poursuivre des études universitaires, il obtient un CDI en 2009 et un titre de séjour de « salarié ». En 2013, il se marie en Tunisie et son premier enfant naît en 2016. En 2017, alors qu'il débute des démarches en vue d'obtenir le regroupement familial, il a un grave accident du travail. Les problèmes de santé (et notamment les multiples interventions chirurgicales qui s'ensuivent) et la baisse conséquente de revenus suspendent ce projet familial. En 2022, M. Hammami obtient le statut de travailleur handicapé avec une incapacité de travail de 80 %. Ce statut le dispense de la condition de ressources en matière de regroupement familial (circulaire du 7 janvier 2009), démarche qu'il prévoit d'effectuer une fois remis d'une dernière opération chirurgicale et installé dans un logement plus grand.

Alors qu'au niveau national, les conditions de logement inadéquates constituent le second motif le plus fréquent de rejet des demandes de regroupement familial (Haut Conseil de la famille, 2010 ; Descamps, 2024), les pères enquêtés ont insisté sur leurs difficultés à remplir cette condition. Le fait que la majorité d'entre eux a une famille nombreuse et vit en Île-de-France où les tensions sur le marché du logement sont les plus fortes pourrait expliquer cette situation. Une majorité a habité ou habite toujours en foyer ou chez un parent, un membre de la parenté ou un ami. Alors qu'il est fréquent d'être logé en hébergement collectif ou par des tiers dans les premières années en France avant d'emménager dans un logement individuel (Domergue et Jourdan, 2017), beaucoup de pères enquêtés rencontrent des difficultés à effectuer cette transition. Leurs revenus modestes ne permettent pas d'accéder à un logement dans le parc privé ou, s'ils le peuvent, la taille du logement est insuffisante pour y accueillir femme et enfants en respectant les barèmes de la procédure de regroupement familial. En outre, l'attribution d'un logement social plus ou moins grand se fait selon le nombre de personnes résidant en France au moment de la demande. Ceci conduit à des refus de regroupement familial pour les pères qui ont un logement jugé trop petit, comme le montre l'exemple de M. Diarisso. À son arrivée en France en 1989, il vit dans un foyer de travailleurs migrants. Après l'obtention de sa carte de résident, il se marie au Mali et a cinq enfants avec son épouse. Vingt-quatre ans après son arrivée en France, il obtient un logement social. Il débute alors les démarches de regroupement familial, demande qui sera rejetée du fait de la taille de son logement. Un des pères de notre corpus – M. Saidi – a cependant pu passer outre cette difficulté initiale. Arrivé en France en tant qu'étudiant en 1995, il est alors hébergé chez son oncle avant d'obtenir un logement social. Il se marie en 2009 en Algérie, mais ce n'est qu'en 2022, après le décès de sa mère, que le regroupement de la famille – entre-temps le couple a eu deux enfants – devient envisageable. Il quitte alors début 2023 son logement social pour habiter dans un T5 qu'il loue à un ami à un prix raisonnable en échange de sa rénovation et dépose une demande de regroupement familial qui a bon espoir d'aboutir.

La vie familiale à distance comme obstacle au processus de naturalisation

Les récits des pères montrent également comment les modalités d'accès à la nationalité française affectent leur vie de famille, au-delà de leurs conditions de vie en France. Il existe deux principaux motifs d'obtention de la nationalité française : par attribution (c'est-à-dire automatiquement) ou par acquisition (à la suite de l'évaluation d'une demande de naturalisation par les autorités publiques). Certains enquêtés l'ont obtenue selon le premier canal, l'un de leurs parents ayant eu la nationalité française au cours de leur minorité (le plus souvent leur père a lui-même émigré en France). Le mariage avec un·e ressortissant·e français·e permet aussi de devenir Français de droit après un nombre déterminé d'années de mariage[8]. C'est le cas de M. Berrada. Deux ans après son arrivée en France, il rencontre sa première épouse, ressortissante française. Ils se marient et ont un enfant né en 1999. Il obtient la nationalité française dans le cadre de ce premier mariage. Après son divorce en 2012, il se remarie avec une femme au Maroc avec qui il a deux enfants. M. Berrada envisage, à moyen terme, qu'ils viennent habiter en France avec lui, ce qui, du fait de sa nationalité, est dans l'univers des possibles.

Les personnes qui souhaitent acquérir la nationalité française par naturalisation doivent, quant à elles, remplir des conditions de durée de présence en France (réduite pour les personnes ayant obtenu un diplôme du supérieur en France) et montrer un niveau d'intégration satisfaisant. L'évaluation de ce dernier a évolué dans le temps, la preuve d'une insertion professionnelle (Fargues, 2020), d'une maîtrise de la langue suffisante (comme l'illustre le parcours de M. Tandia ci-dessous) ou encore le partage de valeurs civiques (Fargues *et al.*, 2024) devant être faite. Dans les récits de nos enquêtés, les autorités françaises considèrent systématiquement leur situation familiale (conjointe et enfants résidant au pays d'origine) comme une preuve de non-intégration. Cela conduit certains à ne pas débuter les démarches, à se voir refuser le dépôt de leur dossier au guichet de la préfecture ou à recevoir un refus de leur demande de naturalisation, comme le montrent les récits de MM Kouadio, Konaré et Idrissi. M. Kouadio, dont la situation a été évoquée précédemment, décide de faire une demande de nationalité française quand il se rend compte que sa procédure de regroupement familial n'avance pas. Lorsqu'il se rend à la préfecture, il lui est alors indiqué au guichet qu'il n'est pas éligible à cette procédure étant donné que son épouse et ses enfants sont au pays. M. Konaré, arrivé en France pour faire des études en 2000 et père de trois enfants résidant au Mali avec leur mère, constitue, quant à lui, un dossier de naturalisation en 2018. Ce dossier est « catégoriquement » refusé au guichet de la préfecture d'abord, puis à la sous-préfecture, au motif que ses enfants vivent à l'étranger, ce qui suscite l'incompréhension chez lui, qui met en avant qu'il « vit » en France depuis 23 ans, y « travaille » et « paie ses impôts ». Enfin, M. Idrissi, marié depuis 2013 et père de trois enfants au Maroc, dépose sa demande de naturalisation dans la perspective de faire venir sa famille en France. Toutefois, huit mois après

8. Le délai de communauté de vie préalable a été progressivement allongé et est de quatre ans depuis la loi du 24 juillet 2006.

l'entretien à la préfecture, celle-ci est rejetée au motif que ses enfants résident au Maroc.

Pour ces pères, le refus des demandes de regroupement familial et de la nationalité française signifie que l'unique manière de retrouver leur famille est d'effectuer des visites au pays puisque la venue de membres de leur famille en France, y compris pour des visites courtes, est impossible compte tenu des limites de circulation imposées aux ressortissants des pays tiers. Leurs capabilités à réaliser leurs projets parentaux sont ainsi beaucoup plus limitées que celles des citoyens français et européens.

Typologie des vécus de la paternité à distance

Alors que le cadre réglementaire influence le champ des possibles des pères et affecte certaines pratiques, notamment les possibilités de circulation, la relative homogénéité sociale de nos enquêtés conduit à une certaine similarité des autres pratiques. Ils pourvoient régulièrement financièrement et matériellement aux besoins de leurs enfants (par l'envoi d'argent ou de biens) et échangent également quotidiennement (ou presque pour certains) avec eux, *via* Whatsapp principalement. Ils sont en outre impliqués dans les décisions concernant leurs enfants (en matière d'école, de santé, de migration éventuelle, etc.) et effectuent les démarches administratives relatives à la venue de leurs enfants en France quand celle-ci fait partie de leur projet parental. La distinction entre ces pères concerne donc plutôt la manière dont ils perçoivent leur situation que leur présence auprès de leurs enfants.

Ces vécus sont présentés de manière idéal-typique[9] ici. Quatre types de vécus émergent en fonction des conceptions de la paternité de ces hommes, caractérisées par l'importance donnée à leur présence quotidienne et leurs capabilités à remplir ce rôle : 1) être à distance pour reproduire le groupe familial ; 2) se sacrifier pour permettre l'ascension sociale de ses enfants ; 3) vivre dans le manque de la vie de famille au quotidien et enfin 4) vivre dans l'espoir d'être bientôt réunis.

Reproduire le groupe familial

Le premier type de vécu correspond à la « vision moderne de la noria » décrite par J. Barou (2001) : la paternité transnationale est perçue par les pères concernés comme un moyen de reproduire leur groupe familial et leur modèle familial de génération en génération. Ils disposent des ressources nécessaires pour mener à bien leur projet paternel (à distance) et familial (protection intergénérationnelle).

9. Cette analyse typologique des vécus est à distinguer d'une classification de pères. Nos enquêtés peuvent en effet faire état d'éléments renvoyant à une logique ou à une autre à différents moments de leurs parcours, voire de manière simultanée dans leurs discours.

Même s'ils qualifient cette vie de « dure » (conditions de travail éprouvantes physiquement, éloignement de la famille, hébergement en foyer pour la plupart, etc.), ces pères, majoritairement de catégorie populaire, n'envisagent pas de vivre autrement. Ils suivent une organisation familiale plutôt patriarcale. M. Tandia déclare à propos du mode de décision conjugal « on veut pas deux têtes » : s'il discute avec son épouse et a des échanges réguliers avec elle et ses enfants, c'est lui qui tranche.

Pour ces pères, leur faible niveau d'éducation, leurs difficultés en langue française, leur insertion professionnelle, leur niveau de revenu ou encore leurs conditions d'hébergement font que l'obtention de la nationalité française (à moins qu'ils ne l'aient de droit par filiation), tout comme le regroupement familial, sont hors du champ des possibles. M. Tandia est par exemple arrivé en France en 2002 avec un visa de tourisme pour y rejoindre son père, venu « faire l'aventure » dans les années 1970. Malgré l'ancienneté de la migration familiale, M. Tandia n'a pas la nationalité française, son père ne l'ayant pas obtenue et celle-ci lui ayant été refusée en 2015 du fait de sa maîtrise insuffisante de la langue française. Ses séjours au Mali ont été marqués par son statut en matière de droit au séjour (les onze années d'irrégularité l'ont empêché de s'y rendre et d'y fonder une famille) et les congés dont il dispose (salarié depuis 2017, il s'y rend une fois par an pour une durée d'un à trois mois). Père de trois enfants qui résident avec son épouse au Mali, il conçoit la famille selon des liens intergénérationnels fondés sur la « dette », « dette » qu'il a eue envers son père et que ses enfants ont à présent vis-à-vis de lui :

> « Voilà, [mes enfants] sont là[-bas], ils ont pas besoin de moi [...] Je commençais à faire les choses, [pour qu'ils puissent] bien étudier, voilà quoi. Je prends en charge, c'est tout, comme mon père il a pris ma charge. La vie c'est comme une dette, voilà. Si quand tu es petit, tes parents, ils font tout pour toi. Il faut venir prendre la place aussi, faire ton enfant. Même ici pareil, c'est comme une dette. C'est comme une dette à payer, la vie c'est comme ça, voilà. »

Selon lui, les enfants ont, au Mali, un rôle de protection vis-à-vis de leurs aînés, à la manière de l'État social français en France : « Maintenant j'ai trois [enfants]. [...] Mais j'espère que ça va venir beaucoup ! [...] Si on a santé. [...] [N]ous, notre RMI, c'est les enfants. On n'a pas d'RMI, on n'a pas de Caf là-bas. »

Certains pères envisagent le regroupement familial des enfants à l'âge adulte pour prendre leur relais et assurer leur protection sociale et celle du groupe familial. Ils insistent sur la nécessité d'obtenir une éducation au pays, ce discours faisant écho aux parents migrants rencontrés par A. Grysole (2020) qui préfèrent que leurs enfants soient éduqués au Sénégal pour y apprendre les valeurs de respect et de solidarité intergénérationnelle. En France comme au pays circulent en effet des récits de regroupement familial ayant conduit à des relations pères-enfants conflictuelles, de l'échec scolaire, de la délinquance et une perte de respect envers les aînés (*ibid.*). Ainsi, M. Wagué, marié en secondes noces au Mali en 2000, un an après l'obtention de son titre de séjour, et père de six enfants, estime qu'ils doivent être bien éduqués au Mali avant d'envisager une éventuelle migration :

> « [P]our moi personnellement, je veux que avant que les enfants ils viennent, qu'ils soient éduqués là-bas et qu'ils soient un peu mûrs pour comprendre la vie.

> Sinon, quand ils viennent tout petit ici, la plupart ça, ils deviennent des délinquants, voilà. [...] Les mêmes gens qui ont fait l'enfance ensemble, l'autre il a laissé son enfant là-bas qui a grandi, qui est même venu par bateau, mais il est là à subvenir à tous ses besoins de ses parents. L'autre, il est, qui a papier français, il est Français et il sait même pas que son père existe. »

Depuis sa régularisation, M. Wagué se rend tous les ans au Mali pour une durée de deux mois. Il échange quotidiennement avec sa femme et ses enfants et pourvoit intégralement à leurs besoins, au point d'être à découvert au moment de notre entretien.

Les capabilités à reproduire ce modèle familial dépendent de la réglementation française, et notamment des possibilités de transmission intergénérationnelle de la nationalité française. Le parcours de M. Sakho le montre. Lui-même « enfant de l'aventure », il est franco-malien. Arrivé en France à 19 ans, il se marie avec sa première femme cinq ans plus tard au Mali, et a sept enfants avec elle. Le couple se sépare en 2020 après que Mme Sakho soit venue en France avec les deux cadets, contre l'avis de son époux. En 2021, il se marie à nouveau au Mali, afin que sa nouvelle femme s'occupe des « affaires » au pays et prenne soin des aînés. Le couple a deux enfants ensemble. Il échange avec eux deux fois par semaine par Whatsapp et se rend au Mali deux fois par an pour des durées allant d'un à trois mois. Si, avant la séparation, et depuis que les tensions sont apaisées avec sa première femme, les décisions étaient prises conjointement en France, au Mali, c'est M. Sakho qui prend les décisions (fréquence et montant de l'argent et des biens envoyés au Mali ; décisions relatives aux activités de l'entreprise familiale ; de son association d'aide au quartier ; choix de l'école des enfants, etc.). À présent qu'ils sont majeurs et binationaux, M. Sakho envisage de faire venir ses fils aînés en France pour y travailler, « s'occuper de leurs petits frères et sœurs ici et moi je fais aller-retour pour que je puisse réaliser bien mes projets [au Mali] », voire, à terme, s'il en a les moyens, rentrer définitivement au pays.

Ainsi, MM. Tandia et Sakho emploient chacun les ressources à leur disposition et perçoivent la distance et la circulation familiale transnationale comme un moyen de reproduire le groupe familial. Si leur organisation conjugale et leurs projets parentaux et familiaux sont très proches, leurs capabilités à les réaliser divergent, notamment parce que la réglementation qui encadre leur paternité diffère.

Se sacrifier pour ses enfants

Le second type de vécus de la paternité est celui des pères qui souhaiteraient vivre en famille, mais qui ont accepté qu'ils ne disposent pas des ressources nécessaires pour réaliser la réunification du groupe familial. La paternité à distance est alors décrite comme un sacrifice permettant l'ascension sociale de leurs enfants, cette perspective permettant d'accepter la dureté de la vie, de la précarité en France et de « trouv[er] une forte compensation à leur solitude » (Barou, 2023, p. 65). Ces pères semblent, dans la majorité, suivre un modèle d'organisation conjugale plus égalitaire que les précédents. Tel est le cas de M. Kané (voir ci-dessous). Sa femme et lui prennent les décisions ensemble : « Mais tu sais, la vie, ça se partage. Et ça se partage comment ? Ça se partage à deux. » Faisant l'analogie avec le monde de l'entreprise, il met au rang de « PDG », « papa-maman ».

Certains pères dans cette configuration évoquent les projets passés de réunification familiale en France auxquels ils ont dû renoncer. Tel est le cas de M. Gharbi, venu s'installer en France auprès de son père en 1991 pour un an, puis de manière permanente en 1997. Après une première union avec une femme en France avec qui il a eu un enfant, il se remarie en Tunisie et a trois enfants avec sa nouvelle femme. Il a récemment envisagé de demander la nationalité française mais son entourage l'a convaincu de ne pas débuter les démarches car le fait que sa femme et ses enfants soient en Tunisie est un frein pour prouver des liens d'intégration suffisamment forts en France. Son instabilité sur le marché du travail liée à son statut d'intérimaire dans le bâtiment, et donc celle de ses revenus, ainsi que la cherté de la vie en France, font qu'il n'envisage pas le regroupement familial : « C'est trop cher, et c'est voilà, c'est trop cher. Et le travail, des fois je travaille intérimaire, des fois je travaille cinq, six mois, sept mois par an. Vous savez, j'ai pas de poste fixe. Voilà c'est tout. Là-bas ils sont bien, tranquilles pour l'instant. » Son instabilité sur le marché du travail affecte aussi les montants des transferts financiers qu'il envoie mensuellement à son épouse ainsi que la fréquence de ses séjours en Tunisie (une fois par an l'été, voire l'hiver, s'il le peut).

Ces pères décrivent le cumul des difficultés pour réaliser un éventuel projet de regroupement familial, les conditions réglementaires s'ajoutant aux conditions de travail. Tel est le cas de M. Diaby (voir ci-dessus). Dans l'absolu, il aimerait vivre avec sa conjointe et ses enfants, mais ses déplacements professionnels fréquents et la nécessité d'avoir un grand logement empêchent d'envisager cette réunion familiale dans un avenir proche : « Un jour, j'aimerais bien qu'ils viennent, mais ça va être compliqué. [...] C'est long tout ça, et puis la condition [en matière de regroupement familial], il faut un grand appartement, tout ça. [...] Surtout, le boulot que moi je fais des déplacements tout ça, c'est compliqué. »

L'acceptation de ces contraintes matérielles face au désir d'être réunis génère un sentiment de sacrifice chez ces pères. Ils se sacrifient pour permettre l'ascension sociale de leurs enfants, par l'école principalement, à laquelle ils accordent une grande importance. M. Fadiga vient en France en 1988 et obtient son premier titre de séjour dix ans plus tard. Il se marie au Mali en 2006 et a cinq enfants avec son épouse, décédée en 2019. Depuis, son frère et ses sœurs s'occupent des enfants au pays et il pourvoit financièrement à leurs besoins. Ses plus jeunes enfants sont scolarisés au village et son fils aîné est en internat dans une école privée de la ville la plus proche. Cet arbitrage a été fait pour lui permettre d'avoir une meilleure éducation tout en s'adaptant aux contraintes financières de M. Fadiga. Pour lui, l'école est indispensable à l'ascension sociale, notamment en cas de migration en France : « Si j'ai fait tous mes possibilités pour financer pour qu'ils vont évoluer. Il faut pas qu'ils fait comme moi. Alors s'ils viennent ici, ça va être très facile pour eux. [...] À l'époque, je parle pas français, j'ai pas écrire ; j'ai très, très fatigué. »

Si, comme MM. Tandia, Wagué ou Sakho, il envisage la migration de ses enfants adultes, celle-ci, pour être réussie, doit se faire après une belle scolarité au pays.

Malgré des communications plusieurs fois par jour avec sa femme et ses enfants, et des séjours de deux mois au pays tous les 18 mois, M. Kané (père de cinq enfants résidant au Sénégal), tout comme M. Fadiga, considère que ses enfants et lui ne se connaissent pas, ce qu'il regrette. Ce sacrifice est fait pour permettre à leurs enfants d'avoir une vie plus confortable, notamment grâce à l'investissement scolaire, comme l'explique M. Kané : « C'est un avancement que papa il a fait pour ses enfants et pour sa maman, et vous les enfants, maintenant on vous dit [d']aller à l'école, c'est pour vous demain, vous allez faire autre chose que papa [qui était chef d'une équipe de nettoyage avant de perdre son emploi]. » Vu son projet parental, la non-poursuite des études de sa fille et de son fils aîné·es (jusqu'au collège, et malgré le paiement de deux années d'études en système privé pour son fils) sont source de grande déception.

Vivre dans le manque de la vie de famille au quotidien

Les pères valorisant l'amour conjugal et filial et la proximité familiale au quotidien centrent leurs discours au sujet de la paternité sur le manque. Pour eux, l'absence de vie familiale au quotidien est source de souffrances qu'un projet intergénérationnel de reproduction d'un modèle familial, d'ascension sociale ou la perspective d'une réunification familiale dans un avenir proche ne peuvent compenser. Comme les pères correspondant aux types précédents, ils font face aux contraintes en matière de droit au séjour ou de position sociale, mais, contrairement à eux, ils n'acceptent pas la distance. Comme ceux qui la vivent comme un sacrifice, ils adhèrent à la norme de présence paternelle et prennent des décisions de manière plus égalitaire que les pères qui ambitionnent de reproduire le groupe familial. Ce qui les distingue, c'est le fait de ne pas avoir accepté la distance, celle-ci étant en contradiction avec leur modèle familial, conjugal et parental qui implique d'être au quotidien avec sa famille, sans avoir les capabilités permettant de réaliser ce projet parental.

Le retour au pays n'étant pas possible[10], ils effectuent des démarches pour faire venir leur famille en France, même si leurs ressources économiques et financières limitent les chances, et donc l'espoir, d'y aboutir. M. Konaré, par exemple, décrit ainsi sa situation : « J'aimerais bien vivre avec mes enfants. J'ai trois enfants. Donc les enfants, l'idéal, c'est je le fais pour vivre avec les enfants. Mais les enfants, de l'autre côté, toi t'es ici, ça c'est pas une vie. C'est pas une vie. La matin, tu vas au travail, tu rentres le soir, les enfants ne sont pas avec toi et, et voilà quoi. C'est pas une vie. »

Qu'il s'agisse de sa femme, de ses enfants ou du reste de sa famille, pour lui, « la famille, c'est sacré ». Il échange ainsi quotidiennement avec les membres de

10. Notamment parce que le marché du travail au pays est restreint et ne leur permettrait pas de pourvoir aux dépenses familiales de manière suffisante.

sa famille et réalise notamment le rituel du coucher de son fils cadet tous les soirs. M. Konaré, bénéficiaire d'une carte de séjour de dix ans, a lancé en 2021 une troisième demande de regroupement familial, après deux demandes infructueuses réalisées en 2010 et 2014. Il déclare : « C'est ma troisième tentative. Je veux ça, je veux vivre avec ma famille. Je me suis marié, j'ai fondé un foyer et une famille pour vivre en, une vie familiale, pour avoir une vie familiale quoi, voilà. »

M. Touré est dans un cas similaire. Né au Mali, il est arrivé en France par mutation en 2016, après 12 ans passés en Espagne. Marié en 2009 et père de quatre enfants, il dit aimer sa femme et ne pas vouloir de deuxième épouse pour cette raison. M. Touré et sa femme prennent leurs décisions ensemble « comme tous les couples. Donc on se dit les idées, après on voit ce qui est mieux quoi, voilà. » Depuis 2016, il essaie de débuter une procédure de regroupement familial afin de faire venir sa femme et ses enfants du Mali. S'il a obtenu un logement social à l'automne précédant l'enquête, celui-ci n'est pas suffisamment grand pour que la procédure puisse aboutir. Il appelle sa femme et ses enfants plusieurs fois par jour, et va les voir un mois par an, décrivant le moment de son départ comme « la tristesse totale ».

Ce manque peut être renforcé quand les pères ont précédemment vécu avec leur femme et leurs enfants, comme M. Goumané, qui a migré en France en 1993. En 2004, un an après l'obtention de sa carte de résident, il se marie avec sa femme en France. Celle-ci retourne vivre au Mali pour raison de santé en 2012. Au moment de l'enquête, la fratrie de huit enfants est séparée géographiquement entre ceux qui sont nés en France avant le départ de Mme Goumané et résident avec leur père et ceux qui sont nés au Mali après son retour et vivent avec leur mère chez l'oncle de celle-ci. L'organisation familiale actuelle au Mali, fondée sur le soutien financier de M. Goumané à sa femme et ses enfants et sur des prises de décision par les oncles de sa femme, contrevient à son idéal familial de décision conjugale conjointe au sein d'une famille nucléaire réunie. Les échanges quotidiens entre eux ne soulagent que peu les difficultés logistiques et le manque :

> « [S]i on était même ensemble ici, c'était bien. [...] Mais dans ces conditions-là, y a une partie au Mali, y a une partie ici mais bon [...] [T]u penses tout le temps jour et nuit, comment quand ça va vivre ensemble, mais toujours c'est comme ça. Voilà, les enfants qui sont là [en France] quand même ils ont grandi maintenant. Bon, ceux qui sont là-bas qui sont petits. C'est un peu difficile quand même. »

La séparation géographique de la famille est renforcée par une inégalité en matière de liberté de circulation de ses membres : alors que les enfants nés en France peuvent demander la naturalisation par déclaration à partir de 13 ans en vertu du droit du sol[11], ceux qui ne sont pas nés en France doivent obtenir un visa pour voyager en France. Dans le cas où M. Goumané obtiendrait la nationalité

11. Des démarches sont en cours pour les aînés.

française, il pourra la transmettre à ses enfants mineurs, quel que soit leur pays de résidence[12].

Une distance vécue comme temporaire

Lorsque les pères valorisent les liens affectifs et considèrent la proximité physique comme essentielle à la conjugalité et à la paternité, et qu'ils peuvent mobiliser des ressources pour vivre, dans un avenir proche, avec leurs enfants et leur éventuelle conjointe, l'expérience de la paternité transnationale est conçue comme temporaire, malgré les souffrances vécues. Comme les pères qui subissent la distance (en se faisant une raison par un projet d'ascension sociale des enfants ou en vivant le manque de plein fouet), ces pères ont une conception de la conjugalité et de la parentalité plus égalitaire que les pères souhaitant assurer la reproduction du groupe familial. M. Merabet, qui échange quotidiennement avec sa famille et se rend deux à trois fois par an en Algérie, décrit ainsi la manière dont il prend les décisions avec son épouse : « La décision, on partage, non ! [...] Moi je parle avec elle, c'est même elle parle avec moi, et après on trouve une solution. C'est ça la vie normalement. C'est un chemin et on partage le chemin. »

Ces pères envisagent un retour possible au pays ou la réunification en France (par le biais du regroupement familial ou à la suite de l'obtention d'une nationalité européenne). Contrairement aux pères précédents pour qui le manque a pris le pas sur l'espoir, ils ont commencé leurs démarches récemment et ont des chances de les voir aboutir. Certains pères ont par exemple commencé des demandes de regroupement familial peu de temps avant notre enquête. Leur stabilité professionnelle, leur position sociale (catégories moyennes et supérieures) et leurs niveaux de revenus laissent présager une issue favorable de la procédure, comme pour M. Saidi (voir ci-dessus).

L'intégration réussie sur le marché du travail peut en outre faciliter l'obtention de la nationalité française/européenne, rendre possible la circulation entre les deux pays ou permettre de faire venir la famille en France. Tel a été le cas de M. Bennani. Celui-ci a d'abord migré au Canada en 1994 pour y reprendre des études universitaires, puis en Espagne en 1999 pour le travail, pays qu'il a quitté en 2010 du fait de la crise économique pour retourner vivre au Maroc, un an après avoir obtenu la nationalité espagnole. Il s'y marie et devient père de deux enfants, avec qui il a vécu jusqu'à sa migration en France, en 2018. Malgré son projet initial de vivre en famille, il est venu en France seul, pour pouvoir s'y installer et éviter que « tout le monde souffre ». En tant que citoyen européen, la procédure de réunification familiale a été facilitée. Dans ce contexte, la séparation d'avec ses enfants a été vécue comme difficile, mais temporaire :

> « Moi j'ai utilisé un peu la logique mathématique. Je suppose les deux cas, c'est quoi le cas qui va être plus bénéfique. Si je vais avec mes enfants en même

12. Une première demande faite en 2007 a fait l'objet d'un refus. Au moment de l'enquête, il envisage de faire une nouvelle demande.

temps [en France], je gagnerai le côté social, je suis avec mes enfants, tout ça, la compagnie. [...] Et l'autre cas que je suis seul, je perds le côté social mais j'ai un peu plus de stabilité psychique quand même au niveau travail parce qu'on va quand même dans un pays que c'est pas facile la première journée. [...] C'est pas la télé, la réalité, c'est autre chose. Donc on arrive, y a déjà un livre de charges. Des charges, pour une personne, il peut manger n'importe où, dormir n'importe où. C'est pas comme avec les enfants. Les enfants, ils acceptent pas comme un adulte. [...] C'est pas facile mais bon. »

Cette séparation a duré trois ans. Depuis 2021, la famille est réunie en France, ce qui correspond au projet parental de M. Bennani, qui a pu se réaliser grâce à sa position sociale, sa place sur le marché du travail lui ayant permis d'obtenir une nationalité européenne facilitant la venue de son épouse et de ses enfants en France.

Conclusion

Notre recherche révèle la complexité et la pluralité des expériences de paternité transnationale. À rebours des idées reçues qui tendent à homogénéiser les pères minorisés, cette analyse souligne la grande hétérogénéité de leurs positions sociales et de leurs parcours de vie. Le niveau de ressources et de contraintes dans lequel ils évoluent détermine les capabilités des pères, pour reprendre la terminologie d'A. Sen (1985), et affecte leurs vécus de la paternité à distance. L'adéquation, ou non, de ces capabilités avec leurs projets paternels génère une pluralité de sentiments vis-à-vis de leur situation de paternité transnationale, allant d'une relative satisfaction à une souffrance importante, celle-ci pouvant être atténuée par le projet d'ascension sociale des enfants ou par la perspective d'une réunification familiale dans un avenir plus ou moins proche. Ces observations mettent également en lumière la pluralité des normes de paternité parmi ces pères, qui sont plus ou moins proches de la norme de présence paternelle dominante en France ou font appel à d'autres modèles familiaux (comme la valorisation de la transmission, de la dette et de la protection intergénérationnelles).

Les politiques publiques relatives à l'entrée et au séjour des étrangers ainsi qu'à la nationalité, sur lesquelles nous nous sommes concentrées ici, modèlent ces paternités transnationales en déterminant le moment et les conditions dans lesquels ces hommes peuvent former et vivre en famille. Confirmant l'hypothèse d'une stratification civique entre migrants selon leurs positions sociales respectives, cette recherche sur les pères à distance démontre une nouvelle fois que les inégalités sociales entre les familles en migration sont renforcées par les conditions d'éligibilité aux différentes procédures d'entrée et de séjour, à la nationalité et à la réunion familiale, augmentant les capabilités à avoir la vie familiale souhaitée pour les uns, les réduisant pour les autres. En contradiction avec les discours politiques relatifs au « grand remplacement[13] » ou au « risque de submersion[14] » de la France, l'enjeu pour ces pères semble plutôt de disposer de liberté en matière de circulation afin d'avoir la vie familiale souhaitée.

Les relations conjugales et leur place dans leurs familles respectives sont en outre plus complexes que la simple opposition entre « tradition » du pays d'origine et « modernité » française, ou encore entre « patriarcat » africain et « modèle égalitaire » occidental. Pour le dire autrement, si tous pourvoient financièrement et matériellement aux besoins de leurs familles au pays, la majorité des pères enquêtés ne se contentent pas de cela. Les échanges, grâce aux outils numériques, sont quotidiens, les séjours au pays aussi fréquents que possibles, et correspondent à la norme dominante en France de « présence paternelle ». En outre, si les décisions à l'égard des enfants sont prises par les hommes uniquement pour ceux qui ambitionnent de reproduire le groupe familial, la majorité des pères interrogés valorisent le rôle de leur épouse dans la gestion quotidienne de la maisonnée[15], voire décrivent des décisions conjointes au sein du couple. Ces observations viennent ainsi nuancer les conclusions d'études passées sur les pères migrants représentés comme étant « absents » et « défaillants » lorsqu'ils partent vivre et travailler à l'étranger.

Leur investissement dans l'éducation des enfants et leur volonté de tisser des liens avec eux ne remet cependant pas en cause l'organisation (nécessairement) inégalitaire du travail domestique de ces familles, constat déjà fait par A. Sponton (2023) à l'égard des parents de jeunes enfants en France en général et par C. Dávalos (2020) vis-à-vis des familles transnationales équatoriennes en Espagne. Pour les familles transnationales que nous avons enquêtées en France, la différenciation forte entre les rôles paternels et maternels est renforcée par le droit à l'entrée, au séjour et à la nationalité, la réglementation française encadrant leurs capabilités.

13. On pense notamment à la diffusion et à l'audience de théories comme celle du « grand remplacement » mises en avant par l'écrivain d'extrême droite Renaud Camus et fréquemment reprise dans le champ politique et médiatique français.

14. Propos tenu par le Premier ministre François Bayrou lors d'une interview sur LCI le 27 janvier 2025.

15. La « maisonnée » au sens sociologique correspond aux liens de solidarité et de protection qui unissent des membres d'une famille qui partagent des ressources autour d'une « cause commune » (voir notamment Gollac, 2003).

Références bibliographiques

Aulanier A. (2025), « Faire le genre malgré l'asile. Être un homme, de la vie sexuelle au plan de vie (France/Allemagne) », *Revue des politiques sociales et familiales*, n° 153, p. 13-28.

Baldassar L. et Merla L. (2014), *Transnational Families, Migration and the Circulation of Care. Understanding Mobility and Absence in Family Life*, New York, Routledge.

Bancel N., Blanchard P., Boëtsch G. *et al.* (2018), *Sexe, race et colonies. La domination des corps du* XVe *siècle à nos jours*, Paris, La Découverte.

Barou J. (2001), « La famille à distance. Nouvelles stratégies familiales chez les immigrés d'Afrique sahélienne », *Hommes et Migrations*, n° 1232, p. 16-25.

Barou J. (2023), « Retrouvailles avec le père », *Migrations Société*, n° 192, p. 55-70.

Bonizzoni P. (2009), « Living Together Again. Families Surviving Italian Immigration Policies », *International Review of Sociology/Revue Internationale de Sociologie*, vol. 19, n° 1, p. 83-101.

Bryceson D. et Vuorela U. (dir.) (2002), *The Transnational Family. New European Frontiers and Global Networks*, Oxford, Berg.

Cienfuegos J., Brandhorst R. et Bryceson D. F. (dir.) (2023), *Handbook of Transnational Families around the World*, Cham, Springer.

Datta K., McIlwaine C., Herbert J. *et al.* (2009), « Men on the Move. Narratives of Migration and Work among Low-Paid Migrant Men in London », *Social & Cultural Geography*, vol. 10, n° 8, p. 853-873.

Dávalos C. (2020), « Localizing Masculinities in the Global Care Chains. Experiences of Migrant Men in Spain and Ecuador », *Gender, Place & Culture*, vol. 27, n° 12, p. 1703-1722.

Descamps J. (2024), « Faire les papiers, (dé)faire la famille. Encadrement institutionnel de l'immigration familiale, usages et expériences », Doctorat en sociologie, sous la direction de Yasmine Siblot et Cris Beauchemin, Université Paris 8.

Domergue F. et Jourdan V. (2017), « Les déterminants du statut d'occupation des logements et de la mobilité résidentielle des ménages immigrés », *in* Laferrère A., Pouliquen E. et Rougerie C. (dir.), *Les conditions de logement en France*, Paris, Insee Références.

Dumitru S. (2014), « From "brain drain" to "care drain". Women's Labor Migration and Methodological Sexism », *Women's Studies International Forum*, vol. 47, p. 203-212.

El Achi T. (2024), « Les prestations familiales versées par la France à l'étranger entre 1968 et 2021 », *Décryptage. Études et analyses du Cleiss*, n° 29.

Fargues É. (2020), « Fabriquer des citoyens "autonomes". "Tournant civique" et vision néolibérale de l'intégration dans la procédure de naturalisation française », *Revue européenne des migrations internationales*, vol. 36, n° 4, p. 55-75.

Fargues É., Pélabay J. et Sénac R. (2024), « The Contemporary Uses of the "Values of the Republic" in the French Naturalisation Process », *Journal of Ethnic and Migration Studies*, vol. 50, n° 18, p. 4563-4580.

Fiałkowska K. (2019), « Remote Fatherhood and Visiting Husbands. Seasonal Migration and Men's Position within Families », *Comparative Migration Studies*, vol. 7, n° 1, p. 1-17.

Fillod-Chabaud A. et Odasso L. (dir.) (2020), *Faire et défaire les liens familiaux. Usages et pratiques du droit en contexte migratoire*, Rennes, Presses universitaires de Rennes.

Fresnoza-Flot A. (2009), « Migration Status and Transnational Mothering. The Case of Filipino Migrants in France », *Global Networks*, vol. 9, n° 2, p. 252-270.

Gollac S. (2003), « Maisonnée et cause commune. Une prise en charge familiale », *in* Gojard S., Gramain A. et Weber F. (dir.), *Charges de famille. Dépendance et parenté dans la France contemporaine*, Paris, La Découverte.

Gosselin A., Desgrées du Loû A., Lelièvre E. *et al.* (2018), « Understanding Settlement Pathways of African Immigrants in France through a Capability Approach. Do Pre-migratory Characteristics Matter ? », *European Journal of Population*, vol. 34, p. 849-871.

Gourdeau C. et Odasso L. (2023), « Les frontières de la parentalité. Contrôle migratoire et unité familiale », *Revue française des affaires sociales*, n° 2, avril-juin, p. 189-208.

Grysole A. (2020), « Fabriquer des enfants redevables. Pluriparentalité transnationale entre les États-Unis et le Sénégal », *Revue des politiques sociales et familiales*, n° 134, p. 11-24.

Hammouche A. (2008), « Rapports de genre et de génération dans des “quartiers en transition” de la région lyonnaise », *Espaces et sociétés*, n° 134, p. 115-130.

Haut Conseil de la famille (HCF) (2010), *L'éclatement géographique de la famille*, Rapport « Ruptures et discontinuités de la vie familiale », note n° 3 [en ligne] hcfea.fr (consulté le 25 août 2025).

Hollifield J. F. et Héran F. (2022), « Immigration and the Republican. Tradition in France », *in* Hollifield J. F., Martin P. L., Orrenius P. M. et Héran F. (dir.), *Controlling Immigration. A Comparative Perspective*, Redwood City, Stanford University Press.

Jourdan V. et Prévot M. (2020), « Les primo-arrivants en 2019, un an après leur premier titre de séjour. Premiers résultats de l'enquête Elipa 2 », *Infos Migrations*, n° 98, p. 1-7.

Kilkey M. et Merla L. (2014), « Situating Transnational Families' Care-giving Arrangements. The Role of Institutional Contexts », *Global Networks*, vol. 14, n° 2, p. 210-229.

Kofman E. (2002), « Contemporary European Migrations, Civic Stratification and Citizenship », *Political Geography*, vol. 21, n° 8, p. 1035-1054.

Martial A. (2013), « Des pères “absents” aux pères “quotidiens”. Représentations et discours sur la paternité dans l'après-divorce », *Informations sociales*, n° 176, p. 36-43.

Mazzucato V., Dankyi E. et Poeze M. (2017), « Mapping Transnational Networks of Care from a Multi-actor and Multi-sited Perspective », *in* C. Bolzman, L. Bernardi et J.-M. Le Goff (dir.), *Situating Children of Migrants across Borders and Origins. A Methodological Overview,* Springer Netherlands.

Négroni C. et Bessin M. (dir.) (2022), *Parcours de vie. Logiques individuelles, collectives et institutionnelles*, Villeneuve d'Ascq, Presses universitaires du Septentrion.

Poeze M. (2019), « Beyond Breadwinning. Ghanaian Transnational Fathering in the Netherlands », *Journal of Ethnic and Migration Studies*, vol. 45, n° 16, p. 3065-3084.

Revue des politiques sociales et familiales (2020), *Parentalités en migration. Normes, pratiques et perceptions*, n° 134.

Salazar Parreñas R. (2005), *Children of Global Migration. Transnational Families and Gendered Woes,* Stanford, Stanford University Press.

Sen A. (1985), *Commodities and Capabilities*, Oxford, Elsevier Science Publishers.

Sponton A. (2023), « Se montrer présent. Réception du congé de paternité, parentalités et masculinités de la grossesse à la petite enfance », Doctorat de sociologie, sous la direction de Marta Dominguez Folgueras et Ariane Pailhé, Institut d'études politiques de Paris.

ANNEXE

TABLEAU 1
Caractéristiques des enquêtés mentionnés

Nom	Âge	Pays de naissance	Année et statut au moment de la 1re arrivée en France (s'ils ont été mentionnés par l'enquêté)	Statut actuel vis-à-vis du droit au séjour
M. Idrissi	38 ans	Maroc	2006, visa de tourisme	Carte de 10 ans
M. Hammami	38 ans	Tunisie	2005, visa étudiant	Carte de 10 ans
M. Kouadio	43 ans	Côte d'Ivoire	2010, demandeur d'asile	Carte de 10 ans
M. Sakho	44 ans	Mali	1998, français	Français par filiation
M. Diaby	46 ans	Mali	1996, sans titre de séjour à son nom	Carte de 10 ans
M. Tandia	46 ans	Mali	2002, visa de tourisme	Carte de 10 ans
M. Touré	47 ans	Mali	2016, titre de séjour espagnol	Carte de 10 ans
M. Merabet	47 ans	Algérie	2011, titre de séjour italien	Carte de 10 ans
M. Bennani	50 ans	Maroc	2018, citoyen européen	Naturalisé espagnol
M. Diarisso	51 ans	Mali	1989	Carte de 10 ans
M. Konaré	51 ans	Mali	2000, visa étudiant	Carte de 10 ans
M. Gharbi	53 ans	Tunisie	1991, visa de tourisme	Carte de 10 ans
M. Fadiga	54 ans	Mali	1988, visa de tourisme	Carte de 10 ans
M. Saidi	55 ans	Algérie	1995, visa étudiant	Carte de 10 ans
M. Berrada	57 ans	Maroc	1990, visa étudiant	Naturalisé français en 1998
M. Wagué	61 ans	Mali	1982	Carte de 10 ans
M. Kané	64 ans	Sénégal	1980, visa belge	Carte de 10 ans
M. Goumané	Inconnu	Mali	1993, visa de tourisme	Carte de 10 ans

Position sur le marché de l'emploi	Année de l'union et statut matrimonial	Nombre et année de naissance des enfants	Pays de résidence des enfants
Responsable de secteur dans une entreprise de nettoyage	2013, mariage	3 enfants, nés entre 2014 et 2020	Maroc
Travailleur handicapé avec incapacité de travail à 80 %	2013, mariage	3 enfants, nés entre 2016 et 2020	Tunisie
Agent de sécurité	2000, mariage religieux ; 2014, mariage civil	6 enfants, nés entre 2000 et 2020	Côte d'Ivoire
Agent de service dans une société de transport	2003-2020, 1re union ; depuis 2021, 2e union	9 enfants, nés entre 2004 et 2023	France et Mali
Foreur et conducteur d'engins	2009-2018, 1re union ; depuis 2019, 2e union	7 enfants, nés entre 1995 et 2022	Mali
Salarié dans la restauration	2013, mariage	3 enfants, nés entre 2016 et 2020	Mali
Conducteur d'engins	2009, mariage	4 enfants, nés entre 2009 et 2018	Mali
Chauffeur routier	2017, mariage	2 enfants, nés en 2019 et 2020	Algérie
Ingénieur	2010, mariage	2 enfants, nés en 2011 et 2014	France
Cariste intérimaire	2009, mariage	5 enfants, nés entre 2010 et 2021	Mali
Agent de maîtrise dans la sécurité incendie	2005, union religieuse ; 2006, union civile	3 enfants, nés entre 2006 et 2014	Mali
Intérimaire dans le bâtiment	2000-2004, 1re union ; depuis 2007, 2e union	4 enfants, nés entre 2002 et 2014	France et Tunisie
Agent de nettoyage	2006-2019, mariage	5 enfants, nés entre 2006 et 2016	Mali
Agent de sécurité	2009, mariage	2 enfants, nés en 2021 et 2022	Algérie
Fonctionnaire	1992-2012, 1re union ; depuis 2013, 2e union	3 enfants, nés entre 1999 et 2018	France et Maroc
Agent de nettoyage	1988-1997, 1re union ; depuis 2000, 2e union	6 enfants, nés entre 2000 et 2013	Sénégal
Sans emploi	1985, mariage	5 enfants, nés entre 1991 et 2012	Sénégal
Agent de nettoyage	2004, mariage religieux	8 enfants, nés entre 2004 et 2023	France et Mali

Ni attendus, ni absents : la paternité à l'épreuve de l'inclusion scolaire

Chloé Courtot

RÉSUMÉ

Alors que l'école inclusive multiplie les injonctions à une forte implication éducative des parents, celles-ci s'adressent de manière implicite et genrée quasi exclusivement aux mères, laissant les pères en marge. Cet article analyse la manière dont les pères d'enfants en situation de handicap reçoivent, interprètent et répondent aux attentes scolaires dans un contexte marqué par le développement de l'école inclusive. Il s'appuie sur une recherche doctorale en sociologie de l'action publique menée auprès de 27 pères issus de milieux sociaux variés, ayant un enfant porteur d'un trouble du spectre autistique (TSA) ou de troubles de la fonction auditive (TFA). L'enjeu est de comprendre comment la relation avec l'école contribue à modeler les formes contemporaines de la paternité à l'aune du handicap de l'enfant. L'article montre, dans un premier temps, que les pères, bien qu'ils ne soient pas directement destinataires des attentes scolaires, se repositionnent dans une posture traditionnelle de pourvoyeur économique. Mais il met également en lumière que ce retrait ne constitue pas un désengagement : les pères investissent d'autres espaces éducatifs pour participer, de manière indirecte, à la scolarité de leur enfant en situation de handicap.

ABSTRACT

Neither Expected nor Absent: Fatherhood Tested by School Inclusion

While inclusive schooling multiplies the demands on parents to be strongly involved in their children's education, such exhortations are addressed almost exclusively to mothers in an implicit and gendered way, leaving fathers on the sidelines. This article analyses how fathers of disabled children receive, interpret and respond to school expectations in a context marked by the development of inclusive schooling. It draws on PhD research in sociology of public action carried out among 27 fathers from a wide variety of social backgrounds, who have a child with an autism spectrum disorder (ASD) or hearing impairment. The aim is to understand how the relationship with the school contributes to modelling contemporary forms of fatherhood in the light of the child's disability. The article begins by showing that fathers, while not directly targeted by school expectations, reposition themselves in a traditional role of economic provider. But it also shows that this distancing is not an act of disengagement: fathers are involved in other educational areas and thereby participate, indirectly, in the schooling of their disabled child.

Depuis les années 1990, les enjeux de parentalité – jusqu'alors cantonnés à la sphère privée – deviennent un objet de débat public, nourrissent les débats politiques et font l'objet d'un encadrement législatif de plus en plus dense. À travers le développement de dispositifs de soutien et d'accompagnement à la parentalité, les politiques publiques dessinent des normes de « bonne parentalité » (Martin, 2014), qui légitiment certaines représentations et pratiques tout en en invalidant d'autres. En formulant des attentes précises et en encadrant les écarts à ces normes, l'État confère aux parents une responsabilité croissante dans la réussite éducative et sociale de leurs enfants.

Dans ce contexte, la figure du « nouveau père », plus impliqué et présent dans la sphère domestique, se développe progressivement (Coltrane, 1996 ; Dermott, 2014). Ce père est désormais appelé à s'investir plus directement dans les tâches éducatives et de *care* auprès de ses enfants. Ces nouvelles attentes constituent un véritable tournant, car jusqu'alors les pères étaient surtout attendus dans un rôle de « chef de famille » autoritaire, dont la contribution à la vie familiale relevait principalement du domaine économique. Ils se positionnaient en pourvoyeurs de revenus, permettant à la mère d'assurer directement et pleinement le rôle éducatif (Townsend, 2002). Leur implication dans la scolarité des enfants restait ponctuelle, centrée sur l'autorité et le contrôle des résultats scolaires. La transformation normative – d'un père pourvoyeur économique à un père engagé dans le quotidien éducatif – est soutenue par plusieurs politiques publiques. Celles-ci ont notamment visé à favoriser l'implication paternelle et le temps partagé avec l'enfant, par la création puis l'allongement du congé paternité (en 2002 puis en 2021), ou encore par la priorisation de la garde alternée en cas de séparation (Martial, 2013 ; Steinmetz, 2022).

Dans ce mouvement d'affirmation d'une norme éducative valorisant l'implication paternelle, l'école – en tant qu'institution éducative centrale – joue un rôle majeur, bien que parfois ambivalent. En parallèle du développement d'une action publique de soutien à la parentalité, l'institution scolaire s'ouvre davantage à son environnement, et les parents sont invités à s'impliquer activement dans la scolarité de leurs enfants, afin de les accompagner vers la réussite (Payet, 2017). En véhiculant des attentes de développement concernant l'enfant (autonomie, propreté, bien-être, etc.) (Durler, 2015), l'école contribue à définir des « bonnes » pratiques parentales. Dans ce cadre, la « bonne parentalité » scolaire correspond à la capacité à accompagner son enfant sur le chemin de la réussite éducative. Le « bon » parent est celui qui sait décrypter les attentes de l'école, repérer les besoins de son enfant et mobiliser les savoirs spécialisés pour y répondre (Singly, 2009 ; Le Pape, 2012). Il adopte ainsi des postures et des pratiques favorisant l'adaptation scolaire de l'enfant.

Cependant, si les injonctions éducatives adressées aux parents sont souvent formulées de manière neutre dans les textes législatifs, elles ciblent en pratique beaucoup plus fréquemment les mères. Cela s'explique notamment par le fait que les activités éducatives et de *care* restent majoritairement assumées par les femmes (Champagne *et al.*, 2015 ; Delès, 2022). En 2024, 76 % des mères en couple déclaraient assumer seules ces tâches au quotidien (Observatoire des inégalités, données 2024 publiées en 2025). Les mères se trouvent donc en première ligne face aux attentes institutionnelles, ce qui contribue à leur identification par les professionnels scolaires ou de la petite enfance comme cibles privilégiées de prescriptions éducatives (Garcia, 2011 ; Gojard, 2010). Cette assignation repose sur un processus historique de naturalisation de la maternité, qui suppose une compétence éducative et un lien affectif « naturels » et allant de soi. Ainsi, dès l'entrée de l'enfant à l'école maternelle, ce sont majoritairement les mères qui assurent la prise en charge après la classe (Chavarel, 2016). Plus tard dans la scolarité, ce sont toujours elles qui endossent la responsabilité de la réalisation des devoirs et du suivi du travail scolaire (*ibid.*). L'institution scolaire constitue ainsi un vecteur important de diffusion des normes de « bonne parentalité », tout en concentrant une grande partie de ses attentes sur les mères.

Avec le handicap de l'enfant, cette différenciation genrée des attentes se renforce. Les besoins accrus de *care* liés au handicap accentuent la focalisation de l'institution scolaire sur les mères, qui sont sollicitées de manière intensive quant à leurs pratiques éducatives. Historiquement, les mères ont longtemps été tenues pour responsables du handicap de leur enfant, en particulier lorsqu'il s'agissait de troubles du développement ou de déficience intellectuelle. Elles étaient alors accusées de causer le trouble de leur enfant par des pratiques parentales inadaptées[1] (Chamak, 2008). Si l'on sait aujourd'hui que ces troubles ne sont pas liés à une défaillance maternelle, les mères demeurent investies d'une autre forme de responsabilité : une « responsabilité pour » (Borelle, 2019). Autrement dit, elles sont enjointes, par les institutions médicales et éducatives, à adopter des pratiques parentales favorisant l'inclusion et le développement de leur enfant vers la norme sociale. Perçues comme les interlocutrices naturelles des professionnels, elles deviennent des « spécialistes par obligation » (Eideliman, 2008).

En effet, depuis la loi de 2005 sur l'égalité des droits et des chances, la participation et la citoyenneté des personnes handicapées, les enfants en situation de handicap ont le droit d'être scolarisés dans un établissement – et en particulier, une classe – ordinaire (encadré 1). Bien que cette loi vise à adapter l'environnement d'apprentissage aux besoins de chaque élève, le cadre scolaire reste encore très rigide et contraint, incitant les professionnels à mobiliser les parents pour favoriser l'inclusion de leur enfant. Il est alors attendu des mères qu'elles agissent pour rendre leur enfant « scolarisable » (Lesain-Delabarre, 2006). Elles sont chargées de tâches de *care* scolaire qui relèvent autant du médico-social que du parental (Garcia, 2011 ; Borelle, 2017) ; et elles doivent souvent coordonner l'action des professionnels autour de l'enfant pour optimiser ses progrès et permettre sa participation scolaire (Lesain-Delabarre, 2012). Cette responsabilisation contribue à individualiser la question de l'inclusion, faisant peser sur les mères le « monopole de la compétence parentale » (Truc, 2006).

1. Le trouble du spectre autistique a longtemps été expliqué par la pédopsychiatrie comme la conséquence d'un manque d'affection de la mère pour son enfant. En France, c'est seulement à partir des années 1990 que l'explication somatique d'un développement neurologique atypique est avancée et mobilisée dans la prise en charge des enfants.

L'INCLUSION SCOLAIRE, UN NOUVEAU PARADIGME ÉDUCATIF [ENCADRÉ 1]

Dans le sillage d'une dynamique internationale portée notamment par la Convention internationale des droits des personnes handicapées (CIDPH) de l'ONU, la France s'engage dans un tournant vers une société plus inclusive. Reposant sur l'idée que tous les individus ont des caractéristiques et des capacités différentes, l'inclusion suppose que l'environnement – physique et social – soit pensé pour être accessible à toutes et tous. La loi de 2005 pour l'égalité des droits et des chances, la participation et la citoyenneté des personnes handicapées s'inscrit dans ce contexte. Elle définit l'école comme une institution inclusive, c'est-à-dire une institution qui doit s'adapter aux besoins de chaque élève et lui offrir le meilleur environnement possible pour apprendre. Les enfants en situation de handicap[1] ont ainsi le droit d'être scolarisés en priorité dans leur établissement de secteur, dans une classe avec des enfants du même âge et de bénéficier, dans ce cadre, d'aménagements adaptés à leurs besoins spécifiques (on parle alors de « scolarité ordinaire »).
Au sein des écoles, plusieurs modalités d'adaptation existent :
- une scolarisation individuelle en classe ordinaire, avec des adaptations matérielles, temporelles ou l'accompagnement d'une AESH (accompagnante d'élève en situation de handicap) ;
- une scolarisation collective également en classe ordinaire, mais associée à des temps de regroupement avec un enseignant spécialisé, dans le cadre par exemple des unités localisées pour l'inclusion scolaire (Ulis).

En près de vingt ans, le nombre d'enfants en situation de handicap scolarisés en classe ordinaire a considérablement augmenté : ils étaient 133 838 en 2004 contre 468 214 en 2022 (ministère de l'Éducation nationale, 2024). Alors qu'autrefois l'orientation vers un établissement médico-social constituait la norme en matière de prise en charge éducative, cette modalité est désormais réservée aux enfants ne pouvant suivre une scolarité en milieu ordinaire.

1. Dans cette perspective inclusive, ce qui crée le handicap n'est pas seulement une caractéristique individuelle de la personne mais l'interaction entre cette caractéristique et l'environnement qui le place en situation de vulnérabilité, de handicap. Le néologisme « situation de handicap » permet d'exprimer cette conception.

Pourtant, cette focalisation sur les mères invisibilise des formes réelles d'engagement paternel. Si la littérature met en lumière la surreprésentation maternelle dans les interactions avec l'école (Eideliman, 2008 ; Lesain-Delabarre, 2012 ; Thouroude, 2017), peu d'études interrogent les effets de cette assignation genrée sur les paternités. Quelques travaux anglo-saxons soulignent néanmoins que le handicap peut bouleverser la construction de l'identité paternelle. Ils montrent que les pères d'enfants en situation de handicap ne sont pas absents, mais réinventent leur rôle en s'écartant des normes traditionnelles de la masculinité (McNeill, 2004 ; Hornby, 1992 ; Ventler *et al.*, 2019). Le handicap peut alors agir comme le déclencheur d'un engagement accru et d'une relation plus directe aux institutions. A. Karisa *et al.* (2022) montrent que cet investissement peut répondre à un désir de protéger l'image sociale de la famille ou refléter une redéfinition de l'identité virile autour de la compétence parentale. Le rôle de père devient alors central dans la construction de la masculinité. T. McNeill (2004) décrit des trajectoires de pères de classes moyennes anglaises qui, face au diagnostic, développent une expertise médico-éducative, s'impliquent dans les soins et cherchent à jouer un rôle plus actif dans le suivi éducatif de leur enfant. Toutefois, ces pères se heurtent au manque de reconnaissance des professionnels et à l'absence d'invitations explicites à s'impliquer. Pour pallier ce déficit de légitimité institutionnelle, certains pères passent du statut de pourvoyeurs économiques à celui de médiateurs revendiquant leur place dans les décisions médicales (Hornby, 1992). Cette dynamique revendicatrice reste cependant socialement différenciée : les ressources culturelles, la position professionnelle et le capital social influencent fortement la visibilité et la légitimité de l'engagement paternel. Certains pères, notamment ceux des classes populaires, subissent une double marginalisation – de genre et de classe – qui rend leur parole moins audible pour les professionnels (Ventler *et al.*, 2019). Cette invisibilisation peut engendrer, selon les cas, une mise à distance progressive ou, au contraire, une quête de reconnaissance.

Si cette littérature anglo-saxonne donne à voir une reconfiguration de la paternité à l'épreuve du handicap, elle s'attarde peu sur le rôle des institutions dans l'encadrement des paternités, et ignore notamment l'effet de l'école, pourtant centrale dans la définition des normes éducatives contemporaines. Les enjeux de la relation entre l'institution scolaire et les pères d'enfant en situation de handicap se révèlent dans la réception qu'ont les pères des attentes scolaires explicites et implicites. C'est dans cette perspective que le concept de réception, tel que défini par Anne Revillard (2020), permet d'analyser la manière dont les politiques publiques sont appropriées et coconstruites par les individus qu'elles ciblent, tout en produisant des effets sur leurs représentations et leurs pratiques. En l'occurrence, la double dimension permet ici de comprendre ce que les pères conçoivent comme des attentes institutionnelles et comment ils s'approprient ces injonctions perçues pour construire leur rôle de père d'élève en situation de handicap. L'analyse par la réception permet ainsi d'explorer les processus de négociation des normes de « bonne parentalité » à l'école pour les pères d'élève en situation de handicap.

Dès lors, cet article cherche à répondre à la question suivante : quelle réception les pères font-ils des attentes scolaires (ou de leur absence) vis-à-vis de leur paternité ? Autrement dit, à partir des pratiques et représentations paternelles, il s'agit de comprendre comment, et dans quelle mesure, les relations avec l'institution scolaire – au cœur de la structuration des rôles parentaux – participent à modeler les paternités des pères d'enfant en situation de handicap. En s'appuyant sur les résultats de notre recherche doctorale (encadré 2), cet article montre que la catégorie de père « absent » occulte l'engagement de ces pères dans la scolarité de leur enfant. Il met en avant le faible niveau d'attentes formelles de la part de l'école à l'égard des pères, qui les conduit à construire un rôle éducatif en retrait – proche des formes traditionnelles de la paternité – mais pas pour autant désinvesti. La première partie met en évidence ce faible degré d'injonction directe, qui contribue à maintenir les pères à distance du quotidien scolaire. La seconde partie nuance le constat de distance avec l'école et montre que cette position périphérique pousse certains pères à chercher activement des moyens de s'impliquer dans le parcours scolaire de leur enfant.

DES RÉCITS DE VIE DE PÈRES D'ÉLÈVES EN SITUATION DE HANDICAP [ENCADRÉ 2]

Cet article s'appuie sur une recherche doctorale en sociologie de l'action publique (Courtot, 2023). Cette thèse propose d'aborder la politique publique inclusive sous l'angle de sa réception par les parents d'enfant en situation de handicap. Autrement dit, elle vise à éclairer conjointement les usages de l'action publique inclusive par les parents et les effets de celle-ci sur leur vie familiale. Cette recherche s'appuie sur une enquête qualitative menée, entre janvier 2020 et décembre 2021, auprès de parents d'enfants âgés de 6 à 22 ans, atteints d'un trouble du spectre autistique (TSA) ou de troubles de la fonction auditive (TFA) dans une académie française. Ces deux types de troubles ont été choisis pour permettre une comparaison méthodique : en plus de nécessiter des aménagements pédagogiques importants pour la scolarisation de l'enfant, ils font aussi l'objet de politiques éducatives spécifiques (dispositifs spécialisés, établissements et parcours éducatifs dédiés) portés à l'agenda politique par les associations de parents d'élèves. Les entretiens ont été réalisés avec des parents recrutés *via* des associations, par l'intermédiaire de groupes Facebook ou de professionnels de l'Éducation nationale. Conduits par téléphone, ils prenaient la forme d'entretiens semi-directifs, dans lesquels les parents étaient invités à raconter leur parcours en tant que parents d'enfants en situation de handicap.
Lorsque le contexte familial le permettait, il était demandé que les deux parents participent à l'entretien – ce qui fut finalement rare. Sur les 81 entretiens réalisés, 54 l'ont été avec la mère seule, 12 avec le père seul, et 15 avec le couple parental. Le présent article se concentre plus spécifiquement sur les discours des 27 pères rencontrés (20 pères d'enfants avec un TSA et 7 dont l'enfant a un TFA). Ces derniers présentent des situations familiales, sociales et professionnelles variées (tableau 1).

TABLEAU 1
Caractéristiques sociologiques des pères enquêtés

Situation familiale des pères	Position sociale des pères	Implication dans la scolarité
- 4 familles monoparentales paternelles. - 18 familles nucléaires. - 5 familles séparées avec garde alternée de l'enfant.	- 5 pères de classes supérieures ou moyennes supérieures. - 13 pères de classes moyennes. - 9 pères de classes populaires.	- 16 pères interviennent ponctuellement dans la scolarité de leur enfant. - 11 pères interviennent au quotidien dans la scolarité de leur enfant.

Note : Les familles dites « nucléaires » sont des familles construites autour d'un couple parental et de leurs enfants.

Des pères relégués : entre invisibilité scolaire et réaffirmation du rôle de pourvoyeur

Lorsqu'un élève est en situation de handicap, l'institution scolaire attend de ses parents qu'ils participent activement à sa bonne inclusion à l'école. Mais les attentes envers les pères et les mères sont différentes. Les pères doivent faire face à une absence d'attentes explicites à leur égard qui favorise leur mise à distance de l'institution scolaire et les amène à adopter des pratiques parentales traditionnelles de pourvoyeur économique.

Une absence d'attentes explicites qui légitime la mise à distance des pères

Le handicap d'un enfant implique une prise en charge individualisée des conditions de son inclusion et de sa scolarité. Ce contexte particulier de scolarisation engage une reconfiguration des relations entre les parents et les acteurs de l'institution scolaire.

Premièrement, il est nécessaire de distinguer les situations où le handicap de l'enfant n'entraîne pas de difficultés majeures pour son inclusion de celles où sa présence en classe crée des obstacles importants, tant au niveau individuel pour ses apprentissages qu'au niveau collectif dans la vie de la classe. Quand l'inclusion de l'enfant nécessite peu d'aménagements et rencontre peu d'obstacles – comme c'est le cas dans notre enquête pour les enfants sourds appareillés – les pères ne considèrent pas leur relation avec l'institution scolaire comme singulière. Ils décrivent alors des situations où ils tendent à se conformer à la figure du « nouveau père ». Ils insistent sur leur engagement dans l'éducation et la socialisation de leur enfant, une posture qu'ils estiment particulièrement valorisée par l'école :

> « Y avait pas de problème à l'école, il était comme les autres. Et du coup nous aussi, parents, on était comme les autres. On nous demandait rien de particulier. Moi j'étais même vu comme le père héroïque qui s'occupe beaucoup de son enfant. J'étais mieux que les autres (*rires*) » (père de Jules, TFA, 13 ans, buraliste, famille monoparentale, interrogé en présence des deux parents[2]).

En revanche, lorsque la scolarité de l'enfant devient problématique – en raison d'un écart significatif dans les apprentissages ou de troubles du comportement – les pères relatent une mise à distance de la part des acteurs scolaires. Celle-ci n'est pas imposée explicitement par l'institution, mais résulte de pratiques relationnelles genrées qui tendent à privilégier l'interlocution avec les mères. L. Thouroude (2018) souligne que l'institution scolaire reste structurée par une division sexuée implicite du travail de *care*, qui renforce la centralité des mères dans les interactions avec les professionnels. C'est ce qu'une grande partie des pères interrogés expriment, quelle que soit leur position sociale ou leur situation familiale. À l'image du père d'Anna, paysagiste et séparé de la mère de l'enfant, une grande partie des pères interrogés estiment ne plus être considérés dans les échanges, où les professionnels s'adressent essentiellement à la mère :

> « Ça arrive souvent pour des petits trucs que les profs s'adressent à l'un ou à l'autre indifférent. Un papier, un sac de sport oublié ou je sais pas un détail, là on peut me demander de gérer, surtout la semaine où j'ai les enfants. Mais

2. Tous les prénoms d'enfant ont été modifiés pour conserver leur anonymat et celui des parents.

quand ça devient… sérieux, genre qu'il y a un vrai enjeu de scolarité, et ben là, on interpelle sa mère. Même ma semaine, c'est frappant ! » (Père d'Anna, TSA, 12 ans, paysagiste, famille séparée, interrogé seul).

Certains pères identifient cette différence d'attentes de manière d'autant plus nette qu'ils peuvent la comparer à leurs relations avec l'école pour leurs autres enfants. Plusieurs d'entre eux disent s'investir fortement dans la scolarité des autres enfants et se sentir légitimes à le faire, alors que pour la scolarité de l'enfant en situation handicap, ils ont au contraire le sentiment d'être incités à se tenir en retrait et à laisser l'institution négocier des solutions avec la mère :

« [à propos du frère et de la sœur de Renaud] J'assumais et j'assume toujours d'ailleurs beaucoup de tâches éducatives qu'on attribue souvent aux femmes : accompagner les enfants à l'école, les emmener aux activités, chez le médecin. Nous, on a toujours trouvé ça normal mais quand il s'agit des difficultés de Renaud, la maîtresse me dit souvent : “Je vais appeler votre femme pour voir ce qu'elle en pense, on va trouver une solution.” On s'adresse plus à moi. Je suis laissé sur le banc ! » (père de Renaud, TSA, 9 ans, cadre de santé, famille nucléaire, interrogé seul).

Les pères ne vivent pas cette mise à l'écart comme une injonction explicite et frontale. D'ailleurs, ils n'identifient pas de demandes claires de l'institution quant à leur implication scolaire. Au contraire, c'est l'absence d'attentes formulées à leur encontre qui les incite au retrait. Si cela est évoqué par les pères dans différents types de configurations familiales, c'est particulièrement visible dans le cas de pères séparés qui ont une garde alternée de leur enfant. Les parents de Léon, séparés, que nous avons rencontrés ensemble, expliquent que dans la gestion du quotidien scolaire, ils sont tous les deux sollicités en fonction de la période de garde. En revanche, pour les enjeux scolaires et inclusifs plus engageants, c'est la mère qui est interpellée, y compris sur le temps de garde du père :

« Père – Moi j'avoue que je gère pas.
Mère – Ouais c'est vrai que c'est moi qui discute avec les profs. Même quand c'est toi qui gardes les enfants. C'est pas que tu sais pas… Mais je sais pas on s'adresse à moi quoi.
Père – Oui la maîtresse me parle pas trop, bon en même temps comme elle te parle à toi, je sais que s'il y a un souci je le saurai. Je vais pas la forcer à me parler aussi. On est deux parents c'est pas grave » (parents de Léon, TFA, 8 ans, employé municipal et aide-soignante, famille séparée, interrogés en couple).

Si les parents de Léon ne remettent pas en cause cette distinction genrée de leur responsabilités parentales, l'intériorisation de cette logique de délégation maternelle varie selon les milieux sociaux. Les pères des classes moyennes et supérieures – qui ont classiquement des pratiques éducatives proches de celles du « nouveau père » (van Zanten, 2009) – interprètent cette mise à distance comme une remise en question de leur compétence parentale. Ils se sentent remis en cause dans leur paternité mais pour autant refusent très souvent d'engager un bras de fer avec l'institution pour faire reconnaître leur légitimité. En effet, ils estiment que le combat contre les représentations institutionnelles serait une source de tension qui pourrait pénaliser la bonne inclusion de leur enfant :

> « Oui c'est ma femme qui s'occupe de la partie scolaire mais moi je me sens mal. Je ne peux pas assurer cette partie de ma part de père, je me sens pas légitime. [...] Mais bon, je vais pas me battre, après ça va créer de la tension entre nous et les profs. Je préfère que ça se passe au mieux pour ma fille. C'est ça peut-être mon rôle de père ! » (père de Capucine, TSA, 9 ans, commercial, famille nucléaire, interrogé seul).

À l'inverse, les pères issus des classes populaires montrent plutôt une tendance à intégrer cette division sexuée du travail éducatif. En cela, leur posture rejoint les constats de S. Beaud et M. Pialoux (1999) ou M.-C. Le Pape (2009), qui soulignent que les aspirations égalitaires sont loin de faire consensus parmi les ouvriers et employés du tertiaire et notent plutôt un attachement à la division traditionnelle des rôles masculins et féminins. Ce constat se retrouve dans le rapport à l'école des pères de classe populaire ayant un enfant en situation de handicap. Les pères interrogés se disent ainsi satisfaits de ne pas être sollicités à la même hauteur que la mère de l'enfant et réintègrent un rôle en retrait dans lequel ils se sentent plus légitimes et qui est cohérent avec leur vision de l'éducation :

> « Moi ça me va franchement, c'est normal que ma femme s'occupe de l'éducation, elle sait mieux faire. Ça a toujours été comme ça et ça me va. C'est ce qu'on connaît finalement. Moi je fais d'autres choses pour mon gosse et je me sens mieux comme ça que si on me demandait tout le temps mon avis » (père de Jordan, TSA, 10 ans, maçon, famille nucléaire, interrogé en couple).

Ainsi, l'école formule essentiellement des attentes éducatives adressées aux mères et se désengage de toutes attentes vis-à-vis des pères. Ce silence institutionnel, loin d'être neutre, contribue à maintenir ces derniers dans une posture en retrait et à se réfugier dans des pratiques parentales traditionnelles.

Un rôle de pourvoyeur économique renforcé

La manière dont les pères perçoivent les attentes scolaires à leur égard les conduit à adopter des pratiques conformes à ces attentes. Leur mise en retrait ne s'exprime donc pas seulement dans leur perception subjective de la relation à l'institution scolaire, mais également dans leurs pratiques parentales concrètes.

De manière ponctuelle mais symbolique, dans le cadre de notre enquête doctorale, alors que nous proposions de rencontrer les deux parents – lorsque le contexte familial le permettait –, les pères déclinaient souvent l'offre de participation. Ils expliquaient ne pas se sentir légitimes pour parler de la scolarité de leur enfant :

> « Je vous réponds, je connais les dates et tout mais en fait, c'est ma femme qu'il faut entendre. Moi j'ai vécu les choses de loin. Je suis intervenu de temps en temps mais c'est pas moi qui ai travaillé au quotidien pour que notre fils soit

> bien à l'école, c'est pas moi qui ai pris les galères et les coups durs directement, c'est elle » (père d'Edwin, TFA, 11 ans, graphiste, famille séparée avec garde alternée, interrogé seul).

Parmi les 27 pères rencontrés, seuls cinq se montrent fortement investis dans la relation avec l'école. Pour autant, ces derniers définissent eux aussi la position de retrait comme une norme, et leur propre implication comme une exception contrainte. Ces pères, de milieux sociaux et de configurations familiales variés, disent toujours intervenir en « seconde intention » dans la scolarité de leur enfant : ce n'est que lorsque la mère ne peut pas endosser le rôle attendu par l'école qu'ils s'investissent davantage. Ils prennent le relais lorsque leurs caractéristiques sociales et personnelles (maladie ou décès de la mère, mère non francophone par exemple) les désigne comme plus aptes à dialoguer avec l'institution. Ainsi, le père d'Anthony explique être devenu l'interlocuteur principal de l'école lorsque le handicap de leur enfant a accentué les besoins de suivi et de communication. La mère, peu à l'aise en français, ne se sentait plus en capacité de comprendre l'ensemble des informations ni de faire des choix éclairés. Dès lors, c'est lui, francophone natif, qui a assumé les interactions avec l'école. Cependant, ces situations restent perçues par les pères eux-mêmes comme marginales et éloignées de la norme. Majoritairement, les pères adoptent des pratiques conformes à ce qu'ils estiment être la posture de retrait attendue par l'institution scolaire.

Les données statistiques montrent que ce sont les mères qui, en assumant les tâches éducatives quotidiennes, réduisent ou interrompent leur activité professionnelle. En 2017, au sein des couples ayant au moins un enfant en situation de handicap, les deux parents travaillent dans 53 % des cas, soit 17 points de moins que pour les autres couples. Les mères sont 2,5 fois plus nombreuses que les autres à être inactives pour s'occuper de leur enfant (Buisson et de la Rosa, 2020). Par ailleurs, lorsqu'elles travaillent, elles sont plus souvent à temps partiel (42 % contre 31 %, *ibid.*). Cette reconfiguration des équilibres professionnels au sein des familles contribue à les précariser de manière significative (*ibid.*). Dès lors, les pères trouvent dans cette reconfiguration un espace où investir leur paternité. Ainsi, les pères interrogés qui se tiennent en retrait des affaires scolaires définissent leur rôle dans la scolarisation de leur enfant à travers la lutte contre la précarisation économique du foyer. Pour permettre à la mère de se consacrer aux enjeux éducatifs et à l'accompagnement du handicap, ils cherchent à compenser la perte de revenus induite par son retrait professionnel. Dans cette logique, les pères adoptent une posture paternelle traditionnelle qu'ils identifient clairement dans leur discours :

> « Si on m'avait dit que ma femme bosserait plus et que moi je trimerais pour nourrir seul toute la famille, je vous aurais ri au nez ! Je ne suis pas un très grand féministe mais quand même, j'aurais aimé qu'on soit plus… sur un pied d'égalité. Là, on dirait nos grands-parents ! » (père de Julie, TSA, 13 ans, livreur, famille nucléaire, interrogé seul).

Si la littérature anglo-saxonne souligne la manière dont le handicap peut amener les pères à investir des fonctions éducatives et de soin au quotidien (Hornby, 1992), la relation des pères à l'école révèle ici un maintien – voire un renforcement – des assignations genrées. L'école entretient une répartition inégalitaire des rôles parentaux, replaçant les pères dans une posture de pourvoyeur économique. Plusieurs d'entre eux établissent un lien direct entre l'intensification de leur activité professionnelle et les besoins induits par la scolarité inclusive. Il s'agit, selon leurs dires, d'un compromis conjugal construit en réaction aux exigences spécifiques de l'école vis-à-vis des mères, et non pensé en amont ni généralisé à l'ensemble des enfants de la fratrie. Seize pères – y compris certains séparés de la mère de l'enfant – expliquent ainsi avoir développé des stratégies professionnelles spécifiques pour assumer pleinement ce rôle économique : heures supplémentaires, second emploi, changement de poste ou d'entreprise pour obtenir un meilleur salaire. Ces discours sont particulièrement prégnants chez les pères issus des classes populaires, plus enclins à adopter une vision genrée et traditionnelle de la parentalité (Le Pape, 2009). Ces derniers valorisent fortement leur rôle de pourvoyeur comme source de légitimité vis-à-vis de l'école :

> « Ma femme était déjà mère au foyer pour la grande, Lola. À chaque fois, j'avais l'impression d'être jugé, comme le mec qui retient sa femme à la maison. Maintenant qu'on a Jordan et qu'on sait qu'il a ses problèmes, c'est plus pareil. Je travaille encore plus pour gagner de l'argent, ça permet d'emmener Jordan chez l'orthophoniste et chez le psy. Du coup, à l'école je passe pour un père héroïque. Mais en fait, je fais juste comme je faisais avant : je réponds aux besoins de ma famille » (père de Jordan, TSA, 10 ans, maçon, famille nucléaire, interrogé en couple).

Ainsi, les pères d'enfants en situation de handicap trouvent dans ce rôle traditionnel de pourvoyeur économique une manière de s'impliquer dans la scolarité de leur enfant en conciliant un retrait attendu vis-à-vis de l'école et une contribution indirecte mais essentielle à l'inclusion scolaire.

Soutenir sans intervenir : formes discrètes et symboliques de l'investissement paternel

Malgré la conformation à une posture de retrait traditionnelle, les pères ne s'éloignent pas aussi nettement qu'il y paraît de l'éducation de leur enfant. S'ils n'incarnent pas la figure du « nouveau père » de manière pleine et entière, ils n'en abandonnent pas pour autant les attributs. Leur retrait peut être lu comme une forme de négociation avec l'institution scolaire, tout en cherchant d'autres modalités d'engagement éducatif pour leur enfant en situation de handicap, hors de l'école et à l'école.

Entre souffrance commune et soutien de seconde ligne

L'analyse des discours des pères interrogés permet de mettre en lumière le fait que la posture de retrait ne signifie pas un désengagement moral ou émotionnel des pères vis-à-vis de la scolarité de leur enfant en situation de handicap. Ils cherchent des formes d'engagement qui soutiennent le développement éducatif de l'enfant sans intervenir directement dans la sphère de l'école. Ces pères développent alors des stratégies d'investissement différenciées selon leur position sociale.

Dans leur discours, les pères issus des classes moyennes et supérieures, attachés à une image de père moderne et investi, insistent sur le fait qu'ils se tiennent régulièrement informés de la vie scolaire de leur enfant, par l'intermédiaire de la mère. Qu'ils soient en couple ou séparés, ils disent échanger fréquemment avec la mère pour suivre les progrès et les éventuelles difficultés scolaires de leur enfant. Il s'agit pour eux d'« avoir une démarche paternelle investie et moderne sans marcher sur les plates-bandes de la mère », comme l'explique le père d'Edwin :

> « Je demande très régulièrement à mon ex-femme par SMS comment ça se passe, ses progrès. C'est vrai que c'est ma femme qui gère avec les profs tous les jours, mais je veux pas être celui qui s'en fout, moi. Je veux savoir quels sont les progrès de mon fils, là où il a des problèmes » (père d'Edwin, TFA, 11 ans, graphiste, famille séparée avec garde alternée, interrogé seul).

Ces pères s'investissent également dans des activités extrascolaires destinées à renforcer les apprentissages ou les compétences scolaires. Ils endossent une responsabilité éducative indirecte, en tentant de pallier, hors du cadre scolaire, les obstacles scolaires rapportés par la mère. Ainsi, plusieurs d'entre eux évoquent le fait d'emmener leur enfant dans des lieux culturels ou de proposer des activités éducatives à des fins purement scolaires (exposés, apprentissage de la concentration, respect des règles, etc.).

Du côté des pères issus des classes populaires, les engagements éducatifs réguliers sont moins fréquemment mentionnés. En revanche, certains adoptent une posture de responsabilisation vis-à-vis des difficultés de leur enfant, dans une logique de déculpabilisation des mères.

Les travaux en psychologie et sociologie sur le travail éducatif des pères d'enfants en situation de handicap montrent qu'il est fréquent qu'ils cherchent à inscrire leur enfant dans une lignée familiale, pour donner du sens à son trouble (Ebersold et Bazin, 2005 ; Korff-Sausse, 2007). Cela est particulièrement vrai dans le cas d'enfants avec un TSA, où les atteintes cognitives et comportementales peuvent bousculer le sentiment d'affiliation (Derguy et Capp, 2019).

Dans notre enquête, ce sont essentiellement des pères de classes populaires, ayant tous connu une scolarité difficile et ayant un enfant avec un TSA[3], qui développent de telles représentations. Quatre des neuf pères issus des classes populaires

3. En termes de distinction de trouble, ce phénomène de réappropriation s'explique par le fait que le trouble du spectre autistique était moins bien connu médicalement à l'époque de l'enfance des parents et a pu être associé à de l'« indiscipline », un « défaut d'attention » ou encore un « caractère solitaire ». Les troubles de la fonction auditive en revanche laissent moins la place à un doute diagnostique tant leur mesure est précise et connue de longue date.

interrogés s'engagent dans une forme de réécriture de leur propre parcours scolaire, afin de trouver un sens aux difficultés scolaires de leur enfant. Le père d'Eddy, par exemple, raconte s'être autodiagnostiqué comme porteur d'un trouble du spectre autistique après une réunion avec l'enseignant de son fils :

> « Quand le maître a commencé à expliquer qu'Eddy avait du mal à rentrer dans les jeux à la récréation, qu'il se tenait à l'écart du bruit et de la cohue, j'étais scotché. J'avais l'impression qu'il parlait de moi à son âge. Et après il a fait le lien entre tout ça, les difficultés pour apprendre à lire et son TSA, et là je me rappelle m'être dit : mais moi c'était peut-être ça aussi » (père d'Eddy, TSA, 9 ans, plaquiste, famille nucléaire, interrogé seul).

De manière similaire, le père de Julie (13 ans, TSA, livreur, famille nucléaire, interrogé seul) explique que le diagnostic a permis à la fois de déculpabiliser la mère vis-à-vis des professionnels – « Les profs et les médecins la regardaient comme la fautive. Quand on a compris que moi aussi j'étais autiste, ça a permis de lui enlever ce poids-là » – et de relativiser les difficultés scolaires de sa fille : « Quand on me voit, on se dit que c'est pas tout à fait foutu pour elle, non ?! (*rires*) ». Ces pères, bien que peu investis dans les tâches éducatives du quotidien, endossent une forme de responsabilité morale visant à soutenir la mère et à la légitimer face aux acteurs scolaires.

Qu'ils s'engagent par des pratiques éducatives extrascolaires ou par une appropriation symbolique des difficultés scolaires de leur enfant, ces pères ne font pas de l'absence d'attentes formelles de l'école à leur égard une justification au retrait. Au contraire, ils négocient une forme d'engagement éducatif compatible avec leur rôle traditionnel de pourvoyeur économique, et qui redéfinit, à leur manière, leur place dans l'espace scolaire.

Se positionner en médiateur scolaire : une autre forme d'engagement paternel à l'école

Même si la paternité de ces pères se construit souvent en retrait des affaires scolaires, les pères ne se désinvestissent pas pour autant de cette dimension de leur rôle. Ils négocient cette distance et s'approprient des espaces pour s'investir dans la scolarité de leur enfant.

D'abord, les pères interrogés trouvent dans les instances formelles d'échanges[4] sur la scolarité un moyen d'investir directement ce champ. Ces temps collectifs mettent en dialogue des groupes sociaux distincts : d'un côté, des professionnels qui délivrent un avis expert sur l'enfant ; de l'autre, l'enfant et ses parents qui ont une opinion plus impliquée et personnelle.

4. Pour les élèves en situation de handicap, une « équipe de suivi de scolarité » (ESS) doit se tenir une fois par an au moins. C'est une instance qui regroupe l'ensemble des professionnels qui accompagnent l'enfant dans sa scolarité et qui permet de faire le bilan des aménagements mis en place et les évolutions possibles pour l'année suivante.

Les pères expriment plusieurs raisons pour lesquelles ces temps revêtent de l'importance pour eux. Cela leur permet d'être associés aux décisions, de soutenir la mère et former « un bloc parental » face aux professionnels et de saisir l'unique moment où leur présence est directement sollicitée par l'institution scolaire : « C'est le seul moment de l'année où on nous demande d'être présents tous les deux. C'est aussi le seul moment où on me demande mon avis finalement » (père de Léo, TSA, 12 ans, informaticien, famille séparée avec garde alternée, interrogé seul).

Toutefois, ils disent souvent endosser un rôle différencié de celui de la mère. Pour ne pas être invisibilisés et que la relation habituelle de la mère avec les autres acteurs soit le seul canal d'échange, plusieurs pères disent adopter une posture volontairement différente et complémentaire de celle de la mère. Ces pères sont essentiellement issus des classes moyennes et supérieures car la posture cartésienne qu'ils décrivent mobilise des ressources langagières et institutionnelles socialement situées. Ainsi, ils disent rechercher une attitude rationnelle, dénuée d'affects, tout en soutenant l'opinion maternelle. Il s'agit, selon eux, de démontrer que cette dernière n'est pas simplement animée par des émotions, mais qu'elle défend une position construite et partagée. Le père de Capucine explique :

> « Il faut apporter quelque chose de différent, de plus... rationnel peut-être que notre conjointe. Même si on est d'accord, il faut montrer que son avis n'est pas juste celui d'une mère effondrée par le handicap de son gosse, mais c'est l'avis de parents réfléchis et cortiqués. J'ai l'impression que c'est mon rôle à ce moment-là pour que notre parole soit entendue » (père de Capucine, TSA, 9 ans, commercial, famille nucléaire, interrogé seul).

Cette attitude « cartésienne » est également celle qu'ils estiment devoir adopter dans les situations de conflit entre l'école et la mère de l'enfant. Ainsi, lorsque les professionnels et la mère sont en désaccord sur l'inclusion de l'enfant, plusieurs pères disent être intervenus pour apaiser les tensions. Ils défendent alors le point de vue de la mère, mais en l'exprimant sur un mode plus distancié, afin de lui donner une légitimité aux yeux des professionnels. Selon eux, c'est précisément ce type d'attitude que l'institution scolaire attend de leur part. Contrairement aux mères, dont l'école attend un accompagnement émotionnel, les pères se sentent attendus sur le registre de la rationalité, du détachement émotionnel :

> « Le seul moment où je suis allé à l'école, c'est quand il y avait des tensions, parce que ma femme voulait que notre fils aille à la piscine avec les autres, et le prof avait peur qu'il se noie. [...] Il m'a dit qu'il comprenait que ma femme soit en colère, qu'elle trouve ça injuste. Mais je devais voir les choses avec recul, objectivement, et regarder les faits : c'était pas possible, notre fils est trop déficient pour y aller » (père de Renaud, TSA, 9 ans, cadre de santé, famille nucléaire, interrogé seul).

Une fois la tension apaisée, les pères se retirent généralement à nouveau des affaires scolaires. Ce rôle ponctuel de rationalisation des émotions maternelles est d'autant plus marqué dans les familles de classes populaires. Si certains pères de classes moyennes ou supérieures disent également avoir joué ce rôle, ils sont moins nombreux (5) et cela s'est toujours produit lors d'un épisode de crise unique dans la scolarité de l'enfant. En revanche, sept des neuf pères de classes populaires de notre enquête ont été amenés à intervenir plusieurs fois dans ce type de contexte. Cela peut s'expliquer à la fois par le déficit de légitimité scolaire de ces familles face à l'institution (Eideliman, 2008) et par leur vision plus traditionnelle de leur rôle paternel. En endossant plus volontiers des pratiques paternelles classiques, ces pères perçoivent leur médiation comme l'action d'un chef de famille venant défendre les intérêts des siens et imposer une certaine vision de l'éducation.

Ainsi, même lorsqu'ils adoptent une posture paternelle traditionnelle, les pères ne se désengagent pas totalement des enjeux scolaires. En se positionnant comme médiateurs, dans les moments clés de la scolarité (instance ou moments de tensions), ils mobilisent une rationalité stratégique pour légitimer leur parole et celle de la mère. À distance du quotidien scolaire, mais présents dans les moments de crise, ces pères affirment une forme spécifique d'engagement éducatif, conforme aux attentes genrées de l'institution scolaire.

Finalement, à travers l'analyse de la réception des attentes scolaires par les pères d'enfants en situation de handicap, cet article met en lumière la manière dont le handicap reconfigure les relations entre les pères et l'institution scolaire. Dans un contexte scolaire marqué par l'injonction à la parentalité impliquée, les enjeux d'inclusion révisent les attentes institutionnelles vis-à-vis des parents. L'école continue, en pratique, à s'adresser prioritairement aux mères, perpétuant une division sexuée du travail éducatif. Les pères rencontrés décrivent ainsi une absence d'attentes explicites à leur égard, qui légitime leur mise à distance et les conforte dans une posture de pourvoyeur économique. Toutefois, cette posture en retrait ne signifie pas un désengagement. Les pères développent des formes d'investissement éducatif discrètes et différenciées, en lien avec leurs trajectoires sociales et familiales : pourvoyeur économique, réinscription du handicap dans une histoire familiale – notamment paternelle – ou médiation lors des tensions avec l'école. Ils s'efforcent ainsi de construire une paternité compatible à la fois avec les attentes genrées de l'institution scolaire, et avec leurs ressources et représentations. En cela, la réception des attentes scolaires par les pères apparaît comme un espace de négociation identitaire, où se jouent les contours contemporains de la paternité à l'épreuve du handicap.

Références bibliographiques

Beaud S. et Pialoux M. (1999), *Retour sur la condition ouvrière. Enquête aux usines Peugeot de Sochaux-Montbéliard*, Paris, Fayard.

Borelle C. (2017), *Diagnostiquer l'autisme : une approche sociologique*, Paris, Presses des Mines.

Borelle C. (2019), « Expertise d'expérience et responsabilité. L'évolution de la place des parents d'enfants avec un TSA », *in* Derguy C. et Cappe E. (dir.), *Familles et trouble du spectre de l'autisme*, Paris, Dunod.

Buisson G. et de la Rosa G. (2020), « Parents d'enfant handicapé : davantage de familles monoparentales, une situation moins favorable sur le marché du travail et des niveaux de vie plus faibles », Drees, *Études et Résultats*, n° 1169.

Chamak B. (2008), « Les associations de parents d'enfants autistes : de nouvelles orientations », *Médecine/Sciences*, vol. 24, p. 768-770.

Champagne C., Pailhé A. et Solaz A. (2015), « Le temps domestique et parental des hommes et des femmes : quels facteurs d'évolution en 25 ans ? », *Économie et Statistique*, n° 478, p. 209-242.

Chavarel C. (2016), « Avant ou après l'école, qui prend en charge les jeunes enfants scolarisés ? », Drees, *Études et Résultats*, n° 959.

Coltrane S. (1996), *Family Man: Fatherhood, Housework, and Gender Equity*, Oxford, Oxford University Press.

Courtot C. (2023), « L'inclusion à tout prix ? Devenir parent d'élève en situation de handicap à l'aube des années 2020 », Doctorat en socio-anthropologie, sous la direction d'Hélène Buisson-Fenet, Université Lumière-Lyon 2.

Delès R. (2022), « Le travail parental, dernier verrou de la révolution de genre. Une revue de littérature internationale », *Revue internationale de l'éducation familiale*, vol. 50, n° 1-2, p. 75-93.

Dermott E. (2014), *Intimate Fatherhood: A Sociological Analysis*, Routledge.

Derguy C. et Cappe E. (2019), *Familles et trouble du spectre de l'autisme*, Paris, Dunod.

Durler H. (2015), *L'autonomie obligatoire*, Rennes, Presses universitaires de Rennes.

Ebersold S. et Bazin A.-L. (2005), *Le temps des servitudes. La famille à l'épreuve du handicap*, Rennes, Presses universitaires de Rennes.

Eideliman J.-S. (2008), « "Spécialistes par obligation" : des parents face au handicap mental. Théories diagnostiques et arrangements pratiques », Doctorat de sociologie, sous la direction de Florence Weber, EHESS.

Garcia S. (2011), *Mères sous influences. De la cause des femmes à la cause des enfants*, Paris, La Découverte.

Gojard S. (2010), *Le métier de mère*, Paris, La Dispute.

Hornby G. (1992), « A Review of Fathers' Accounts of their Experiences of Parenting Children with Disabilities », *Disability, Handicap & Society*, vol. 7, n° 4, p. 363-374.

Karisa A., McKenzie J. et De Villiers T. (2021), « "Their status will be affected by that child" : How Masculinity Influences Father Involvement in the Education of Learners with Intellectual Disabilities », *Child: Care, Health and Development*, vol. 47, n° 4.

Korff-Sausse S. (2007), « L'impact du handicap sur les processus de parentalité », *Reliance*, vol. 26, n° 4, p. 22-29.

Le Pape M.-C. (2009), « Être parent dans les milieux populaires : entre valeurs familiales traditionnelles et nouvelles normes éducatives », *Informations sociales*, n° 154, p. 88-95.

Le Pape M.-C. (2012), « L'art d'être un "bon" parent : quelques enjeux des nouvelles normes et pratiques éducatives contemporaines », *Les Cahiers français*, n° 371, p. 36.

Lesain-Delabarre J.-M. (2006), « Considérer les parents comme les premiers acteurs de l'éducation d'un enfant handicapé : vers un nouveau dogme ? », *La Nouvelle Revue de l'adaptation et de la scolarisation*, n° 34, p. 71-88.

Lesain-Delabarre J.-M. (2012), « Penser la coopération entre parents d'enfants handicapés et enseignants : un défi », *La Nouvelle Revue de l'adaptation et de la scolarisation*, n° 57, p. 79-92.

Martial A. (2013), « Des pères "absents" aux pères "quotidiens" : représentations et discours sur la paternité dans l'après-divorce », *Informations sociales*, n° 176, p. 36.

Martin C. (dir.) (2015), *Être un bon parent : une injonction contemporaine*, Rennes, Éditions EHESP.

McNeill T. (2007), « Fathers of Children with a Chronic Health Condition: Beyond Gender Stereotypes », *Men and Masculinities*, vol. 9, n° 4, p. 409-424.

Ministère de l'Éducation nationale (2024), « Repères et références statistiques 2024 » [en ligne] education.gouv.fr (consulté le 9 septembre 2025).

Payet J.-P. (2017), *École et familles : une approche sociologique*, Louvain-la-Neuve, De Boeck.

Revillard A. (2020), *Des droits vulnérables. Handicap, action publique et changement social*, Paris, Presses de Sciences Po.

Singly F. de (2009), *Comment aider l'enfant à devenir lui-même ? Guide de voyage à l'intention du parent*, Paris, Armand Colin.

Steinmetz H. (2022), « Pension alimentaire et résidence alternée. Les déterminants d'une pratique minoritaire », *Informations sociales*, n° 207, p. 52-59.

Thouroude L. (2017), « Les conditions du lien d'identification mère-enseignante dans les situations de handicap de l'enfant », *Carrefours de l'éducation*, n° 43, p. 26-41.

Thouroude L. (2018), « La participation parentale à l'école maternelle à l'épreuve du handicap », *La Nouvelle Revue – Éducation et société inclusives*, n° 83-84, p. 71-83.

Townsend N. W. (2002), *Package Deal: Marriage, Work and Fatherhood in Men's Lives*, Philadelphia, Temple University Press.

Truc G. (2006), « La paternité en maternité. Une étude par observation », *Ethnologie française*, vol. 36, p. 341-349.

van Zanten A. (2009), « Le travail éducatif parental dans les classes moyennes et supérieures : deux modes contrastés d'encadrement des pratiques et des choix des enfants », *Informations sociales*, n° 154, p. 80-87.

Venter K. (2011), « Fathers "care" too: The Impact of Family Relationships on the Experience of Work for Parents of Disabled Children », *Sociological Research Online*, vol. 16, n° 3, p. 66-81.

Des hommes aux prises avec la fécondation. Les recompositions des visions masculines de la fertilité dans la France contemporaine

Vulca Fidolini, Ingrid Voléry et Marylou Rzeszotko-Rutili[1]

1. L'ordre a été choisi par les auteur·rices.

RÉSUMÉ

Partant d'une enquête qualitative conduite auprès de 43 hommes en projet de paternité ou pères, âgés de 24 à 64 ans et issus de milieux sociaux contrastés, cet article interroge la manière dont les dynamiques médicales d'encadrement de la procréation (assistée ou non) et les transformations des relations conjugales façonnent les visions que les hommes ont, tant de leur contribution à la réussite du projet procréatif que de leur fertilité. Loin d'une représentation concevant les hommes comme dépositaires du pouvoir d'ensemencer un ventre réceptacle, la fécondation est désormais vue comme une activité mécanique engageant peu la qualité de leur personne ou, pour ceux ayant expérimenté des difficultés à concevoir, une capacité conjugale impliquant surtout les compagnes, considérées comme les principales artisanes et responsables de la question. Mis aux marges, les hommes enquêtés ne sont cependant pas déstabilisés dans leurs identifications masculines, encouragés qu'ils sont à délaisser le rôle du « bon géniteur » pour investir celui du « bon conjoint », soutien à la médicalisation du corps reproducteur des compagnes.

ABSTRACT

Men and Fertility. The Reshaping of Men's Views on Fertility in Contemporary France

Based on a qualitative study carried out with 43 men who are planning to become or who are already fathers, aged from 24 to 64, and from different social backgrounds, this article questions how medical dynamics framing procreation shape men's views of their contribution a reproductive project and define the meanings men attribute to their fertility. The interviewees first interpret their fertilisation power as a "mechanical activity" with little personal involvement or, for those who have experienced difficulties in conceiving, a "conjugal ability" pending above all on their partners, who are considered the main architects of the conjugal project of becoming parents. The masculine identification of the interviewees is then forced to focus elsewhere. Thus, in their accounts, fathers tell about their willing to abandon the role of "good genitors" and to adopt the one of "good husband" who support his partner and her reproductive embodied role throughout pregnancy.

Introduction

Le champ de la sociologie de la procréation s'est particulièrement développé depuis les années 1980 avec des travaux soulignant la place occupée par les femmes et les changements induits par la médicalisation de la procréation (Clarke, 1998 ; Löwy, 2006). Les recherches se sont ainsi focalisées sur la contraception (Thomé, 2016), la gestation (Rouch, 2011 ; Vozari, 2015), l'accouchement (Jacques, 2007) et, depuis les années 2000, le traitement de l'infertilité (Tain, 2003 ; Mathieu, 2013). Ces travaux ont pointé l'existence de scripts médicaux définissant des places et des attendus comportementaux et émotionnels spécifiques, mis au centre de ce que les sociologues Rene Almeling et Miranda Waggoner (2013) appellent une « équation reproductive ». S'agissant des hommes, celle-ci repose sur une masculinité reproductive, déjà documentée par Cynthia Daniels lorsqu'elle souligne les représentations selon lesquelles les hommes occuperaient une place secondaire dans la gestion de la reproduction, seraient moins vulnérables que les femmes en la matière, par essence virils et plus distants des enjeux de santé qui y sont liés (Daniels, 2006, p. 6-7), tandis que les femmes seraient, elles, considérées comme les principales artisanes et responsables de la réussite du projet reproductif. Considérant la masculinité reproductive dans une perspective diachronique, les auteurs pointent cependant combien cette dernière peut être amenée à se décliner différemment selon les moments considérés (préconception, fécondation, gestation, naissance) – les places données aux femmes et aux hommes dans la reproduction, et leurs responsabilités en la matière, pouvant varier selon que l'on considère l'étape gestationnelle ou, au contraire, le moment de la fécondation. De fait, si la gestation tend à placer le ventre des femmes au cœur des préoccupations, la fécondation constitue un temps plus ambigu puisqu'il engage de la même manière les contributions masculines et féminines et qu'il a même été utilisé pour donner aux hommes une place centrale. Au XVIIe siècle, les traités de callipédie et de bonne procréation étudiés par Anne Carol (1995) comportaient, par exemple, de longs développements s'adressant à des hommes vus comme les initiateurs en matière de sexualité conjugale, mais aussi comme les artisans majeurs de la santé de l'enfant à naître : leur « vigueur physique [étant] associée [à] la santé de la progéniture ainsi qu'à la propension à avoir une progéniture de sexe masculin » (Bajeux, 2022, p. 116). De plus, le sperme, vecteur de la transmission de cette vigueur du père à l'enfant au moment de la fécondation, était au cœur de l'attention que les Grecs portaient à la procréation, puisqu'ils considéraient que de sa « qualité » découlaient le sexe de l'enfant et sa vigueur (Laqueur, 1992). Cette représentation a contribué à poser les jalons d'un script hétéronormatif qui, d'un côté, problématise la contribution masculine en termes de pouvoir fécondant (dont on trouve encore trace dans certaines expressions utilisées par les informateurs indiquant avoir déjà « mis enceinte ») et, de l'autre, transforme le ventre des femmes en simple réceptacle (Rapp, 1999) puisque la gestation est alors considérée comme un moment de maturation d'une matière formée par les hommes (Martin, 1991).

Et pourtant aujourd'hui, les recherches semblent témoigner d'un renversement de perspective mettant l'emphase sur les contributions (et responsabilités) féminines et effaçant, au contraire, celles des hommes. La fertilité et la fécondation sont devenues des affaires de femme. C'est ce que soulignent Yoram Carmeli et Daphna Birenbaum-Carmeli (1994) lorsqu'ils montrent combien la prise en charge de l'infertilité conjugale passe presque systématiquement par un traitement médical du corps des femmes et ce, même lorsque la fécondité masculine est en cause. De nombreux travaux ont, par ailleurs, pointé les inégalités dans la charge morale et somatique qui en découle (Tain, 2003 ; Rozée et Mazuy, 2012) : notamment la culpabilisation des femmes et les coûts somatiques, économiques et professionnels des traitements. Mais peu d'attention a été portée aux conséquences que cela pouvait avoir sur des hommes dont l'expérience est mise au second plan. Il ne s'agit évidemment pas de considérer comme symétriques des charges qui pèsent essentiellement sur les femmes mais de considérer les résonances de tels dispositifs d'encadrement de la fécondation sur des hommes dont le rapport à la fertilité est finalement peu considéré. Les quelques travaux s'étant intéressés aux expériences masculines ont, en effet, pointé « l'anomie » que les hommes sont amenés à éprouver en pareilles circonstances (Carmeli et Birenbaum-Carmeli, 1994, p. 673), la culpabilisation face aux souffrances des compagnes (Inhorn, 2004), ou encore la mise en échec de leur masculinité – tant du fait de leur difficulté à féconder qu'en raison de leur faible considération dans les mondes du soin (Hanna et Gough, 2020).

Stimulantes, ces recherches posent cependant plusieurs questions. En premier lieu, si elles soulignent bien la manière dont les dispositifs médicaux d'encadrement de l'infertilité tendent à effacer les hypofertilités masculines et à mettre l'accent sur les corps des femmes, elles n'ont que peu questionné la façon dont ils transformaient la vision que les hommes pouvaient avoir de leur fertilité et de leur capacité à féconder (Fidolini et Voléry, 2025). La considèrent-ils toujours comme un attribut naturel avec lequel ils naissent ? En font-ils une qualité optimisée par la médecine ou encore par une discipline corporelle ou alimentaire à laquelle leur compagne est invitée à se plier et à laquelle ils peuvent aussi s'astreindre ? Quelles spécificités les distinguent des hommes qui n'ont jamais été inscrits dans des circuits médicaux de traitement de l'infertilité ?

La question mérite d'autant plus d'être posée que les visions masculines de la fertilité et de la fécondation ne sont pas seulement modelées par des dispositifs médicaux. Elles découlent aussi de dispositifs sociaux, composés de représentations et de normes circulant dans les relations familiales – au premier rang desquelles les relations conjugales (Régnier-Loilier et Perron, 2016). En effet, depuis la fin du XXe siècle, le projet d'enfant – sa formation comme sa mise en œuvre – se trouve pris dans une dynamique de conjugalisation des relations familiales, affectant aussi la vision de l'enfant, placé au cœur des préoccupations des hommes et des femmes, mais surtout considéré comme la concrétisation d'une relation conjugale aboutie. Dès lors, quelle place le couple occupe-t-il dans la lecture que les hommes ont de leur fertilité ? La qualité de la relation conjugale est-elle considérée comme un facteur intervenant dans leur capacité à féconder ?

Il en est de même des relations engagées au sein de la parenté – qu'elle se rappelle au couple à travers la pression exercée s'agissant du désir d'enfant et du « bon moment » pour engager le projet, ou que le couple la mobilise pour mettre en sens ses expériences procréatives comme Virginie Rozée et Magalie Mazuy (2012) ont pu le montrer s'agissant de femmes cherchant, dans leur histoire familiale, de possibles explications aux difficultés de conception expérimentées dans le couple. Qu'en est-il des hommes ? Dans quelle mesure la parenté est-elle mobilisée ou mise à distance dans leurs expériences de la fécondation ? Et comment ?

Enfin, l'analyse des visions masculines de la fertilité et de la fécondation doit s'opérer en tenant compte d'un continuum procréatif jalonné de prescriptions plurielles. Certes, les femmes sont la cible privilégiée d'un encadrement médical et social les rendant responsables de la santé de l'enfant à naître dès la conception (Cahen, 2014 ; Vozari, 2015 ; Fournier et Jarty, 2019) mais on enjoint aussi aux hommes d'occuper d'autres places – en prenant en charge une partie du travail domestique durant la grossesse de leur compagne, en la soutenant dans sa médicalisation (durant les rendez-vous obstétriques, les échographies, l'accouchement…) ou en s'impliquant dans une paternité attentive aux relations entretenues avec l'enfant, parfois dès la gestation (Anderson, 2009 ; Vozari, 2015 ; Sponton, 2023 ; Fidolini et Voléry, 2025). Dans un tel contexte, les hommes sont-ils encouragés à se distancier de leur contribution lors de la fécondation – être un « bon » géniteur – pour investir prioritairement un rôle de soutien à la gestation et au maternage – être un « bon conjoint » et un « bon père » ? Comment opposent-ils ou articulent-ils ces différents engagements possibles ?

Après avoir présenté l'enquête empirique sur laquelle se fonde cette contribution et la méthodologie de la recherche mise en œuvre, l'article documentera, en premier lieu, les visions que les hommes enquêtés ont d'une fertilité qu'ils conçoivent comme un attribut naturel, découlant de leur statut de sexe, et donc peu questionnée dans leur parcours. C'est bien l'entrée dans des parcours d'assistance médicale à la procréation qui contribue, dans un deuxième temps, à interroger une potentialité devenant une affaire de couple impliquant autant leur compagne qu'eux – y compris lorsque les médecins les désignent comme les principaux responsables de l'hypofertilité. Enfin, l'article montrera comment, en focalisant l'attention sur les ventres maternels, les dispositifs médicaux et sociaux d'encadrement de la procréation poussent les hommes enquêtés à resignifier l'importance accordée à leur rôle de géniteur pour investir prioritairement un nouveau rôle de « conjoint » valorisant le soutien apporté aux compagnes.

Présentation de l'enquête et méthodologie de recherche

Cet article s'appuie sur les résultats de l'enquête Peripere (Pratiques parentales, surveillance médicale et période pré-embryonnaire[2]), une recherche sociologique qualitative conduite entre 2019 et 2024 principalement dans la région

2. Dont Vulca Fidolini et Ingrid Voléry sont les responsables.

Grand-Est, et qui se prolonge dans une thèse de doctorat[3]. L'article s'appuie sur des entretiens semi-directifs réalisés auprès de 43 hommes âgés de 24 à 64 ans, résidant en France et issus de milieux sociaux contrastés se déclarant hétérosexuels. Ils ont été rencontrés à différents moments de leur parcours procréatif (qu'il soit médicalisé ou non), soit lorsqu'ils étaient en projet de paternité avec leur partenaire, soit lorsqu'ils étaient déjà pères depuis quelques mois[4]. D'une durée moyenne d'environ une heure et trente minutes, les entretiens – souvent réalisés au domicile des interlocuteurs – ont été enregistrés et transcrits, et ont fait l'objet d'une analyse thématique de contenu.

La population d'enquête a été recrutée selon deux voies : *via* des réseaux d'interconnaissance des chercheurs, ce qui a conduit à une forte représentation d'individus diplômés ; puis en exploitant d'autres réseaux d'interconnaissance des personnes enquêtées et sollicitant des services de maternité et d'assistance médicale à la procréation (AMP) dans un hôpital de la région Grand-Est pour rencontrer des hommes moins diplômés et issus de milieux populaires. L'inclusion de pères et futurs pères accompagnés par les services médicaux a également permis de rencontrer des hommes chez qui la question posée par les chercheurs était susceptible d'avoir été davantage mûrie. De notre point de vue, le contact aux médecins et à leurs savoirs, et les mesures somatiques auxquelles ils ont été confrontés ont constitué autant de leviers susceptibles d'enclencher un questionnement réflexif sur leur fertilité et, au-delà, sur les contours de leur contribution à la fécondation.

L'enquête s'est donc attachée à saisir les redéfinitions des expériences masculines de la fécondation, dans un contexte d'intensification des messages invitant les femmes à considérer ce moment comme un temps critique qu'il leur appartient de préparer. Le fait de ne pas aborder cette question en partant d'emblée des hommes médicalement catégorisés comme infertiles a tout à la fois complexifié le recrutement des informateurs et conduit à ouvrir la grille d'entretien utilisée. Dans un contexte où la fécondation est effacée de la problématisation sociale de la procréation (peu d'attention portée à ce sujet, absence de récits à disposition des hommes pour mettre en mots leur expérience, de transmissions familiales ou sanitaires en la matière), les hommes sollicités ont souvent été rétifs à l'échange, de crainte de n'avoir rien à dire sur le sujet. Ceux qui ont accepté ont bien souvent témoigné de silences, de rires gênés, d'hésitations lorsque les questions sur leur vision de leur contribution étaient posées. De surcroît, bien souvent les réponses empruntaient des détours. Évoquant la place prise auprès de leur compagne ou l'investissement dans le domicile conjugal, les hommes enquêtés valorisaient plutôt leur implication dans la préparation de la maison et la mettaient en parallèle de l'investissement de leur compagne préparant, elle, son ventre (Fidolini et Voléry, 2025).

3. « Expériences relationnelles et gestions situées de la fertilité masculine : masculinités et hégémonies en mouvement », thèse réalisée par Marylou Rzeszotko-Rutili au TETRAS, Université de Lorraine.

4. Seuls deux hommes sont pères depuis plus de six ans. Leurs récits ont été conservés car ils permettaient de mettre en exergue des similitudes traversant les périodes considérées et les distances à l'événement (l'absence de questionnement initial sur leur fertilité, leur place perçue comme secondaire, etc.). L'analyse des entretiens a cependant aussi tenu compte des différences que la proximité temporelle à l'entrée en paternité pouvait générer s'agissant, par exemple, des récits des expériences d'encadrement médical ou d'adaptation des pratiques alimentaires et modes de vie mis en place par les compagnes, plus précis lorsque les expériences sont récentes.

Bien sûr, comme pour tout sujet impliquant du difficilement dicible – en raison d'un tabou social (Rozée et Mazuy, 2012), mais aussi, comme sur ce terrain, de l'absence de scripts sociaux à partir desquels mettre en mots son expérience en situation d'entretien – les hommes ayant finalement accepté les propositions d'entretiens ne sauraient représenter l'ensemble des hommes. Il est fort probable que les plus à distance de la question, les plus gênés ou ceux ayant par exemple vécu des expériences de déclassement (avoir mis « trop de temps » pour déclencher une grossesse, ne pas y être parvenu, avoir vécu un accompagnement AMP comme une atteinte à leur virilité) ne se sont pas manifestés auprès des chercheurs qui avaient diffusé les annonces dans les salles d'attente du service AMP ou ont esquivé les rencontres (en annulant des rendez-vous d'entretien après avoir accepté oralement la proposition). Toutefois, l'enquête qualitative a permis de documenter, chez nos informateurs, une transformation du rapport entretenu à leur contribution à la fécondation, pour l'heure peu considérée.

Enfin, comme pour toute enquête traitant de la sexualité (Clair, 2016), les rapports sociaux de sexe et d'âge susceptibles de peser sur la situation d'entretien et sur le contenu même de l'entretien ont été intégrés à l'analyse. Parler de la sexualité en entretien, c'est déjà « faire le genre[5] », c'est-à-dire tenter de se conformer à ce que les hommes estiment être les places masculines légitimes (Gourarier, 2011), aux yeux de l'enquêteur ou de l'enquêtrice, ou à leurs propres yeux (Rzeszotko-Rutili, 2024). Certains ont, par exemple, mis l'accent sur des dimensions de leurs expériences qui leur permettaient de se différencier d'une posture masculine considérant l'activité procréative comme une charge féminine – et cela notamment lorsque c'était un chercheur qui réalisait l'entretien. Ils ont alors insisté sur l'attention portée à leur compagne, le *care* déployé autour d'elle pendant la grossesse, auprès de l'enfant à naître ou juste né. Tandis que d'autres hommes ont, au contraire, tenté de performer une masculinité dominante, en particulier face à une enquêtrice plus jeune qu'eux, en mettant par exemple l'emphase sur les traits d'humour qualifiés par eux-mêmes de misogynes ou les rires moqueurs face aux questions portant sur leur vision de la fécondation. La méthode d'analyse mobilisée s'est donc attachée à confronter les dimensions paratextuelles issues du journal de terrain des chercheurs, les récits produits durant des entretiens et les observations du domicile (lorsque c'était possible), de manière à saisir les tensions existantes entre les stratégies de mise en scène de soi dans l'enquête et les récits de questionnements quotidiens.

5. Selon la célèbre formule de Candace West et Don Zimmerman (2009[1987]) proposant une approche interactionniste du genre dans laquelle les manières de parler de soi – ici de sa sexualité – constituent des façons de se conformer à des rôles de genre et de les endosser.

La fertilité masculine : entre peu pensée et allant de soi

Loin de l'anomie soulignée par Yoram S. Carmeli et Daphna Birenbaum-Carmeli (1994), les hommes enquêtés témoignent plutôt d'une naturalisation de la fertilité déjà pointée par Cynthia Daniels (2006). Dans les entretiens réalisés, ils ne se questionnent en effet que peu sur leur fertilité. C'est évidemment le cas de ceux qui n'ont pas eu affaire aux services d'accompagnement médical à la procréation. Chez eux, le questionnement apparaît à l'occasion de l'entretien sociologique et la seule présence d'enfants chez les frères et sœurs ou les collatéraux vient soutenir l'idée d'une fertilité évidente, alors même qu'ils n'ont aucune connaissance des délais ou des conditions potentiellement difficiles dans lesquelles les grossesses sont advenues. C'est ce dont témoigne Aymeric (39 ans, infirmier, père depuis quatre ans) considérant que sa compagne est devenue « enceinte très très vite ». Il confie à l'enquêteur n'avoir jamais eu d'angoisse à ce sujet : « Je n'ai aucune histoire de fertilité problématique dans ma famille, mes sœurs, elles ont chacune des enfants. » La référence à la génétique, matrice de lecture dominante de la procréation, conduit les hommes à considérer que l'histoire familiale constitue un gage de fertilité, comme s'il s'agissait là d'une propriété transmissible. De la même manière, Vivien (38 ans, professionnel du soin, compagne enceinte) n'a « jamais eu l'impression de s'être renseigné dans cette démarche-là, j'ai vu plein de gens autour de moi qui ont des enfants, donc j'ai observé ». C'est ici l'observation rapprochée d'expériences de *care* envers des enfants en bas âge qui le rassure paradoxalement sur une fertilité confondue avec le savoir-faire masculin en matière de soins aux jeunes enfants. Chez Vivien, ce temps particulier de l'équation reproductive est impensé et lorsque sa compagne estime que cela « tarde trop » et le contraint à aligner les rapports sexuels sur les périodes d'ovulation, c'est moins l'inquiétude sur sa fertilité que la contrainte sur la sexualité conjugale (Brown, 2022) qui est pointée : « À un moment elle a décidé d'arrêter de mettre un stérilet, moi au début je ne voulais pas faire une croix dans le calendrier mais finalement... bon ok d'accord... et puis ça a marché assez vite avec les croix dans le calendrier. » Outre la référence à la famille, c'est aussi la référence à l'état de santé – notamment génitale – qui est censée garantir la fertilité, relayant l'idée selon laquelle un corps masculin en santé est nécessairement fertile. Léo (30 ans, travailleur social dont la compagne est enceinte au moment de l'entretien) a par exemple une forte confiance en sa fertilité (il parle de « conviction personnelle ») en raison de sa « bonne santé » et de son « absence de problèmes érectiles », « donc pas de souci et pas de raison que ça ne marche pas ». La fertilité se déduit ainsi de la capacité à accomplir le script sexuel hétéronormatif construit autour de la pénétration.

Attribut, la fertilité l'est d'autant plus chez les hommes ayant déjà connu des expériences de fécondation accidentelles. Martial (22 ans, intermittent du spectacle) indique qu'il a « mis » sa « copine enceinte à 16 ans » et donc qu'il ne s'est « pas nécessairement demandé [s'il] était fertile ». Il en va de même de Virgile (34 ans, employé dans le secteur associatif, père depuis six ans) qui n'a eu aucune réflexion ni doute sur sa fertilité car il a « mis enceinte une fois ». Ces situations de fécondation accidentelle montrent à quel point la fertilité est considérée non seulement comme un donné allant avec la position d'homme, mais aussi comme un attribut peu sensible aux contextes et aux partenaires puisqu'une expérience de fécondation est censée garantir une capacité à la fécondation pérenne. Une telle représentation révèle tout à la fois l'occultation de la contribution féminine en la matière – laquelle peut compenser d'éventuelles déficiences dans la qualité du sperme – mais aussi la façon dont la fertilité est envisagée de façon binaire – on l'est ou pas. Vue comme une qualité naturelle découlant de la condition masculine, sa représentation est cependant amenée à partiellement changer lorsque les hommes sont suivis en AMP.

La fertilité transformée par l'AMP : de la propriété familiale à l'habileté conjugale

L'entrée dans un parcours d'AMP redéfinit, en effet, partiellement la vision de la fertilité des interviewés. Elle suscite d'abord un retour vers la famille et une dénaturalisation de cette habileté. Axel (32 ans, ouvrier qualifié, AMP en cours) n'avait jamais posé la question à ses parents (« J'ai su comment ça marchait en 5e, en cours de biologie au collège, mais j'ai jamais posé la question à mes parents »), alors que l'expérience de l'AMP le conduit à évoquer la question en famille, avec de fortes résistances et la découverte d'expériences tues. De la même manière, c'est parce qu'il entre dans une procédure d'AMP que Charles (41 ans, chargé de mission, AMP en cours) évoque le sujet et découvre que ses parents ont aussi eu des difficultés à avoir un troisième enfant lorsqu'ils avaient 40 ans. Florian (34 ans, tatoueur, AMP en cours), quant à lui, n'a pas eu de conversation familiale à ce sujet, pas même lorsque son frère a rencontré des problèmes de fertilité. Le doute installé le pousse cependant à consulter, dans un contexte où sa compagne peine à être enceinte : « Ça pourrait bien être moi ». Bien que diagnostiqué hypofertile lui aussi, la question continue à ne pas pouvoir être évoquée en famille, son père niant l'hypothèse d'une transmission familiale au motif « que ses grands-parents avaient eu huit enfants ».

Outre le retour vers la famille suscité par l'entrée dans un parcours médical de traitement de l'infertilité, l'enquête met également en exergue un glissement de la vision masculine du sperme et, par rebond – dans une configuration où cette fertilité est intimement articulée au sperme –, de leurs habiletés en matière de fécondation. De qualité masculine et familiale, la fertilité devient un continuum qualitatif sur lequel les hommes s'imaginent pouvoir progresser. Le spermogramme, principal et premier examen réalisé dès l'entrée dans le dispositif, pousse les enquêtés à ne pas se voir infertiles mais insuffisamment fertiles. Il s'agit alors pour eux d'avoir un sperme « suffisant », pour reprendre les mots d'Anthony (38 ans, responsable BTP, AMP, père depuis trois ans). Le fait de considérer la question sous l'angle de la suffisance permet par ailleurs d'envisager des corrections, à l'instar de Florian évoquant une situation « corrigible » qu'il s'attache à améliorer en appliquant scrupuleusement les conseils médicaux en matière d'hygiène de vie et en prenant l'initiative d'acheter des huiles essentielles « utilisées entre deux spermogrammes » pour augmenter la progression. C'est alors aux contacts des médecins mais surtout des compagnes, expérimentant elles-mêmes des alternatives leur permettant de reconquérir une place d'actrice dans les dispositifs médicaux (Rozée et Manzuy, 2012), que les hommes se socialisent à des savoirs et techniques leur permettant, si ce n'est d'optimiser leur fertilité, à tout le moins de faire la preuve d'une « bonne volonté sanitaire et conjugale ». Géniteur imparfait mais bon conjoint : l'investissement de cette discipline corporelle leur permet de conserver une identification masculine positive aux yeux de la compagne, de l'entourage et à leurs propres yeux.

D'autant que, même lorsque l'infertilité diagnostiquée est imputée aux hommes, les examens et traitements prennent majoritairement pour objet le corps des compagnes. Aux « batteries de tests » (dira Axel) auxquelles sont soumises les compagnes (bilans sanguins, hormonaux, échographie, contrôle du poids) font face les spermogrammes dont les résultats sont bien souvent envoyés aux compagnes, les installant en passeuses de l'information médicale, mais aussi en responsables principales d'un projet conjugal impliquant le corps de leur compagnon. Si Franck (32 ans, avocat, en parcours AMP) indique, par exemple, combien les hommes ne sont pas « examinés, il y a que la compagne, nous, on a juste le document avec le spermogramme : les actes médicaux, c'est vraiment dirigé vers la femme », Théo, de son côté (35 ans, profession intermédiaire administrative, en parcours AMP), souligne la focalisation des médecins sur le corps de sa femme et notamment son poids : « On m'a posé des questions si je buvais de l'alcool, si je fumais, mais le gros des questions était sur le poids de ma femme. »

Or cette concentration de la surveillance sur le corps des compagnes est également plus à même de faire émerger des anomalies rendant des femmes, initialement jugées fertiles, coresponsables de l'infertilité. C'est ce dont témoigne le récit de Charles, responsable de l'infertilité de son couple selon le premier spermogramme réalisé, et qui finit par rappeler la production « non optimale d'ovocytes » de sa compagne : « Elle avait pas une quantité euh… démentielle… 8 ovocytes qui finissaient par être bien. » L'infertilité masculine est alors conjugalisée : « C'est un peu des deux », dira enfin Charles, « mais c'est plus moi quand même parce que j'avais un problème pas de nombre ni de quantité, mais de forme ». Pour d'autres hommes dont les compagnes ont connu plusieurs fausses couches avant l'entrée dans un parcours d'AMP et qui présentent des anomalies spermatiques, une « surproduction d'ovocytes » et une hyperfertilité féminine « qui accroche tout sans trier » (expliquera Anthony) seraient responsables de l'échec du couple à concevoir un enfant. Pour partie produite par la configuration technique des dispositifs de traitement de l'infertilité, cette conjugalisation de la fertilité ne transforme pas seulement l'économie morale et le sentiment de responsabilisation des femmes qui en découle. Elle rejaillit aussi sur la vision que les hommes ont de leur propre pouvoir fécondant, tant dans sa nature propre que dans le lien entretenu avec leur personne et leur subjectivité.

La centralité des compagnes et du ventre gestant

Du fait de la division sexuée du travail contraceptif, les compagnes sont perçues par les interviewés comme tenant les rênes de l'engagement du projet d'enfant. Virgile (34 ans, employé dans le secteur associatif, père depuis six ans) raconte combien cette division opère très tôt dans les socialisations masculines (Hanna et Gough, 2020) et construit une mise à distance des hommes, car « même ado, y avait déjà pas mal de meufs qui prenaient la pilule, du coup la question ne se posait pas ». Pour Vivien (38 ans, professionnel du soin, compagne enceinte), ce sont les compagnes qui « donnent le top départ », tout comme le répète Antoine, (32 ans, profession intermédiaire de la santé, compagne enceinte) soulignant que si le projet d'enfant est avant tout conjugal, « c'est quand même plus elle à la base ». De son côté, Martin (38 ans, professeur de musique, père depuis sept mois) décrit un « projet commun » surtout porté par sa compagne, lui ne se sentant pas prêt : « Elle 100 % prête : je l'ai plutôt suivie, je lui faisais confiance, je me suis un peu laissé faire quoi [il rit]. » Les compagnes scandent le tempo du projet reproductif mais initient aussi aux savoirs concernant la grossesse et la préparation de l'enfant. Léo (30 ans, travailleur social, compagne enceinte) explique combien sa compagne l'a informé sur les « consommations pouvant influencer la fécondation, sur les usages en matière d'allaitement » et il en va de même pour André (31 ans, petit commerçant) dont la compagne, soutenue par sa mère, organise la grossesse et un accouchement dans l'eau à la maison, dans le respect d'une tradition de sa famille où « ils accouchent à la maison depuis des générations ».

Centrales du fait de la place tenue dans la gestion de la contraception et des savoirs de puériculture, les femmes le sont aussi du fait de la concentration de l'attention sociale et médicale autour de leur ventre, spectacularisé à travers le dispositif échographique auquel les pères sont aujourd'hui associés. Depuis plusieurs années maintenant, les dispositifs médicaux ne mettent plus seulement les pères à distance des mères. Ils les placent également tout contre leur ventre – invités qu'ils sont à assister aux rendez-vous de suivi de grossesse notamment échographiques, lors de la préparation à l'accouchement et lors de l'accouchement (Pélage *et al.*, 2016). Tous les hommes enquêtés relaient ce script, quelles que soient leur origine sociale et la proximité aux mondes du soin, avec des attendus plus forts s'agissant de la prise en compte de leur voix chez les hommes de classe moyenne dotés de ressources culturelles. Vivien valorise, par exemple, l'« idée d'accoucher à deux » et indique comment il a essayé « d'avoir une place pendant la grossesse et aussi pendant l'accouchement, comment accompagner les contractions », même s'il décrit des places très circonscrites et le peu d'accompagnement des pères lors de la naissance. Au point que la conformation à cette norme constitue aujourd'hui une dimension normalisée du rôle conjugal. Igor (39 ans, ingénieur, père depuis un an) indique avoir participé à l'accouchement non pas pour son enfant, mais pour sa compagne, et pour démontrer aux acteurs du suivi médical sa capacité à être un « bon conjoint » : « L'accouchement que je veuille ou non, ça me concerne… enfin plus la mère mais je voulais l'accompagner. »

Les hommes enquêtés se perçoivent donc essentiellement comme des accompagnateurs mais aussi des spectateurs d'un ventre maternel recueillant toutes les attentions. André déplore d'ailleurs l'absence de reconnaissance de l'expérience paternelle en cours de constitution lors des échographies : « Une fois ma compagne était en train de faire une échographie, je suis rentré, on a demandé à ma compagne si j'étais le père sans me regarder : un manque de respect absolu ! » Pour André, le ventre gestant structure même son entrée en paternité. Il fait seuil et c'est lors de l'accouchement qu'il est pleinement possible aux hommes de devenir père : « J'ai organisé l'arrivée du bébé et au moment de cette arrivée, il y a eu cette prise de conscience, je crois paternelle parce que nous on ne l'a pas dans le ventre [...] quand il est dehors, les priorités changent. » Le réceptacle passif, lieu de déploiement du pouvoir de vie détenu par les hommes, devient dans l'équation reproductive contemporaine à la fois le lieu principal de fabrication de la vie et le seuil à partir duquel les hommes commencent à devenir père.

Du pouvoir fécondant à la matière séminale : un sperme désubjectivé

En miroir, l'enquête montre combien les hommes revisitent la représentation d'une contribution réduite à un sperme dont la vision s'est elle aussi transformée. Les entretiens réalisés mettent, en effet, en exergue la prise de distance d'avec le premier répertoire (sperme actif-ventre passif) dont on retrouve trace dans les métaphores utilisées par les interviewés dans leurs récits.

Sollicité sur sa vision de la contribution des hommes à la fécondation, Louis (33 ans, chauffeur routier, compagne enceinte) répond par une métaphore culinaire reprenant le script hétéronormatif opposant un ventre passif à une contribution masculine active : « Au restaurant, quand tu manges un plat qui est bon, tu remercies le chef pas le four [...] c'est une blague, c'est misogyne [...]. » Four réceptacle passif se contentant de mettre à température une production entièrement masculine : on retient ici, d'une part, combien la matière fécondante n'est pas dissociée de la personne – on ne parle pas du sperme mais du cuisinier – et, d'autre part, combien la contribution masculine à la procréation est centrale – il est précisément le chef. Mais il poursuit très vite en opposant une autre vision glissant de la gestation à la fécondation et en déqualifiant au passage les contributions des hommes comme des femmes : « À part mettre un zizi dans une foufoune, on ne fait pas grand-chose... mais les femmes ne font pas grand-chose non plus. » La fécondation y est ici banalisée et déliée des subjectivités : si personne ne fait grand-chose, l'échec ou la réussite n'appartiennent à personne.

La trame narrative est similaire chez Benoît (64 ans, maître d'œuvre BTP, père depuis vingt-sept ans) qui raconte « organiser le jardin », tandis qu'il « faut que l'abeille vienne mettre le pollen sur la fleur ». Cette métaphore agraire, dont les anthropologues ont montré la centralité dans les récits de la procréation

(Verdier, 1977), est alors utilisée à contre-emploi puisque les interviewés opposent l'organisation du jardin – la préparation de l'espace domestique, des conditions matérielles de *care*, exprimée à la première personne (« je ») – à une fécondation évoquée, elle, sur un mode impersonnel. Les métaphores ici utilisées servent alors à parler de la fécondation en l'absence de mots pour le dire, compte tenu de l'absence de socialisation familiale sur ces questions. Elles permettent également d'évoquer un sujet potentiellement intime en le maintenant loin de soi, sans avoir à engager une expérience personnelle, comme l'illustre aussi cet échange survenu entre Léo et sa compagne assistant à la dernière partie de l'entretien enregistré : « Tu as un bon sperme toi ? On verra comment il sort le bébé ! » demande-t-elle. « J'ai un sperme qui met enceinte… qui fonctionne », répond-il. À la compagne associant qualité masculine et qualité du sperme et rendant le compagnon responsable de la santé du bébé (laquelle permettra de juger du travail masculin – on verra comment il sort le bébé !), le conjoint oppose la vision distanciée et mécanisée d'un sperme qui « fonctionne » et « met enceinte », sans référence à la santé d'un enfant ne dépendant pas d'eux.

Cette mise à distance s'observe également chez les hommes en AMP qui pourraient être amenés à revisiter cette vision, sous l'effet des discours médicaux les invitant à soigner leur hygiène de vie en arrêtant de boire de l'alcool, de fumer, en mangeant mieux, en faisant du sport – autant de préconisations visant à faire de leur sperme un prolongement de leur personne qui garde par ailleurs trace de la qualité de leur mode de vie. Or il n'en est rien. En effet, les entretiens montrent comment les hommes vont maintenir cette déconnexion sperme-personne en cherchant des causes extérieures à leur infertilité (Rozée et Manzuy, 2012) – tout comme, plus haut, un échec procréatif était partagé en tant que responsabilité de couple. Ainsi, Charles (41 ans, chargé de mission, AMP en cours) évoque, en écho à la médiatisation de la question, la part de l'environnement (« on est les enfants de la chimie des années 1980 et 1990 »), alors que Florian fait, lui, référence à l'échauffement des testicules découlant de la position assise dans son travail – « La chaleur au niveau des testicules, le fait d'avoir un travail dans lequel je suis souvent assis : j'ai cherché des raisons à mon souci » – et raconte ensuite avoir acheté un tabouret finlandais pour alléger la pression sur « les couilles et le dos ».

On comprend dès lors pourquoi l'idée même d'une préparation du corps des hommes à la fécondation ne fait pas sens – au contraire du ventre des compagnes qui, lui, fait l'objet d'une injonction à la préparation naturalisée. C'est ce dont témoigne Léo qui oppose son absence de préparation et son incapacité à se projeter – puisqu'il ne porte pas l'enfant – dans une préparation au long cours : « Il y a tout l'aspect de choses qu'elle ressent : quand elle ne se sent pas bien, c'est elle qui ne peut pas se déplacer ; qui va devoir mettre au monde un enfant, qui va devoir allaiter ; ce sont des choses que je peux visualiser mais je peux pas me projeter là-dedans non plus. » De son côté, Yannick (38 ans, travailleur autonome dont la compagne est enceinte) met l'accent sur un projet conjugal au principe de la démarche : « J'ai du mal avec le terme de préparation, je me prépare avant une compétition, là c'est un projet à deux, dont on a envie, à la limite être en forme pour accompagner la femme et le bébé. » Bien qu'informé par sa compagne des conséquences de l'hygiène de vie sur le sperme, Bruno (30 ans, assistant social, père depuis sept mois) n'entend pas avoir un « sperme de qualité et compétitif » : « Je me foutais qu'il y avait la question de qualité des spermatozoïdes » car, pour lui aussi, la préparation touche plutôt le corps des femmes qui doivent respecter une « base… pas boire, pas fumer ».

Les hommes enquêtés investissent finalement très peu un sperme qui, de propriété de leur personne et d'attribut de masculinité devient une matière fécondante, engageant finalement peu une identification masculine se logeant ailleurs, notamment dans la capacité à être un « bon conjoint » soutenant la compagne dans la grossesse ou dans le parcours d'AMP. Axel considère, par exemple, que son identification masculine découle de l'attention accordée à sa compagne, « [des] actes [qu'il fait] tous les jours comme prendre soin de [s]a compagne ». De son côté, Martin (38 ans, professeur de musique, père depuis sept mois) explique pourquoi il a accepté l'AMP pour sauver son couple « sinon, sans enfant, ça peut être la fin » et, s'il raconte mettre en œuvre des techniques d'optimisation de son sperme (*via* l'alimentation et la consommation d'huiles essentielles), c'est surtout par égard pour sa compagne et pour exprimer une bonne volonté sanitaire censée aider le traitement médical de leur parcours de couple. Enfin, Aymeric (39 ans, infirmier, père depuis quatre ans) associe clairement la fertilité au cadre conjugal et au rôle parental car « c'est indissociable » : « La fertilité au quotidien se vit dans un partage à deux. »

Conclusion

Notre enquête montre que la place secondaire occupée par les hommes dans les dispositifs médicaux génère moins une anomie qu'un autre *nomos*, construit à partir de savoirs et de dynamiques échappant pour partie aux mondes biomédicaux et renégociés au sein du couple parental (Reed, 2009). D'anomie, il est en effet peu question chez des informateurs faisant plutôt le récit d'une place ancillaire, construite par les dispositifs d'encadrement médical de la procréation, mais aussi revendiquée par des hommes considérant qu'en matière de reproduction les femmes occupent la première place – en gérant la contraception, la préparation de leur corps, puis les éventuels traitements contre l'infertilité conjugale. Leur contribution somatique est effacée : elle pèse peu dans la réussite du projet procréatif et dans la santé de l'enfant à naître et elle est réduite à une action mécanique impliquant un sperme qui fonctionne ou qui s'avère suffisant et qu'ils peuvent, dans certains cas, accepter de travailler par égard pour des compagnes jugées responsables de la réussite du projet procréatif. Cette mise à distance du sperme, vu comme une matière distincte de leur personne, est facilitée par plusieurs dimensions – d'abord l'évocation de causalités extérieures et conjoncturelles ne mettant pas en jeu leur qualité personnelle et morale (au contraire des compagnes dont le corps et la personne entière sont engagés dans l'infertilité), mais aussi le report vers d'autres rôles conjugaux et paternels valorisés par les dispositifs médicaux d'encadrement de la procréation et par l'entourage. L'implication dans la fécondation est aujourd'hui disqualifiée au profit d'un engagement dans des rôles de « conjoint » et de « père » valorisant le soutien aux compagnes, mises au cœur du projet procréatif, et l'implication dans les relations aux enfants.

Sous cet angle, le travail conduit invite à considérer plus avant la manière dont les technologies médicales modèlent les expériences corporelles des hommes, y compris lorsque ceux-ci sont relégués aux marges. Si cette place minoritaire pèse sur les récits et les narrations – des hommes ayant le sentiment de ne rien avoir à dire sur le sujet, ne trouvant pas les mots ou empruntant les chemins détournés de la métaphore et de l'humour comme cela a été pointé dans d'autres enquêtes –, elle marque aussi la vision que les hommes peuvent avoir de leur fertilité et de leur sperme. Certes, même lorsqu'ils sont pris dans des dispositifs médicaux de traitement de l'infertilité, les hommes enquêtés continuent à se considérer comme par essence fertiles, mais le lien tissé entre sperme, fertilité et masculinité semble profondément se transformer. Le sperme n'est plus une synecdoque de la personne – en condensant et en transmettant les qualités somatiques et morales – mais une matière techniquement manipulable et subjectivement peu investie. Il semble de ce fait judicieux de considérer plus avant la façon dont la recomposition des dispositifs d'encadrement de la paternité questionne les visions et les modes d'appropriation subjective d'humeurs corporelles plutôt étudiées par l'anthropologie à partir de sociétés de l'ailleurs et à distance de la médicalisation (Gélard, 2021).

Références bibliographiques

Almeling R. et Waggoner M. (2013), « More and Less than Equal: How Men Factor in the Reproductive Equation », *Gender and Society*, vol. 27, n° 6, p. 821-842.

Anderson E. (2009), *Inclusive Masculinity. The Changing Nature of Masculinities*, Londres, Routledge.

Bajeux C. (2022), « Quelle andrologie ? Histoire des savoirs et des pratiques médicales du masculin en France et Suisse romande (années 1890-1970) », Doctorat de sciences de la société - mention étude de genre, sous la direction de Delphine Gardey et Vincent Barras, Genève, Université de Genève.

Brown E. (2022), « Less Like Magic, More Like a Chore: How Sex for the Purpose of Pregnancy Becomes a Third Shift for Women in Heterosexual Couples », *Sociological Forum*, vol. 37, n° 2, p. 465-485.

Cahen F. (2014), « Le gouvernement des grossesses en France (1920-1970) », *Revue d'histoire de la protection sociale*, vol. 7, n° 1, p. 34-57.

Carmeli Y. S. et Birenbaum-Carmeli D. (1994), « The Predicament of Masculinity: Towards Understanding the Male's Experience of Infertility Treatments », *Sex Roles*, n° 30, p. 663-677.

Carol A. (1995), *Histoire de l'eugénisme en France. Les médecins et la procréation,* XIXe-XXe *siècles*, Paris, Le Seuil.

Clair I. (2016), « La sexualité dans la relation d'enquête. Décryptage d'un tabou méthodologique », *Revue française de sociologie*, vol. 57, n° 1, p. 45-70.

Clarke A. E. (1998), *Disciplining Reproduction: Modernity, American Life Sciences, and "The Problems of Sex"*, Berkeley, University of California Press.

Daniels C. R. (2006), *Exposing Men: The Science and Politics of Male Reproduction*, Oxford, Oxford University Press.

Fidolini V. et Voléry I. (2025), « Nuovi padri, nuove maschilità ? Gli uomini tra progetto procreativo ed entrata nel ruolo genitoriale », *Rassegna Italiana di Sociologia*, n° 3, p. 447-478.

Fournier T. et Jarty J. (2019), « Gouverner les "mille premiers jours de vie" : quelles résistances possibles face à la biolégitimité du "care alimentaire" ? », *Revue des sciences sociales*, n° 61, p. 46-55.

Gélard M.-L. (2021), « Françoise Héritier et la parenté. Humeur corporelle et structure semi-complexe de l'alliance », *in* M. Teixeira et F. Viti (dir.), *Les butoirs de la pensée. Corps et parenté : Hommage à Françoise Héritier*, Paris, Éditions des archives contemporaines.

Gourarier M. (2011), « Négocier le genre ? Une ethnologue dans une société d'hommes apprentis séducteurs », *Journal des anthropologues*, n° 124-125, p. 159-178.

Hanna E. et Gough B. (2020), « The Social Construction of Male Infertility: a Qualitative Questionnaire Study of Men with a Male Factor Infertility Diagnosis », *Sociology of Health and Illness*, vol. 42, n° 3, p. 465-480.

Inhorn M. C. (2004), « Middle Eastern Masculinities in the Age of New Reproductive Technologies: Male Infertility and Stigma in Egypt and Lebanon », *Medical Anthropology Quarterly*, vol. 18, n° 2, p. 162-182.

Jacques B. (2007), *Sociologie de l'accouchement*, Paris, Presses universitaires de France.

Laqueur T. (1992), *La fabrique du sexe. Essai sur le corps et le genre en Occident*, Paris, Gallimard.

Lorber J. (1993), « Believing Is Seeing: Biology as Ideology », *Gender & Society*, vol. 7, n° 4, p. 568-581.

Löwy I. (2006), *L'emprise du genre. Masculinité, féminité, égalité*, Paris, La Dispute.

Martin E. (1991), « The Egg and the Sperm: How Science has Constructed a Romance Based on Stereotypical Male-female Roles », *Signs*, vol. 16, n° 3, p. 485-501.

Mathieu S. (2013), *L'enfant des possibles. Assistance médicale à la procréation, éthique, religion et filiation*, Paris, éditions de l'Atelier.

Pélage A., Brachet S., Brugeilles C. *et al.* (2016), « Alors c'est quoi, une fille ou un garçon ? Travail de préparation autour du genre pendant la grossesse », *Actes de la recherche en sciences sociales*, n° 214, p. 30-45.

Rapp R. (1999), *Testing women, testing the fetus: The social impact of amniocentesis in America*, New York, Routledge.

Reed K. (2009), « "It's them faulty genes again" : Women, Men and the Gendered Nature of Genetic Responsibility in Prenatal Blood Screening », *Sociology of Health & Illness*, n° 31, p. 343-359.

Régnier-Loilier A. et Perron Z. (2016), « Intentions de fécondité et arrivée du premier enfant », *Actes de la recherche en sciences sociales*, n° 214, p. 81-93.

Rouch H. (2011), *Les corps, ces objets encombrants. Contribution à la critique féministe des sciences*, Melun, Éditions iXe.

Rozée V. et De La Rochebrochard É. (2023), « La PMA en France : une reproduction des inégalités de genre ? », *Travail, genre et sociétés*, n° 50, p. 43-60.

Rozée V. et Mazuy M. (2012), « L'infertilité dans les couples hétérosexuels : genre et "gestion" de l'échec », *Sciences sociales et santé*, vol. 30, n° 4, p. 5-30.

Rzeszotko-Rutili M. (2024), « Le temps préconceptionnel au prisme des masculinités : mise en circulation des savoirs, adaptation des pratiques, reconduction des injonctions », *in* Boulet E. et Guilloux R., *Enfanter, entre normes médicales et représentations sociales*, Toulouse, Erès.

Santelli E. et Vincent J. (2018), « Devenir parent. Des jeunes couples entre projections et normes », *Revue des politiques sociales et familiales*, n° 129-130, p. 63-76.

Singly (de) F. (1996), *Le soi, le couple et la famille*, Paris, Nathan.

Sponton A. (2023), *Se montrer présent : réception du congé de paternité, parentalités et masculinités de la grossesse à la petite enfance*, Doctorat de sociologie, sous la direction de Marta Dominguez Folgueras et Ariane Pailhé, Paris, Institut d'études politiques de Paris - Sciences Po.

Tain L. (2003), « Corps reproducteur et techniques procréatives : images, brouillages, montages et remue-ménage », *Cahiers du genre*, n° 34, p. 171-192.

Thomé C. (2016), « D'un objet d'hommes à une responsabilité de femmes. Entre sexualité, santé et genre, analyser la métamorphose du préservatif masculin », *Sociétés contemporaines*, n° 104, p. 67-94.

Verdier Y. (1977), « Grands-mères, si vous saviez… Le Petit Chaperon rouge dans la tradition orale », *Cahiers de littérature orale*, n° 4, p. 17-55.

Vozari A. (2015), « "Si maman va bien, bébé va bien". La gestion des risques psychiques autour de la naissance », *Recherches familiales*, n° 12, p. 153-163.

West C. et Zimmerman D.-H. (2009 [1987]), « Faire le genre », traduction de l'anglais (américain) par Fabienne Malbois, *Nouvelles Questions Féministes*, vol. 28, n° 3, p. 34-61.

Se faire une place en cuisine ? Des pères des milieux supérieurs face aux politiques publiques nutritionnelles et écologiques

Audrey Bister et Philippe Cardon

RÉSUMÉ

À partir d'une enquête qualitative auprès de parents de familles issues des classes moyennes supérieures et supérieures, l'article interroge la fabrique de la paternité au prisme des enjeux nutritionnels et écologiques portés par les pouvoirs publics. Il montre que si les politiques publiques nutritionnelles s'adressent aux parents, les mères de famille des classes moyennes supérieures et supérieures étudiées assurent en réalité un « encadrement indirect de la paternité ». Dans le domaine des pratiques alimentaires comme dans le domaine des transmissions éducatives, les mères s'approprient les normes venues de l'extérieur, prennent en charge leur diffusion dans l'espace familial et encadrent les pères qui « suivent » avec plus ou moins de résistance, certains jouant un rôle d'éducateur « auxiliaire » de la mère auprès des enfants là où d'autres assurent un rôle de « tampon » entre la mère et les enfants. Ces différences de sensibilité entre pères et mères impliquent des négociations quotidiennes autour des enjeux alimentaires et de leur application pour définir une alimentation familiale commune.

ABSTRACT

Making a Place in the Kitchen: Fathers from Higher Social Echelons in the Face of Nutritional and Ecological Public Policies

Based on a qualitative survey of parents from upper-middle-class and upper-class families, this article questions constructions of fatherhood through the lens of nutritional and ecological issues advanced by public authorities. It shows that although nutritional public policies are addressed to both parents, mothers in the upper-middle-class and upper-class families surveyed were in fact providing an "indirect framework for fatherhood". In the area of eating habits and educational transmission, mothers take up norms from outside the family circle, take charge of their diffusion within the family space, and supervise the fathers who "follow" with varying degrees of resistance, with some playing the role of an "auxiliary" educator for the children alongside the mother, while others adopt that of a "buffer" between the mother and the children. These differences in sensitivity between fathers and mothers lead to daily negotiations around food issues and their application to define shared family eating habits.

Introduction

Les politiques publiques nutritionnelles s'adressent sans distinction aux « parents » avec l'objectif qu'ils développent une éducation à l'alimentation respectueuse de la santé et de l'environnement (Cardon *et al.*, 2023). Pourtant, derrière cette indifférenciation des « parents », ce sont principalement les mères de famille qui se consacrent à l'éducation alimentaire des enfants et ce, pour trois raisons : leur socialisation précoce par le corps médical à la gestion de leur alimentation et de celle de leurs enfants (Dupuy, 2017 ; Gojard, 2010), impliquant leur forte perméabilité aux recommandations nutritionnelles et diététiques en général (Counihan y Kaplan, 1998 ; Beardsworth *et al.*, 2002 ; Saint-Pol, 2010) et leur assignation au rôle d'éducatrice morale de leur classe (Gojard, 2010 ; Cardon, 2019). L'alimentation est ainsi « un moyen – une arme – très efficace de reproduction de l'ordre du genre », c'est-à-dire de « l'ordre alimentaire genré » (Fournier *et al.*, 2015), caractérisé par l'invisibilité sociale du travail alimentaire alors même que paradoxalement il participe à « produire » (DeVault, 1991), à « instituer » (Déchaux, 2011) la famille, autrement dit, à « faire famille » (Kaufmann, 2005). Ce sont alors les mères qui diffusent la nouveauté alimentaire au sein du foyer (Grignon et Grignon, 1999), en particulier les recommandations et normes nutritionnelles et écologiques portées par les pouvoirs publics (Cardon *et al.*, 2023).

L'ordre alimentaire genré est d'autant plus fort, qu'inversement, les pouvoirs publics ne pensent pas l'alimentation comme support de changement : ils ne responsabilisent pas les pères perçus comme moins compétents pour prendre en charge l'alimentation des enfants (Mathieu *et al.*, 2023). Cela explique leur moindre sensibilité aux messages nutritionnels et diététiques, dont ils rejettent plus facilement la mise en pratique (Sobal, 2005). Ils valorisent davantage le plaisir et l'abondance que la santé (Dupuy 2017 ; Cardon, 2019). Les politiques publiques nutritionnelles ne remettent ainsi pas en cause la non-assignation sociale des hommes à l'alimentation domestique, limitant par là même leur propre capacité d'encadrement normatif de ces derniers.

Néanmoins, la diffusion dans les milieux supérieurs d'un modèle de partage des tâches plus égalitaire laisse penser à une « dégenrisation » progressive du travail alimentaire au sein de ces foyers (Aarseth, 2009). De même, au-delà de l'image classique de l'homme qui ne cuisine que par plaisir, émergent de nouvelles figures d'hommes, pères, porteurs d'une « masculinité civilisée » égalitaire, voire d'une *caring masculinity*, gardiens des bonnes pratiques alimentaires à transmettre aux enfants (Diasio et Fidolini, 2019). Ces nouveaux pères considèrent le travail culinaire comme relevant d'une responsabilité morale et d'un devoir paternel (qu'ils aiment ou non cuisiner) (Neuman *et al.*, 2015) : ils acceptent et assument des activités en cuisine traditionnellement féminines dès lors qu'ils en assurent eux-mêmes l'entière responsabilité (Szabo, 2013). L'émergence de cette nouvelle figure du père cuisinier est concomitante du développement de la figure, fortement médiatisée, des « nouveaux pères » c'est-à-dire des « pères présents », investis dans la prise en charge et l'éducation des enfants (Sponton, 2023).

Ces travaux invitent à reconsidérer la place des pères de milieu supérieur dans le travail éducatif alimentaire et son encadrement par les politiques publiques. À partir de quelques configurations familiales (encadré 1), l'article interroge la diffusion des recommandations nutritionnelles et écologiques vers les pères de milieux supérieurs, ainsi que leur réception. Dans la mesure où les mères de famille restent davantage responsabilisées que les pères par les pouvoirs publics en matière d'alimentation, on cherche à comprendre comment se construit la place des pères dans le cadre de ces politiques publiques. Notre hypothèse est que les politiques publiques assurent, par l'intermédiaire des mères, un encadrement indirect de la paternité dans le domaine alimentaire.

MÉTHODOLOGIE **[ENCADRÉ 1]**

L'article s'appuie sur deux vagues d'enquêtes par entretiens menées, pour la première, en région parisienne en 2015 auprès de dix familles et, pour la seconde, entre 2020 et 2024 dans la région lyonnaise auprès de 17 familles hétéroparentales issues des classes moyennes supérieures et des classes supérieures urbaines ou périurbaines. L'étude porte sur 27 entretiens menés auprès des mères et 27 auprès des pères (soit un total de 54 entretiens[1]). Si le nombre de familles étudiées peut sembler peu important, l'analyse croisée des entretiens des pères et des mères, de familles relativement homogènes socialement, révèle un matériau empirique riche.

Les parents, âgés entre 35 et 50 ans pour la majorité d'entre eux, ont au moins un enfant en primaire et parfois d'autre(s) en maternelle ou au collège. Toutes les familles habitent dans des quartiers réputés pour la diversité et la proximité des commerces (petits commerces dont bio très prisés par la population étudiée [Laïb, 2019] et supermarchés de quartier), caractéristiques urbaines qui ont dicté le choix de ces deux grandes villes.

Dans toutes les familles, les deux parents ont été interrogés[2], le plus souvent à leur domicile et séparément. Les entretiens portaient sur les activités domestiques liées à l'alimentation (approvisionnement, préparation des repas, repas), les choix de consommation, ainsi que l'éducation alimentaire des enfants. Une attention particulière a été portée aux enjeux de santé et d'environnement et à leur prise en compte par les familles.

Comparer deux échantillons enquêtés à deux moments distincts permet d'étudier deux types de normes, dont la diffusion a été décalée dans le temps (encadré 2) : les normes nutritionnelles, plus anciennes, dont on peut étudier l'évolution de la diffusion d'une enquête à l'autre, et les normes écologiques, plus récentes, qui ne sont abordées que dans la deuxième enquête. Lors des deux vagues, les entretiens étaient présentés comme portant sur l'alimentation, non spécifiquement sur les questions de santé et écologiques. Le canevas d'entretien comportait des questions qui traitaient indirectement de ces enjeux (corpulence, achats bio, santé) mais les thèmes « santé » et « écologie » n'étaient pas traités en tant que tels. Ils ont été abordés spontanément par les familles pour justifier certaines de leurs pratiques de consommation.

1. Lors de la seconde vague, les enfants de plus de 4 ans ont également été interrogés (Bister, 2023) mais ces entretiens ne sont toutefois pas mobilisés dans cet article.
2. Excepté deux familles dans lesquelles les parents étaient divorcés mais qui ne sont pas prises en compte dans cet article.

Les pères face aux recommandations nutritionnelles et écologiques

Sur les deux terrains parisien et lyonnais, et confirmant en cela les travaux sur l'introduction de l'innovation alimentaire dans l'alimentation familiale par les femmes diplômées des milieux supérieurs (Grignon et Grignon, 1999), les mères rencontrées diffusent de nouvelles pratiques alimentaires, par appropriation de savoirs et de savoir-faire nutritionnels et écologiques glanés ici et là (coupure de journaux, informations variées repérées sur internet, ouvrages) ou auxquels elles ont été sensibilisées *via* leur entourage (Dubuisson-Quellier et Gojard, 2016). Elles tentent de les imposer à l'ensemble de la famille, par un travail de négociation auprès de leur conjoint et de transmission à leurs enfants (Bister, à paraître ; Cardon, 2019 ; Sipan, 2025).

En revanche, les pères adoptent davantage une posture de résistance aux recommandations nutritionnelles et écologiques : leur diffusion par les mères ne suffit pas à assurer leur acceptation et leur réappropriation par les pères. Nous cherchons à comprendre les raisons pour lesquelles la majorité des pères résistent aux nouvelles recommandations portées par les mères et si cette résistance est décalée dans le temps, selon qu'il s'agisse des normes nutritionnelles et des normes écologiques, puisqu'elles émergent à une période différente dans le développement des politiques publiques alimentaires (encadré 2).

LES RECOMMANDATIONS NUTRITIONNELLES ET ÉCOLOGIQUES **[ENCADRÉ 2]**

Dans le cadre de cet article, deux types de recommandations, en lien avec l'alimentation, portées par les pouvoirs publics ont été retenus car évoqués et discutés par les parents :
- les recommandations liées aux qualités nutritionnelles des aliments (par exemple : réduire le sel, manger des fruits et des légumes tous les jours, limiter les matières grasses) et aux modes de consommation (par exemple : manger à des rythmes réguliers, manger à table) ;
- les recommandations écologiques valorisant des aliments dont le processus de production, de transport et de conditionnement est respectueux de l'environnement (achat de produits locaux, de saison, en vrac, issus de l'agriculture biologique), et des pratiques visant à limiter ou revaloriser les déchets.

Ces recommandations nutritionnelles et écologiques, promues par l'État et diffusées dans l'espace public *via* divers médias (spots publicitaires radiophoniques, télévisuels, presse papier, école, etc.), émergent à deux périodes distinctes : alors que les enjeux nutritionnels sont au cœur des politiques publiques dès les années 2000, les enjeux écologiques sont beaucoup plus récents. Ainsi, le Programme national nutrition santé lancé en 2001, et reconduit trois fois par la suite, intègre pour la première fois des messages sur les enjeux environnementaux dans la version 2019-2023 (impact de la surconsommation de viande ou surproduction de déchets) (Cardon *et al.*, 2023).

Des pères qui font de la résistance

Pour les pères des catégories supérieures rencontrés, la légitimité des recommandations nutritionnelles est aujourd'hui acceptée et reconnue. Si certains pères les intègrent plus ou moins dans leurs pratiques alimentaires quotidiennes, et ce d'autant plus qu'ils sont investis dans la préparation culinaire et qu'ils prennent plaisir à cuisiner (Cardon, 2019), la plupart prennent des distances avec leur mise en pratique parce que celle-ci demande des « efforts » qu'ils n'ont pas envie d'assumer.

Ce rapport aux normes et aux recommandations nutritionnelles est bien visible chez Laurent, enquêté en 2015, qui a intégré l'importance des normes nutritionnelles mais en relativise l'application :

> « Pour tout te dire, j'aime bien faire à manger mais bon, pas trop à fond, quoi. Ce que je veux dire, c'est que faire gaffe tous les jours… enfin pas tous les jours, c'est Corinne qui cuisine la plupart du temps, mais non, mais quand moi je fais, quand je cuisine, enfin, toujours être dans le truc de “il faut faire ci, il faut faire ça”, je dois t'avouer que ça me saoule. Alors, évidemment, je ne vais pas te dire que manger trop gras, c'est super, pas de légumes c'est cool, non, je ne dis pas ça parce que là, ce serait franchement n'importe quoi, on le sait bien que la bouffe ça joue sur la santé, il y a suffisamment de travaux qui l'ont montré et de toute façon, dire le contraire, c'est idiot. Après, au quotidien, mettre en pratique, c'est compliqué et moi, j'ai pas le temps de me prendre trop la tête. En plus, il y a quand même des trucs nutritionnels qui ne font pas l'unanimité. Je suis désolé mais sur la consommation des produits laitiers, alors, certes, Corinne veut qu'on arrête d'en manger trop parce que c'est trop gras et que ça bousillerait le bide des gamins, mais moi je suis désolé, on te dit aussi que c'est important d'en manger pour la suite, quand tu es vieux, pour les os. Corinne, là-dessus, par exemple, tu vois, là, juste cet exemple, Corinne elle me casse les pieds avec ça parce que si on l'écoute, le fromage, il ne faudrait presque pas en manger, ou carrément plus du tout » (Laurent, 44 ans, cadre dans une entreprise automobile et père de deux enfants de 8 et 12 ans).

Dans son discours, Laurent exprime une certaine résistance à la mise en pratique de certaines normes nutritionnelles et évoque deux raisons. La première est liée au refus de la charge mentale. En effet, cadre, il rentre régulièrement après 20 heures et lorsqu'il prépare à manger le soir, il reconnaît ne pas avoir envie « de se prendre la tête », c'est-à-dire ne pas avoir à trop réfléchir sur un contenu de repas intégrant des contraintes normatives liées aux recommandations nutritionnelles. C'est donc bien l'absence d'une disposition au « goût de l'effort domestique » (Garcia, 2018) qui justifie ici sa mise à l'écart d'un travail alimentaire intégrant le respect de recommandations nutritionnelles qu'il juge contraignantes. D'autre part, Laurent résiste en mobilisant, pour se justifier à propos de certaines normes nutritionnelles, des controverses scientifiques auxquelles il est sensibilisé sur internet lors des « pauses lecture » qu'il s'octroie régulièrement au travail. Le fromage, par exemple, est un enjeu de débat dans la fabrication d'une alimentation domestique à laquelle, cependant, il ne prend part que marginalement : c'est sa compagne Corinne qui cuisine la plupart du temps une alimentation qu'elle considère en adéquation avec l'orthodoxie alimentaire et elle ne laisse aucune prise aux négociations. À ce titre, le fromage est absent des repas qu'elle prépare alors que Laurent en intègre lorsque lui-même cuisine. En ce sens, parce qu'il puise dans les controverses scientifiques portant sur certains produits alimentaires des éléments de remise en question de certaines normes nutritionnelles portées par les pouvoirs publics, Laurent résiste aux injonctions de sa compagne à les mettre en pratique.

La comparaison entre les deux terrains, espacés de dix ans, montre néanmoins que malgré ces résistances, les pères ne sont pas hermétiques aux recommandations nutritionnelles et à leur mise en pratique ainsi qu'aux efforts publics d'encadrement de leur alimentation. En effet, sur le deuxième terrain (2020-2024), les pères rencontrés ont manifesté une adhésion aux normes nutritionnelles : s'ils les contournent plus fréquemment que les mères lorsqu'ils sont seuls, ils les prennent en revanche en compte lorsque le reste de la famille est présent, y compris lorsqu'ils sont en charge de la cuisine. Samuel (ingénieur en informatique, deux fils de 8 et 10 ans) a par exemple demandé à sa compagne, Claire, qui a adopté pendant un temps le programme Weight Watchers, d'en faire profiter l'ensemble de la famille, alors même que lui et ses fils sont de corpulence normale et ne cherchent pas spécialement à perdre du poids. D'une manière générale, si les pères du premier échantillon exprimaient une certaine résistance à la mise en pratique des normes nutritionnelles, cela n'est plus vrai dans le second échantillon, y compris chez des pères cuisinant peu et distants de la sphère du travail domestique alimentaire. Ils cherchent néanmoins à proposer à leurs enfants une alimentation *a minima* « équilibrée », c'est-à-dire comportant des fruits et légumes. La résistance à la mise en pratique des normes nutritionnelles semble ainsi s'affaiblir au fil du temps.

Une résistance d'autant plus forte que les normes sont nouvelles

Ces transformations du rapport des pères aux normes nutritionnelles ne garantissent cependant pas une convergence vers les modes féminins d'appropriation des recommandations alimentaires. Si les normes nutritionnelles font l'objet d'une résistance de plus en plus faible, cette résistance s'est reportée sur les normes écologiques (Sipan, 2025). Non seulement leur mise en pratique par la majorité des pères ne va pas de soi, mais la reconnaissance de leur légitimité pose problème et n'est pas acquise pour tous les pères rencontrés dans le second échantillon. C'est le cas de Fabrice (seconde vague), à propos des transformations alimentaires que sa femme essaie d'instituer dans leur famille :

> « Isabelle est partie dans un délire de… On jette le moins possible de choses. Donc elle a cherché pas mal de recettes avec les fanes. Fanes de carottes, fanes de… les parties vertes des poireaux ou avec le cœur des choux-fleurs. Du coup elle a trouvé ça, on a fait les recettes, on a essayé, c'était bien. Y'en a qui marchent bien et y'en a d'autres qui marchent beaucoup moins » (Fabrice, 42 ans, technicien de laboratoire, conjointe cadre du privé au chômage, deux enfants).

Dans cette famille, la mère, Isabelle, cadre au chômage au moment de l'entretien, recherche effectivement activement de l'information sur l'écologie. Comme l'explique Fabrice, en plus d'imposer la chrononutrition et la réduction de la consommation de sucres rapides, elle a également imposé le « zéro déchets », puis le « zéro gaspillage ». Pour autant, la formulation utilisée par Fabrice, « partie dans un délire », participe à mettre à distance symboliquement les nouvelles pratiques imposées par Isabelle : si Fabrice ne les refuse pas (Isabelle assurant 70 % de la cuisine et la majeure partie du travail d'approvisionnement, Fabrice a peu de marge pour refuser ces pratiques), il insiste sur le fait qu'Isabelle en est l'initiatrice, lui ne faisant qu'accepter ce qui passe à ses yeux pour une extravagance plus que pour un acte d'engagement individuel en faveur de l'écologie. Par ailleurs, sa tolérance de la pratique ne vaut que tant qu'elle n'impacte pas son plaisir alimentaire : les recettes qui sont jugées moins bonnes que l'alimentation habituelle de la famille font l'objet de critiques, voire de refus, quelle que soit leur valeur écologique. En témoigne la fin de l'entretien, qui dévie vers des questions gustatives : le « bien » de l'avant-dernière phrase semble ainsi être un « bien » gustatif – il en va de même de la précision relative aux recettes qui « marchent » ou non – distant des enjeux écologiques portés par Isabelle. Ce refus des nouvelles normes introduites par sa femme porte également sur les normes nutritionnelles les plus récentes : si la consommation de légumes et la réduction de la consommation de sucre suscitent peu de résistances, l'introduction de pâtes complètes à la place des pâtes blanches a fait l'objet d'opposition jusqu'à ce qu'Isabelle trouve une recette qui convienne à Fabrice, aux dépens d'autres normes nutritionnelles, puisqu'elle les prépare en gratin avec de la béchamel et du fromage.

Si tous les pères rencontrés ne sont pas aussi distants des nouvelles normes alimentaires et notamment des normes environnementales (certains en reconnaissent la légitimité), nombre d'entre eux, qu'ils soient investis ou non dans la cuisine, ne souhaitent pas faire d'efforts supplémentaires pour les mettre en pratique. Le rapport des pères aux normes écologiques est ainsi proche de celui constaté dans l'enquête de 2015 à propos des normes nutritionnelles : une reconnaissance partielle de leur légitimité mais une résistance aux contraintes qu'elles impliquent tant du point de vue du plaisir (manger des choses moins plaisantes ou se priver de consommations plaisantes) que du travail domestique (faire plus d'efforts). Les nouvelles normes alimentaires nutritionnelles et plus encore écologiques, parce qu'elles sont l'objet de résistance de la part des pères, sont dans le même temps supports d'enjeux de luttes symboliques dans leur mise en pratique au sein du couple parental.

Quand les pères sont encadrés par les mères

La différence de sensibilité des pères (qui résistent) et des mères (qui appliquent) aux recommandations alimentaires fait de la famille un espace hétérogène du point de vue des désirs alimentaires. En revanche, du point de vue des pratiques, les familles rencontrées lors des deux vagues sont plutôt homogènes puisque l'alimentation est « mutualisée ». Un travail de négociation intrafamilial de l'alimentation (Cardon, 2017 ; Berger et Kellner, 2018 ; Lignier, 2023) doit donc s'opérer entre l'hétérogénéité des exigences alimentaires et l'homogénéité (relative) des pratiques et des habitudes familiales, dont la finalité est de produire au quotidien une alimentation commune.

Le terrain montre que, face aux résistances des pères, les mères adoptent des stratégies pour faire accepter leurs choix alimentaires, qu'elles ne peuvent imposer unilatéralement, et ce d'autant plus que les pères s'investissent en cuisine et prennent part aux décisions alimentaires. Ces stratégies, mises en place dans le cadre de la négociation de l'alimentation familiale avec les pères, participent à l'encadrement des pratiques alimentaires de ces derniers et à la définition de ce que doit être une « bonne » paternité (Le Pape *et al.*, 2025). Nous montrons ici trois stratégies d'encadrement des pères par les mères : la diffusion de ressources légitimant les normes, le rappel à l'ordre, la prise en charge du surcroît de travail domestique alimentaire.

La diffusion dans l'espace domestique des ressources légitimant les normes

La première stratégie consiste, pour les mères, à diffuser dans l'espace domestique des ressources légitimant les normes qu'elles cherchent à imposer pour emporter la conviction des pères. Cela se traduit par un investissement temporel fort des mères dans des activités de recherche d'informations que ce soit dans les médias (numériques principalement, comme Isabelle qui regarde des vidéos YouTube sur des questions écologiques et alimentaires depuis qu'elle est au chômage), auprès de proches ou, plus rarement, auprès d'associations. L'intérêt d'une telle démarche active réside dans la fabrication d'une sorte de capital nutritionnel et écologique, fait de savoirs et de savoir-faire en matière alimentaire, qui peut être ensuite mobilisé dans l'encadrement des pratiques du père. Ce capital permet d'asseoir une certaine légitimité à revendiquer et défendre un style d'alimentation entrant en résonance avec l'orthodoxie alimentaire, précisément parce qu'il va puiser dans les connaissances scientifiques dont on sait qu'elles jouent un rôle central dans le rapport à la santé et à l'alimentation dans les classes supérieures (Gojard, 2010 ; Régnier et Masullo, 2009).

C'est le cas par exemple de Géraldine (vague 1), dont la recherche d'informations nutritionnelles constitue une activité en soi : elle mobilise à la fois internet mais aussi des revues spécialisées en nutrition comme sources principales d'information qu'elle mobilise ensuite dans l'espace domestique :

> « Perso, j'utilise pas mal les revues que je trouve à mon magasin bio, tu vois, c'est assez scientifique, il y a beaucoup d'articles qui font le lien entre ce qu'on mange et les maladies, c'est vrai que du coup, je fais vachement gaffe. Ma grosse

angoisse, à moi, c'est les nitrates dans le jambon. Déjà faut pas trop en manger du jambon, mais quand j'en achète, je cherche sans nitrate, parce que sans déconner quand tu lis sur les nitrates, c'est vraiment flippant [...]. Après, le truc, c'est simple : je découpe, je colle sur le frigo pour qu'ils voient, j'ai même mis un tableau blanc dans l'entrée avec plein d'articles découpés. Moi, je n'arrête pas d'en parler à la maison, surtout à Louis parce que, franchement, je vois bien que ça le gonfle... Enfin, c'est pas qu'il est contre mais je vois bien qu'il a pas envie de se cogner toutes ces histoires. J'en parle même avec la prof de SVT dans mon collège qui est à fond avec ses élèves sur ces questions d'écologie et tous les enjeux nutritionnels, elle m'explique pas mal de trucs. Alors moi, je le redis à Louis » (Géraldine, 40 ans, enseignante et deux enfants).

Géraldine investit d'autant plus ces questions et leur diffusion que son mari, Louis, assure la préparation culinaire plusieurs fois par semaine le soir. Avocat à son compte âgé de 43 ans, Louis rentre vers 19 heures. Il affirme « aimer cuisiner » mais il souhaite se « sentir libre » et rechigne à mettre en pratique des recommandations, notamment écologiques, qu'il juge trop contraignantes. Ce qui n'empêche pas Géraldine de continuer à diffuser dans l'espace domestique nombre de ressources et d'informations légitimant les recommandations, se positionnant ainsi bien comme intermédiaire entre les instances de diffusion des nouvelles normes alimentaires et son mari : elle opère un travail de recherche, de sélection et de diffusion de l'information qu'elle impose ensuite à la vue de tous les membres du foyer en ayant recours à différents supports matériels (le frigo, un tableau dans l'entrée). Ce travail de diffusion objective de l'information nutritionnelle et écologique cherche à faire accepter par sa famille des changements concrets de l'alimentation quotidienne, notamment la réduction de la consommation de viande.

Ce travail informatif porté par les mères facilite l'imposition dans leur famille de nouvelles normes en légitimant les transformations voulues par des arguments scientifiques. Mais ce travail de recherche, de sélection et de synthèse de l'information, observé chez plusieurs mères, est plus rare chez les pères : dans toutes les familles interrogées, ce sont les mères qui cherchent l'information et la diffusent vers les pères, rarement le contraire.

Des pères rappelés à l'ordre

La seconde stratégie d'encadrement des pères se caractérise par l'usage de rappels à l'ordre lorsque ces deniers adoptent des pratiques jugées inadéquates par les mères au regard des recommandations nutritionnelles et écologiques qu'elles tentent de déployer dans le cadre de l'alimentation familiale. Ces rappels à l'ordre concernent notamment les pratiques d'approvisionnement, comme chez Albin et Anne :

« Albin – Alors forcément après y'a des discussions avec Anne : "Ah, t'as pris ça, t'aurais pas dû prendre..." [...] La dernière fois, j'ai pris des yaourts qu'étaient

pas bio et qu'étaient des yaourts premier prix... J'ai pris ça parce qu'ils me tombaient sous la main et... Donc discussion là-dessus. [...]
Enquêtrice – Et donc là, Anne, elle va discuter après avec vous et vous allez reparler de ce que vous avez acheté, si ça correspond pas...
Albin – Non, c'est surtout elle qui me dit... Moi je m'en fiche de ce qu'elle achète parce que je... Ça m'est égal. C'est surtout elle qui va me dire : "Ah, t'as acheté ci, t'as acheté ça, pourquoi t'as fait ça ?" Mais c'est pas moi. Moi je m'en fous » (Albin, cadre du privé, 41 ans, conjointe directrice d'établissement scolaire, deux enfants).

Dans cette configuration, les deux parents sont en charge des courses : si Anne s'occupe principalement des courses dans les petits commerces de proximité, Albin s'occupe des courses en supermarché une fois par semaine et fait ponctuellement des compléments de courses (lorsqu'il cuisine pour des invités par exemple ou des courses de dernière minute). En revanche, la charge mentale de mise en adéquation de l'alimentation familiale avec les normes nutritionnelles et environnementales est assumée par Anne, qui doit donc encadrer à distance les pratiques de son conjoint (Le Pape et Plessz, 2017). Le discours d'Albin souligne le décalage entre sa position et celle de sa femme dans le choix des produits alimentaires, et le travail de rappel à l'ordre qu'elle opère et qui participe à rappeler la légitimité accordée aux normes de l'alimentation écoresponsable. Anne prend en compte les injonctions à l'adoption d'une alimentation écoresponsable lorsqu'elle fait les courses de son côté (généralement dans les petits commerces du quartier), mais effectue également un travail d'encadrement des pratiques de son mari en vérifiant ce qu'il achète et en critiquant ou en suscitant la discussion lorsque ces pratiques ne correspondent pas à ses attentes. Par ailleurs, Anne mobilise des ressources informationnelles sur l'alimentation visant à appuyer et légitimer davantage ses rappels à l'ordre.

Anne est donc bien à l'origine d'un encadrement des pratiques d'Albin, auquel ce dernier semble chercher à résister partiellement, comme en témoigne la distance qu'il manifeste en répétant à plusieurs reprises que lui-même « s'en fiche ». Néanmoins, Albin essaye d'acheter bio de plus en plus souvent quand il y pense :

> « Alors moi j'ai suivi. Au début j'étais un peu réticent sur toute la partie bio parce que ça m'énervait de payer trois fois plus cher un produit bio qu'un produit pas bio. Je n'étais pas contre le bio, je comprends très bien la logique du bio. Après moi je suis toujours sceptique, le bio en supermarché dans des... voilà. Mais je trouve qu'effectivement l'écart s'est réduit, donc même moi maintenant j'achète du bio et je suis complètement... »

Le discours ambivalent d'Albin, qui se dit « sceptique » tout en affirmant qu'il « comprend très bien la logique du bio » montre que le travail d'encadrement opéré par Anne fonctionne, au moins partiellement, et conduit à une évolution des pratiques de son mari qui « suit » les demandes de sa femme.

Prendre sur soi le surplus de charge domestique alimentaire

La troisième stratégie d'encadrement mise en place par les mères consiste à prendre sur elles le surplus de charge domestique engendré par les transformations de l'alimentation familiale qu'elles cherchent à imposer. Dans le cas des pratiques s'inscrivant dans une démarche d'écoresponsabilité, ce surplus de travail domestique concerne en premier lieu le temps consacré aux courses (par exemple pour diversifier les magasins et trouver du vrac, du local ou du bio) et, en second lieu, le travail de gestion des déchets (par exemple organiser un compost, s'approvisionner en sacs spécifiques, sortir une poubelle supplémentaire). Or, les entretiens montrent que les mères s'approprient une grande part de ces tâches qui rebutent leur mari, ce qui facilite l'adhésion de ces derniers, qui n'ont pas à fournir d'effort domestique supplémentaire tout en bénéficiant des avantages de ces pratiques. D'autant que certains pères de famille en remettent en cause le bien-fondé, à l'image de Pierre :

> « Moi je suis pas convaincu de la praticité de la chose [le vrac]. Parce que le problème c'est que je fais mon complément de placard en rentrant du travail, en vélo, donc... en passant devant les magasins. Donc si on n'a pas les contenants, c'est plus dur pour... [inaudible] » (Pierre, ingénieur, 36 ans, trois enfants).

Le cas de Pierre est intéressant, car – cas relativement rare – c'est lui qui s'occupe de la grande majorité du travail alimentaire du foyer : il organise les repas (choix des menus, listes de courses), fait une part importante des courses et la quasi-totalité de la cuisine. En revanche, comme dans les autres familles, c'est sa femme, Aurélia, ingénieure âgée de 36 ans, qui tente d'imposer des transformations alimentaires en vue de rendre les pratiques de la famille plus écologiques. Elle essaye notamment de privilégier les achats en vrac pour limiter la production de déchets. Cette volonté d'acheter en vrac rencontre la résistance de Pierre qui se dit « pas convaincu par la praticité » : acheter en vrac engendre à la fois une charge mentale et physique supplémentaire car il faut prévoir les contenants (et donc les courses) et les transporter, et une charge temporelle si les courses sont faites hors de ses trajets pour aller au travail. En effet, Pierre prend en charge la majorité des courses qu'il réalise le samedi matin au marché et dans les commerces de proximité mais également en semaine, le soir, lors de son retour du travail.

Cette tension entre les demandes d'Aurélia et les résistances de Pierre est résolue par une récupération, par Aurélia, de la charge domestique liée au vrac : alors que Pierre fait presque toutes les courses alimentaires, c'est elle qui s'occupe des courses de vrac, profitant pour cela de ses jours de télétravail. Autrement dit, si Pierre assure la grande majorité de la charge mentale liée à l'alimentation en ce qu'il s'occupe de penser les repas, faire les courses et préparer à manger, c'est Aurélia qui s'occupe de « penser » et de faire ce qui relève des pratiques alimentaires écoresponsables. La négociation de la pratique passe ainsi par un transfert d'une partie de la charge domestique alimentaire de Pierre vers Aurélia : Pierre continue à faire les repas et le gros des courses, Aurélia s'occupe de réapprovisionner le foyer en épicerie achetée en vrac, encadrant de fait l'alimentation du foyer pourtant réalisée par son mari. Parce qu'elles jouent le rôle d'intermédiaires dans la diffusion des nouvelles normes alimentaires, les femmes s'en approprient le poids domestique pour les rendre plus acceptables pour les pères et faciliter leur adoption dans la famille. Cette réalité est d'autant plus importante, comme nous venons de le voir avec ce cas, qu'il s'agit de pratiques écologiques nécessitant beaucoup de temps de travail alimentaire.

Plus globalement, l'exception que représente ce cas d'un père assurant la majorité des courses et des repas du foyer confirme combien il importe de distinguer le travail alimentaire assuré parfois par les pères et le style alimentaire familial porté par les mères intégrant normes nutritionnelles et écologiques. Autrement dit, même les pères largement impliqués dans les activités alimentaires (courses, cuisine) sont encadrés par les mères dès lors qu'il existe des enjeux, notamment écologiques.

L'effet des négociations alimentaires familiales sur la paternité

L'un des enjeux de la négociation des pratiques alimentaires familiales est la prise en charge de l'alimentation et de la santé des enfants (Cardon, 2019 ; Dupuy, 2017). Cet enjeu est d'autant plus crucial que la plupart des familles rencontrées adhèrent à l'idéal des « nouveaux pères » impliqués dans l'éducation de leurs enfants (Sponton, 2023 ; Le Pape *et al.*, 2025), ce qui invite à se demander si le travail de négociation et de diffusion des normes alimentaires dominantes opéré par les mères se traduit dans la manière dont les hommes éduquent leurs enfants à l'alimentation. Deux modèles principaux[1] de paternité alimentaire émergent des entretiens menés avec les parents, qui se traduisent par deux rapports différents à la transmission des normes.

Les pères éducateurs « auxiliaires » qui accélèrent la transmission

Le premier modèle correspond à des pères fortement engagés dans l'éducation de leurs enfants : ils adhèrent fortement aux normes nutritionnelles et écologiques, dont ils reconnaissent pleinement la légitimité, mais manifestent des formes de résistance à ces normes et ont du mal à les mettre en place et à les transmettre aux enfants. C'est par exemple le cas d'Orhan : dans son couple avec Anissa (journaliste, 40 ans), il est très impliqué dans les activités alimentaires puisqu'il cuisine

1. Deux autres modèles de paternité se dégagent : un plus traditionnel dans lequel les mères portent la quasi-totalité de la charge éducative et les pères investissent une posture autoritaire destinée à conforter les exigences des mères, et un autre, à l'inverse, dans lequel les pères sont éducateurs principaux et sont porteurs d'exigences plus fortes que celles des mères. Ces deux modèles ne seront pas étudiés dans cet article premièrement parce qu'ils sont très minoritaires dans les familles étudiées et deuxièmement parce qu'ils ne correspondent pas à des situations d'encadrement maternel de la paternité, qui font l'objet de cet article.

plusieurs fois par semaine et fait les courses régulièrement (notamment lorsqu'il rentre du travail bien souvent vers 19 heures, avant son épouse qui rentre plus tard). Pour autant, il explique avoir du mal à refuser certaines demandes alimentaires de leur fils. Dans ces cas-là, il laisse sa femme, Anissa, prendre la décision et la soutient :

> « Orhan – On a un système de vote de temps en temps, qui facilite les choses. Donc quand je suis coincé, je ne sais pas dire oui ou non, je dis : “On va voter.” Et donc si Anissa dit non, je dis non, et donc ça annule. C'est une façon de ruser le... Ou je regarde très doucement Anissa en disant “Je ne sais pas, qu'en pense Anissa ?” et quand je regarde Anissa, tout de suite je comprends, et puis on se regarde et puis implicitement on comprend si c'est oui ou non.
> Enquêtrice – Donc vous rusez aussi un petit peu pour...
> Orhan – Oui parce qu'on sait pas tout, c'est... Moi je peux avoir envie d'un bonbon quand Kamil me regarde et c'est difficile de lui dire non quand moi-même j'ai envie de bonbons. Quand je regarde Anissa et elle fait non, par exemple, je fais “Moi aussi c'est non” » (Orhan, cadre du public, 40 ans, un enfant).

Orhan adhère aux normes alimentaires et éducatives portées par Anissa mais sans les avoir pleinement transformées en dispositions éducatives. C'est la raison pour laquelle il délègue à Anissa, qu'il sait davantage porteuse de ces dispositions, le rôle d'éducatrice principale, d'autant plus qu'elle diffuse dans l'espace domestique des ressources scientifiques légitimant les normes et les recommandations nutritionnelles et diététiques.

Dans ces configurations, les pères se positionnent en « auxiliaires », en « seconds couteaux » (Brugeilles et Sebille, 2013), déléguant aux mères la responsabilité de l'encadrement alimentaire des enfants (Le Pape *et al.*, 2025). S'ils laissent ainsi le champ libre aux mères pour diffuser aux enfants les normes alimentaires, ces pères endossent peu eux-mêmes le rôle d'intermédiaire dans la diffusion des normes. Ils participent néanmoins à cette transmission en soutenant activement les décisions des mères, parce qu'ils sont convaincus de leur bien-fondé.

Des pères « tampons » qui freinent la transmission de l'orthodoxie alimentaire

Le deuxième modèle de paternité correspond à des pères jouant le rôle de « tampon » entre la mère et les enfants afin d'éviter ou de calmer les conflits liés aux grandes exigences des mères et aux résistances des enfants. C'est le cas de Stéphane qui se considère beaucoup moins exigeant que sa compagne Lorine (cheffe de projets, 41 ans) vis-à-vis de l'alimentation de leurs deux enfants :

> « Le problème, c'est simple : c'est “trop” ! Tu vois, qu'on soit conscient des effets de l'alimentation sur la santé humaine, c'est une chose, moi, je suis ok pour faire gaffe, manger des légumes, limiter plein de trucs mais par contre qu'on en fasse trop mais alors trop, c'est autre chose. Lorine, elle est chiante avec ça.

Et avec les gamins, c'est peut-être pire ! Et c'est sur tout ! L'autre jour elle m'a engueulé parce que je ne lavais pas les légumes avec une éponge avant de les râper ! Les gamins, faut pas qu'ils mangent de trucs sucrés ! Elle a engueulé ma mère qui leur a donné plein de bonbecs [...] Moi, de toute façon, je tiens pas à ce que mes gamins ils soient trop embarqués là-dedans. Et de toute façon, ça les gonfle aussi, tu vois bien. Donc, moi, je calme les ardeurs de madame si je peux me permettre ! [...]. Quand je cuisine, c'est souvent *open bar* et j'assume ! Quand elle est pas là, ils ont droit à des trucs qu'elle veut jamais ou presque pas leur donner. Dimanche dernier, ils ont eu droit à du Nutella au goûter, samedi soir, on a fait des bolo' avec plein de fromage râpé et aucun légume ! Ça permet de relativiser pour les gosses... Après, faut pas rêver, c'est quand même elle qui cuisine le plus, à sa façon, elle impose ses trucs aux gamins. C'est juste qu'à côté, avec moi, c'est plus cool. Pour le reste, elle, elle le fait très bien » (Stéphane, cadre d'une entreprise de construction, 47 ans, deux enfants de 7 et 9 ans).

Stéphane accorde de l'importance aux enjeux nutritionnels comme il l'explique en début d'extrait. Pour autant, il adopte une position différente de sa compagne dans la prise en charge alimentaire de ses enfants. Il rejette certaines pratiques de cuisine imposées par sa compagne (laver les légumes avec une éponge, légumes à tous les repas) qu'il estime excessives et qui renvoient, dans son discours, à un rapport exigeant à l'alimentation. Ce rejet s'exprime de deux manières : verbalement lorsqu'il s'oppose aux exigences de sa conjointe et « calme ses ardeurs », et par la pratique lorsqu'il cuisine pour ses enfants et autorise ce qui ne l'est pas en général dans le modèle alimentaire porté par son épouse qui assure la cuisine familiale la plupart du temps. Il reconnaît du reste en fin d'extrait qu'il ne remet pas en cause la légitimité des recommandations alimentaires portées par son épouse. Cependant, bien que soucieux des enjeux liés à l'alimentation, Stéphane fait preuve d'une disposition à l'effort éducatif alimentaire plus faible que celle de Lorine, à qui il délègue en quelque sorte le rôle d'éducatrice principale tout en jouant le rôle de « tampon » vis-à-vis de leurs enfants. Ce faisant, Stéphane participe à faire exister et à légitimer dans l'espace familial des normes alimentaires plurielles dont on peut faire l'hypothèse qu'elles se transmettent involontairement aux enfants.

L'encadrement normatif des pères par les mères et les négociations familiales ne semblent donc pas se traduire en dispositions suffisamment intériorisées pour se répercuter dans leurs pratiques éducatives : même s'ils acceptent les normes qu'on leur impose, les pères « tampons » n'endossent pas le rôle d'intermédiaire dans la transmission de ces normes, voire en freinent la diffusion vers les enfants en les remettant explicitement en question, ce qui pourrait participer au développement de dispositions plurielles chez les enfants (Lahire, 1995).

Conclusion

Comment les pouvoirs publics encadrent-ils les pères dans le cadre de l'éducation alimentaire familiale ? Si les politiques publiques nutritionnelles s'adressent aux parents, les mères de famille des classes moyennes supérieures et supérieures étudiées assurent un encadrement indirect de la paternité : dans le domaine des pratiques alimentaires comme dans le domaine des transmissions éducatives, les mères s'approprient les normes venues de l'extérieur, entreprennent leur diffusion dans l'espace familial, encadrent les pères qui « suivent » avec plus ou moins de résistance. En effet, ces stratégies d'encadrement ont pour vocation de rappeler aux pères l'existence de normes et de recommandations en matière alimentaire qui doivent être appliquées parce qu'elles font sens, non seulement au regard des enjeux liés à l'alimentation, mais aussi au regard des enfants et de leur éducation alimentaire. Elles posent clairement le cadre de ce que doit être une « bonne » paternité au même titre qu'elles-mêmes assument une « bonne » maternité. Les politiques publiques assurent ainsi, par l'intermédiaire des mères, un encadrement indirect de la paternité dans le domaine alimentaire.

Mais ces stratégies ne vont pas toujours de soi pour autant, les mères n'agissent pas de manière unilatérale et elles doivent aussi négocier, composer, parfois imposer pour faire accepter les changements par les pères. Elles dépendent notamment du type de paternité assurée par les pères, certains jouant plutôt un rôle d'éducateur « auxiliaire » de la mère là où d'autres jouent un rôle de « tampon » entre ce qu'ils considèrent comme des exigences trop importantes portées par les mères et leurs enfants. Ces différences de sensibilité entre pères et mères impliquent, dans la vie quotidienne, des ajustements pour définir une alimentation familiale commune (Cardon, 2019 et 2017). La famille est ainsi un espace de lutte entre les parents pour imposer ses goûts, ses intérêts, ses normes et ses attentes vis-à-vis des enfants et de leur éducation (Lignier, 2023 ; Berger et Kellner, 2018). L'étude des interactions entre ses membres permet de mieux saisir comment les pouvoirs publics peuvent ou non encadrer la paternité en matière alimentaire.

Références bibliographiques

Aarseth H. (2009), « From Modernized Masculinity to Degendered Lifestyle Projects: Changes in Men's Narratives on Domestic Participation 1990-2005 », *Men and Masculinities*, vol. 11, n° 4, p. 424-440.

Aarseth H. et Olsen B. M. (2008), « Food and Masculinity in Dual-Career Couples », *Journal of Gender Studies*, vol. 17, n° 4, p. 277-287.

Beardsworth A. et Keil T. (2002), *Sociology on the Menu. An Invitation to the Study of Food and Society*, Londres et New York, Routledge.

Berger P. et Kellner H. (2018), « Le mariage et la construction de la réalité », *in* Berger P. et Luckmann T. (dir.), *La construction sociale de la réalité,* Paris, Armand Colin, 3e édition.

Bister A. (2023), « Les normes enfantines du "bien manger" par le prisme de leurs repas de rêves. Sociogenèse familiale des goûts des enfants de classes moyenne et supérieure », *Revue des politiques sociales et familiales*, n° 148, p. 105-118.

Bister A. (à paraître), « "Bien manger" dans les familles de classes moyenne et supérieure urbaines : l'alimentation écoresponsable, un nouveau mode de distinction et de reproduction sociale ? », *Émulations.*

Brugeilles C. et Sebille P. (2013), « Le partage des tâches parentales : les pères, acteurs secondaires », *Informations Sociales*, n° 176, p. 24-30.

Buisson G., Le Pape M.-C. et Virot P. (2019), « Des parentalités bousculées », *Revue française des affaires sociales*, n° 4, octobre-décembre, p. 5-24.

Cardon P. (2017), « La commensalité familiale sous tension », *in* Cardon P. (dir.), *Quand manger fait société*, Lille, Presses universitaires du Septentrion.

Cardon P. (2019), « La cuisine des familles au prisme des recommandations nutritionnelles », *Revue des politiques sociales et familiales*, n° 129-130, p. 25-35.

Cardon P., Depecker T. et Plessz M. (2023), *Sociologie de l'alimentation*, Paris, Armand Colin.

Champagne C., Pailhé A. et Solaz A. (2015), « Le temps domestique et parental des hommes et des femmes : quels facteurs d'évolutions en 25 ans ? », *Économie et statistique*, n° 478-480, p. 209-242.

Counihan C. et Kaplan S. L. (1998), *Food and Gender. Identity and Power*, Londres et New York, Routledge.

Déchaux J.-H. (2009), *Sociologie de la famille*, Paris, La Découverte.

Déchaux J.-H. (2011), « La famille à l'heure de l'individualisme », *Projet*, vol. 3, n° 322, p. 24-32.

DeVault M. L. (1991), *Feeding the Family. The Social Organization of Caring as Gendered Work*, Chicago, The University of Chicago Press.

Diasio N. et Fidolini V. (2019), « Garder le cap. Corps, masculinité et pratiques alimentaires à "l'âge critique" », *Ethnologie française*, vol. 49, p. 751 à 767.

Dubuisson-Quellier S. et Gojard S. (2016), « Why are Food Practices not (More) Environmentally Friendly in France? The Role of Collective Standards and Symbolic Boundaries in Food Practices », *Environmental Policy and Governance*, n° 26, p. 89-100

Dupuy A. (2017), « La division sexuelle du travail alimentaire : qu'est-ce qui change ? », *in* Dubet F. (dir.), *Que manger ?,* Paris, La Découverte.

Fournier T., Jarty J., Lapeyre N. *et al.* (2015), « Alimentation, arme du genre », *Journal des anthropologues*, n° 140-141, p. 19-49.

Garcia S. (2018), *Le goût de l'effort. La construction familiale des dispositions scolaires*, Paris, Presses universitaires de France, collection « Éducation et société ».

Gojard S. (2010), *Le métier de mère*, Paris, La Dispute.

Grignon C. (1988), « Long-term Trends in Food Consumption: a French Portrait », *Food and Foodways*, vol. 8, n° 3, p. 151-174.

Henry H., Williams K. E., Camise T. S. *et al.* (2009), « The Parent Mealtime Action Scale (PMAS). Development and Association with Children's Diet and Weight », *Appetite*, vol. 52, n° 2, p. 328-339.

Kaufmann J.-C. (2005), *Casseroles, amour et crises : ce que cuisiner veut dire*, Paris, Armand Colin.

Laïb N. (2019), « Les magasins bio : des magasins presque comme les autres », *Insee Première,* n° 179.

Lahire B. (1995), *Tableaux de familles*, Paris, Seuil.

Le Pape M.-C., Dominguez-Folgueras M., Guedj H. *et al.* (2025), « Paternité : organisation des temps professionnels et familiaux deux ans après la naissance d'un enfant », *Les dossiers de la Drees*, n° 126.

Le Pape M.-C. et Plessz M. (2017), « C'est l'heure du petit-déjeuner ? Rythme des repas, incorporation et classe sociale », *L'année sociologique*, vol. 67, n° 1, p. 73-106.

Lignier W. (2023), *La société est en nous*, Paris, Seuil.

Maeh A. et Jackson P. (2013), « Crowded Kitchens: The "Democratisation" of Domesticity? », *Gender, Place et Culture*, vol. 20, n° 5, p. 578-596.

Mathieu M., Jarty J., Gojard S. *et al.* (2023), « Le travail alimentaire : perpétuel enjeu de lutte entre classes de sexe », *Questions féministes*, vol. 42, p. 4-10.

Musher-Eizznman D. R., Holub S. C., Hauser J. C. *et al.* (2012), « The Relationship Between Parents' Anti-fat Attitudes and Restrictive Feeding », *Obesity*, vol. 15, n° 8, p. 2095-2102.

Neuman N., Gottzén L. et Fjellström C. (2015), « Narratives of Progress: Cooking and Gender Equality among Swedish Men », *Journal of Gender Studies*, vol. 26, n° 2, p. 151-163.

Régnier F. et Masullo A. (2009), « Obésité, goûts et consommation. Intégration des normes d'alimentation et appartenance sociale », *Revue française de sociologie*, vol. 50, n° 4, p. 747-773.

Saint Pol T. (2010), *Le corps désirable. Hommes et femmes face à leur poids*, Paris, Presses universitaires de France.

Sipan O. (2025), « L'écologie domestiquée : zéro déchet, engagement féminin et écologisation du féminin », Doctorat de sociologie, sous la direction de Bessin M. et Pruvost G., EHESS.

Sobal J. (2005), « Men, Meat and Mariage. Models of Masculinity », *Food and Foodways*, vol. 13, p. 135-158.

Sponton A. (2023), « Se montrer présent : réception du congé de paternité, parentalités et masculinités de la grossesse à la petite enfance », Doctorat de sociologie, sous la direction de Marta Dominguez Folgueras et Ariane Pailhé, Paris, Institut d'études politiques.

Szabo M. (2013), « Men Nurturing through Food: Challenging Gender Dichotomies around Domestic Cooking », *Journal of Gender Studies*, vol. 23, n° 1, p. 18-31.

HORS-DOSSIERS

Prendre le virage ambulatoire, à quel prix ? L'exemple des chimiothérapies anticancéreuses injectables à domicile

Pascale Manuello et François Sicot

RÉSUMÉ

Considérée comme bonne pour les patients et les finances publiques, l'orientation des patients en hospitalisation à domicile (HAD) pour la réalisation de chimiothérapies anticancéreuses est jugée insuffisante par les pouvoirs publics qui en font la promotion. Comment l'expliquer ? Quelles sont les raisons avancées par les prescripteurs pour choisir ou non cette modalité de prise en charge ? L'article montre que les médecins ont largement adopté le calcul coûts/avantages de leurs pratiques mais qu'ils restent guidés par la prudence. En outre, malgré l'intérêt qu'il y aurait à externaliser des prises en charge pour libérer des places en hôpital de jour, des contraintes s'exercent qui entrainent pourtant le maintien des patients à l'hôpital. L'article illustre enfin le décalage qu'il peut y avoir entre la conception d'une politique publique de santé – ici développer l'ambulatoire *via* la HAD – et les conditions de sa mise en œuvre par les professionnels.

ABSTRACT

Outpatient Care at What Price? The Example of Injectable Cancer Chemotherapy at Home

Although considered good for both patients and public finances, in-home care for patients in cancer chemotherapy is deemed insufficient by the public authorities who promote it. How can this be explained? What reasons do prescribers give for choosing this treatment method or not? This article shows that although doctors have largely adopted cost/benefits-based reasoning in their practices, they are still guided by caution. In addition, despite the benefits of externalising treatment to free up places in day units, certain constraints still require patients to stay in hospital. Lastly, the article reveals divergences there may be between the conception of a public health policy – in this case, developing outpatient care via treatment in the home – and the conditions of its implementation by professionals.

En cancérologie comme ailleurs, le virage ambulatoire est considéré comme devant tout à la fois permettre de maîtriser les dépenses d'assurance maladie, désengorger les hôpitaux, réduire les risques associés aux soins et améliorer le confort du patient (Cour des comptes, 2018). L'enjeu est considérable au vu des données épidémiologiques. En 2022, le cancer était la première cause de mortalité en France et près de 1 000 nouveaux cas étaient encore diagnostiqués chaque jour. En outre, face à des cancers qui entraînaient, il y a encore quelques années, le décès rapide des patients, les diagnostics précoces et de nouveaux traitements comme l'immunothérapie ou les thérapies ciblées augmentent les taux de guérison. L'allongement des durées de vie avec un cancer et une tendance à la chronicisation de la pathologie cancéreuse occasionnent des recours durables au système de soins en général et aux établissements de soins en particulier.

C'est dans ce contexte qu'est promu le transfert des chimiothérapies anticancéreuses injectables (CTAI) de l'hospitalisation de jour (HDJ) vers l'hospitalisation à domicile (HAD) (HAS 2015 ; Ministère de la Santé, 2021). Dans le premier cas, le traitement est administré dans les murs de l'hôpital, selon une durée plus ou moins longue mais sans nuitée. Dans le second, il l'est au domicile du patient par une autre équipe, celle de l'établissement de santé d'hospitalisation à domicile. Même s'ils ont pour mission « d'assurer au domicile du malade, pour une période limitée mais révisable en fonction de l'évolution de son état de santé, des soins médicaux et paramédicaux continus et coordonnés » (article R. 6121-4-1 du CSP), les HAD sont désormais considérées comme des établissements de santé (loi HPST de 2009).

La pratique a été développée dès le Plan cancer 2003-2007 et a été relancée en 2021 car jugée encore insuffisante par les pouvoirs publics[1]. Les agences régionales de santé qui se sont lancées depuis cette date dans des actions pour le développement des CTAI en HAD ont relevé que « plusieurs freins au développement de la chimiothérapie en HAD ont été identifiés parmi lesquels le frein financier. La délocalisation du traitement par chimiothérapie au domicile peut induire des contraintes financières sur l'établissement autorisé [HDJ] ». Dans un rapport de 2015, la Haute Autorité de santé avait, quant à elle, également identifié des freins financiers mais cette fois du côté des HAD : « La chimiothérapie en HAD est une activité perçue comme financièrement coûteuse, voire structurellement déficitaire par rapport au tarif obtenu » (2015, p. 95).

Comment expliquer les réticences des prescripteurs à recourir à l'HAD pour des chimiothérapies anticancéreuses injectables ? Quels obstacles n'auraient pas été levés ? À qui coûte, mais donc aussi à qui rapporte l'administration de ces traitements ? Quelle est la place des obstacles financiers par rapport à d'autres également cités : la méconnaissance des HAD, la crainte « de perdre son patient de vue, et qu'[il soit] moins bien pris en charge ; la crainte d'avoir une charge de travail plus importante relative à l'organisation de la prise en charge en HAD » (HAS, 2015) ?

1. Entre 2015 et 2020, le nombre de journées en HAD pour chimiothérapies a augmenté de 43,4 % (source PMSI).

Sollicités par une équipe d'épidémiologistes pour étudier cette question[2], nos premiers entretiens sur le terrain auprès d'une agence régionale de santé (ARS) et d'établissements de HAD nous mènent sur la piste de l'argent. La réalisation des CTAI rapporterait « beaucoup d'argent » et les médecins prescripteurs des CTAI, qui exercent au sein des hôpitaux (HDJ) choisiraient, pour cette raison, de ne pas adresser leurs patients en HAD. Lors de la phase exploratoire de la recherche, lesdits prescripteurs n'évacuent pas totalement cette explication mais évoquent d'autres arguments, dont le bien-être du patient, l'organisation du travail, l'autonomie de la pratique vis-à-vis des concepteurs des politiques publiques de santé… Quel est le poids des arguments économiques, de l'intérêt financier des prescripteurs par rapport au confort du patient évoqué par les promoteurs de l'HAD ?

Il nous a semblé que ces questions pouvaient être problématisées sous l'angle des effets sur les pratiques professionnelles qu'ont les réformes du système de santé et tout particulièrement des contraintes de financement auxquelles sont soumis les établissements *via* en particulier l'Ondam et la T2A[3]. Jusqu'à présent, des travaux ont été menés pour analyser l'évolution des pratiques des professionnels confrontés plus particulièrement à la mise en œuvre du *New Public Management* (NPM). Dans leur article intitulé « New Public Management et professions dans l'État : au-delà des oppositions, quelles recompositions ? », les auteurs remarquent que ces questions :

> « réactivent une polarité ancienne et schématique des recherches sur les organisations et les professions en opposant "management" et "professions" ou "managerialism" et "professionalism" […]. La notion d'autonomie, dont on fait l'hypothèse qu'elle serait particulièrement remise en cause ou bousculée dans les réformes actuelles, se trouve notamment placée au cœur du débat » (Bezes *et al.*, 2011, p. 4).

Les effets des réformes menées dans le cadre du NPM sur les pratiques professionnelles et les organisations de soins commencent effectivement à être documentés. On peut ainsi citer les travaux de N. Belorgey sur le travail des cabinets de consultants dans les hôpitaux publics (2010) ou les soins dans les cliniques (2019), ceux de P.-A. Juven sur la mise en gestion de l'hôpital public (2016), de H. Bertillot sur les indicateurs de qualité (2020), de S. Garcia et J.-M. Pillon sur le tri des usagers (2021), de C. Foubert sur l'appropriation des normes d'austérité à l'hôpital public (2021) ou de C. Marchant-Tonel sur la chirurgie ambulatoire (2021).

Une autre question mérite pourtant d'être approfondie, qui ne doit pas être confondue avec les réformes menées dans le cadre du NPM : celle de savoir si les impératifs gestionnaires et l'injonction à la rentabilité des établissements de santé, modifient et de quelle manière les pratiques de soins et les décisions de traitement. Administrer les chimiothérapies en HAD, est-ce un « truc qui rapporte » (Juven, 2018) au point de peser sur la décision d'externaliser les patients ? Les médecins

2. L'Iresp a financé une recherche dénommée « Covidadhoc ». C'est la partie qualitative qui est présentée ici.
3. L'Objectif national des dépenses de l'Assurance maladie (ONDAM) est un objectif de dépenses annuelles à ne pas dépasser en matière de soins de ville et d'hospitalisation. La tarification à l'activité (T2A) est un mode financement des établissements de santé publics et privés. Elle est le principal outil de financement des activités de médecine, chirurgie, obstétrique et odontologie depuis sa mise en place en 2004.

calculent-ils et comment ? Si la mise en économie de l'hôpital mérite d'être étudiée, ce n'est pas seulement en se rendant dans les bureaux des contrôleurs et contrôleuses de gestion ou les directions d'hôpitaux (Juven, 2018) mais, de façon complémentaire, en allant au chevet du malade avec les professionnels ; non pas seulement en questionnant l'autonomie des professionnels dans une perspective de sociologie des professions mais en observant les pratiques de soins dans une perspective de sociologie de l'activité médicale.

Plusieurs recherches ont ainsi montré que l'injonction à la rentabilité aboutissait à des pratiques de tris gestionnaires de la part des médecins à côté du tri médical (Aron et Geeraert, 2021 ; Morel, 2020 ; Belorgey, 2021). Par ailleurs, dans un article de 2011, N. Belorgey montrait comment la recherche de la performance aux urgences aboutissait à une dégradation de la qualité des soins, en l'espèce un retour plus fréquent des patients à l'hôpital.

Le problème a pu être abordé plus spécifiquement autour de la prudence qui caractérise la profession médicale. Initialement, c'est dans le cadre de débats au sein de la sociologie des professions que F. Champy défend l'idée que ce qui fait la spécificité de la médecine en tant que profession est la dimension prudentielle de la pratique : « Les médecins ne se contentent pas d'appliquer des savoirs scientifiques. Ils doivent prendre le risque de faire des paris face à l'incertitude des situations » (Bastien, 2009). D'autre part, leur activité suppose une autonomie de réflexion et de décision. Or, « une raison forte de s'intéresser à nouveau au thème de l'autonomie professionnelle, c'est qu'elle est menacée [...]. Dans tous les domaines, la tendance est à la remise en question de l'autonomie des professionnels, à qui l'on demande de plus en plus souvent de rendre des comptes » (2009). En enquêtant chacun de leur côté sur des permanences d'accès aux soins de santé (PASS), F. Champy (2017) et F. Pierru (2013) montrent les efforts faits par des professionnels pour maintenir une pratique autonome, prudente et éthique malgré le cadre budgétaire et réglementaire auquel ils sont soumis. Plus récemment M.-J. Boisson se demandait, à partir d'une recherche menée dans une unité de soins palliatifs, si les pressions budgétaires affectaient l'autonomie et la prudence des médecins. Montrant qu'ils ont intégré dans leurs réflexions de travail le raisonnement gestionnaire, elle concluait qu'ils « parviennent au prix d'efforts importants à stabiliser de manière prudentielle les pressions budgétaires qui s'appliquent sur l'organisation de la fin de vie des malades » (2023, p. 362).

Sur notre terrain, dans des hôpitaux de jour autorisés à traiter le cancer, une préoccupation gestionnaire ou un intérêt pour un traitement qui rapporte interviennent-ils dans les décisions de traitement à côté d'autres critères tels que le bien du patient ou la prudence ? Quelle est l'importance accordée à ce que rapportent ou coûtent l'administration des CTAI ?

Pour savoir comment les prescripteurs, oncologues et hématologues décident d'adresser ou non leurs patients en HAD, 50 entretiens ont été réalisés, enregistrés et analysés selon une grille d'analyse thématique. Du côté des HDJ, l'échantillon était constitué essentiellement de médecins (21), issus du secteur privé lucratif (5 de cliniques de groupes ou non), du privé non lucratif (10 exerçant dans un CLCC[4]) et du secteur public (6) ainsi qu'avec des infirmières (2), des cadres (4) et des directions d'établissements (6). En HAD, 12 entretiens ont été réalisés. S'y sont ajoutés des entretiens avec une ARS, un représentant des patients, de la Fédération nationale des HAD (FNEHAD[5]), d'un réseau régional de cancérologie et d'un membre d'un département d'information médicale (DIM)[6]. Quelques observations ont été réalisées dans deux HDJ.

Des médecins qui comptent

Dès les premiers entretiens, réalisés avec l'ARS ou des HAD, nos interlocuteurs insistent sur le fait que les chimiothérapies, « ça rapporte ». Raison pour laquelle les établissements n'orienteraient pas vers l'HAD car, s'ils le faisaient, ils perdraient de l'argent. En effet, en administrant les CTAI à l'hôpital, l'activité et les recettes d'assurance maladie reviennent exclusivement à l'établissement autorisé. Cadrant le problème du recours insuffisant à l'HAD comme relevant pour l'essentiel d'un manque d'intérêt financier des établissements, les ARS lancent des appels à manifestation d'intérêt à base d'incitations financières[7].

Lors des entretiens avec les soignants, médecins et infirmières, nous avons été attentifs à ne pas introduire nous-mêmes cette dimension de la question, de manière à estimer correctement son importance pour les acteurs et ne pas produire un artefact. De fait, la plupart des soignants ne l'abordent pas en premier mais ils en parlent spontanément, qu'ils exercent dans le privé, lucratif ou non (CLCC), ou le service public. Relancés, tous les autres admettent que la dimension économique est prise en compte. Les enjeux financiers sont ainsi totalement intégrés par les soignants et participeraient à déterminer leurs pratiques. Les soignants – et pas seulement les médecins managers[8] – se sont bien approprié les impératifs gestionnaires (Foubert, 2021).

Toutefois, la question du coût et des bénéfices financiers est d'abord énoncée comme accusation à l'encontre des autres. Ainsi les HAD accusent-elles les HDJ de vouloir garder leurs patients parce que ça rapporte :

> « En HDJ à la clinique Saint-Paul il y a aussi des consultations prises en charge à 100 % des oncologues et ça, ça chiffre aussi. Bon, ils ne les consultent pas. Les facturations sont automatiques. Ils les voient pas à chaque fois, hein. On est

4. Centre le lutte contre le cancer.
5. Fédération nationale des établissements d'hospitalisation à domicile.
6. Les entretiens ont donné lieu à une analyse de contenu thématique inductive et compréhensive (Kauffman, 2016).
7. À noter que l'article 51 de la loi de financement de la Sécurité sociale de 2018 a introduit la possibilité d'expérimenter de nouvelles organisations. Certains territoires s'en sont saisis pour une nouvelle organisation du suivi à domicile des patients sous anticancéreux oraux.
8. Laetitia Laude, Lucie Michel et François-Xavier Schweyer (2018), « Comment les professionnels de santé s'approprient-ils les impératifs gestionnaires ? », *in* Minvielle E. (dir.), *Manager une organisation de santé*, Paris, Presses de l'EHESP.

dans un système où ça va très vite et qui est difficile à bouger parce qu'en fonction des intérêts économiques de chacun, eh bien on lance un peu des pavés dans la mare » (cadre, HAD).

Et réciproquement, les professionnels des HDJ considèrent que les plaintes des HAD qui ne reçoivent pas suffisamment de patients pour des CTAI sont strictement mues par un intérêt financier.

Étant acquis que tout le monde compte, la question est de savoir comment l'on compte et ce que l'on compte. Les ARS comme la Cour des comptes ou la HAS entendent montrer que l'HAD permet à l'Assurance maladie de faire des économies, même si rien n'est véritablement acquis en la matière (Buthion, 2011 ; HAS, 2015). Ces acteurs considèrent également que les établissements autorisés (HDJ) doivent être incités financièrement à orienter en HAD.

Les établissements de soins, quant à eux, et les soignants qui y exercent, comptent en termes d'activité. Les chimiothérapies permettent de maintenir l'activité du service, ce qui est une condition *sine qua non* de son financement et de son fonctionnement. C'est le principe même de la T2A de financer les établissements sur leur activité réelle et ce principe, relayé par les directions auprès des services, est désormais parfaitement intégré par les soignants. Les chimiothérapies sont envisagées comme des activités qui permettent de maintenir l'activité du service mais peuvent aussi lui coûter. Ainsi, contrairement à l'ARS, à la FNEHAD ou aux HAD qui considèrent que les HDJ choisissent de ne pas orienter parce que « ça rapporte », les soignants des HDJ expliquent que « ça coûte » d'externaliser. Ce coût provient du « travail d'organisation » (Dujarier, 2006) de l'externalisation et du « travail d'articulation » (Strauss, 1992) à réaliser entre professionnels de l'HDJ et de l'HAD ; un travail qui est susceptible de se poursuivre tout au long du traitement :

> « On a beaucoup d'appels pour ces patients-là avec une espèce de consultation téléphonique : si on a ça, qu'est-ce qu'on fait ? Alors ça, c'est pas du tout valorisé financièrement. C'est une activité qu'on fait qui n'est pas du tout valorisée en termes d'activité et qui, selon les médecins de HAD, selon qu'ils ont l'habitude, qu'ils sont stressés, pas stressés, ça peut nous occuper beaucoup » (CLCC).

> « Si on met le malade en HAD qu'on est appelé, qu'est-ce qu'on gagne comme sous ? C'est chronophage une prise en charge en HAD » (HDJ privée).

Par ailleurs, les soignants relèvent effectivement qu'« externaliser vers l'HAD, ça veut dire quand même perdre de l'activité pour l'hôpital de jour » (CLCC). Sur ce plan, il n'y a pas de différences entre les cadres des services et les soignants : « Si on les fait à l'extérieur, on a un manque à gagner de tant. C'est des traitements qui *a priori* rapportent. En fait, certains traitements qu'on pourrait faire en HAD rapportent. Même si c'est très nébuleux pour moi. Donc si on les perd, on ne comble plus le peu que rapportent les autres » (cadre HDJ, CLCC). Le calcul revient alors à estimer si le service peut se permettre, au vu de son activité présente et future, d'externaliser une partie de son activité :

> « Au jour d'aujourd'hui, vu qu'on déborde, avec la liste d'attente, je ne suis pas très inquiète. Je pense que si on externalisait cette activité-là, on aurait d'autres choses qui prendraient la place » (CLCC) ;

> « Je n'ai pas de réticence des collègues qui envoient sans souci à l'HAD. Là où il y a plus de réticences, c'est l'argent que ça fait perdre à notre hôpital sur l'HDJ. Notre direction a intérêt à garder une activité importante dans son HDJ. Si on les bascule tout en HAD, ce qu'on pourrait faire, eh bien l'équilibre financier du service s'en ressent et ça gêne la direction pour négocier des postes. C'est vraiment plus sur ce plan-là que des fois on n'adresse pas vers l'HAD alors qu'au point de vue molécule ça pourrait se faire » (CHU).

Dans l'HDJ d'une clinique privée, la cadre interrogée explique son calcul. Orienter vers l'HAD du groupe ne lui coûterait pas en temps de coordination et d'accompagnement car elle fait valoir qu'ils partagent déjà des activités et des manières de faire. Elle souhaite externaliser une partie de ses chimiothérapies, celles qui le seraient vers l'HAD du groupe, mais à condition qu'elle puisse remplacer cette activité par une autre. C'est ce critère du niveau d'activité indispensable pour rendre l'HDJ rentable qui explique que les établissements, privés ou publics, qui peinent à occuper leurs places et leurs lits n'externalisent pas leurs patients. Même si, dans ce cas de figure, les médecins peuvent aussi nier que leurs pratiques soient guidées par le souci de maintenir l'activité et évoquent leur compétence *versus* celle des HAD ou le confort du patient. Dans les calculs de coût et de bénéfices financiers, ce qui va entrer en ligne de compte est de savoir si l'HAD fait partie du même établissement que l'HDJ. Dans le cas contraire, l'externalisation peut être conçue comme un bénéfice abandonné à un concurrent. Car administrer des chimiothérapies est un marché sur lequel se positionnent HDJ et HAD, publics et privés.

Les soignants ont intégré la dimension financière de leur activité, quels que soient leur lieu d'exercice et leur statut. En revanche, il existe une différence notable entre le public et le privé non lucratif d'un côté et, de l'autre, les médecins du secteur privé. Les premiers ne savent pas ce que les chimiothérapies rapportent à leur établissement, comment elles sont rémunérées en termes de T2A. Ils raisonnent en termes d'activité du service et non par rapport à leur propre rémunération. Ils tiennent compte du fait que, pour obtenir des moyens en lits, en places, en personnel, dans les négociations avec la direction de leur établissement, ils doivent faire la démonstration de la quantité de leur activité. Quant aux médecins exerçant en clinique, ce que leur rapportent les chimiothérapies dépend en partie de leur statut dans la clinique : salarié ou libéral. En libéral, ils facturent leurs actes et consultations au patient et reversent une redevance à la clinique ou bien la clinique facture puis reverse ensuite au praticien. Pour ces derniers, largement majoritaires[9], réaliser les CTAI dans les murs de l'hôpital plutôt que les externaliser est donc, de fait, une source de revenus.

De ce statut dépend également en partie la part que prennent les médecins à la politique de l'établissement et donc, en particulier, le choix d'externaliser ou pas des traitements à domicile. L'équation est complexe car si sa résolution relève

9. En 2016, 90 % des praticiens avaient choisi le statut libéral (FHP).

en partie d'un choix des médecins, le statut de ceux-ci dans l'établissement où ils exercent est également à prendre en compte. Dans les cliniques privées, l'externalisation d'activités relève d'une politique globale de positionnement sur des marchés avec ses études de rentabilité, son *benchmarking*. Dès lors, les médecins peuvent ne pas avoir part à la décision[10] :

> « Tout ne dépend pas que de nous en fait. Nous, en tant que prescripteur, on pourrait se mettre d'accord pour sélectionner ce type de produits disponibles à l'extérieur, mais il faut que la clinique donne son aval. Tout seul, on ne peut pas prendre cette décision-là. Nous, on voudrait bien détacher ou sortir du service des situations de patients qui pourraient être pris en charge dans d'autres structures plus adaptées et garder nos lits pour les toxicités, pour faire d'autres chimiothérapies plus longues » (oncologue, clinique X, Groupe Elsan) ;

> « Moi je suis pas du tout contre essayer de le développer. Il faudra juste m'assurer que ça peut être fait dans de bonnes conditions et le vendre un peu à la clinique aussi parce que pour eux c'est sûrement une perte » (oncologue, clinique Y, Groupe Elsan).

Dans les établissements publics et dans le secteur privé non lucratif, les médecins paraissent avoir un rôle décisionnaire plus important et décider des pratiques au sein de leur service. Pour autant, à une exception près, nul parmi nos interlocuteurs n'a su nous dire combien rapportent effectivement les CTAI, même au sein du Département d'information médicale (DIM) interrogé. Une première raison en est que tout dépend du type de molécule, de leurs associations, des doses administrées. Une deuxième raison tient à ce que les professionnels savent que le calcul coûts/bénéfices doit intégrer un ensemble d'activités qui dépassent la seule injection et la surveillance. Et de ce point de vue, ce sont les HAD tout autant que le HDJ qui comptent. Les uns et les autres estiment l'intérêt de réaliser les CTAI au vu du tarif appliqué par la T2A et du travail que représente leur administration. Comme il a été abondamment montré par ailleurs (Juven, 2016 ; Dormont, 2020), la T2A ne favorise pas n'importe quelle activité. En l'espèce, il y a, pour les uns comme pour les autres, les chimiothérapies qui rapportent – elles sont bien rémunérées par la T2A au vu du travail qu'elles représentent – et celles qui coûtent en activité mal prise en compte par le tarif. En considérant les chimiothérapies comme un tout indissocié, les promoteurs de leur administration en HAD négligent ce fait. Les HAD ne sont pas enclines à réaliser des CTAI qui mobilisent trop de temps de travail, que ce soit pour l'injection elle-même, la surveillance ou le temps de déplacement au domicile du patient.

En accord avec les auteurs précédemment cités, on peut donc constater l'emprise de la préoccupation pour ce qui rapporte chez les soignants du public. En revanche, la comparaison avec le privé et entre établissements de soins permet de préciser la manière dont les uns et les autres comptent. Dans le public, c'est l'activité engagée et sa rémunération par la T2A qui est centrale. Dans le privé, ce sont

10. La manière dont les médecins participent précisément au projet médical des établissements privés relèverait d'une autre enquête. Dans son article de 2019, N. Belorgey note que le rachat des cliniques par des groupes financiers a modifié les façons de soigner.

les honoraires des prescripteurs. Si les incitations financières des ARS manquent en partie leur cible, c'est faute de concevoir ces modalités de calcul.

Pour autant, peut-on affirmer que « la responsabilisation gestionnaire des établissements de santé et des médecins en particulier, les engage à négocier avec leur culture professionnelle et organisationnelle pour résoudre les problèmes relatifs à la maîtrise des dépenses » (Routelous, 2013) ? La préoccupation pour ce qui rapporte *versus* ce qui coûte « influence[-t-elle] la conception que se fait le médecin d'une activité adéquate » (Batifoulier, 2011) ? L'information claire du patient sur son état et les soins qui lui sont proposés, la bienveillance qui vise à apporter un bénéfice net au patient sont-ils pour autant remis en cause par le calcul intéressé ?

Externaliser les chimiothérapies injectables : désaccords sur le bien du patient

L'HAD permettrait une amélioration de la qualité de vie des patients grâce à une diminution des déplacements, une diminution du risque d'infections nosocomiales et à la présence du milieu familial, jugée plus rassurante. Elle serait aujourd'hui « une réelle demande des patients et de leur entourage » (e-cancer.fr).

D'un autre côté, l'information et la participation du patient aux soins et aux prises de décision, sont des ingrédients majeurs de la démocratie sanitaire. La participation des malades à la décision thérapeutique les concernant serait devenue une norme médicale. Le cancer n'échappe pas à cette évolution de la politique publique qui recommande de faire des patients des acteurs de leur prise en charge, de les informer et de les faire participer aux décisions concernant leurs traitements (Plan cancer 2014-2019). On peut donc s'attendre à ce que, suivant les recommandations en la matière, les prescripteurs informent les patients sur ce qui n'est pas un traitement mais une modalité d'administration du traitement. Or sur les 14 HDJ enquêtés, seuls trois proposent l'HAD à leurs patients. L'éligibilité des patients, au cœur des protocoles d'adressage, n'est pas questionnée. Invités à réagir sur le sujet du bien du patient mis en avant par les promoteurs, les prescripteurs y opposent une autre définition liée à la toxicité des produits. Pour une part, le bien du patient est déterminé par les médecins, meilleurs interprètes de son intérêt.

Mais les médecins évoquent également une demande de patients inquiets qui seraient rassurés par une prise en charge dans les services. Ils éprouveraient un sentiment de sécurité lié à la présence des professionnels, la possibilité de réaliser des examens, de faire le point sur leur état :

> « Quand vous interrogez les femmes qui ont fini leur parcours de traitement pour les cancers du sein, qui ont fini les rayons, à qui on prescrit l'immunothérapie, et auxquelles on dit : "À dans six mois !" Je peux vous assurer, ces dames elles disent "Mais vous m'abandonnez". Enfin il faut arrêter de temps en temps de toujours se mettre à la place du patient et de savoir ce qui est bien pour lui » (CLCC).

Dans ses derniers propos, l'oncologue s'insurge contre les promoteurs de l'HAD qui prétendent savoir à la place des patients ce qui est bon pour eux. En fait, promoteurs, opposants, « agnostiques » ou « sans dogme[11] » mais non pratiquants, praticiens dans ou hors les murs, tous les professionnels qui n'informent pas sur la possibilité de réaliser les chimiothérapies en HAD s'expriment au nom du bien du patient. En matière de soins celui-ci apparaît comme l'argument ultime, celui dont on ne peut que se réclamer pour justifier sa pratique.

La conception qu'ont les prescripteurs du bien du patient ne repose pas sur le confort et s'apparente à de la prudence. À ce titre, on ne saurait réduire *a priori* leur positionnement à un prétexte ou à du paternalisme. Dans le cas analysé ici, la prudence renvoie à trois aspects différents de la prise en charge. Le premier consiste à distinguer nettement des molécules que la politique publique confond sous le terme générique de « chimiothérapies » et à insister sur les différences entre les traitements. Le deuxième s'exprime dans une formule : « garder le patient sous le coude ». Enfin, les médecins insistent sur la nécessité d'avoir confiance dans les HAD.

Tandis que les politiques publiques, la FNEHAD et l'ARS parlent d'un ensemble indéterminé de « chimiothérapies », du point de vue des médecins, on ne peut comprendre la décision d'orienter ou non en HAD pour des CTAI si l'on ne prend en compte les nombreuses différences entre les traitements (types de produits et de cure) et ceci sous plusieurs angles[12]. On peut souligner d'abord la question des protocoles d'administration, les injections sous-cutanées étant réputées moins complexes à réaliser que les intraveineuses. Le protocole renvoie également aux cycles d'administration qui peuvent être quotidiens, tous les quinze jours ou toutes les trois semaines voire plus. Ensuite, on relève la problématique du temps d'administration qui peut varier de quelques minutes à plusieurs heures[13]. Le temps de surveillance en dépend d'ailleurs étroitement même si certaines injections requièrent des temps de surveillance, variables là encore, post-injection. En outre, le transport et la manipulation des produits sont considérés comme plus ou moins risqués, nécessitant plus ou moins de précaution. Les molécules peuvent être administrées à titre d'adjuvant, de néoadjuvant ou principal, ce dernier cas concernant des cancers métastatiques, donc des patients plus à risques. Enfin, on peut souligner la question des réactions possibles à l'injection par le malade qui dépendent non seulement des molécules mais aussi de son état clinique.

Ces différences recoupent schématiquement trois types de traitement : les chimiothérapies dites « classiques » utilisées depuis les années 1940, qui s'attaquent non seulement aux cellules cancéreuses de la tumeur, mais également aux cellules saines ; les thérapies ciblées qui bloquent la croissance ou la propagation de la tumeur ; l'immunothérapie qui vise à stimuler les défenses immunitaires. Elles expliquent également que les hémato-oncologues recourent plus fréquemment à l'HAD que les oncologues :

11. Deux termes par lesquels se désignent ceux qui ne recourent pas à l'HAD mais ne sont ni pour ni contre.
12. Sachant que plusieurs médicaments de chimiothérapie sont souvent associés entre eux.
13. Certaines chimiothérapies se diffusent sur 24 heures ou plus.

« Les Velcade, Vidaza, c'est des trucs modernes d'hémato, moi je ne connais pas, je ne fais pas d'hémato. Encore une fois, la chimiothérapie, c'est les produits de chimiothérapie qu'on faisait dans les années 1980-1990, c'est le Taxotère, les Taxanes, les platines, les antracyclines. Ce qui est thérapie ciblée, ce qui est immuno, ça s'y prête beaucoup plus [à l'HAD] parce que le type d'évaluation de la toxicité et de décision s'y prête beaucoup mieux. Le borthézomib, le Velcade [regarde sur internet], c'est un inhibiteur du prothéasome, c'est pas de la chimiothérapie cytotoxique. C'est une thérapie ciblée moi je pense » (oncologue).

« On injecte et on s'en va. Et c'est justement pour ça que les immunothérapies, c'est possible à domicile » (hématologue).

« Les effets secondaires de ces médicaments, ils sont quasiment inexistants au moment des perfusions » (hématologue).

Le fait que les hématologues prescrivent plus souvent l'HAD que les oncologues[14] indique que la toxicité des produits et les risques liés à leur administration constituent des critères majeurs du choix d'orienter ou non en HAD. Les soignants, et donc essentiellement en oncologie, disent par ailleurs leur souhait d'avoir les patients « sous la main » ou « sous le coude » afin de pouvoir les surveiller, évaluer les réactions à l'injection, les effets indésirables, pouvoir réagir sans délai, adapter le traitement à ce qu'ils observent. Ils peuvent se dire sécurisés de les voir eux-mêmes, de les examiner. Enfin, la prudence concerne la confiance que l'on peut avoir dans les services d'HAD, que ce soit en la qualité de son organisation ou la compétence des professionnels extérieurs. Dans tous les cas, la proximité organisationnelle, l'évaluation des compétences et de l'expérience des soignants, la longévité des relations entretenues entre les deux organisations ou l'existence de protocoles bien établis sont des facteurs qui conditionnent le recours à l'HAD.

Tandis que les chimiothérapies injectables en HAD sont présentées par leurs promoteurs (FNEHAD, HAS, ARS, plans cancer) comme « équivalentes en termes de qualité et de sécurité à une prise en charge classique », les prescripteurs y opposent leur prudence face à l'incertitude des effets des produits lors de l'administration. Une prudence qui est garantie lorsque les produits sont injectés dans l'enceinte du service. Dans les trois dimensions distinguées ici, elle apparaît bien comme un critère majeur de la décision médicale. Elle constitue le fondement de l'acception médicale du bien du patient. *Primum non nocere*. Néanmoins, cette prudence se distingue de celle évoquée par F. Champy ou P. Ricœur pour qui elle renvoie à « la faculté de jugement (pour utiliser la terminologie kantienne) et est appliquée à des situations singulières où un patient individuel est placé dans une relation interpersonnelle avec un médecin individuel » (Ricœur, 1996, p. 21). Ici, elle justifie plutôt une règle générale, au-delà des patients particuliers et de ce que pourrait être leur demande si la possibilité leur était donnée de choisir.

14. Selon l'ATIH, en 2017, l'activité de chimiothérapie en HAD se concentre principalement sur l'hématologie pour près de 61 % du nombre de journées.

Par ailleurs, elle relègue l'intérêt financier au second rang même si, dans tous les cas où les prescripteurs choisissent de ne pas externaliser leurs patients, prudence et intérêt économique se complètent avantageusement. En réalisant les chimiothérapies à l'hôpital, on s'assure d'une part que les choses se déroulent sans problème et, d'autre part, on maintient un niveau d'activité, c'est-à-dire de ressources. L'organisation du travail qui est mise en place va permettre de faire tenir ensemble ces différentes finalités.

Dans les murs de l'HDJ : « Le moindre grain de sable et c'est la panique »

Les établissements dans lesquels nous avons réalisé des entretiens manifestaient une activité débordante. Avec le nombre croissant de patients traités par chimiothérapies, qui vivent de plus en plus longtemps sous traitement, avec également le glissement de prises en charge qui auparavant se faisaient à l'hôpital à temps complet vers l'hôpital de jour ; un certain nombre d'HDJ sont suroccupées et connaissent une activité croissante : « Dès qu'il y'a un jour férié, dès qu'un médecin est absent, on fait basculer la balance et c'est terrible » (cheffe de service, oncologue). Pour ces établissements, l'externalisation apparaît *a priori* comme une solution évidente. Elle est d'ailleurs promue aussi pour cette raison par la politique publique comme solution au manque de moyens attribués pour répondre aux besoins. Mais, on l'a vu précédemment, le traitement par chimiothérapie n'est pas considéré comme un traitement anodin par les médecins, susceptible d'être transféré sans précaution.

Plutôt que d'externaliser, ils se sont organisés. La programmation de l'activité s'est développée. Des infirmières sont dévolues à la coordination, à la programmation. Les cadres passent une partie de leur temps de travail à optimiser l'occupation des lieux et des soignants :

> « Cadre HDJ – Il faut faire correspondre le temps soignant au temps soigné. C'est-à-dire que j'ai tant d'infirmières à 8 heures donc déjà c'est un patient tous les quarts d'heure pour la même infirmière. On va dire que tel fauteuil est attribué à telle infirmière. Donc un premier patient à 8 heures, un deuxième à 8 h 15 un troisième à 8 h 30. Et ensuite, il y a des fauteuils dédiés à certains types de traitement [...]
> Enquêteur·rice – Vous avez utilisé le terme de "fauteuil" ça veut dire quoi ?
> Cadre HDJ – On a des chambres avec des fauteuils, la majorité, et certaines chambres avec des lits.
> Enquêteur·rice – D'accord, mais les fauteuils ils sont dans des chambres ? Physiquement c'est le même espace ?
> Cadre HDJ – Oui mais c'est toujours deux fauteuils dans une chambre. »

Des routines permettent d'aller vite mais aussi de se concentrer sur les soins. Dès lors, lorsque l'externalisation n'a pas été pensée comme une solution, le coût d'entrée que représenterait un changement de l'organisation du travail avec des HAD est perçu comme considérable. Devant notre étonnement concernant le fait que l'externalisation ne soit pas envisagée comme une solution au manque de places, des cadres d'HDJ soupèsent le temps et les places qui seraient ou non gagnés : « On risque de se retrouver avec une charge de travail supplémentaire puisque plus de patients et que dans le même temps, il faudra tout de même gérer ces patients qu'on voit moins » (cadre, CLCC). Au constat : « Ça vous libérerait quand même des places ! », certains répondent : « Oui, des places de traitement, mais il y a tout de même tout le suivi à faire. En fait on se rajoute de la charge de travail » (cadre, CHU).

L'occupation optimum des places et des temps de travail n'est pas exempte de calcul financier. Il s'agit de rentabiliser au maximum :

> « Enquêteur·rice – Vous ne perdriez pas de l'activité en envoyant vos patients en HAD ?
> Cadre dans une clinique – Mais ma file active va s'accroître parce que j'ai rentré deux patients Ilomédine, exemple bateau, deux patients qui vont m'occuper pendant 15 jours, sur la structure des patients qui auraient bloqué deux lits pendant 5 jours donc 10 jours de blocage de lit [...]. Le rapport il est vite fait : en nombre de GHS [groupe homogène de séjour] la clinique est gagnante financièrement. »

Externaliser des chimiothérapies signifie mettre en place une nouvelle organisation : établir des protocoles de collaboration, d'information, de coordination avec un partenaire supplémentaire. Puis assurer le suivi des patients admis en HAD. En effet, le patient reste le patient du prescripteur qui demeure responsable de la conduite des soins. Il reste le référent, il est susceptible d'être appelé. Ce qu'une hématologue appelle « assurer le service après-vente ». Les professionnels estiment qu'orienter des patients en HAD requiert un travail supplémentaire d'organisation et de suivi. Alors que l'HDJ regroupe l'ensemble de son activité sur un site unique, avec tous les interlocuteurs sur place, la chimiothérapie à domicile fait intervenir des acteurs distants les uns des autres. Donner le choix aux patients signifierait également organiser deux circuits différents de prise en charge. Clairement, nous pouvons conclure avec J.-M. Boisson que « les décisions managériales, en fixant le nombre de malades à voir, de décisions à prendre, de lits occupés et de personnel disponible, jouent sur la capacité des médecins et des soignants à intégrer le point de vue du patient » (p. 362).

> « Pour les tutelles c'est pareil : un patient, il a son traitement en HAD ou HDJ c'est pareil. Mais en fait pas du tout, la prise en charge d'un patient à domicile elle est complexe et elle est plus chronophage qu'un patient dans un lit. Un patient dans un lit, on l'a devant soi, c'est très direct, on ne lui court pas après on lui fait sa prescription, on lui fait son injection, ça roule vite » (cadre, HDJ).

Ces contraintes et les organisations mises en place pour y faire face ne s'opposent pas à la prudence. Dans le cas analysé ici de transfert vers l'ambulatoire, suivre une certaine routine au sein de l'hôpital, ne pas s'engager dans une collaboration avec l'extérieur sécurise la pratique. Routine et prudence ne s'opposent donc pas, elles s'adossent l'une à l'autre. Mais la routine dont il est question ici est moins celle d'une décision qui résulterait de l'application mécanique d'une procédure. La prudence consiste ici à ne pas considérer les cas dans leur singularité et leur complexité mais à appliquer à tous le même contexte de soins, celui des murs de l'hôpital.

On constate ainsi que les HDJ « paraissent sous-calibrés et institutionnalisent leurs modalités de gestion de la pénurie » (Garcia, p. 44). Au contraire des situations examinées par les auteurs précédemment cités qui se sont réorganisés pour préserver les dimensions éthiques et prudentielles de leurs pratiques[15], les professionnels des HDJ ont choisi d'optimiser leur activité, ce qui présente l'avantage de garder les patients sous contrôle et de ne pas dépendre de partenaires.

Conclusion

Face au développement des traitements et particulièrement des nouvelles chimiothérapies (immunothérapies, thérapies ciblées), avec la chronicisation des malades atteints de cancer, le traitement à domicile paraît la solution idoine : celle qui permet tout à la fois de maintenir la pression financière sur les établissements sans mettre en danger les patients, faire faire des économies à l'Assurance maladie et améliorer le confort du patient. Or il se trouve que des prescripteurs optent peu pour cette solution. Bien qu'elle soit encadrée par des protocoles qui garantissent la sécurité de l'administration à domicile, c'est en partie au nom de la prudence qu'ils préfèrent maintenir leurs patients dans les murs de l'hôpital.

Mais l'on ne comprendrait pas cette réticence si l'on s'en tenait à cette motivation. À ce premier décalage entre la manière dont les promoteurs de l'HAD et les prescripteurs conçoivent le problème – garantir la sécurité des soins par la mise en œuvre de protocoles ne suffit pas à satisfaire la prudence des soignants – s'en ajoutent d'autres. En faisant le pari des incitations financières, les premiers négligent un ensemble de bénéfices et de coûts mis en balance par les médecins et les établissements. Les promoteurs postulent également la disponibilité des HAD, leurs compétences et leurs intérêts à administrer les différentes chimiothérapies. Le virage ambulatoire suppose que les acteurs des soins de ville soient suffisamment présents sur le territoire et en capacité de répondre aux besoins de soins et d'accompagnement qui ne seront plus délivrés au sein de l'hôpital.

15. Au prix parfois pourtant du tri gestionnaire des usagers (Morel, Aron et Geeraert).

Références bibliographiques

Agence technique de l'information sur l'hospitalisation – ATIH (2017), « France par régions. MP principal ou associé : chimiothérapie anticancéreuse ».

Aron J., Geeraert J. et Izambert C. (2021), « L'accueil des patients étrangers à l'hôpital sous le feu croisé des réformes comptables et des politiques d'immigration », *Revue française des affaires sociales*, n° 4, octobre-décembre, p. 77-96.

Bastien J. (2009), « Entretien avec Florent Champy à propos de son livre *La sociologie des professions* », Nonfiction.fr.

Batifoulier P. (2011), « La déontologie médicale face aux impératifs de marché », *Politiques et management public*, vol. 28, n° 1, p. 83-101.

Batifoulier P. et Da Silva N. (2021), « L'économie encastrée dans la santé. Introduction au dossier », *Revue française de socio-économie*, vol. 26, n° 1, p. 13-26.

Belorgey N. (2010), *L'hôpital sous pression. Enquête sur le « nouveau management public »*, Paris, La Découverte.

Belorgey N. (2011), « "Réduire le temps d'attente et de passage aux urgences". Une entreprise de "réforme" d'un service public et ses effets sociaux », *Actes de la recherche en sciences sociales*, vol. 189, n° 4, p. 16-33.

Belorgey N. (2019), « 12. Les mutations du travail de soin dans les cliniques », *in* Dubet F. (dir.), *Les mutations du travail*, Paris, La Découverte.

Belorgey N. (2021), « Nouvelle gestion publique dans les hôpitaux : les raisons du tri », *Sociétés contemporaines*, vol. 123, n° 3, p. 23-50.

Bertillot H. (2020), « Expertise, indicateurs de qualité et rationalisation de l'hôpital : le pouvoir discret de la "nébuleuse intégratrice" », *Revue française d'administration publique*, vol. 174, n° 2, p. 425-441.

Bezes P. *et al.* (2011), « *New Public Management* et professions dans l'État : au-delà des oppositions, quelles recompositions ? », *Sociologie du travail*, vol. 53, n° 3, p. 293-348.

Boisson M.-J. (2023), « Une autonomie professionnelle sous contrôles : pressions budgétaires et prudentialité en soins palliatifs », *L'Année sociologique*, vol. 73, n° 2, p. 359-392.

Champy F. (2017), « Décrire des activités prudentielles pour aider à les réhabiliter ? Enjeux théoriques et pratiques d'enquêtes qualitatives sur la prise en charge de malades pr"caires dans les permanences d'accès aux soins de santé en France », *Recherches qualitatives*, vol. 36, n° 2, p. 153-172

Cour des comptes (2018), « La sécurité sociale. Rapport sur l'application des lois de financement de la sécurité sociale. Chapitre V. Le virage ambulatoire du système de santé : de nouvelles transformations à engager, en ville comme à l'hôpital ».

Defossez A. et Ducournau P. (2015), « L'hospitalisation "hors les murs" : quel gain d'autonomie pour le patient ? Le cas de patients soignés en chimiothérapie ambulatoire », *Sociologie Santé*, n° 38, p. 237-257.

Dormont B. (2020), « La tarification à l'activité (T2A) à la française », *Revue française d'administration publique*, vol. 174, n° 2, p. 487-497.

Dujarier M.-A. (2006), « La division sociale du travail d'organisation dans les services », *Nouvelle revue de psychosociologie*, vol. 1, n° 1, p. 129-136.

Foubert C. (2021), « Rationaliser l'activité pour sauver l'État social ? Appropriations et application localisée des nouvelles règles gestionnaires par les professionnels de l'hôpital public », *Revue française des affaires sociales*, n° 4, octobre-décembre, p. 35-53.

Garcia S. et Pillon J.-P. (2021), « Introduction. Des agents publics, des usagers et des réformes. Lorsque la rationalisation gestionnaire conduit au tri des bénéficiaires », *Sociétés contemporaines*, vol. 123, n° 3, p. 5-21.

Haute Autorité de santé – HAS (2015), « Conditions du développement de la chimiothérapie en hospitalisation à domicile », Recommandation en santé publique et organisation des soins.

Juven P.-A. (2016), *Une santé qui compte ? Les coûts et les tarifs controversés de l'hôpital public*, Paris, Presses universitaires de France.

Juven P.-A. (2018), « "Des trucs qui rapportent" », *Anthropologie et santé,* n° 16 [en ligne] journals.openedition.org (consulté le 7 juillet 2025).

Kaufmann J.-C. (2016), *L'entretien compréhensif*, Paris, Armand Colin.

Marchand-Tonel C. (2021), « Le virage ambulatoire de la chirurgie lourde : une mise au travail des patients productrice d'inégalités sociales », *Revue française des affaires sociales*, n° 4, octobre-décembre, p. 55-75.

Ministère des Solidarités et de la Santé (2021), « HAD, Feuille de route 2021-2026 ».

Morel S. (2020), « Chaque pays, en fonction de son système de soins, choisit ses morts ! », *Revue française d'éthique appliquée*, vol. 10, n° 2, p. 8-11.

Pierru F. (2013), « Impératifs gestionnaires et *phronesis* médicale : esquisse sociologique d'un engagement éthique dans un grand hôpital parisien », *Quaderni*, n° 82, p. 67-82.

Ricœur P. (1996), « Les trois niveaux du jugement médical », *Esprit*, n° 227, p. 21-33.

Routelous C. (2013), « L'hôpital à l'épreuve de la performance économique : doctrines, instruments et hybridations des valeurs », *Quaderni*, n° 82, p. 5-16.

Wilson A., Wynn A. et Parker H. (2002), « Patient and Carer Satisfaction with "Hospital at Home": Quantitative and Qualitative Results from a Randomised Controlled Trial », *British Journal of General Practice*, vol. 52, p. 9-13.

De la « maladie destructrice » à la « maladie métier ». Expériences de personnes souffrant de douleurs musculo-squelettiques chroniques et de limitations fonctionnelles persistantes à la suite d'un accident

Josiane Mbarga et Carla Ribeiro

RÉSUMÉ

Cet article explore la façon dont sont vécues les conséquences d'un accident lorsqu'elles s'étendent sur des temporalités longues. Des observations en ateliers professionnels et des entretiens semi-directifs ont été mobilisés en vue d'étudier l'expérience de personnes participant à un programme de réadaptation du fait des douleurs musculo-squelettiques chroniques et des limitations fonctionnelles mineures à modérées consécutives à un accident. L'analyse des discours et des pratiques révèle que l'accident, lorsqu'il impacte la vie des individus dans la durée, induit, comme dans le cas des maladies chroniques, une rupture biographique qui contraint les personnes qui en pâtissent à s'engager dans une lutte active pouvant potentiellement permettre de reconquérir une certaine « normalité ». Dans une acception non marchande, cette lutte s'apparente à un métier tant elle nécessite une certaine forme d'apprentissage ainsi qu'une acquisition de savoirs voire de compétences.

ABSTRACT

From a "Destructive Illness" to an "Occupational Illness": the Experiences of People Suffering from Chronic Musculoskeletal Pain and Persistent Functional Limitations After an Accident

This article looks at the experiences of long-term repercussions of an accident. Observations in professional workshops and semi-structured interviews were used to study the experiences of participants in a re-adaptation programme for chronic musculoskeletal pain and minor to moderate functional limitations after an accident. The analysis of discourses and practices revealed that when the accident had long-term repercussions on the individual's life, it led, as in the case of chronic illnesses, to a biographical break requiring sufferers to engage in an active struggle that could potentially allow them to recover a certain "normality". In a non-mercantile sense, this struggle is similar to an occupation in that it requires a certain type of learning and the acquisition of certain knowledge or even skills.

Introduction

Évènement soudain pouvant causer des dommages corporels ou matériels, l'accident entraîne de nombreuses conséquences dans la vie de personnes qui en font l'expérience. Dans la littérature, nombre d'auteurs[1] décrivent les répercussions socio-économiques de l'accident pour les victimes, ainsi que son impact sur les plans professionnel et psychologique, et sur la qualité de vie (Daubas-Letourneux, 2012 ; Vuistiner *et al.*, 2015 ; Labra et Lynch, 2019). Si, dans certaines circonstances, ces effets se résorbent à court terme, dans d'autres, ils persistent sur le long cours. Certes, l'accident se distingue de la maladie par sa trajectoire, ainsi que du point de vue de sa prise en charge par les assurances sociales. Néanmoins, quand il s'inscrit dans une temporalité longue, il ne constitue plus seulement un épisode ou une parenthèse dans la vie des personnes (Baszanger, 1986) mais introduit une dimension chronique. Les catégories conceptuelles permettant de saisir l'expérience subjective de la maladie chronique peuvent ainsi contribuer à comprendre celle de l'accident.

Les travaux sur l'expérience de la maladie chronique sont nombreux (Bury, 1982 ; Baszanger, 1986 ; Corbin et Strauss, 1992 ; Herzlich, 2005 [1969] ; Mulot, 2011 ; Ribeiro, 2022). Les implications de cette dernière dans la vie des personnes sont souvent conceptualisées par la notion de « rupture biographique » (Bury, 1982) tant elle induit une discontinuité « entre le moi du passé et celui du présent » (Bessin *et al.*, 2010, p. 29). Cette discontinuité amène l'individu à reconnaître qu'il n'est plus le même qu'avant, qu'il lui est nécessaire d'adopter de nouvelles attitudes et d'entamer un processus de normalisation qui se réfère au « travail » que les personnes effectuent sur elles-mêmes et envers les autres, afin de vivre « le plus normalement possible avec et malgré la maladie » (Carricaburu et Ménoret, 2011, p. 100). Ce « travail » se décline sous trois formes : le travail de la maladie, relatif à la gestion des symptômes, du diagnostic et des traitements ; le travail quotidien, lié aux activités d'entretien du ménage, aux tâches éducatives, aux activités professionnelles ainsi qu'aux pratiques sociales et de loisir ; le travail biographique, associé à la construction du sens, à la reconstruction identitaire, à l'adaptation à la nouvelle situation (Bury, 1991 ; Corbin et Strauss, 1992 ; Carricaburu et Ménoret, 2011 ; Monneraud *et al.*, 2016 ; Ribeiro, 2022).

Dans les recherches de C. Herzlich (2005 [1969]), ce « travail » est conceptualisé tel un « métier » puisqu'il implique une lutte active qui s'apprend et exige du malade un engagement constant. Cette lutte n'est, néanmoins, pas le propre de tous les malades, certains choisissant d'adopter des comportements de repli. Ceux-ci sont observables non seulement dans la « maladie destructrice », mais également dans la « maladie libératrice », toutes deux associées à l'inactivité qui, en raison des conséquences de la maladie, peut conduire à l'exclusion sociale et à la désocialisation. Dans le cas de la « maladie libératrice », la rupture dans la trajectoire de santé peut, cependant, être vécue telle une libération, l'individu se déchargeant de ses obligations sociales (Herzlich, 2005 [1969]).

1. L'usage du masculin seul est privilégié, dans tout l'article, en vue d'alléger le texte.

Si l'expérience de la maladie chronique est largement explorée dans la littérature, il n'en est pas de même de celle de l'accident lorsque les conséquences s'étendent sur le long terme. Dès lors, s'inspirant du cadre conceptuel de l'étude des maladies chroniques, cet article se consacre aux expériences subjectives de l'accident, en se basant sur les résultats d'une recherche effectuée auprès de personnes souffrant de douleurs chroniques et de limitations fonctionnelles persistantes à la suite d'un traumatisme orthopédique. Concrètement, il entend répondre à la question de savoir comment les personnes éprouvent spécifiquement la « maladie destructrice » et la « maladie métier »[2] quand l'accident et ses conséquences – telle une maladie chronique – s'étalent dans le temps. Après avoir présenté les aspects méthodologiques ainsi que les caractéristiques sociodémographiques de la population, nous ferons une halte sur l'expérience des conséquences de l'accident vues sous le prisme de la « maladie destructrice », puis sous celui de la « maladie métier ».

ÉTUDE QUALITATIVE, LONGITUDINALE ET INTERDISCIPLINAIRE **[ENCADRÉ 1]**

Les données proviennent d'une recherche qualitative et interdisciplinaire dont l'objectif était d'explorer le rapport à l'activité auprès de personnes souffrant de douleurs musculo-squelettiques chroniques et de limitations fonctionnelles consécutives à un accident.
Approuvée par la Commission d'éthique régionale, cette étude a été menée par une équipe interdisciplinaire comprenant une sociologue de la santé, deux anthropologues de la santé, deux physiothérapeutes, une psychologue en réadaptation et un médecin spécialiste en médecine physique et réadaptation.
Réalisée entre septembre 2017 et mars 2021 dans une clinique de réadaptation suisse, cette recherche a inclus 33 personnes participant à un programme de réadaptation stationnaire de quatre à cinq semaines, assuré par une équipe de médecins, physiothérapeutes, ergothérapeutes, psychologues et maîtres socioprofessionnels[1]. Couvert par l'assurance accident, ce programme vise, pour les personnes éligibles, une amélioration fonctionnelle et revêt, selon les patients, une composante professionnelle avec un entraînement à la reprise du travail en vue d'une potentielle réinsertion professionnelle. Au terme du séjour en réadaptation, une évaluation des capacités du patient à réintégrer le monde du travail est réalisée par les professionnels.
Les participants ont été sélectionnés conformément à la méthode de l'échantillonnage raisonné (Tong *et al.*, 2007) par des professionnels externes à l'équipe de recherche. Les critères d'inclusion, qui sont également ceux de participation au programme de réadaptation, étaient les suivants : hommes et femmes âgés de plus de 18 ans, ayant des lésions traumatiques orthopédiques mineures à modérées, capables de s'exprimer en français (langue locale). Les personnes ayant des problèmes neurologiques importants, souffrant d'une dépression modérée à sévère, d'un trouble de la personnalité ou de troubles douloureux multiformes complexifiant le diagnostic médical pouvant interférer avec le suivi des thérapies ont été exclues de l'étude. Après avoir consenti à participer à l'étude, tous les participants ont signé un formulaire de consentement éclairé avant le début de l'enquête de terrain. Les données ont été récoltées, à travers des observations non participantes en ateliers professionnels et des entretiens semi-directifs, à un an d'intervalle, dans l'objectif de saisir les apprentissages et acquis de la

2. La « maladie libératrice » n'étant pas mise en évidence dans les propos des participants, elle n'est pas abordée.

réadaptation, de voir si le rapport à l'activité des participants avait changé après la réadaptation et d'explorer leurs parcours de vie après le programme.
Pendant leur séjour, les patients participent à des ateliers professionnels de deux à quatre heures, au cours desquels ils s'exercent à différentes activités professionnelles (mécanique, construction, informatique), en lien avec leur problématique. Pour chaque participant, la sociologue a observé deux activités, sur une durée de deux heures, dans le but de récolter des données sur la réalisation de l'activité : tâche confiée, temps, gestes effectués. Elle a également réalisé deux entretiens compréhensifs (Kaufmann, 2011) et semi-directifs avec chaque patient sur la base de guides élaborés en équipe de recherche. Le premier entretien, d'une durée de soixante à quatre-vingt-dix minutes, a eu lieu immédiatement après l'observation et était axé sur les stratégies de gestion des activités (dans la vie quotidienne et pendant l'atelier), les circonstances et les conséquences perçues de l'accident, le parcours biographique et thérapeutique, l'expérience et les attentes envers le programme de réadaptation. Le deuxième entretien, de trente à soixante minutes, a eu lieu une année plus tard, par téléphone. Il s'est focalisé sur le parcours thérapeutique, personnel, professionnel depuis la réadaptation, les effets perçus du programme dans la gestion de l'activité.
Ce caractère longitudinal reste néanmoins peu exploité dans cet article, car il a davantage été mobilisé pour aborder les questions relatives au rapport à l'activité et aux trajectoires des participants après la réadaptation (Mbarga *et al.*, 2024 ; Ribeiro *et al.*, 2024).
Après une transcription intégrale, les entretiens ont été codés et analysés à l'aide du logiciel d'analyse de contenu MaxQDA. L'analyse thématique des données a d'abord été effectuée individuellement par deux chercheuses en sciences sociales et deux physiothérapeutes, puis par binômes (une chercheuse en sciences sociales et un physiothérapeute) en vue de produire des analyses interdisciplinaires. Ensuite, la psychologue a analysé toutes les données et ses analyses ont été intégrées aux précédentes. Dans une phase finale, l'ensemble des analyses a été discuté par tous les chercheurs afin d'aboutir à des analyses transversales. Un processus d'anonymisation ayant été mis en place, les prénoms utilisés dans cet article sont fictifs.

1. Les maîtres socioprofessionnels accompagnent les personnes qui présentent des déficiences physiques, sensorielles, motrices, psychiques ou intellectuelles dans diverses activités professionnelles. Ils les préparent à s'intégrer dans le circuit économique ordinaire d'une entreprise ou dans un atelier adapté.

Caractéristiques de la population enquêtée

Chez les participants à cette recherche, la majorité des accidents date d'au moins un an au moment du premier entretien. Les circonstances varient d'une personne à l'autre (au travail, à domicile, pendant les loisirs), mais plus de la moitié des accidents s'est produite dans le cadre de l'exercice professionnel (accidents de travail ou sur le parcours du travail). Le tableau 1 présente les caractéristiques sociodémographiques des participants.

Reflétant la population générale du contexte de réadaptation étudié, la population cible est en grande majorité masculine et hétérogène, à la fois en termes de localisation du traumatisme (dos, membres inférieurs, membres supérieurs) et des lésions provoquées par l'accident (déchirures, fractures, tassement vertébral, fasciite plantaire…).

TABLEAU 1
Caractéristiques de la population enquêtée

	Effectifs
Sexe (femmes ; hommes)	6 ; 27
Âge (années)	Minimum 19 ; maximum 63,5
Temporalité de l'accident au premier entretien	
1-3 ans	29
> 4 ans	4
Situation professionnelle au premier entretien	
Chômage avant l'accident	4
Interruption totale de l'activité et licenciement après l'accident	15
Interruption totale de l'activité, avec contrat de travail	7
En emploi, à temps partiel	7
Statut matrimonial	
Mariés	16
Séparés	2
Divorcés	9
Célibataires	6
Formation	
Pas de formation	2
Niveau secondaire	29
Niveau supérieur	2

Vécu des conséquences de l'accident sous le prisme de « la maladie destructrice »

La « maladie destructrice », dans la conception de Herzlich (2005 [1969]), va de pair avec l'inactivité. Ses conséquences peuvent entraver l'exercice de différents rôles sociaux et conduire à l'exclusion sociale. En réponse à cette situation, les malades peuvent adopter des comportements de repli et de passivité en niant l'atteinte organique, en déclinant les soins ou, au contraire, en attendant une solution extérieure. Si les participants à cette étude nient peu l'état organique de l'accident et se montrent actifs, ils relatent néanmoins les conséquences désastreuses de l'accident dans plusieurs sphères de leur vie.

L'état de santé affecté

Pour tous les participants, la douleur et les limitations fonctionnelles constituent des manifestations tangibles de l'impact de l'accident sur l'état de santé.

L'irruption de la douleur : témoin d'une rupture avec la « santé vide »

Certaines douleurs sont apparues immédiatement après l'accident et d'autres bien plus tard. Mais, dans les deux cas, les personnes parlent de douleurs faisant désormais partie de leur quotidien. Souvent décrite de manière diverse, la douleur peut être constante ou intermittente, locale ou invasive. Elle est généralement fluctuante, avec une intensité qui varie d'un patient à l'autre, mais aussi chez le même patient, en fonction des activités, des positions, des mouvements réalisés, de la temporalité de l'accident, des moments de la journée, du climat et des conditions météorologiques.

Les patients rapportent différents types de douleurs (musculaires, nerveuses, des lancées…). Tous les décrivent de manière étendue, avec des métaphores et des images qui témoignent, d'une part, du besoin de faire comprendre sa douleur à l'autre et, d'autre part, de la difficulté à rendre compte d'une douleur difficilement explicable, singulière ou bizarre : « Ça chauffe, ça brûle, c'est comme des petits pics […] Ça fait comme si on tirait, qu'on me mettait des coups de poignards » (Francis, 34 ans) ; « Le muscle s'arrête de fonctionner […] En fait, l'effet que ça me fait, c'est comme des lames de rasoirs. Mais, les unes à côté des autres, derrière la rotule, et puis, qui travaillent de concert dès qu'il y a de la pression, qui vont se planter dans la rotule… » (Gilles, 56 ans) ; « C'est comme si ça vrombit et que ça pique de l'intérieur » (Albert, 38 ans).

Puisque la douleur s'installe dans la durée, les patients mettent en évidence le fait que le corps accidenté marque une rupture avec la « santé vide » comprise comme une absence de maladie, une absence de la conscience du corps, de son fonctionnement (Herzlich, 2005 [1969]), proche du silence dans les organes dont parlait R. Leriche (1936).

L'incursion des limitations : témoin du corps endommagé

Certains patients présentent leur corps avant l'accident comme étant déjà abîmé par la maladie, l'exercice d'un métier exigeant, l'âge ou la pratique de certains loisirs. Mais l'accident est perçu comme infligeant un assaut supplémentaire au corps, considéré comme davantage altéré et déformé : « J'étais complètement tordue hein. Il n'y avait plus rien qui était aligné. Et puis après vous avez l'impression qu'il n'y a plus rien qui circule comme il faut » (Aline, 45 ans).

Lorsqu'ils décrivent les lésions importantes et consécutives à l'accident, tous les patients évoquent les aspects endommagés de leur corps : fractures, tassements, déchirures, déconditionnement musculaire, blocage, nerfs endommagés sont énumérés pour exprimer la diversité des vécus. Ils rapportent des limitations physiques diverses, liées au manque de force ou d'endurance, ou associées aux difficultés à exercer certains mouvements et activités, à réagir aux événements inattendus, à tenir certaines postures. Ces limitations affectent la manière dont on peut compter sur le corps (Thiriet et Képès, 1986), les personnes considérant que ce dernier n'exerce plus sa fonction d'outil (Boltanski, 1971 ; Détrez, 2002), qu'il leur échappe et les déçoit en quelque sorte.

Des parcours professionnels affectés ou brisés

Les travaux de V. Daubas-Letourneux (2012), relatifs aux accidents de travail, présentent les parcours pluriels de personnes accidentées, parfois stables, avec la préservation de l'emploi antérieur, parfois déstabilisés et fragilisés, scandés par des ruptures professionnelles diverses et variées, et parfois menacés par des problèmes de santé, notamment des douleurs devenues chroniques. Dans cette recherche, les parcours professionnels sont également diversifiés après l'accident et tous les patients déclarent avoir subi une interruption de leur activité professionnelle. Au moment du premier entretien (tableau 1), quatre personnes étaient au chômage bien avant l'accident, quinze personnes avaient perdu leur emploi après de longs mois d'arrêt de travail, sept avaient repris leur activité professionnelle mais à un taux d'activité réduit et parfois avec des réajustements de postes, et sept personnes étaient toujours en arrêt de travail, avec la crainte d'être licenciées. Pour les uns comme pour les autres, l'interruption temporaire ou définitive de l'emploi est généralement associée à des pertes financières. Bien que la désinsertion socioprofessionnelle induise une rupture plus marquée pour les personnes ayant définitivement ou temporairement perdu leur emploi, elle est aussi éprouvée par celles travaillant à temps partiel, du fait de ses répercussions financières et sur l'occupation du temps.

Si plusieurs patients disposent de qualification dans leur domaine d'exercice et bénéficiaient d'un contrat à durée indéterminée avant l'accident, conditions permettant à certains de conserver leur emploi, d'autres rapportent des situations préalablement complexes ou déjà empreintes de plusieurs bifurcations, avec des contrats temporaires dans divers secteurs. Norbert (29 ans), Mick (40 ans) et Ben (51 ans), issus de l'immigration, évoquent ainsi un parcours professionnel atypique marqué par l'absence de formation reconnue en Suisse et la diversité des domaines professionnels dans lesquels ils ont préalablement exercé, facteurs qui réduisent leurs chances sur le marché de l'emploi après l'accident.

La plupart des personnes exerçaient des métiers physiques. Pour cette raison, plusieurs redoutent que les possibilités de reprendre ou de conserver l'activité professionnelle antérieure s'amenuisent avec les incapacités fonctionnelles provoquées par l'accident. Par ailleurs, une majorité de personnes affirme disposer d'une marge de manœuvre parfois étroite dans un contexte professionnel marqué par les valeurs de performance et de productivité. Certaines d'entre elles évoquent des relations conflictuelles avec leur employeur ou un manque de soutien de la part des organes de réinsertion professionnelle, de sorte que la reconstruction des parcours professionnels brisés par l'accident n'est pas toujours possible, même après la participation au programme de réadaptation (Ribeiro *et al.*, 2024).

Des vies privées, familiales et sociales affectées

D'une manière générale, les récits des patients révèlent que l'accident a apporté d'importants changements dans leur vie quotidienne et leur mode de vie. Si les personnes affirment avoir conservé leurs activités fondamentales, liées aux besoins de base (entretien du corps, tâches domestiques et éducatives), elles mettent aussi en évidence la nécessité de diminuer, voire d'arrêter, les loisirs et toutes les activités qui impliquent le port de charges lourdes ou des contraintes posturales comme la conduite. Les limitations fonctionnelles, l'incapacité produite par la douleur ainsi que la peur d'aggraver leur situation, poussent certaines personnes à se soustraire de tout ce qui peut potentiellement leur faire mal. Le manque de motivation et les variations de l'humeur, le besoin de récupération, la perception d'une certaine fragilité du corps, le sentiment d'être incapable, le regard des autres, la focalisation sur l'activité professionnelle, la peur du contrôle des assurances peuvent également expliquer le renoncement aux activités. Dans ce dernier cas, la crainte d'être pris pour des simulateurs amène parfois les patients à ne pas oser réaliser certaines activités lorsqu'ils sont en arrêt de travail.

Plusieurs patients parlent de l'impact perturbateur de l'accident sur les rôles sociaux (rôle de parent et rôle de conjoint). Pour eux, l'accident entraîne la perte des qualités d'adulte qui sont d'être autonome et socialement actif (Herzlich, 2005 [1969]). Ainsi, Aaron (35 ans), évoquant la perte d'autonomie et la dépendance à l'égard des autres, affirme : « Tu te sens comme si tu redevenais un enfant. » Comme lui, d'autres personnes rapportent faire face à une certaine perte d'autonomie, à la dépendance et au besoin de devoir déléguer une grande partie des tâches quotidiennes à leurs proches. Et si certains patients déclarent maintenir une vie sociale avec les collègues ou amis, d'autres affirment qu'ils s'abstiennent de toute activité sociale et s'isolent : « Ben là non plus je ne peux pas sortir. Avec un bras cassé, vous voulez faire quoi ? Je reste enfermé chez moi à ne rien faire [...] Ben je ne bouge plus trop de chez moi. Je n'ai pas envie d'aller voir des gens. En fait ça me saoule » (Francis, 34 ans). L'anéantissement dont parle Herzlich (2005 [1969]) et qui induit une certaine forme de mort sociale et psychologique prend tout son sens ici.

Des représentations de soi chamboulées

Plusieurs patients insistent sur les changements introduits par l'accident dans la manière de se considérer bien que, le plus souvent, leurs discours s'étendent sur deux pôles.

D'une part, certains participants soulignent que l'accident les contraint à devenir de moins en moins actifs, à se sentir moins joyeux, irritables ou agressifs, du fait des douleurs, de la perte de l'emploi ou de l'absence d'issue possible : « Mais ça m'a changé le caractère, beaucoup, je pense. Je suis moins joyeux. Moins envie de faire la fête, moins envie de sortir aussi. Beaucoup enfermé en moi-même » (Marc, 52 ans) ; « J'ai mal, je suis fatigué... pff... je suis nerveux. Ça, je pense que ce sont les douleurs aussi qui font ça. Je suis irritable et puis du coup si quelqu'un me prend la tête, je l'envoie chier direct » (Francis, 34 ans).

La diminution des capacités fonctionnelles et la rupture avec les comportements préalablement tenus pour acquis (Bury, 1982) peut les amener à se sentir vieux, à considérer qu'ils ne sont plus eux-mêmes : « J'ai surtout l'impression d'avoir vieilli, de ressembler à un petit vieux qui ne peut plus aller vite » (Albert, 38 ans) ; « Ce n'est pas moi quoi. Moi je ne peux pas rester comme ça » (Mick, 40 ans).

De même, la prise de poids, résultant régulièrement de l'inactivité et entraînant une modification de la silhouette qui témoigne d'une évolution du « capital esthétique » (Delanoë, 2006), peut modifier la manière de percevoir le corps. Désormais éloigné des canons esthétiques, ce dernier acquiert une visibilité différente qui affecte l'estime de soi.

D'autre part, s'éloignant des affects négatifs, une partie des patients affirme que la douleur et les limitations consécutives à l'accident les invitent à envisager les activités avec plus de prudence et de patience et à devenir davantage réfléchis :

> « Vite partir à un endroit. Voilà. Vite. Maintenant, le vite, c'est fini. Maintenant, c'est… c'est clos quoi. Ça attendra un petit peu plus longtemps […] En sachant d'où je viens, et puis ce qui m'est arrivé, on m'a redonné une chance d'être debout […] donc tout ce que je fais, j'essaie de le faire réfléchi quoi » (Daniel, 45 ans).

L'accident peut aussi amener à accorder plus d'importance à la santé et à l'écoute du corps. Dans ce sens, Emmanuel (19 ans) dit qu'il s'écoute davantage et qu'il est devenu moins compétitif tandis que Simon (39 ans) affirme qu'avec l'expérience de l'accident, ses domaines d'intérêt ont radicalement changé. Il déclare avoir moins envie de s'investir et de travailler pour les autres. Considérant que l'accident lui a offert la possibilité de revoir ses choix de vie, il affirme être davantage positif et proactif : « C'est fou, mais c'est presqu'un mal pour un bien. Même si c'est quelque chose de grave, ça m'a permis de me dire : ben la vie avance et puis tous les rêves que tu voulais faire, mais fais-les, n'attends pas […] j'ai décidé de voir les choses du bon côté » (Simon, 39 ans).

Si les patients affirment se sentir dévastés par les conséquences de l'accident en début d'entretien, leur discours s'avère généralement plus nuancé par la suite, illustrant leurs aptitudes à lutter contre les affres de l'accident.

L'expérience des conséquences de l'accident sous le prisme de la « maladie métier »

Dans sa définition de la « maladie métier », Herzlich (2005 [1969]), reconnaît au malade la fonction de lutter contre la maladie qui exige de se maintenir organiquement et psychologiquement actif. Selon B. Birmelé *et al.* (2008), ce « métier », qui s'inscrit dans une approche non marchande du travail, amène le malade à devenir acteur de sa vie en participant au processus de guérison, en collaborant avec les professionnels de santé et en évitant d'adopter une attitude de repli sur soi ou de dépendance totale à l'égard des autres.

Il est important de rappeler que chez tous les participants, l'accident s'inscrit sur une temporalité longue. Ainsi, plusieurs personnes semblent s'exprimer avec une sorte de recul au moment du premier entretien. Nombre d'entre elles ont bénéficié des interactions multiples avec divers professionnels de santé qui leur ont potentiellement prodigué des conseils sur la gestion de leur problème. En conséquence, elles semblent avoir trouvé les moyens de s'adapter à leur nouvelle situation. Le « métier » de douloureux chronique s'illustre alors par l'aptitude à s'investir dans les traitements, à adopter une attitude de combativité, à mobiliser des stratégies permettant de gérer la douleur, les limitations et l'activité.

Investissement dans les traitements

La participation aux soins, est selon C. Herzlich et J. Pierret (1991 ; Herzlich, 2005 [1969]), un des moyens par excellence pour combattre la maladie. Dans cette recherche, le fort investissement de la part des patients apparaît autant dans les discours lors des entretiens, que pendant les observations en ateliers professionnels.

Adoptant le rôle de malade, souvent associé à l'obligation de suivre les prescriptions médicales dans la conception parsonienne (Parsons, 1951), plusieurs personnes expliquent ainsi qu'elles suivent les recommandations et conseils proposés par les différents praticiens. À titre d'exemple, Désiré (57 ans) dit se conformer aux traitements prescrits, sachant que ce sont les médecins qui, selon lui, prennent les décisions. Joseph (50 ans) affirme avoir suivi les conseils de sa physiothérapeute et assure qu'avant la participation au programme, il effectuait quotidiennement ses exercices pour le genou. Gilles, Landry et Jean, témoignant également d'une forme de confiance cléricale (Hammer, 2006), soulignent le fait qu'ils ont suivi, à la lettre, les recommandations des professionnels de santé : « J'ai fait tout ce qu'il fallait. Donc, moi, je suis ouvert aux thérapies et tout » (Gilles, 56 ans) ; « Il [le médecin] m'a dit : il faut laisser une béquille. Ok, moi, je suis quelqu'un qui écoute. Tac, je laisse une béquille » (Landry, 41 ans) ; « Je fais ce qu'on me demande de faire » (Jean, 63 ans).

Cette volonté de se montrer appliqué et impliqué dans la réalisation de la tâche prescrite a pu être observée en contexte de réadaptation, lors des ateliers professionnels : malgré les limitations et les douleurs, les participants trouvaient généralement le moyen de réaliser les tâches qui leur étaient confiées. Loin de renvoyer uniquement à une forme d'obéissance stricte et passive, ce conformisme met aussi en évidence la volonté, pour les personnes, de faire le nécessaire pour améliorer leur situation. Participant activement à leurs traitements, plusieurs patients deviennent ici des auto-soignants (Herzlich et Pierret, 1991 ; Douguet, 2000).

Combativité et attitude de fonceur

Plusieurs personnes adoptent une attitude de combativité qui consiste à ne pas laisser la douleur prendre le contrôle. Le discours de Jeanne (47 ans) est, à ce sujet, emblématique. Elle dit : « Je ne veux pas être dirigée par la douleur. Ce n'est pas elle qui va avoir le dessus [...] en aucun cas, cette douleur-là ne va dicter ma vie. » Il apparaît clairement que pour combattre la douleur, il faut la minimiser et lui donner peu de place. Cette capacité à ignorer la douleur, « à faire comme si » (Monneraud *et al.*, 2016) permet à plusieurs patients d'avancer sur le chemin de la reconquête de certaines sphères de leur vie antérieure, de regagner leur autonomie et de s'affranchir de la dépendance à l'égard des autres.

Il apparaît, chez certains patients, l'idée qu'ils peuvent se réjouir d'avoir survécu à un accident grave et qu'ils doivent faire le nécessaire pour ne pas anéantir les efforts accomplis, pour eux, par les professionnels de santé et les institutions de réinsertion. Chez d'autres, c'est la volonté de se distinguer de la figure péjorative du malade chronique plaintif, qu'ils rejettent, qui prédomine. Plusieurs patients se considèrent comme des fonceurs et se décrivent comme étant actifs et capables, malgré les douleurs et les limitations fonctionnelles, comme le souligne Ben (51 ans) à la suite de l'atelier professionnel : « J'ai eu tellement mal, mais je l'ai fait parce que je suis têtu. »

On retrouve ces représentations de soi chez de nombreux patients : « jusqu'au-boutisme », volonté de ne pas abandonner les activités qui ont été entamées, de persévérer, d'atteindre le but escompté et d'arriver au résultat. Ces représentations sont parfois une manière de prendre le contre-pied des soupçons, supposés ou réels, d'être des personnes faibles qui s'écoutent et se plaignent. Par exemple, Étienne (42 ans) souligne qu'il garde ses douleurs pour lui, car il veut se montrer fort et performant pour les autres. La culture somatique de la force (Boltanski, 1971), valorisant la représentation d'un corps outil et instrument de travail, est particulièrement prégnante au sein de cette population.

Plusieurs personnes disent avoir compris que la douleur, persistante dans le temps, augure d'une pathologie chronique qu'il faut apprivoiser et avec laquelle il faut cohabiter. Simon (39 ans) affirme : « Je sais que je l'aurai jusqu'à la fin de mes jours [...] de toute façon, je sais que je les aurai à vie. » S'habituer à la douleur revient fréquemment dans les propos. D'une part, cela implique d'être prudent lors de la réalisation des activités et d'apprendre à gérer celles qui sont potentiellement sources de douleurs. D'autre part, cela nécessite de s'adapter aux fluctuations de l'intensité de la douleur et de « serrer les dents » comme le suggèrent Gilles (56 ans) et Lara (39 ans), de ne pas trop s'écouter et de s'engager à vivre, à faire avec et malgré la douleur. « Vivre et faire avec la douleur » est, en effet, le leitmotiv de nombreux patients qui, témoignant une fois de plus d'une culture somatique de la force (Boltanski, 1971), affirment qu'il faut surmonter la douleur et s'y adapter. Eddy (51 ans) déclare : « C'est à force de forger qu'on devient forgeron [...] Vous prenez votre douleur et puis crac, c'est tout. »

Apprentissage en situation

B. Birmelé *et al.* considèrent que vivre avec une maladie chronique s'apparente « à un métier qu'il faut assurer comme un professionnel » (2008, p. 105), ce qui implique différentes contraintes dont l'apprentissage, aussi souligné par Herzlich (2005 [1969]). Cet apprentissage, également synonyme de qualification, inclut selon ces auteurs une acquisition de connaissances formelles et de savoirs expérientiels. Dans ce sens, les stratégies de gestion de la douleur et des limitations, mobilisées par les patients, témoignent du processus d'apprentissage dans lequel ils sont engagés. Ces stratégies, rapportées lors des entretiens ou observées en ateliers professionnels, sont diverses et incluent :

- la prise de médicaments ;
- les moyens physiques (prendre des bains chauds, user de la glace ou du froid) ;
- les activités de distraction qui servent à oublier ou mettre en suspens la douleur (écouter de la musique, regarder un film, lire, jouer sur son téléphone, jardiner, faire de la relaxation ou des exercices de respiration…) ;
- la compensation par le membre valide ;
- l'évitement des mouvements et des gestes douloureux ;
- l'alternance des positions et des mouvements, l'alternance des activités de nature différente, l'alternance des temps d'activité et de repos ;
- l'adaptation de l'environnement (user d'un robot pour faire le ménage, réaménager l'espace, utiliser le mobilier pour se déplacer) ;
- la fragmentation de l'activité (découper l'activité en plusieurs tâches, l'étaler dans le temps) ;
- l'augmentation du temps de réalisation de l'activité ainsi que la diminution de l'intensité de réalisation de l'activité ;
- la mobilisation des stratégies cognitives (réfléchir aux obstacles et aux dangers associés à l'activité, planifier, réfléchir à la meilleure manière de réaliser l'activité et trouver des astuces pour y parvenir, évaluer ses capacités en fonction de chaque activité).

Les adaptations effectuées, souvent variables chez le même patient, sont elles-mêmes tributaires des limitations, des caractéristiques des activités, du degré de difficulté, de l'impact perçu sur la pathologie et de l'intensité des douleurs.

Pendant les entretiens, certains patients expliquent que les stratégies mobilisées sont adoptées par habitude, relevant d'automatismes, d'une écoute du corps et d'un besoin naturel d'adopter certaines postures. À l'inverse, d'autres relèvent que les moyens utilisés résultent davantage d'un processus de réflexion. En effet, plusieurs patients affirment qu'il est désormais indispensable de réfléchir avant d'agir, réfléchir pour évaluer la tâche à accomplir, pour voir comment procéder :

> « Il y a une espèce de… chaque fois, en fait : bon voilà, comment on va faire ? Voilà, on fait un petit bilan avant de… Est-ce que je peux faire ? Comment je vais m'y prendre ? […] Enfin, pour chaque nouvelle chose que je vais faire, qu'avant je faisais, mais qui est maintenant nouveau […] chaque fois, j'étudie avant. Savoir comment je peux. Ce n'est pas instinctif. Ce n'est plus instinctif » (Simon, 39 ans).

« Je fais les choses totalement intelligemment. Enfin, j'essaie de les faire intelligemment [...] Je dois réfléchir à tout ce que je fais, quoi. Je ne peux plus partir tête baissée [...] j'ai dû rapprendre à faire des mouvements intelligents » (Daniel, 45 ans).

Pendant les ateliers professionnels, il a été observé que certains patients étaient très méthodiques. Ils n'effectuaient aucun mouvement brusque et ne forçaient pas. L'attitude de Simon (39 ans) est, à ce sujet, très illustrative : il cherchait toujours à préserver sa main gauche, lésée. Au cours de l'entretien qui a suivi l'observation, il a affirmé avoir mis en place une échelle de dangerosité lui permettant d'évaluer les risques de l'activité en fonction de critères tels que le poids ou l'aspect tranchant de l'outil.

Au-delà du processus de réflexion, les patients mettent en évidence l'importance de la débrouillardise, matérialisée par une grande inventivité et par la capacité à trouver des astuces personnalisées qui puissent leur permettre de fonctionner : « Au début, je trichais, je faisais du vélo comme un Playmobil [...] parce que comme je ne pouvais pas serrer... Donc, je serais fort, avec le guidon façon corne de vache [...] pas à l'horizontal, mais je tenais mon vélo à la verticale [...] Et puis, la main gauche verrouillée, et puis l'autre côté comme un Playmobil » (Eddy, 51 ans).

Comme Eddy, plusieurs autres personnes disent avoir trouvé différentes astuces pour réaliser les activités autrement, à partir d'une évaluation de leur handicap et des performances actuelles. Par exemple, Anabelle (48 ans) affirme qu'elle utilise une planche à pic pour peler du céleri ; Alain (48 ans) déclare qu'il mouille un linge et appuie fortement avec sa main valide pour parvenir à ouvrir un pot de confiture ; Mick (40 ans) rapporte qu'il effectue désormais la plupart des activités en étant assis par terre (pour éviter des gestes et activités qui impliquent de se baisser ou de monter et qui lui font mal au genou). Pendant les observations, il a également été remarqué que les patients testaient les mouvements afin d'identifier ceux qui font le plus mal et qu'ils repéraient les positions les plus confortables. Plusieurs stratégies trouvées contournaient explicitement la consigne donnée par les maîtres socioprofessionnels pour l'exécution de la tâche. Par exemple, Mick (40 ans) devait se déplacer plusieurs fois pour chercher des pièces à l'autre bout de la salle et a décidé de les prendre en une fois avant de s'asseoir par terre et éviter ainsi de se relever, de manière à préserver son genou. Quant à Ben (51 ans), il a réaménagé son plan de travail en mettant la planche de travail à gauche au lieu de la laisser à droite comme indiqué. Contourner les consignes met en évidence l'expertise du patient qui bricole à sa façon et avec ses méthodes, dans le but d'atteindre le résultat escompté.

Certaines stratégies de gestion de la douleur et de l'activité résultent des interactions avec les professionnels de santé, avant et pendant le séjour en réadaptation. Ces derniers apportent des connaissances nouvelles contribuant à renforcer les capacités des patients, à consolider leur savoir ou à le modifier. Mais les stratégies personnelles émergent également de l'expérience empirique et du savoir profane que B. Birmelé *et al.* comparent à une expérience professionnelle sous-tendue par « une forme de sagesse pratique ou d'appréhension du sens de la juste mesure (ni trop ni trop peu), fondées sur le collationnement de nombreuses expériences singulières successives » (2008, p. 106). En effet, les participants rapportent, principalement pendant les entretiens, qu'ils ajustent leur comportement en fonction des expériences passées et qu'ils se servent des expériences antérieures pour définir le seuil de leurs limites. Ils font ainsi preuve d'une certaine « ancienneté » qui « nécessite expérience et savoir-faire, savoir s'y prendre, avoir une habitude de son métier, une habileté technique et intellectuelle, connaître les signes et symptômes de la maladie, adapter son comportement à la situation présente » (Birmelé *et al.*, 2008, p. 105).

Conclusion

Dans cette étude, les conséquences de l'accident s'inscrivent sur des temporalités longues. S'il est possible d'imaginer que, dans la phase aiguë, l'accident est principalement perçu dans sa dimension destructrice comme vecteur d'exclusion sociale et de dépendance à l'égard d'autrui, chez des individus souvent inactifs dont les rôles et les activités sociales s'effondrent, il semble qu'au fil de leur trajectoire, ces personnes deviennent progressivement plus proactives, s'engageant dans une lutte active en vue de reconquérir leur vie antérieure. Néanmoins, il s'avère complexe de délimiter ces deux moments dans le temps, l'expérience des personnes étant rapportée de manière rétrospective et diachronique, mais dénuée d'une dimension chronologique. La « maladie destructrice » et la « maladie métier » en viennent alors à coexister d'un point de vue discursif et temporel.

D'une part, le discours des participants est scandé par une description minutieuse des répercussions de l'accident sur les plans professionnel, familial et social, qui impliquent une rupture des linéarités biographiques (Bury, 1982). D'autre part, il révèle que les discontinuités introduites par l'accident induisent la nécessité de lutter, de se réinventer, de réinventer de nouvelles façons de vivre, ainsi qu'une adaptation constante à la nouvelle situation (Herzlich, 2005 [1969] ; Birmelé *et al.*, 2008 ; Tourette-Turgis et Pereira Paulo, 2018). Ainsi, comme dans le cadre de la gestion des maladies chroniques, il apparaît que, même si les patients ne détiennent aucun titre professionnel, que les tâches qu'ils accomplissent pour faire face à la situation ne sont pas rémunérées et qu'elles peuvent parfois passer inaperçues (Strauss *et al.* cités *in* Tourette-Turgis et Pereira Paulo, 2018), le « travail » de gestion des effets de l'accident sur le long cours contient quelques caractéristiques d'un métier. Ces caractéristiques, comprises dans une acception non marchande, incluent l'apprentissage, l'exercice d'une activité – qui implique de vivre au quotidien avec l'accident et de s'adapter à la douleur et aux limitations –, le développement d'une expérience, de savoirs, de compétences voire d'expertise (Herzlich, 2005 [1969] ; Birmelé *et al.*, 2008 ; Tourette-Turgis et Pereira-Paulo, 2018).

Cette étude est spécifique aux personnes victimes d'un accident et ayant participé à un programme de réadaptation. Elle ne s'applique qu'à cette population-là et pourrait être complétée par des recherches futures permettant d'inclure une population davantage diversifiée de personnes accidentées, en l'occurrence des personnes souffrant de problèmes neurologiques importants ou de dépression, exclues du programme de réadaptation.

Références bibliographiques

Baszanger I. (1986), « Les maladies chroniques et leur ordre négocié », *Revue française de sociologie,* vol. 27, n° 1, p. 3-27.

Begue C., Delaborde A., Huez J. F. *et al.* (2016), « Troubles musculo-squelettiques : rôles des médecins-conseils et relations interprofessionnelles », *Santé publique*, vol. 28, n° 2, p. 197-206.

Bessin M., Bidart C. et Grossetti M. (2010), « Les bifurcations, un état de la question en sociologie », *in* Bessin M., Bidart C. et Grossetti M. (éds.), *Bifurcations. Les sciences sociales face aux ruptures et aux événements*, Paris, La Découverte.

Birmelé B., Lemoine M., Le Christ A.-M. *et al.* (2008), « Malade : un métier ? À propos de la maladie chronique », *Éthique et Santé*, n° 5, avril, p. 103-109.

Boltanski L. (1971), « Les usages sociaux du corps », *Annales*, vol. 26, n° 1, p. 205-233.

Bury M. (1982), « Chronic Illness as Biographical Disruption », *Sociology of Health & Illness,* vol. 4, n° 2, p. 167-182.

Bury M. (1991), « The Sociology of Chronic Illness », *Sociology of Health & Illness*, vol. 13, n° 4, p. 451-468.

Carricaburu D. et Menoret M. (2011), *Sociologie de la santé*, Paris, Armand Colin.

Corbin M. et Strauss A. (1992), « A Nursing Model for Chronic Illness Management Based upon the Trajectory Framework », *in* Woog P., *The chronic Illness Trajectory Framework – The Corbin and Strauss Nursing Model*, New York, Springer Publishing Company.

Daubas-Letourneux V. (2012), « Parcours d'accidentés du travail : parcours accidentés ? Inscription biographique des accidents du travail dans les parcours et (in)visibilités produites », *in* Daubas-Letourneux V., Frigul N., Jobin N. et Thébaud-Mony (éds.), *Santé au travail : approches critiques*, Paris, La Découverte.

Delanoë D. (2006), *Sexe, croyances et ménopause*, Paris, Hachette Littératures.

Détrez C. (2002), *La construction sociale du corps*, Paris, Le Seuil.

Douguet F. (2000), *De la passivité à la gestion active du traitement : le cas des malades rénaux chroniques,* Paris, L'Harmattan.

Hammer R. (2006), « La confiance dans son médecin », *PrimaryCare*, vol. 6, n° 18, p. 337-339.

Herzlich C. (2005 [1969]), *Santé et maladie : Analyse d'une représentation sociale*, Paris, Les éditions de l'EHESS.

Herzlich C. et Pierret J. (1991), *Malades d'hier, malades d'aujourd'hui : de la mort collective au devoir de guérison*, Paris, Payot.

Kaufmann J.-C. (2011), *L'entretien compréhensif*, Paris, Armand Colin.

Labra O. et Lynch D. (2019), « Le soutien social auprès des hommes ayant eu un accident au travail », *La revue française de service social*, n° 272, p. 66-73.

Leriche R. (1936), « Introduction générale. De la santé à la maladie : où va la médecine ? », *Encyclopédie française*, *T. VI*, p. 16.

Mbarga J., Favre C., Ribeiro C. *et al.* (2024), « Beyond Activity Patterns: the Complex Process of Activity Management among Individuals with Chronic Musculoskeletal Pain after an Orthopaedic Trauma », *European Journal of Pain*, vol. 28, n° 7, p. 1127-1143.

Monneraud L., Brochard P., Raherison C. *et al.* (2016), « Expérience de maladie chronique et vie professionnelle : les ajustements professionnels des travailleurs atteints de broncho-pneumopathie chronique obstructive », *Sciences sociales et santé*, vol 34, n° 1, p. 39-63.

Mulot S. (2011), « Vivre et gérer les maladies chroniques », *in* Drulhe M. et Sicot F. (éds.), *La santé à cœur ouvert. Sociologie du bien-être, de la maladie et du soin*, Toulouse, Presses universitaires du Mirail.

Parsons T. (1951), *The Social System*, New York, The Free Press of Glencoe.

Ribeiro C. (2022), *Trajectoires et transitions. Le vécu quotidien de la maladie chronique*, Genève, Georg Éditeur.

Ribeiro C., Mbarga J., Pichonnaz C. *et al.* (2024), « Configuration of Accident Trajectories after a Rehabilitation Programme: on the Sharp Edge between Reintegration and Socio-professional Exclusion », *Disability and Rehabilitation*, vol. 47, n° 12, p. 3019-3029.

Thiriet M. et Képès S. (1986), *Femmes à 50 ans*, Paris, Le Seuil.

Tong A., Sainsbury P. et Craig J. (2007), « Consolidated Criteria for Reporting Qualitative Research (COREQ) : a 32-item Checklist for Interviews and Focus Groups », *International Journal for Quality in Health Care*, vol. 19, n° 6, p. 349-357.

Tourette-Turgis C. et Pereira Paulo L. (2018), « Être malade chronique. Exercer un métier au service du maintien de soi en vie et transformer son expérience en expertise », *Sisyphus Journal of Education*, vol. 6, n° 2, p. 25-44.

Vuistiner P., Luthi F., Erhart P. *et al.* (2015), « Subjective Perceptions as Prognostic Factors of Time to Fitness for Work during a 4-year Period after Inpatient Rehabilitation for Orthopaedic Trauma », *Swiss Medical Weekly*, n° 145, p. 14235.

Présentation des autrices et des auteurs

Mirana Bauduin
Doctorante à l'Université Catholique de Louvain-la-Neuve (UCLouvain) en Belgique, au sein du Centre interdisciplinaire de recherche sur les familles et les sexualités (CIRFASE). Sa thèse de doctorat porte sur le vécu d'immigrés des encadrements de la paternité en Belgique et en Suède.
mirana.bauduin@outlook.com

Audrey Bister
Doctorante en sociologie, Université de Lille, laboratoire Ceries (Centre individus, épreuves, société), Ater, Université Grenoble-Alpes, laboratoire Pacte, sociologie de l'alimentation, socialisation enfantine, famille.
Enquêtrice.bister@ens-lyon.org

Abigail Bourguignon
Docteure en sociologie de l'EHESS, post-doctorante à l'Université Clermont-Auvergne (projet *Orthodys* – Université Jean Moulin Lyon 3 et UCA) et chercheuse associée au CESSP, ses recherches portent sur la sociologie de la socialisation, de la santé et de l'enfance. En thèse, comme en post-doctorat, elle travaille sur le langage dans une perspective sociologique. Sa thèse réalisée sous la direction Muriel Darmon et de Claude Martin s'intitule : « Bien parler. Les bègues entre stigmate linguistique et travail de la parole ». Actuellement, elle mène une recherche consacrée au diagnostic des troubles du langage et aux parcours de soins.
abigail.bourguignon@gmail.com

Philippe Cardon
Professeur des universités en sociologie, faculté des Sciences économiques, sociales et des territoires, Université de Lille, laboratoire Ceries (Centre individus, épreuves, société), sociologie de l'alimentation, politiques publiques, famille.
philippe.cardon@univ-lille.fr

Myriam Chatot
Sociologue, rattachée au centre Max-Weber (UMR 5283). Elle est spécialiste de la famille, du genre et de la santé.
myriam.chatot@gmail.com

Chloé Courtot
Docteure en sociologie de l'Université Lumière Lyon 2 (laboratoire Triangle). Elle est actuellement maîtresse de conférences en sciences de l'éducation à l'Université Clermont-Auvergne, rattachée au laboratoire ACTé. Ses travaux portent sur les politiques publiques éducatives, et plus particulièrement sur la réception de l'inclusion scolaire par les parents d'élèves en situation de handicap.
chloe.courtot@gmail.com

Romain Delès
Maître de conférences en sociologie à l'Université de Bordeaux, chercheur au Centre Émile Durkheim et membre de l'Institut universitaire de France. Il s'intéresse aux politiques familiales et de petite enfance et interroge leurs effets sur les inégalités de genre dans la sphère domestique.
romain.deles@u-bordeaux.fr

Tatiana Eremenko
Maîtresse de conférences à l'université de Salamanque (Espagne). Ses recherches portent sur les migrations internationales en Europe, et plus particulièrement les familles, les enfants et les jeunes, ainsi que le rôle des politiques publiques sur leurs expériences.
teremenko@usal.es

Vulca Fidolini
Maître de conférences en sociologie à l'Université de Lorraine et membre du laboratoire de sociologie des territoires, du travail, des âges et de la santé (Tetras). Ses travaux croisent les études de genre, et notamment les constructions de la masculinité, avec les questions d'âge et les processus de médicalisation.
vulca.fidolini@univ-lorraine.fr

Hélène Guedj
Cheffe adjointe du bureau Jeunesse et Famille à la Direction de la recherche, des études, de l'évaluation et des statistiques (DREES).
helene.guedj@sante.gouv.fr

Marine Quennehen
Postdoctorante en sociologie au FNRS, spécialiste de la famille, du genre et de la prison, rattachée au Centre interdisciplinaire de recherche à l'Université catholique de Louvain sur les familles et les sexualités. Elle a notamment publié un ouvrage, avec Myriam Chatot : *Être un père féministe, mission impossible ?* (Textuel, 2025).
Marine.quennehen@uclouvain.be

Marianne Le Gagneur
Enseignante-chercheuse en sociologie à l'Université de Liège, rattachée au laboratoire PragmApolis et affiliée au Centre d'études d'emploi et du travail. Ses recherches portent sur le télétravail et plus largement sur les évolutions du travail en ayant une approche par les inégalités.
marianne.legagneur@uliege.be

Marie-Clémence Le Pape
Maîtresse de conférences à l'Université Lumière Lyon 2 et membre du centre Max-Weber. Elle est collaboratrice scientifique au bureau Jeunesse et Famille de la Drees depuis 2014. Sociologue de la famille, elle s'intéresse actuellement à la question de la division du travail parental, dans les couples mais aussi après séparation.
marie-clemence.lepape@univ-lyon2.fr

Pascale Manuello
Sociologue, chercheuse associée au Laboratoire interdisciplinaire solidarités, sociétés, territoires (LISST, UMR 5193 CNRS). Elle travaille depuis 2011 sur les évolutions des politiques publiques de santé et de l'offre de soins et leurs répercussions sur les patients ainsi que sur les inégalités sociales et territoriales de santé.
pascale.manuello@univ-tlse2.fr

Josiane Mbarga
Anthropologue de la santé, adjointe scientifique HES à la Haute École de santé Vaud/Haute École spécialisée de Suisse occidentale, Département de la recherche & innovation – Lausanne, Suisse. Ses axes de recherche incluent l'expérience subjective de la maladie chronique, de la ménopause et de la grossesse, ainsi que les pratiques professionnelles et les relations soignant·es-soigné·es.
josiane.mbarga@hesav.ch

Hubert Pellerin
Cofondateur de *Parents on board.* Après huit années passées dans l'univers financier, il participe en 2022 aux fondations de *Parents on board*, où il développe une activité de conseil qui vise à aider les entreprises à mettre en place leur politique parentale et former les managers à une meilleure inclusion de la parentalité.
hubert@parentsonboard.fr

Marie Pellerin
Fondatrice de *Parents on board.* Après dix années passées aux départements marketing de maisons d'édition, elle quitte le salariat en 2018 pour devenir coach de carrière. Elle se spécialise dans l'accompagnement des salariés parents. En 2022, elle cofonde un job board qui a pour objectif de recenser les entreprises les plus *family friendly*.
marie@parentsonboard.fr

Alexandra Piesen
Docteure en sociologie et actuellement enseignante-chercheuse en sciences de l'éducation et de la formation à CY Paris Cergy Université, Alexandra Piesen, est rattachée au laboratoire EMA (école, mutations, apprentissages) et chercheuse associée au Cerlis (Centre de recherches sur les liens sociaux) à l'Université Paris-Cité. Ses travaux de recherche portent sur les reconfigurations familiales, les rôles parentaux, l'articulation des temps sociaux et, plus récemment, les cités éducatives.
alexandra.piesen@cyu.fr et alexandra.piesen@gmail.com.

Carla Ribeiro
Sociologue de la santé, adjointe scientifique HES (Haute École de Santé Vaud/ Haute École Spécialisée de Suisse occidentale), Département de la recherche & innovation – Lausanne, Suisse. Domaines de recherche : expérience subjective de la maladie chronique, relation maladie et travail, réinsertion professionnelle, interprofessionnalité, soins de transition.
carla.ribeiro@hesav.ch

Marylou Rzeszotko-Rutili
Doctorante en sociologie à l'Université de Lorraine et membre du laboratoire de sociologie des territoires, du travail, des âges et de la santé (Tetras). Elle prépare actuellement une thèse qui porte sur l'articulation entre masculinités et gestions situées de la fertilité.
marylou.rutili-rzeszotko@univ-lorraine.fr

François Sicot
Sociologue de la santé et membre du Laboratoire interdisciplinaire solidarités, sociétés, territoires (LISST, UMR 5193) de l'Université Toulouse 2. Il travaille avec Pascale Manuello sur les évolutions du système et de l'offre de soins et leurs répercussions sur les patients ainsi que sur les inégalités sociales de santé. Ils ont en particulier publié précédemment sur la psychiatrie.
sicot@univ-tlse2.fr

Alix Sponton
Postdoctorante en sociologie au Centre d'études de l'emploi et du travail du Conservatoire national des arts et métiers (Cnam). Spécialisée dans l'étude des politiques familiales, de la paternité et du genre, elle a soutenu sa thèse sur le congé de paternité en 2023 et prolonge ces recherches en étudiant l'influence des caractéristiques des entreprises sur l'investissement paternel.
alix.sponton@sciencespo.fr

Bastien Thomas
Médecin psychiatre et pédopsychiatre, praticien hospitalier dans le département périnatalité-petite enfance du pôle de psychiatrie de l'enfant et de l'adolescent du centre hospitalier spécialisé du Vinatier, ancien chef de clinique des universités – assistant des hôpitaux. Il a mis en place un accompagnement individuel et groupal des pères en périnatalité psychique.
bastien.thomas@ch-le-vinatier.fr

Anne Unterreiner
Chargée de recherche et d'évaluation à la Caisse nationale des allocations familiales (Cnaf) et chercheuse associée au Centre Maurice-Halbwachs. Docteure en sociologie, ses recherches se concentrent sur la mixité conjugale et familiale, les migrations, la famille, les postures professionnelles (dans le champ de la petite enfance et du soutien à la parentalité notamment) et l'accès aux droits.
anne.unterreiner@cnaf.fr

Ingrid Voléry

Professeure de sociologie, membre du laboratoire de Sociologie des territoires, du travail, des âges et de la santé (Tetras) de l'Université de Lorraine. Ses recherches sont à la croisée de la sociologie des transitions d'âge, du genre et de la santé. Elle poursuit actuellement plusieurs recherches sur le suicide des personnes âgées dans une perspective de genre et sur les interactions, transitions d'âge, seuils biographiques et enjeux de santé somatique et mentale.

ingrid.volery@univ-lorraine.fr

Anne-Sophie Vozari

Sociologue et post-doctorante à l'Inserm, rattachée à l'Institut interdisciplinaire sur les enjeux sociaux (Iris). Ses travaux portent sur les politiques de santé publique, l'encadrement institutionnel de la parentalité et la production des inégalités de genre en santé. Après une thèse sur le « soutien à la parentalité » autour de la naissance, puis une recherche sur la prévention des conduites suicidaires au sein de l'ERC Gendhi (Gender & Health Inequalities), elle poursuit actuellement plusieurs recherches sur la santé mentale périnatale et sa prise en charge. Elle a notamment codirigé, avec Sébastien Roux, l'ouvrage *Familles : nouvelle génération*, PUF, 2020.

annesophie.vozari@gmail.com

Imprimerie de la Direction de l'information légale et administrative
N° 736250003-001225 – Dépôt légal : décembre 2025

PEFC 10-31-2190 IMPRIM'VERT®

Ministère du Travail et des Solidarités
Ministère de la Santé, des Familles, de l'Autonomie et des Personnes handicapées
Ministère de l'Action et des Comptes publics